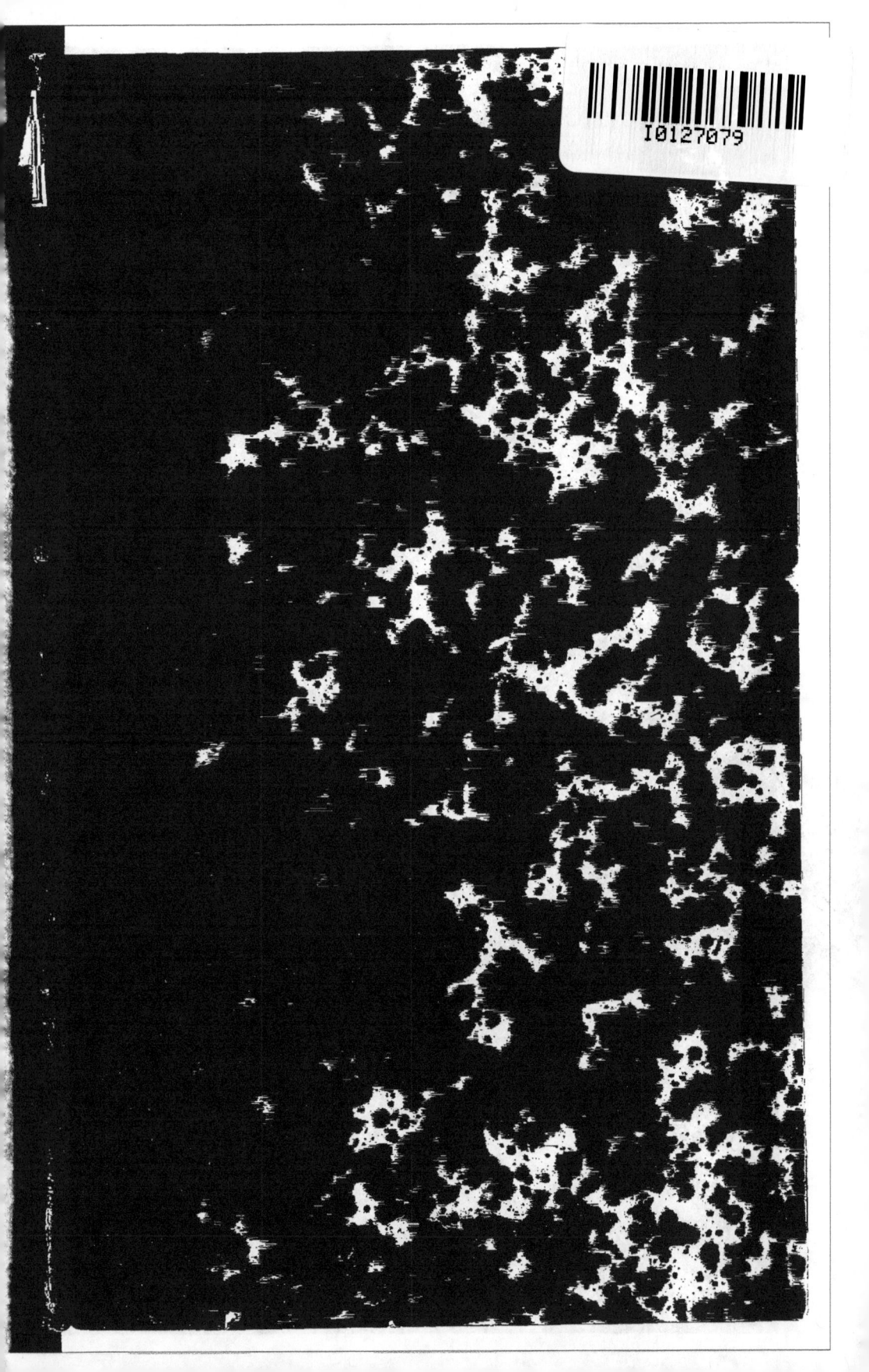

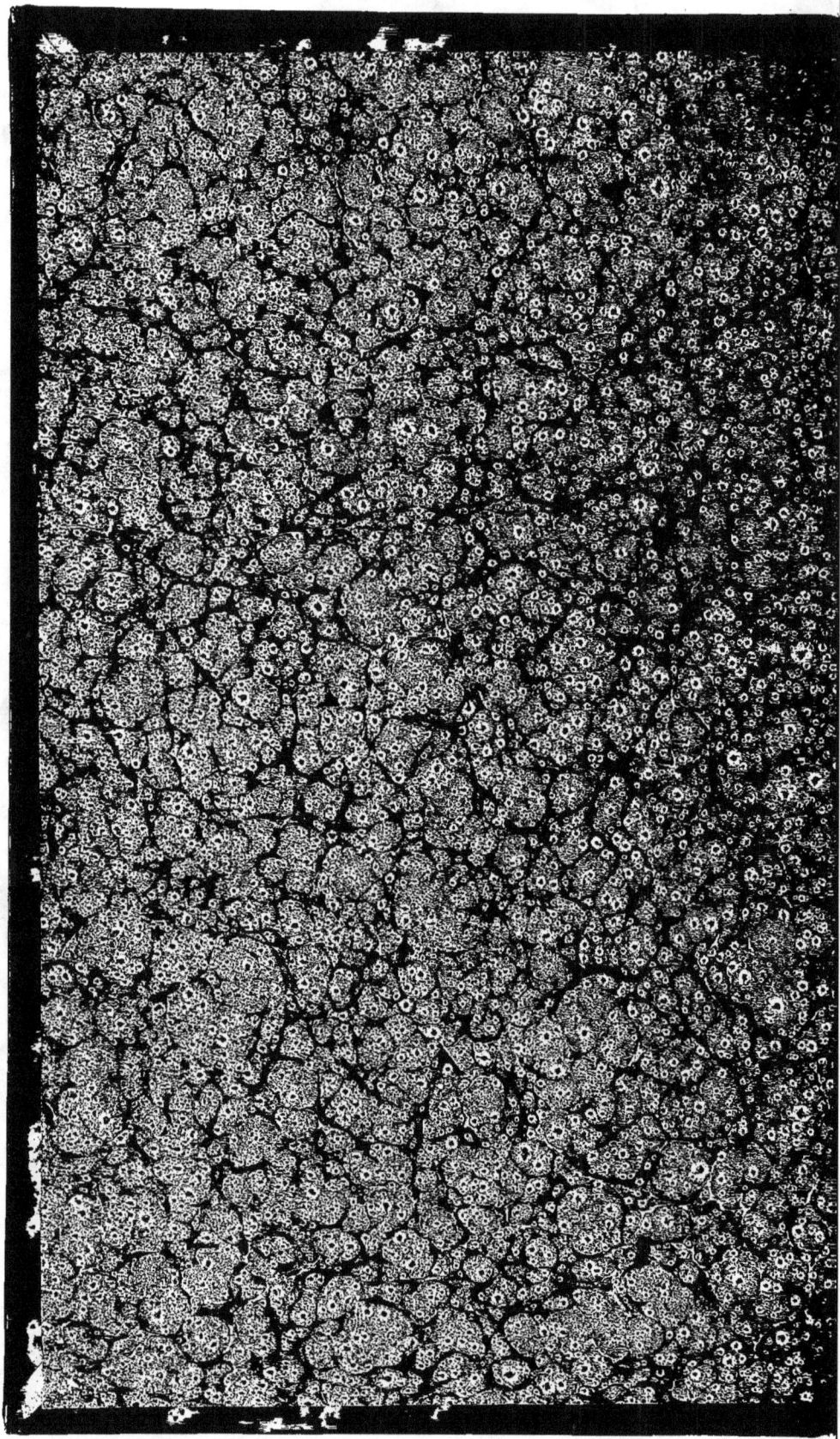

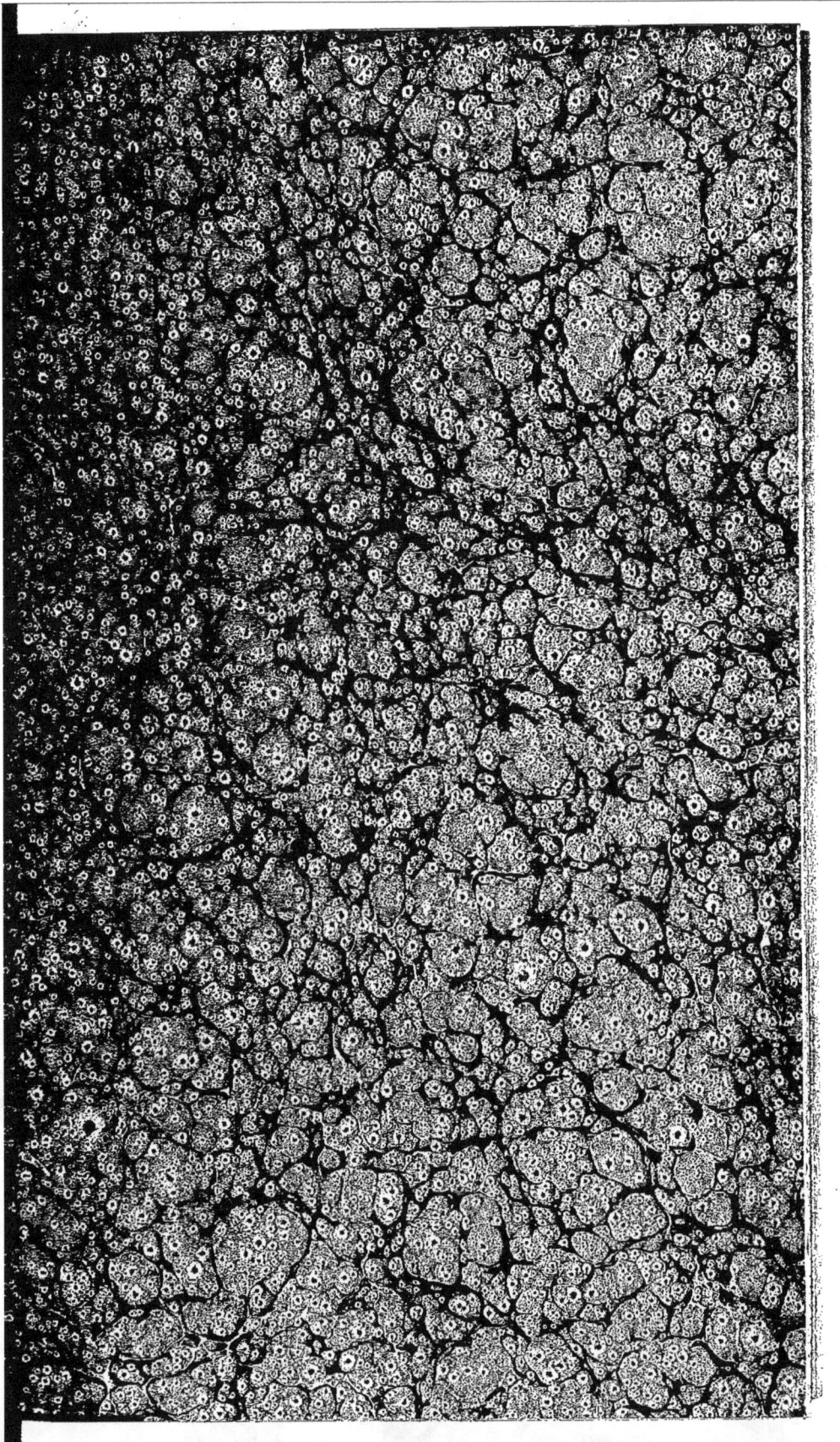

X

(C.)

26311

PRÉCIS

DE

L'HISTOIRE

DE

L'ÉLOQUENCE.

SECONDE ÉDITION.

MIRECOURT, IMPRIMERIE ET LITHOGRAPHIE DE HUMBERT.

PRÉCIS

DE

L'HISTOIRE

DE

L'ÉLOQUENCE

AVEC

DES JUGEMENTS CRITIQUES SUR LES PLUS CÉLÈBRES ORATEURS

PAR

l'Abbé HENRY,

Directeur de l'Institution de la Trinité à Lamarche (Vosges), et Chanoine
honoraire de Saint-Dié.

Hoc certè prorsùs eximatur ex animo, rerum pulcherrimam
eloquentiam cum vitiis mentis posse misceri.

QUINTILIANUS, lib. XII, cap. 1.

SECONDE ÉDITION.

PARIS,

CHEZ JACQUES LECOFFRE, RUE DU VIEUX-COLOMBIER, No 29.

—

M DCCC LI.

Avertissement.

Le Précis de l'Histoire de l'Éloquence est destiné aux classes de rhétorique. Il peut suffire à la rigueur ; mais les élèves l'apprendront avec plus de facilité et avec plus de fruit, s'ils se procurent, comme livres de lecture, les cinq volumes dont il n'est que l'abrégé. Il ne renferme point d'extraits : or, c'est surtout par des citations qu'on sent le mérite des chefs-d'œuvre et que les appréciations littéraires sont bien comprises.

Plusieurs grands établissements, en adoptant le Précis comme classique, prennent pour règle de donner les autres volumes en prix. C'est un moyen d'épargner une dépense aux plus forts élèves, et il peut être employé dès les classes précédentes. Il répond au désir qu'on éprouve généralement de choisir pour prix, non des livres frivoles, mais des ouvrages sérieux, instructifs, et qui soient en harmonie avec les travaux des classes.

Les cinq volumes forment quatre parties distinctes qui peuvent se vendre séparément.

1° Éloquence et Poésie des Livres saints. 1 vol. in-8°.

2° Histoire de l'Éloquence ancienne, avec des jugements critiques sur les plus célèbres orateurs, et des extraits nombreux et étendus de leurs chefs-d'œuvre. Un vol. in-8°.

3° Histoire de l'Éloquence des saints Pères, etc. Un vol. in-8°.

4° Histoire de l'Éloquence moderne, etc. 2 vol. in-8°.

Les honorables approbations que nous avons obtenues serviront, bien mieux qu'une préface, à faire comprendre l'utilité de ces divers ouvrages, et celle du Précis en particulier.

APPROBATIONS.

Approbation de Mgr Manglard, évêque de St-Dié.

Nous avons lu l'ouvrage qui a pour titre : *Eloquence et Poésie des Livres Saints*. Le but de l'auteur étant de faire connaître les beautés littéraires de la Bible, ce n'est qu'accidentellement qu'il peut toucher aux questions de doctrine et de piété. Mais toutes les fois qu'il le fait, nous aimons à lui rendre le témoignage que c'est d'une manière conforme à la tradition et à l'esprit de l'Eglise. Sous ce rapport même, la lecture de son livre sera très-utile. Quant au point de vue des beautés littéraires, nous félicitons l'auteur d'avoir conçu le plan de ce travail et de l'avoir heureusement exécuté; c'est un excellent choix des meilleurs morceaux sur cette matière; c'est un rayon de miel recueilli avec discernement sur les fleurs du pays par une abeille patiente au travail. La lecture de cet ouvrage nous a paru très-intéressante et très-propre à faire goûter l'étude de l'Ecriture Sainte, et nous ne pouvons que le recommander avec instance.

Lettre de Mgr l'évêque de Langres.

Paris, le saint jour de Noël 1849.

Monsieur le Directeur,

D'après l'examen que j'ai fait faire de votre ouvrage sur l'*Eloquence et la Poésie de la Bible*, je me plais à reconnaître que cet intéressant recueil est propre à faire comprendre et goûter le mérite éminent de la littérature sacrée. Je ne puis donc que faire des vœux pour qu'il se répande et produise les heureux effets que vous en attendez.

Agréez, Monsieur le Directeur, l'assurance de ma considération très-particulière.

† P.-L., évêque de Langres.

Lettre de Mgr l'archevêque de Besançon.

Bony en tournée, le 10 Avril 1850.

MONSIEUR ,

Je dois d'abord vous faire mes excuses du long retard de ma
réponse qui n'a pas eu d'autre cause que des occupations extraordinaires, lesquelles m'ont enlevé toute espèce de loisir. Sans cela je
n'aurais pas attendu aussi longtemps pour vous remercier de votre
souvenir et du plaisir que m'a procuré votre ouvrage. Il est impossible de mieux réussir dans une matière qui offrait des difficultés spéciales. Vous les avez heureusement vaincues , et c'est
un véritable service que vous avez rendu aux études.

Veuillez recevoir, Monsieur, l'expression de mes sentiments très-
distingués et très-dévoués.

† CÉSAIRE , Archevêque de Besançon.

Approbation de Mgr l'évêque de Nancy.

MONSEIGNEUR ,

Pour remplir vos intentions j'ai examiné attentivement l'ouvrage
intitulé : *Éloquence et Poésie des Livres saints* , par M. l'abbé
Henry, directeur de l'Institution de la Trinité à LAMARCHE , et
voici le jugement que j'en porte : L'auteur remplit parfaitement
le titre et le but de son livre. C'est l'élite des plus riches morceaux
poétiques de la Bible; c'est un choix excellent, fait avec discernement, goût et méthode, de ce qu'ont écrit de plus éloquent, les
auteurs les plus célèbres qui ont traité des beautés littéraires de
l'Ecriture. Ce livre ainsi fait confirme une vérité aujourd'hui in-
contestée, c'est que nos livres saints offrent des traits d'éloquence
et de poésie, tels qu'on n'en trouve point, au moins en nombre
égal et au même degré de sublimité et d'énergie, dans les écrivains profanes les plus vantés, et qu'on serait moins embarrassé
de dire où l'éloquence n'est pas dans l'Ecriture, que d'indiquer
tous les endroits où elle est comme sur son trône et dans toute
sa majesté, tantôt douce, tendre et pénétrante; tantôt simple,
naïve et gracieuse; tantôt forte et terrassante; tantôt grande,
noble et élevée comme le ciel d'où elle descend. Ce livre convient surtout à la jeunesse studieuse, qui y trouvera des modèles
parfaits d'éloquence et de poésie, propres à former le goût et à
l'inspirer, à orner l'esprit et à le remplir d'admiration pour les
beautés sans nombre dont étincellent les Livres saints.

Monseigneur, d'après ces considérations, j'estime que le susdit ouvrage mérite d'être revêtu de votre approbation, et d'être spécialement recommandé dans les petits séminaires et dans les institutions ecclésiastiques.

Je vous prie encore, Monseigneur, de comprendre dans votre approbation : l'*Eloquence des Saints Pères*, du même auteur, et dont, après examen, je porte aussi un jugement très-favorable. Les beaux passages, les nombreux extraits des écrits et des discours des Saints Pères, et les judicieuses réflexions des plus célèbres littérateurs, dont se compose ce nouvel ouvrage, donnent une haute et véritable idée de l'éloquence sacrée, mettent au premier rang, dans le grand art de persuader et de toucher, les grands orateurs chrétiens de tous les âges de l'Eglise, et dissipent les préventions contraires et injustes que l'impiété et l'ignorance ont répandues contre ces hommes illustres, la gloire du christianisme. La publication de ce livre est donc un service rendu à la cause sacrée de la religion et mérite d'être encouragée.

Veuillez, Monseigneur, agréer l'hommage sincère du profond respect avec lequel

       J'ai l'honneur d'être,

               De votre Grandeur,

            Le très-humble et très-dévoué serviteur,

                   FERRY, Chanoine.

Nancy, le 29 août 1850.

    Vu et approuvé :

   † ALEXIS, évêque de Nancy et de Toul.

Lettre de Mgr Caverot, évêque de St-Dié.

St-Dié, le 1er Février 1850.

Monsieur et très-cher Directeur,

Vous me demandez si je voudrais bien joindre mon suffrage personnel aux approbations qui ont été accordées à vos divers ouvrages par mon vénérable prédécesseur Mgr Manglard, et par Mgr l'évêque de Langres.

En vous donnant de tout mon cœur cette marque de sympathie, je crois n'accomplir qu'une œuvre de justice. Je recommande donc à tous les amis des bonnes et saines doctrines, tant en religion qu'en morale et en littérature, les essais que vous avez publiés, soit sur l'Eloquence ancienne et moderne, soit sur l'Eloquence et la Poésie des livres saints, soit enfin sur l'Eloquence des Saints Pères.

Ces ouvrages, éminemment propres à former le jugement et le goût des jeunes gens, peuvent être une ressource très-précieuse pour tous les établissements d'éducation demeurés fidèles aux principes du catholicisme. J'ajoute qu'utiles à ces sortes de maisons et aux séminaires, ils seront encore lus avec plaisir et avec fruit par tous les amateurs de la littérature religieuse, et surtout par les prêtres.

Je me rends d'autant plus volontiers à votre désir, que loin de tirer de ces travaux l'honorable profit auquel vous avez droit, vous le consacrez tout entier à des œuvres de zèle, ainsi qu'au développement du précieux établissement dont vous avez doté mon diocèse, et que vous dirigez avec un succès, un désintéressement et dans un esprit qui sont au-dessus de tous mes éloges.

Puisse ce témoignage d'un intérêt bien mérité, prouver à tous l'affection que je porte à vos œuvres, à votre personne et à vos chers et dévoués collaborateurs.

Recevez, Monsieur et cher Directeur, l'assurance de mon affectueux dévouement.

† LOUIS-MARIE, évêque de St-Dié.

La Voix de la Vérité, dans son supplément du 24 novembre 1849, a rendu compte en ces termes du volume qui a pour titre : *Eloquence et Poésie des Livres saints.*

La sainte Bible a été l'objet de bien des attaques de la part des incrédules de tous les siècles et particulièrement du moderne philosophisme. L'excellence de ce livre divin ne pouvait manquer d'exciter leur haine jalouse ; sa sainteté, sa perfection, leur impiété grossière. Il n'est sorte d'ordures, qu'on nous passe le mot, dont ils n'aient cherché à souiller chacune de ces pages où se montre le doigt de Dieu. Mais les incrédules ont *passé comme l'ombre*, et l'œuvre du Saint-Esprit est demeurée debout, elle restera éternellement. La Bible n'en forme pas moins le livre des livres ; le livre unique, le livre sans rival dans le monde, et, après l'avoir couvert de railleries et d'insultes, les descendants de Voltaire, qui ont glissé dans le socialisme, visent à s'en faire un piédestal pour leurs doctrines subversives. De l'injure ils passent à la parodie ; Dieu leur devait ce châtiment. Etrange destinée de ce livre qui a vu tous les hérétiques, tous les songes-creux, tous les

extravagants, tous les impurs sectaires, venir successivement s'a-
briter sous ses feuillets, et défier la vérité par la vérité même qu'il
renferme! Semblable au soleil, il a vu passer tous les nuages,
et il rayonne encore du plus splendide éclat. Si la Bible a trouvé
de violents et trop habiles détracteurs, elle compte aussi d'illustres et éloquents défenseurs, de glorieux apologistes. M. l'abbé
Henry laisse de côté ce qui tient au dogme et n'envisage que la
partie purement littéraire de la Bible; il passe en revue ce qu'il y
a de plus remarquable sous le rapport de l'éloquence et de la
poésie dans tous les livres de l'Ancien et du nouveau Testament;
les sujets graves, sublimes, terribles, et les sujets doux, gracieux
qui s'y rencontrent en abondance. Il n'a pas tout cité; mais ses
morceaux sont choisis avec goût, exposés avec intelligence et re-
liés par des notes et des dissertations d'un bon style.

Nous possédons déjà sur cette matière deux ouvrages écrits à un
point de vue différent : les *Beautés de la Bible*, du docteur angli-
can Lowth, et la *Poésie sacrée chez les Hébreux*, du pasteur alle-
mand Herder; ce dernier livre a été fort bien traduit dernière-
ment par la baronne de Carlowitz.

En général, les protestants étudient beaucoup plus soigneuse-
ment la Bible que les catholiques, et les ouvrages dont nous parlons ont obtenu parmi eux beaucoup de succès; nous exprimons
ici le regret qu'ils soient trop peu connus des prêtres de notre
pays. Lowth est savant; il a réuni des citations nombreuses, et il
fait bien admirer les beautés sublimes et originales des auteurs
sacrés. Il règne dans son livre un grand esprit de religion. Herder
a une teinte rationaliste fort prononcée et ne doit être lu qu'avec
précaution. Ses dissertations renferment des aperçus neufs et curieux, des rapprochements piquants et instructifs; mais il y mêle
beaucoup d'idées, de jugements et d'appréciations dont la raison
n'est pas toujours démontrée, quand ils ne contiennent rien de
faux ou d'exagéré. M. l'abbé Henry a donc puisé à ces deux sources pour composer son livre, et s'il a beaucoup abrégé Lowth, il
l'a aussi complété par Herder, Michaëlis, etc. Il a eu également le
bon esprit de recueillir les témoignages les plus éloquents, les jugements les plus remarquables rendus au texte sacré par Bossuet, Fénélon, Rollin, La Harpe, de Fontanes, de Châteaubriand, de Maistre
et d'autres écrivains érudits, et de fondre le tout avec à-propos et
habileté dans l'ordre des matières qu'il traite. C'est là un fort bon
livre et dont la lecture m'a été très-agréable. S'il n'a pas le mérite
de l'originalité, comme ceux dont nous avons fait mention, il
forme une excellente compilation, une œuvre de goût, et ce

n'est pas peu dire. Un grand nombre de confrères, qui ont un excès de loisirs, profiteront singulièrement à cette étude; et pour peu qu'ils aient le goût des belles pensées, du beau et sublime langage, ils trouveront autant d'intérêt et de charmes que d'instruction solide. Il est triste à penser que la Bible, qui est le livre du prêtre par excellence, soit aussi peu généralement, aussi imparfaitement connue. Je ne sais comment cette ignorance se justifiera au jugement de Dieu; mais ce qu'il y a de certain, c'est qu'on se prive d'une des plus douces jouissances qui puissent consoler notre solitude accablante, relever des âmes entraînées par trop d'occasions vers le découragement et le goût des choses terrestres.

L'auteur me permettra de lui reprocher trop de concision à l'égard de saint Paul, qui est le plus puissant et le plus profond génie que je connaisse. Sans doute la phrase est rude, peu recherchée dans ses tours; mais quelle vivacité, quelle originalité, quelle hauteur, quelle fierté sublime, quelle magnificence même elle revêt à chaque instant! Que de nerf, que de chaleur, que d'éloquence et de mouvements passionnés! Ce grand homme n'est pas connu non plus, aimé et admiré, autant qu'il doit l'être; c'était la désolation de saint Jean Chrysostôme, et je la comprends. J'aurais su un gré infini à l'auteur, s'il avait consacré, non pas neuf pages; mais vingt, mais trente, à l'examen de ces quatorze chefs-d'œuvre sortis de la plume et du cœur de saint Paul. Il ne dit rien de cette épître à Philémon, qui est le sublime du genre et d'un bout à l'autre. Ah! je le regrette, et j'espère que le succès de son livre permettra à M. Henry d'allonger cette importante matière dans une édition subséquente : je l'y exhorte de tout mon pouvoir. Quoi de plus frappant que cette définition intraduisible de la foi : *Fides est sperandarum substantia rerum, argumentum non apparentium.* (*Hebr.* 11.) Quelle éloquence dans tout ce chapitre! Veut-il réprimer l'orgueil des faux docteurs qui vantaient leur naissance et les fruits de leur prédication, il s'écrie : « Moi, je ne me plais que dans mes infirmités : *Placeo mihi in infirmitatibus meis.* (2 Cor., 12.) Et je ne suis puissant que dans la faiblesse : *Cùm enim infirmus, tunc potens sum.* » (Ibid.) Quel philosophe a compris avec autant de clarté, exprimé avec autant de justesse les mystères du cœur humain, les misères de notre nature déchue, l'impérieux besoin du secours de Dieu pour l'accomplissement des devoirs? Et pour imiter M. l'abbé Henry, je citerai ces vers de Racine qui sont une traduction des textes de saint Paul : *Quod nolo malum hoc ago*, etc.

Mon Dieu quelle guerre cruelle!
Je trouve deux hommes en moi :
L'un veut que, plein d'amour pour toi,
Mon cœur te soit toujours fidèle ;
L'autre, à tes volontés rebelle,
Me révolte contre ta loi.....
Hélas ! en guerre avec moi-même,
Où pourrai-je trouver la paix ?
Je veux, et n'accomplis jamais :
Je veux, mais, ô misère extrême !
Je ne fais pas le bien que j'aime,
Et je fais le mal que je hais.
O grâce, ô rayon salutaire,
Viens me mettre avec moi d'accord.....
Fais ton esclave volontaire
De cet esclave de la mort.

Ceci ne vaut pas l'énergie de ces paroles : *Quis me liberabit de corpore mortis hujus? Gratia Dei per Jesum Christum.* (Rom. 7.)
Nous devons tenir comme une bonne œuvre tout ce qui contribue à répandre la science des saintes lettres. M. l'abbé Henry aura contribué pour une bonne part à cette étude et nous l'en félicitons.

RÉAUME.

L'Espérance de Nancy a aussi publié, sur le même ouvrage, un article très-favorable dans son numéro du 29 décembre 1849.

Traiter de l'éloquence et de la poésie des livres saints, c'est parler de ce qu'il y a de plus beau, de plus vrai, de plus divin. Aussi les écrivains qui en ont parlé, après les avoir étudiés sérieusement, s'expriment avec un enthousiasme qui étonne les esprits frivoles, les âmes inattentives. Tout homme d'un génie profond sympathise avec la Bible. Si Voltaire, le prince des génies légers et des cœurs étourdis, a su, a osé rire de nos livres sacrés, Rousseau, ce chef des incrédules sérieux, s'écrie que la majesté des Écritures l'étonne et que la simplicité de l'Évangile parle à son cœur. Le savant fondateur de la Société asiatique de Calcuta, W. Jones, « pense que ce volume contient plus d'éloquence, plus de vérités historiques, plus de morale, en un mot plus de beautés de tous les genres qu'on n'en pourrait recueillir de tous les autres livres ensemble, dans quelque langue et dans quelque siècle qu'ils aient été composés. »
Mais c'est le génie aidé de la foi, qui a surtout saisi les beautés

de ce grand livre qui s'ouvre par l'histoire de l'origine des choses, et se termine par celle de la fin du monde et du jugement suprême, en jetant une lumière sublime et profonde sur nos destinées. Avec quelle ardeur d'admiration, avec quelle splendeur de style, les Pères de l'Eglise n'ont-ils pas traité des divines Ecritures ! « Pour qui la contemple des yeux de la foi, dit le grand Chrysostôme, l'Eloquence de l'Ecriture a la magnificence d'une reine; celle des autres livres n'a que les parures d'une servante. » Ecoutez Fénélon, admirateur enthousiaste des Grecs et des Latins : « Jamais Homère n'a approché de la sublimité de Moïse dans ses cantiques; jamais aucun poète n'a égalé Isaïe peignant la majesté de Dieu. Qu'y a-t-il de comparable au tendre Jérémie déplorant les maux de son peuple? Il y a autant de différence entre les poètes profanes et les prophètes qu'il y en a entre le *véritable* et le *faux* enthousiasme. » Citons encore un homme dont le génie contriste aujourd'hui l'Eglise qu'il aima tant autrefois : « Tout ce qu'il y a de doux et de tendre, de terrible et de sublime, ne le cherchez pas ailleurs que dans l'Ecriture ; en la lisant, on voit que le doigt de Dieu a touché les lèvres des écrivains sacrés. »

Ce sont les beautés, les magnificences de ces livres admirables que M. l'abbé Henry a entrepris d'exposer dans l'ouvrage que nous annonçons. L'auteur, avec une modestie qui l'honore, a préféré, dans un si grand sujet, à ses idées propres celles des hommes éminents qui les ont étudiées au point de vue de l'éloquence et de la poésie. Son volume est un résumé de ce qu'ont pensé et dit de mieux, sur cette matière, Bossuet, Fénélon, Rollin, La Harpe, De Maistre, Châteaubriand, Lowth, Michaëlis, Herder, Eichorn, etc. Non pas qu'il offre une série de morceaux décousus, sans ordre et sans suite; le tout se trouve fondu dans une unité de composition et de style qui forme un livre fort instructif et des plus intéressants. Dans un seul volume on possède un véritable traité sur toute la matière, envisagée sous toutes ses faces : tous les auteurs des deux Testaments sont passés en revue.

Ce qui regarde la poésie hébraïque en général, et ses diverses espèces en particulier, est traité d'une manière solide, avec beaucoup de justesse et assez d'étendue. Les caractères des poèmes bibliques et leur supériorité sur les poèmes profanes y sont bien démontrés. Si l'auteur n'a guère pu qu'effleurer l'immensité de son sujet, dans les détails, il a mis ses lecteurs à même, — et c'est tout son but, — d'en continuer fructueusement et délicieusement l'étude. Il s'est étendu avec plus de complaisance sur Job,

sur Moïse et sur David ; sans doute parce qu'il a puisé dans des
mines plus riches et plus fécondes : c'est ce qui est le mieux
travaillé. Pourquoi ne pas avoir traité aussi amplement de Jérémie, d'Ezéchiel et surtout d'Isaïe ? Ce qui est dit est bien, cependant cela laisse à regretter. Mais il fallait se renfermer dans un
seul volume, et comment tout dire dans si peu d'espace ? Que
l'auteur nous permette encore de lui demander, dans une autre
édition, d'augmenter le nombre des *citations* au risque d'enfler
un peu son volume, déjà fort plein, ou du moins de multiplier
les *indications*, ce qui serait sans inconvénient d'aucune sorte ;
chacun pouvant recourir à sa Bible.

En résumé ceci est un bon ouvrage, qui manquait aux âmes
studieuses ; il n'est point parfait, sans doute, mais il est très-
propre à inspirer le goût de l'étude de nos livres saints, étouffés
sous la lourdeur des commentaires in-folio, qui n'en révèlent que
les divers sens orthodoxes, et n'en laissent même pas soupçonner
la beauté. Fort bons pour les *gros* savants, ils empêchent trop
souvent la *science des petits*. Les personnes studieuses et pieuses
ne pourront manquer de se procurer un livre qui leur épargnera,
à la fois, argent, travail pénible et longue étude, pour s'initier
à l'éloquence et à la poésie de l'Ecriture sainte, dans un temps
où l'âme a si besoin de se désoccuper un peu des choses de la
terre pour se nourrir de foi, d'espérance et d'amour pur.

L'abbé Chapia.

PRÉCIS

DE

L'HISTOIRE

DE

L'ÉLOQUENCE.

PREMIÈRE PARTIE.

ÉLOQUENCE GRECQUE.

CHAPITRE PRÉLIMINAIRE.

IDÉE GÉNÉRALE DE L'ÉLOQUENCE PRIMITIVE.

L'histoire de l'Eloquence date des premiers âges du monde. Les hommes ayant reçu le langage pour se communiquer leurs pensées, durent chercher à s'en servir pour dominer leurs semblables par la persuasion. Leur éloquence même devait être passionnée. Vivement frappés à la vue des objets propres à exciter la surprise et l'admiration, ils s'exprimaient avec enthousiasme, se livraient à des mouvements impétueux et avaient recours à des figures animées, à des métaphores hardies qui peignaient leurs pensées, et les jetaient comme des traits dans l'âme de leurs auditeurs. Tel fut en effet, le caractère des peuples enfants ; tel est encore aujourd'hui celui des tribus sauvages. La nature leur inspire une éloquence figurée et hardie qui mérite quelquefois l'admiration des peuples civilisés ; mais elle

1

est mêlée de beaucoup de défauts. Elle ne consiste que dans des traits isolés, que défigurent la grossièreté du langage et le désordre des pensées. Nous ne nous arrêterons donc pas à cette éloquence des premiers temps, qui d'ailleurs ne pouvait avoir une grande influence chez des hommes pour lesquels la loi presque toujours était la force. Les premiers empires qui s'élevèrent dans le monde, ceux d'Assyrie et d'Egypte, ne furent pas non plus très-favorables au talent de la parole. Dans ces états despotiques, le grand nombre était accoutumé à une aveugle soumission : c'était la crainte et non la persuasion qui les faisait agir; l'orateur était entravé, et par conséquent il ne pouvait s'élever à une grande hauteur, ni exercer cet empire que lui donne le génie dans les gouvernements où il jouit de sa liberté et de son indépendance.

Avant la naissance des républiques de la Grèce, on aperçoit à peine quelques traces d'éloquence, considérée comme étant l'art de la persuasion; mais ces républiques lui ouvrirent un vaste champ. Cette brillante période de l'éloquence chez les Grecs a toujours été l'objet de l'admiration des connaisseurs.

IDÉE GÉNÉRALE DE L'ÉLOQUENCE GRECQUE.

De toutes les républiques de la Grèce, Athènes fut de beaucoup la plus renommée pour l'éloquence, ainsi que pour tous les autres arts. Le peuple d'Athènes était vif et ingénieux, exercé aux affaires, instruit par le spectacle des révolutions soudaines et fréquentes auxquelles son gouvernement était sujet. Ce gouvernement était essentiellement démocratique : le corps entier du peuple formait la législature. Il y avait, à la vérité, un sénat composé de cinq cents membres; mais l'assemblée du peuple décidait de tout en dernier ressort. Là, les affaires se traitaient par le raisonnement et le discours; on y apprenait à discuter les intérêts, à manier les passions d'une assemblée populaire. C'est là qu'on faisait des lois, qu'on déclarait la paix ou la guerre, qu'on cherchait les hommes appelés aux magistratures. Il est évident qu'une telle constitution invitait à étudier l'art de l'éloquence, comme le plus sûr moyen d'acquérir de l'influence et du pouvoir. L'assemblée du peuple était une arène, où d'ambitieux démagogues, des orateurs corrompus étaient aux prises avec des citoyens vertueux et animés d'un véritable patriotisme. Ils s'efforçaient également de gagner la bienveillance de leurs auditeurs, mais avec des vues et des moyens différents. Les premiers, abusant du caractère léger, factieux, amoureux de la nouveauté qui dominait souvent les Athéniens, cherchaient à les éblouir et à les égarer par les prestiges d'une fausse éloquence; ils excitaient leurs passions et les poussaient à des partis funestes; ils cherchaient, non à procurer le bien public, mais à satisfaire leur ambition ou leur cupidité. Les seconds, au contraire, négligeant la vaine pompe des mots, n'employaient que des arguments solides; faisaient clairement connaître au peuple ses véritables intérêts; lui dévoilaient les intrigues et les projets coupables des citoyens pervers, les machinations de ses ennemis; l'effrayaient à l'aspect des dangers; excitaient en lui le désir de la gloire; ranimaient dans tous les cœurs l'amour de la patrie et de la liberté; et, par cette éloquence, forte des pensées et des preuves que la bonne cause fournit au génie, et entraînante par les sentiments profonds qu'il puise dans la vertu, ils le réveillaient de son engourdissement, exaltaient son courage et le rendaient capable des plus généreux sacrifices et des plus héroïques vertus. C'est ainsi que, dans les violents débats du vice et de la vertu, des factions et de la liberté, dans la vie active et la conduite des affaires, se formaient de grands orateurs, dont l'éloquence, née du besoin, rejetait toutes les pensées subtiles, tous les ornements recherchés, et ne se distinguait que par une manière solide, énergique, la plus efficace en un mot pour convaincre, intéresser, persuader.

L'éloquence se montrait donc puissante et hardie dans les assemblées politiques. Mais, en présence des juges, elle paraissait avec un front timide; elle ne pouvait déployer qu'une partie de ses forces. Les accusés devaient eux-mêmes défendre leur cause; ils ne pouvaient la confier à une bouche étrangère et plus exercée. Il leur était également interdit de chercher à at-

tendrir l'auditoire, et lorsqu'ils commençaient à se livrer à des
mouvements pathétiques, la voix d'un héraut les avertissait de
développer avec calme leurs moyens de défense. Cependant on
éludait en partie ces dispositions sévères. Les orateurs composaient souvent les plaidoyers de ceux qui avaient des procès,
et il était d'autant plus facile d'agir, malgré la défense de la
loi, sur le cœur des juges, qu'ils étaient très-nombreux et
formaient une espèce d'assemblée populaire. D'ailleurs un grand
nombre de causes se portaient devant le peuple, et l'éloquence
judiciaire acquérait alors tous les puissants moyens de l'éloquence politique.

Il était d'usage, à Athènes, de faire prononcer, dans une
assemblée solennelle des citoyens, l'éloge des guerriers morts
pour la défense de la patrie. Cette institution offrait aux orateurs une occasion de s'élever à la plus haute éloquence et de
produire les plus étonnants effets. Ils inspiraient à tous le désir
de la gloire, un courage héroïque, le mépris de la mort, en
exaltant les hauts faits et le dévouement de ceux qui avaient
versé leur sang dans les combats, et en faisant briller avec
éclat les magnifiques honneurs décernés à leurs mânes. Mais
lorsqu'ils s'adressaient aux enfants, aux épouses et aux mères
des nobles victimes, ils versaient dans leur âme, non pas seulement des consolations, mais une joie mêlée d'enthousiasme
et de fierté; ils les élevaient au-dessus des sentiments de la
nature, à la vue de cette gloire, de cette immortalité acquise
aux objets de leur tendresse. Pour concevoir une idée de leur
éloquence; il suffit de rappeler l'impression que fit Périclès,
dans un discours de ce genre; les mères et les femmes des
guerriers coururent l'embrasser avec transport, quand il descendit de la tribune, et le reconduisirent en triomphe, en
chargeant sa tête de fleurs.

CHAPITRE PREMIER.

PREMIER PROGRÈS DE L'ÉLOQUENCE GRECQUE.

L'éloquence n'est pas encore un art. Premier éveil de la réflexion sur la
puissance de la parole. — Les orateurs ont déjà l'esprit cultivé par diverses connaissances. — Cependant ils doivent leurs succès moins à
l'étude qu'aux inspirations de la nature. — C'est encore une époque de
spontanéité.

Solon. (640—559.)

On peut considérer Solon comme le plus ancien des orateurs
qui se sont distingués à Athènes. Il s'était attiré l'estime de ses
concitoyens par ses connaissances, par ses talents et par ses
vertus. Il fut le premier auquel on donna le titre de *sophiste*,
titre alors honorable, et qui signifiait sage et savant. L'influence
de son génie et de ses talents oratoires fut si puissante, qu'en
créant la république, il semble avoir créé un peuple nouveau.
Ce n'est que depuis lui que l'on voit Athènes s'élever par degrés
à ce comble de gloire, qui la rendit en peu d'années la première ville du monde. Solon n'est pas seulement le fondateur
du gouvernement des Athéniens, il est l'instituteur de toutes
leurs vertus. C'est lui qui, le premier, leur a enseigné la justice et la modération. C'est sa morale qui a jeté dans les cœurs
les premiers germes de la philosophie. Cette troupe de séditieux,
de brigands, d'assassins, qui infestaient l'Attique, à sa voix,
pose tout à coup les armes, se rassemble autour de lui, écoute
avec avidité ses leçons, et s'empresse de les pratiquer. La première étincelle de cette noble émulation pour la célébrité dans

tous les genres, fut allumée par Solon. Il prépara les triomphes
de Marathon et de Salamine; il prépara aussi la naissance de
tous les triomphes du génie, qui, par la suite, ont immortalisé
le sol de l'Attique.

Pisistrate, etc. (VIe siècle.)

Pisistrate qui fut, dans sa jeunesse, le disciple et l'ami de
Solon, devint bientôt après le tyran de sa patrie (561). Il n'employa d'abord pour la subjuguer que les armes d'une éloquence
douce, insinuante, persuasive. Habitué à une   profonde dissi-
mulation, il sut déguiser avec une adresse extrême l'ambition
dont il était dévoré sous le voile d'un patriotisme pur, de l'a-
mour du peuple et de l'égalité. Plus d'une fois, Solon voulut
démasquer sa perfidie, et garantir les Athéniens des piéges
que leur tendait la feinte douceur de Pisistrate; l'art avec lequel
celui-ci savait flatter la multitude, le charme qu'il répandait sur
tous ses discours, triomphaient de la véhémence de Solon, qui
souvent, il le faut avouer, aliénait les esprits par la dureté de
ses reproches. Avec quelque force qu'il attaquât Pisistrate,
jamais néanmoins celui-ci ne cessa d'avoir tous les égards qu'il
devait à son maître. Il est vrai aussi que rien ne fut plus doux
que le gouvernement de cet usurpateur. Il conserva toutes les
institutions de Solon. Ami des arts et des sciences, il embellit
la ville d'Athènes de plusieurs monuments utiles; il ouvrit le
premier une bibliothèque publique et récompensa avec magnificence les savants et les artistes. La république ne s'aperçut
qu'elle avait un maître que par le calme profond dont elle jouit
sous sa domination. Il eût rendu les Athéniens heureux si ce
peuple, inquiet et impatient du joug, eût été capable de goûter
son bonheur. Deux fois Pisistrate fut chassé de l'Attique,
et deux fois il y rentra, par force ou par ruse, avec l'autorité
suprême.

Durant son règne et sous celui de ses deux fils, Hipparque
et Hippias, l'éloquence publique eut peu d'occasions de se produire. Le gouvernement n'était plus entre les mains du peuple,
et les intérêts de l'État n'étaient plus discutés à la tribune. Mais

l'éloquence particulière, l'art d'écrire en prose, qui ne faisait que de naître, furent singulièrement cultivés. Héritier de la douceur de Pisistrate et de son goût pour les belles-lettres comme de sa puissance, Hipparque s'appliqua à faire fleurir les beaux-arts. Il était lui-même fort instruit; il aimait les poètes; Homère fut, pour ainsi dire, l'objet de son culte. Afin de répandre de plus en plus, parmi les Athéniens, la connaissance des deux chefs-d'œuvre de ce beau génie, il ordonna que tous les cinq ans les Rapsodes chanteraient alternativement l'Iliade et l'Odyssée durant les fêtes des grandes Panathénées. Cet usage subsistait encore du temps de Platon.

Ce goût des lettres devait servir bientôt à l'éloquence. La révolution opérée par la mort d'Hipparque et d'Hippias releva la tribune d'Athènes. Clisthène, qui avait principalement contribué au rétablissement du gouvernement démocratique, fut sans doute un orateur distingué; mais nous ne savons rien de particulier ni sur sa personne, ni sur le caractère de son éloquence.

Un disciple de Solon, Mnésiphile de Phréar, en Attique, se distinguait alors par la science, et brillait par l'élégance et la grâce dont il savait revêtir les matières abstraites de la philosophie, aux principes de laquelle il mêlait ceux de la science des gouvernements.

Depuis la révolution opérée par Clisthène, le gouvernement d'Athènes jouit de quelques années de tranquilité, et le génie des habitants de l'Attique se tourna vers la poésie et les arts agréables, aimables enfants de la paix.

Nous ne pouvons passer sous silence une femme célèbre qui fit alors l'admiration de toute la Grèce. La beauté extraordinaire de Thargélie de Milet faisait son moindre mérite; ses rares connaissances et son éloquence, dont les charmes étaient irrésistibles, lui avaient fait donner le titre de sophiste, qui était alors honorable, comme nous l'avons dit.

Thémistocle. (535 — 470.)

Les guerres médiques qui survinrent (500 ans avant J.-C.), changèrent la direction des esprits. L'éloquence prit alors un caractère militaire ; elle retentit plus dans les camps que dans la place publique., et on ne vit plus guère d'orateurs que parmi les généraux d'armée. Milthiade et Thémistocle effacèrent tous les autres ; ce dernier surtout s'appliqua, dès son enfance, à l'art de bien parler, et dans cet âge tendre, où l'on ne songe qu'aux amusements frivoles, il employait le temps de ses récréations, non à se divertir, mais à composer quelques discours dont le sujet était ou une accusation contre quelqu'un de ses condisciples, ou une défense en faveur de l'un d'eux. Son maître voyant l'usage qu'il faisait de ses loisirs, et connaissant son caractère ardent et impétueux, avait coutume de lui dire : *O mon fils, tu ne seras jamais un sujet médiocre, tu porteras ou la bonté ou la méchanceté à son comble.* Thémistocle vérifia bien par la suite cette prédiction. Celui que les trophées de Milthiade empêchaient de dormir, pouvait-il ne pas devenir un grand homme? Dans son adolescence il s'attacha à l'orateur Mnésiphile de Phréar, dont nous avons déjà parlé.

Le rival de Thémistocle, Aristide, ne négligea pas, sans doute, l'étude d'un art indispensable pour gouverner le peuple ; mais nous ignorons à quel degré il a pu s'y distinguer. L'éclat de ses vertus a fait oublier ses talents, et l'honnête homme a entièrement effacé l'orateur.

CHAPITRE SECOND.

RHÉTEURS ET SOPHISTES.

Epoque de réflexion. — L'art de l'éloquence est formé. — Dès sa naissance il dégénère en abus. — Subtilité et ostentation des sophistes. —
Ils sont presque tous étrangers à Athènes. — Gorgias, chef principal de
l'école Sicilienne, rend plusieurs services importants.

————————

Tandis que l'école d'Athènes formait et agrandissait l'empire
de l'éloquence, et qu'elle instruisait les orateurs plutôt par la
force des exemples que par la subtilité des préceptes, Syracuse,
l'Athènes de la Sicile, se montrait sa rivale dans tous les arts,
et principalement dans celui de bien parler.

Elle eut la gloire d'ouvrir la première école d'éloquence. Après
la mort d'Hiéron II, dont la tyrannie raffinée avait interdit aux
Syracusains l'usage de la parole, ne leur permettant d'expliquer
leurs pensées que par le geste, le peuple abolit la royauté et
y substitua la démocratie. Alors il s'éleva entre les citoyens une
foule d'accusations réciproques, et les tribunaux ne retentirent que de dénonciations et de plaintes contre ceux qui avaient
favorisé la violence du dernier gouvernement. On sentit la nécessité de savoir parler pour se défendre. Un orateur nommé
Corax, qui avait joui de quelques faveurs auprès d'Hiéron, es-
saya de gagner les bonnes grâces de la multitude, et il y
réussit par ses discours insinuants et flatteurs. Son succès lui
révéla son talent et le rendit l'admiration de ses concitoyens.
Pour la mettre à profit, il ouvrit une école publique où, moyennant un salaire, il enseignait l'art de la persuasion. Il s'appliqua principalement à la dialectique, l'art de raisonner étant la
base de celui de bien parler.

Tisias. (vie siècle.)

Tisias, l'un de ses disciples, ouvrit à son tour une école. Il écrivit sur la dialectique et augmenta considérablement les ressources de l'art que Corax lui avait communiqué. Il eut de nombreux disciples. Ses succès firent naître dans le cœur de la jeunesse le désir de s'appliquer à l'art de raisonner subtilement et de parler avec élégance, et l'on vit éclore, en peu d'années, un essaim nombreux de rhéteurs qui se donnaient modestement le nom de *sophistes*, c'est-à-dire de savants.

Ces hommes, pour la plupart, doués d'un esprit subtil, mais superficiel, avides de réputation et d'argent, affectaient l'universalité des talents et des connaissances; ils prétendaient tout savoir, tout enseigner, tout démontrer; ils soutenaient les propositions les plus contradictoires et se piquaient d'improviser sur toute espèce de matières, au choix des auditeurs. Embarrassés, ils payaient de mots et d'audace à défaut de raison; se retranchaient sous le rempart de l'équivoque, et leur logique tortueuse et subtile, leurs raisonnements brillants et captieux, leur élocution facile et rapide, éblouissaient la multitude. La Grèce fut bientôt inondée de ces discoureurs. Ils arrivèrent en foule à Athènes, florissante alors par la paix, le commerce et les arts. Ils séduisirent aisément le peuple, qui juge souvent sans examen, et la jeunesse, qui désire tout apprendre sans travail. Les écoles des philosophes se dépeuplèrent, et tout le monde courut sur les pas des sophistes.

Tel est le tableau que l'on peut se former de ces beaux esprits, d'après les divers traits répandus dans les ouvrages de Platon, qui, sous le nom de Socrate, leur livre une guerre continuelle, et répand sur eux le fiel de la plus amère ironie.

Quoi qu'il en soit, il faut reconnaître que plusieurs de ces sophistes avaient des talents distingués.

Protagoras (489 — 408).

Tel fut Protagoras d'Abdère, fils d'Artémon. On prétend

qu'il était portefaix, et qu'un jour Démocrite le rencontrant, fut étonné de voir avec quelle adresse il avait arrangé une charge de souches retenues par un seul lien fort court, et avec quelle agilité il marchait, malgré ce fardeau embarrassant. Il le pria de s'arrêter et lui demanda qui lui avait arrangé ainsi son bois. *Moi-même*, répondit Protagoras. Démocrite n'en voulut rien croire, le pria de défaire le faisceau et de le recomposer : ce que le portefaix fit à l'instant. Alors Démocrite, admirant son intelligence, lui dit : *Mon ami, puisque vous avez tant d'industrie, suivez-moi ; je vous apprendrai à faire des choses beaucoup plus belles.* Dès ce moment il le prit pour disciple, pourvut à tous ses besoins, et en fit un homme de lettres digne d'être le législateur de Thurium. Témoin, pendant son séjour en Sicile, de la gloire que s'étaient acquise Corax et Tisias, il abandonna les recherches profondes sur *la Nature des êtres*, et cultiva la grammaire, la dialectique et l'éloquence.

On aura une idée de la subtilité de ce sophiste par le trait suivant, que rapporte Aulu-Gelle.

Un jeune homme nommé Evathle, qui se destinait au barreau, avait fait marché avec Protagoras pour apprendre de lui toutes les finesses de la plaidoierie et de la chicane, moyennant une certaine somme, mais sous la condition qu'il n'en paierait d'abord qu'une moitié et ne serait tenu de payer l'autre qu'après le gain de la première cause qu'il plaiderait. Le jeune avocat, bien endoctriné, ne se hâte pas de mettre son talent à l'épreuve, et quoique pressé par son maître, qui avait le double intérêt d'être payé et de faire briller son disciple, il diffère toujours d'entrer en lice, jusqu'à ce qu'enfin le sophiste impatienté le fait assigner sur sa promesse écrite, et, se croyant sûr de son fait, débute ainsi devant les juges d'un ton triomphant, et avec l'assurance d'un maître qui va confondre un écolier : « De quelque manière que cette affaire soit jugée, mon débiteur ne peut manquer d'être obligé au paiement; car de deux choses l'une : ou il perdra sa cause, et en conséquence de votre arrêt il faut qu'il me paie; ou il la gagnera, et dès lors sa première cause étant gagnée, il s'ensuit encore qu'il

doit me payer. » Grandes acclamations. Le jeune homme se
lève à son tour, et du ton le plus tranquille : « J'accepte,
dit-il à son maître, cette même alternative comme le vrai fondement de toute cette cause, et comme un moyen péremptoire
en ma faveur; car de deux choses l'une : ou la sentence me
sera favorable, et je ne vous dois rien; ou elle me sera contraire, et dès lors ma première cause étant perdue, je suis
quitte. » Le rhéteur resta muet, et les juges interdits trou-
vèrent la cause si épineuse et si équivoque qu'ils refusèrent de
prononcer.

Le génie ardent et subtil de Protagoras l'entraîna dans les
discussions les plus obscures de la métaphysique; la hardiesse
de ses opinions le fit poursuivre par les Athéniens, qui mirent
sa tête à prix et firent brûler tous ses ouvrages sur la place
publique. Protagoras, pour se soustraire à ses ennemis, s'embarqua dans le dessein de retourner en Sicile; mais le navire
qui le portait fit naufrage, et le philosophe périt dans les flots.
Il avait exercé l'art de sophiste pendant quarante ans. Parmi
ses disciples, Isocrate est un de ceux qui lui ont fait le plus
d'honneur.

Protagoras peut être considéré comme l'un des principaux
chefs des sophistes. Or la sophistique, dans son origine, n'était
autre chose que la rhétorique appliquée à la philosophie. Les
sophistes parlaient sur les mêmes matières que les philosophes.
Mais ceux-ci les traitaient avec sécheresse, dans des dialogues
ou par de courtes interrogations, en feignant de les ignorer.
Les autres en faisaient le sujet de discours suivis, ornés des
grâces de l'élocution. Ils en parlaient comme d'un objet sur
lequel ils avaient longtemps médité et dont ils avaient acquis
une connaissance profonde. Telle est la juste idée que Philostrate nous donne du sophiste. Ce nom ne commença à devenir
une injure que lorsque les hommes d'un talent médiocre, et d'un
orgueil extrême l'eurent rendu l'objet du ridicule et du mépris.

Hippias d'Elée (florissait vers 436).

Hippias d'Elée, qui suivit de près Protagoras, après un long

séjour en Sicile, où il exerça sa profession d'une manière
brillante et très lucrative, voyagea dans presque toute la Grèce,
et vint à Olympie, où, pendant les jeux de la 72me olympiade,
il prononça un discours dont l'élégance charma tous les auditeurs. Il se rendit à Athènes et y fit un assez long séjour, durant lequel il eut de fréquents entretiens avec Socrate. Platon
en a fait le sujet et le personnage de deux de ses dialogues.
Hippias y est représenté comme un homme rempli de la plus
excessive vanité. Il se glorifie de posséder toutes les sciences
et tous les arts, même les métiers les plus vils. L'anneau qu'il
portait à son doigt, son manteau, sa tunique, ses souliers,
sa ceinture, tout était l'ouvrage de ses mains. Il montrait aussi
un cachet, un vase à parfums, un frottoir pour le bain qu'il
avait fait lui-même, pour prouver qu'aucun art ne lui était
étranger. Sa plume avait produit des poèmes de diverses
sortes, des tragédies, des dithyrambes et un grand nombre
d'ouvrages en prose sur différents sujets. Parmi ces derniers,
nous remarquerons principalement un discours dans lequel il
suppose que Nestor, après la prise de Troie, donne à Néop-
tolème ou Pyrrhus, les avis les plus capables de former un
jeune héros, et lui indique les sciences auxquelles il doit s'appliquer pour atteindre à la gloire. Ce discours, dont le sujet
paraît fort heureux, fut prononcé dans le gymnase de Philostrate, à Athènes. Hippias en prononça un autre à Lacédémone,
dans lequel il traitait de l'antiquité des républiques et de leurs
différents gouvernements. Il fut très-souvent envoyé en em-
bassade et s'y fit toujours beaucoup d'honneur. La plupart des
villes où il voyagea l'inscrivirent au rang de leurs citoyens. Sa
mémoire était prodigieuse, il pouvait retenir cinquante noms
prononcés rapidement et les répéter dans le même ordre. Son
éloquence, au jugement de Philostrate, était assez pleine;
mais son style, chargé d'ornements ambitieux, affectait quelquefois des expressions poétiques; l'auteur s'abandonnait
trop à son propre génie, qui l'entraînait dans de fréquents
écarts.

Prodicus (tint école en 430).

Prodicus de Céos, disciple de Protagoras, et qui parut peu
d'années après lui, fut moins un sophiste qu'un philosophe éloquent. Xénophon, qui en faisait le plus grand cas, rend, en
plusieurs endroits, hommage à ses talents. Socrate ne perdait
aucune occasion de l'entendre, et l'estimait au point qu'il lui
donna plusieurs disciples. Les matières que traitait Prodicus
étaient graves, et tous ses ouvrages tendaient à une instruction
solide. Quelquefois cependant il les ornait des grâces de l'imagination, et il est l'auteur de la belle allégorie d'Hercule entre
la Volupté et la Vertu, décrite par Xénophon dans ses mémoires sur Socrate, et depuis imitée par plusieurs écrivains.

Prodicus était doué d'une justesse d'esprit singulière : elle
lui faisait découvrir les nuances des expressions qui paraissent
avoir un même sens et que l'on appelle *synonymes*.

Le mérite et les talents de Prodicus lui suscitèrent de puissants ennemis. On l'accusa de corrompre la jeunesse d'Athènes ;
il fut condamné à boire la ciguë.

Zénon d'Elée (504).

Seize ans après Protagoras, c'est-à-dire vers 478 avant J.-C.,
on vit paraître dans Athènes un sophiste qui avait réduit en art
la conversation, et qui, par la force de ses arguments, prétendait prouver sans réplique les propositions les plus absurdes
et les plus contraires. Zénon d'Elée, disciple de Parménide, fit
une révolution considérable dans l'éloquence par l'introduction
d'un genre nouveau qu'il nomma l'*éristique*, ou l'art de disputer. Nourri dans la doctrine subtile de Parménide, sur les idées
et sur leurs types éternels, il s'appliqua particulièrement à
créer des paradoxes, à former et à détruire des raisonnements
captieux, des syllogismes embarrassants, à soutenir indiffé-
remment le pour et le contre. Les Stoïciens adoptèrent par la
suite sa méthode, et, enchérissant sur ses inventions, créèrent
tous ces arguments ridicules qui ont rendu célèbres Chrysippe

et ses sectateurs, misérables sophistes dont Lucien s'est
moqué avec raison et dont on ne parle plus aujourd'hui qu'a-
vec mépris.

La manière de disputer de Zénon n'était pas celle des philosophes, et il ne se servait pas comme eux du dialogue; c'était
par des discours soutenus qu'il établissait ses paradoxes et
qu'il cherchait à prouver : *qu'il n'y avait point de mouvement;
qu'il n'existait rien dans l'univers; que les mêmes choses sont possibles et impossibles; qu'elles sont semblables et dissemblables;
une et plusieurs; dans le repos et dans le mouvement.* Aussi,
le poète comique Timon comparait la langue de Zénon à une
épée à deux tranchants, qui attaquait avec une force invincible
toutes les opinions, qui en renversait beaucoup et n'en trouvait que très-peu qui l'obligeassent à céder.

La considération que Zénon s'était attirée par son art *éristique*
produisit un tel effet, que la fureur de disputer s'empara de
tous les esprits. Les sophistes se multiplièrent, et ce fut dans
une dialectique subtile qu'ils puisèrent leurs arguments tort
tueux. Ce fut aussi principalement contre les *éristiques* que
Socrate s'éleva avec le plus de vigueur, parce qu'il regardait
leur doctrine comme la plus dangereuse pour la jeunesse, dont
elle corrompait le jugement.

Gorgias de Léonte. (485—378.)

Le plus célèbre des sophistes est Gorgias de Léonte, disciple d'Empédocle et de Tisias. Quelques auteurs le considè-
rent même comme le père et le fondateur de cette secte. C'est
lui, en effet, qui le premier a donné à l'éloquence sophistique cette pompe, ou plutôt cette enflure qui caractérise le
genre. Il fit un fréquent usage des métaphores les plus recherchées; il employa les termes poétiques pour orner son discours et donner à son élocution plus de magnificence.

Gorgias était déjà d'un âge assez avancé lorsqu'il parut dans
Athènes. Les Léontins l'avaient députe, conjointement avec Tisias, pour demander aux Athéniens des secours contre les Syracusains qui les assiégeaient. Sa réputation l'avait devancé. Dès

qu'on apprit qu'il devait monter à la tribune, tout ce qu'il y avait d'hommes distingués par leur savoir accourut pour l'entendre. Il ravit ses auditeurs par la facilité, la richesse, l'élégance et surtout la nouveauté de son élocution. Le secours demandé fut décrété sur-le-champ. On sollicita l'orateur de fixer son séjour dans la ville, d'ouvrir une école et de communiquer ce précieux talent qui lui attirait tant d'administrateurs. Critias, Périclès déjà vieux, Alcibiade très-jeune encore, Socrate, Euripide s'empressèrent d'assister à ses leçons. Le sophiste attirait la jeunesse la plus distinguée de la république. Les différentes assemblées solennelles de la Grèce furent tour à tour le théâtre de sa gloire. Aux jeux pythiens, monté sur l'autel d'Apollon, il prononça un discours qui produisit sur ses auditeurs un enthousiasme si profond qu'ils lui décernèrent à l'instant une statue d'or (*) Peu après il se fit entendre dans les jeux olympiques, et son éloquence enchanta tous les Grecs. Le but du discours qu'il prononça en cette occasion était d'inviter à la concorde les différentes républiques de la Grèce, agitées de dissensions, de les engager à former une ligue puissante et à tourner leurs armes contre les Barbares. (**)

Chargé par les Athéniens de prononcer l'éloge funèbre des guerriers tués au combat de Salamine, il s'en acquitta de la manière la plus brillante.

Sa facilité à parler était telle qu'un jour il monta sur le théâtre, après le spectacle, engagea les assistants à lui proposer un sujet de discours et déclara qu'il était prêt à le traiter à l'instant.

Il termina sa glorieuse et longue carrière à l'âge de cent sept ans. Comme on lui demandait par quel moyen il était parvenu à une vieillesse si avancée : *En ne me livrant à aucun excès*, répondit-il. Il ne nous reste rien des discours qu'il prononça devant les Grecs avec tant d'applaudissements.

(*) Gorgias revenant de Delphes, où il venait de faire poser sa statue, Platon, fort jeune encore, l'aperçut et s'écria : « Voilà Gorgias qui revient à nous tout doré. » Gorgias lui répondit : « Athènes a produit en vous un nouvel Archiloque. »

(**) Tandis que Gorgias prononçait à Olympie son discours sur la Concorde, un Athénien, nommé Mélanthus, se mit à dire : « Cet homme nous conseille la concorde et ne peut la persuader aux personnes qui seules composent sa maison, à sa femme, à lui-même et à sa servante. »

Gorgias rendit à l'éloquence des services essentiels. Il ressuscita l'usage presqu'oublié des *déclamations d'exercice*. Il donna plus d'élévation et de pompe à l'élocution; il perfectionna l'art d'enseigner, au point de passer pour le chef des sophistes. La plupart des grands orateurs et des écrivains célèbres qui l'ont suivi ont puisé leurs principes à son école.

Ces figures hardies, ces métaphores lumineuses dont Gorgias animait son éloquence, charmèrent tellement les Athéniens, qu'ils appelaient ses discours des *flambeaux*, et mirent au nombre des fêtes solennelles les jours où il les prononçait. Tous les écrivains voulurent l'imiter; mais peu avaient le goût nécessaire pour faire un emploi judicieux de ces ornements et pour en éviter l'excès. On vit naître une foule d'orateurs qui, prodiguant les termes ampoulés et les figures violentes, prétendirent marcher sur les traces de Gorgias et déshonorèrent l'éloquence. Les philosophes, pour venger l'abandon de leurs écoles, affectèrent de confondre le maître avec les disciples, cherchèrent à le couvrir de ridicule, et imprimèrent au nom de sophiste une tache indélébile.

Tels furent les premiers sophistes; telle fut l'éloquence à cette époque. Elle était conforme à la situation politique et à la fortune des Athéniens. Enrichis par leurs victoires sur les Perses, parvenus au comble de la gloire, dominateurs de toute la Grèce, ils se livraient plus aux arts d'imagination qu'aux arts utiles; le luxe était porté à son comble et les mœurs commençaient à se corrompre. De même l'éloquence, éloignée de sa simplicité primitive, chargée d'un vain luxe de mots, plus occupée à plaire qu'à instruire, tendait visiblement à corrompre les esprits. Nous allons bientôt la voir changer de caractère, faire les révolutions du gouvernement et s'embellir des disgrâces et des malheurs du peuple.

CHAPITRE TROISIÈME.

NOUVEAUX PROGRÈS DE L'ÉLOQUENCE GRECQUE.

L'école athénienne ramène l'éloquence à son véritable but. — Périclès ouvre avec gloire cette nouvelle période. — Lysias et Isocrate contribuent à épurer le goût et préparent l'âge d'or de l'éloquence grecque.

Périclès. (494—429.)

Tandis que les sophistes éblouissaient la multitude et divertissaient les hommes sensés par leurs tours de force, un disciple de l'ancienne école de Solon, préparé à l'étude de l'éloquence par la philosophie d'Anaxagore, formé aux grâces et à la délicatesse du langage par Aspasie, Périclès, fils de Xantippe, ramenait l'art oratoire vers son véritable but, c'est-à-dire vers l'utilité publique. Déjà illustré par plusieurs victoires, aimé du peuple, qui voyait renaître en lui un nouveau Thémistocle, à peine il parut à la tribune qu'il porta tout à coup l'art à un très-haut degré de perfection. Durant près de quarante ans, il gouverna souverainement Athènes par le seul talent de la parole.

Ce fut principalement pour déterminer les Athéniens à entreprendre la guerre contre Mégare et Lacédémone, que Périclès déploya toutes les ressources du génie oratoire. La force et la chaleur des traits de son éloquence, la firent comparer à la foudre, et l'orateur, égalé à Jupiter, fut surnommé *l'Olympien*. Aristophane rendait un hommage éclatant au talent de ce grand homme, lorsqu'il disait (*Acharn.*, v. 54):

. . . . Ici de Périclès
La voix, l'ardente voix, de tous les cœurs maîtresse,
Frappe, foudroie, agite, épouvante la Grèce.

(*Traduction d'*André Chénier).

Un autre poète comique s'exprimait ainsi :

« L'Olympien tonne à la tribune, lance les foudres brûlants de l'éloquence, émeut, embrase toute la Grèce, gouverne à son gré les esprits. La persuasion réside sur ses lèvres ; c'est le seul de nos orateurs qui imprime un aiguillon dans les cœurs de ceux qui l'écoutent. » (Eupolis, cité par Diodore de Sicile, liv. XII.)

Jamais, en effet, l'éloquence n'avait pris un vol aussi sublime ; jamais la langue des Grecs n'avait déployé tant de majesté, de pompe et d'énergie.

On prétend que Périclès n'écrivait point ses discours et qu'il les improvisait à la tribune même. Aussi ce grand orateur n'a laissé d'autre monument de sa gloire que le témoignage unanime de ses comtemporains. Ils racontent qu'on ne pouvait échapper à la force de ses raisonnements ni à la douceur de ses paroles. Comme on demandait à Thucydide, son adversaire et son rival (autre que l'historien de ce nom), qui de Périclès ou de lui luttait le mieux : *Quand je l'ai renversé par terre,* répondit-il, *il assure le contraire avec tant d'énergie, qu'il persuade en effet à tous les assistants, contre le témoignage de leurs propres yeux, qu'il n'est point tombé.*

Il n'était pas moins prudent et réservé dans ses discours que fort et véhément ; il ne parlait jamais en public sans avoir prié les dieux qu'il ne lui échappât aucune expression qui pût choquer le peuple. Quand il devait paraître à l'assemblée, avant de sortir, il se disait à lui-même : *Songe bien, Périclès, que tu vas parler à des hommes libres, à des Grecs, à des Athéniens.*

Du temps de Périclès, Athènes offrait un brillant assemblage des hommes les plus distingués dans tous les genres. Parmi les plus illustres, nous citerons Anaxagore, Socrate et Pythagore, philosophes ; Eschyle, Euripide, Sophocle, poëtes tragiques ; Hérodote et Thucydide, célèbres historiens ; le sculpteur Phidias et le fameux peintre Zeuxis. On doit aussi placer

au rang des personnages marquants de ce siècle, Aspasie de
Milet, femme également distinguée par son génie, par sa
science et par sa beauté. Les plus grands philosophes écoutaient
ses leçons, et Périclès, qui l'avait épousée après l'avoir
eue longtemps pour maîtresse, prétendait lui devoir son éloquence.

L'histoire nous présente, à différentes époques, une heureuse
réunion de grands hommes et de grandes choses. Le siècle
d'Auguste, le siècle de Léon X, le siècle de Louis XIV, en ont
offert l'exemple; mais alors les grands génies, les grands talents furent en quelque sorte d'imitation : il existait des
modèles en tous genres. Les Grecs, au contraire, durent tout
à eux-mêmes; ils eurent à la fois le mérite de créer et de
perfectionner. On ne peut donc considérer sans étonnement
cette époque si remarquable dans l'histoire de l'esprit humain;
Périclès eut la gloire de lui donner son nom, car on l'a dési-
gnée dans la suite sous le nom de *siècle de Périclès*.

L'exemple et les talents de Périclès firent connaître le véritable usage et la puissance de l'art de parler.

L'enthousiasme qu'avait d'abord allumé les sophistes et l'influence profonde qu'ils exerçaient sur la jeunesse, ne pouvaient
que corrompre le goût et porter à l'éloquence le coup le plus
funeste. Heureusement pour l'art, les calamités qui affligèrent
Athènes, la triste issue de la guerre du Péloponèse, qui fit
tomber la république sous la domination de trente tyrans, changèrent totalement la disposition des esprits, et la douleur publique imprima aux productions du génie une couleur sévère
qui rendit à l'art oratoire sa première dignité. On commença
à mépriser les jeux de mots, les frivoles antithèses et tous ces
ornements ambitieux dont se paraient les successeurs de Gorgias. On s'occupa sérieusement de la pensée, on réfléchit
plutôt aux moyens de convaincre et de prouver, d'attendrir et
d'émouvoir, qu'à ceux de plaire et de flatter l'oreille. Alors on
vit paraître un grand nombre d'orateurs dont la gravité fut
digne de la tribune et du barreau. Les plus célèbres furent An-
tiphon, Critias, Théramène, Alcibiade, Andocide, Callistrate,
Lysias, Isée et Isocrate.

Lysias. (495 — 414.)

Lysias a toujours été regardé comme l'un des orateurs grecs les plus excellents; mais dans le genre d'éloquence simple et tranquille. La clarté, la pureté, la douceur, la délicatesse du style, faisaient son caractère propre. « C'était, dit Cicéron, un écrivain d'une précision et d'une élégance extrêmes, et déjà Athènes pouvait presque se vanter d'avoir un orateur parfait. » Quintillien en donne la même idée. « Lysias, dit-il, a le style élégant et léger. S'il suffit à l'orateur d'instruire, il n'en est point que l'on puisse mettre au-dessus de lui. On ne voit rien d'inutile, rien d'affecté dans son discours. Son style est néanmoins plus semblable à un ruisseau clair et pur qu'à un grand fleuve. » *(Inst. or.*, liv. x.)

Si Lysias se renfermait d'ordinaire dans cette simplicité, et, comme l'appelle Cicéron, cette maigreur de style, ce n'est pas qu'il fût absolument incapable de force et de grandeur : il en usait ainsi par choix et par jugement. Il ne plaidait point lui-même au barreau, mais il composait des plaidoyers pour les autres ; et, pour entrer dans leur caractère, il était souvent obligé d'employer un style simple et peu relevé, sans quoi il eût trahi lui-même son secret.

On rapporte que Lysias ayant donné un de ses plaidoyers à lire à son adversaire, celui-ci lui dit : *La première fois que je l'ai lu, je l'ai trouvé bon; la seconde, moindre, et la troisième, mauvais. — Eh bien*, lui répliqua Lysias, *il est donc bon, puisqu'on ne le débite qu'une fois.*

On est frappé de la variété de ses exordes. Denys d'Halicarnasse, qui avait sous les yeux plus de deux cents discours de cet orateur, remarque qu'aucun exorde ne ressemble à un autre ; et, tandis que la plupart des orateurs ne se font aucun scrupule d'emprunter des débuts à d'autres écrivains, ou de se répéter eux-mêmes, Lysias, dans tous ses exordes, est toujours nouveau, et chacun d'eux est tellement adapté au sujet, qu'il ne pourrait être mis à la tête d'un autre discours.

Ses narrations sont courtes, pleines d'agrément et de naturel,

vives et rapides sans trop de précipitation. Toutes les circonstances en sont si bien choisies et si bien enchaînées, tous les
personnages y agissent et y parlent si convenablement, qu'il
ne semble pas que les choses aient pu se passer autrement
qu'il ne les raconte.

Il y a de la chaleur et du pathétique dans quelques-unes des
péroraisons de Lysias; mais ce n'est pas dans cette partie
qu'il brille le plus. Seulement il récapitule fort bien, parce
qu'il faut surtout de la précison et de la clarté dans la récapi-
tulation, et qu'à cet égard il ne le cède à aucun orateur.

Il ne reste que trente-quatre discours de Lysias.

Isée. (IVe siècle.)

Le caractère de l'éloquence d'Isée, au jugement de Denys
d'Halicarnasse, a de grands rapports avec celle de Lysias. C'est
la même clarté, la même pureté de style, la même précision,
la même harmonie, et il serait assez difficile à un critique peu
exercé de distinguer l'un de l'autre. Néanmoins on trouve dans
Lysias plus de simplicité et de naturel, plus de grâces et de
délicatesse; ses tours sont plus ingénieux, son ton est plus
varié. Mais Isée a plus de force, plus de gravité; il est plus
véhément, et montre plus d'artifice dans la manière dont il
dispose ses preuves. Il ouvrit une école d'éloquence et compta
Démosthène parmi ses disciples.

Il ne reste d'Isée que onze discours, tous dans le genre judiciaire.

Isocrate. (436—358.)

Isocrate eut pour maîtres Gorgias, Prodicus, Tisias et Théramène, c'est-à-dire ce qu'il y avait de plus fameux rhéteurs. Il
profita beaucoup à leur école. Il aurait voulu appliquer ses
talents à l'administration des affaires et entrer dans la carrière
politique, vers laquelle avaient été dirigées ses études; mais
une timidité naturelle dont il ne put jamais triompher, et la
faiblesse de sa voix ne lui permirent pas de monter à la tribune

et de parler dans les assemblées du peuple : il ne se consola jamais de ce malheur. Il disait, dans le temps de sa plus grande gloire : *J'enseigne la rhétorique pour mille drachmes ; mais à qui m'enseignerait le moyen d'être hardi et d'avoir une belle voix, j'en donnerais volontiers dix mille* ; et composant, à quatre-vingt-quatorze ans, le bel exorde de son Panathénaïque, il disait encore : *Je suis tellement dépourvu des deux qualités qui, parmi nous, ont le plus d'influence, la voix et la hardiesse, que je ne connais personne à qui elles manquent autant qu'à moi ; ma condition est encore plus humiliante que celle des débiteurs de l'Etat, car ils ont l'espoir de s'acquitter, et il m'est impossible à moi de changer de nature.*

Il ne renonça cependant ni à la gloire de l'éloquence, ni au désir de se rendre utile au public. Il composa des plaidoyers pour ceux qui n'étaient pas en état d'en composer eux-mêmes. Il ouvrit ensuite une école de rhétorique, qui ne tarda pas à être fréquentée par l'élite des jeunes Grecs qui se destinaient aux lettres ou à la politique. Les plus grands orateurs, Isée, Lycurgue, Hypéride, Démosthène furent ses disciples. Cicéron dit que sa maison était un gymnase ouvert à toute la Grèce, et que, de son école, comme du cheval de Troie, il sortit une foule de héros. Il avait un talent merveilleux pour connaître la force, le génie, le caractère de ses élèves, et pour voir comment il fallait les diriger. Il avait coutume de dire qu'il usait d'éperons à l'égard d'Ephore, et de bride à l'égard de Théopompe, pour exciter la lenteur de l'un et retenir la trop grande vivacité de l'autre.

Isocrate ajouta l'exemple au précepte. Il composa des discours sur de grands sujets de politique, sur les intérêts essentiels de la Grèce, sur des questions de morale ; quelquefois, à l'imitation des sophistes, ses contemporains et ses maîtres, sur des sujets frivoles et déclamatoires. N'ayant point en vue les succès de la tribune publique et ne travaillant que pour la lecture attentive du cabinet, il s'attacha surtout à donner à son style une exactitude rigoureuse, à disposer symétriquement ses périodes, et à éviter tout ce qui peut offenser l'oreille. Pour polir à ce point ses ouvrages il lui fallait un temps considérable : son Panégyrique (*l'Eloge d'Athènes*) lui coûta, dit-on, dix années de

travail. Cette perfection laborieuse est balancée par de grands
défauts. Isocrate manque en général de chaleur et d'entraînement ; il est languissant et monotone, et il enveloppe la faiblesse
des pensées par une surabondance de mots qui ne font que
remplir les vides des périodes et en égaliser le rhythme et la
cadence. « Ce genre d'éloquence, dit Cicéron, est doux, agréable, coulant, plein de pensées fines et d'expressions harmo-
nieuses ; mais il a été exclu du barreau et renvoyé aux académies,
comme plus propre aux exercices de pur appareil qu'aux vrais
combats. »

Une qualité précieuse qui place Isocrate bien au-dessus des
sophistes, c'est son amour du bien et de la vertu. Ses écrits respirent les plus beaux sentiments de probité, d'honneur,
de bonne foi, de modération, de justice, d'amour de la
patrie, de zèle pour la conservation de la liberté, de respect
pour la sainteté du serment et des traités.

Ainsi dans le discours à Démonique, on rencontre un grand
nombre de belles maximes telles que celles-ci : « Soyez envers
vos parents comme vous voudriez que vos enfants fussent un
jour envers vous à votre égard. — Dans vos actions les plus
secrètes, figurez-vous que vous avez tout le monde pour témoin.
— N'espérez pas que des actions répréhensibles puissent rester
dans l'oubli ; vous pourrez les cacher aux autres, mais jamais
à vous-même. — Dépensez votre loisir à écouter les discours des
sages. — Délibérez lentement, exécutez promptement, soulagez
la vertu malheureuse ; les bienfaits bien appliqués sont les
trésors de l'honnête homme. — Quand vous serez revêtu de
quelque charge importante, n'employez jamais de malhonnêtes
gens ; quand vous la quitterez, que ce soit avec plus de gloire que
de richesse. »

La conduite d'Isocrate répondait à la dignité de son langage.
Quoique son excessive timidité l'eût toujours empêché de se
produire en public, il montra, plus d'une fois, une grande fermeté de caractère. Ainsi il eut le courage de vouloir défendre
Théramène, son ancien maître que les trente tyrans condamnèrent injustement ; et le lendemain de la mort de Socrate, il
osa se montrer seul en habits de deuil, quand les disciples mêmes

du philosophe se cachaient ou prenaient la fuite. On rapporte qu'étant à la table de Nicocréon, roi de Cypre, comme on le pressait de parler et de fournir à la conversation, il s'excusa en disant : *Ce que je sais n'est pas ici de saison, et ce qui serait ici de saison je ne le sais pas.*

Isocrate, par ses leçons et par ses écrits, a exercé, au point de vue littéraire, une influence considérable sur son siècle. C'est à dater de cet orateur que les Grecs ont attaché une grande importance à l'arrangement des mots et à l'harmonie du style.

CHAPITRE QUATRIÈME.

PERFECTION DE L'ÉLOQUENCE GRECQUE.

Lutte contre Philippe, roi de Macédoine. — Les plus grands intérêts de la patrie sont agités à la tribune. — Rivalité d'Eschine et de Démosthène dans le procès pour la Couronne. — Autres orateurs de la même époque. — Phocion est, pour Démosthène, un adversaire plus redoutable qu'Eschine.

Démosthène et Eschine. (381 — 322.)

Nous avons vu la naissance et les progrès de l'éloquence grecque. Nous voici parvenus à l'époque où elle reçut toute sa perfection et déploya toute sa magnificence. C'est aux deux célèbres rivaux, *Démosthène* et *Eschine*, qu'elle dut ses derniers accroissements ; mais c'est surtout à Démosthène : son nom est devenu celui de l'éloquence. Cet orateur apparut comme une puissance au milieu de ses contemporains, et sa figure athlétique semble grandir encore dans le lointain des âges.

Il naquit à Athènes, l'an 381 ou 385 avant J.-C. Son père, qui faisait valoir une manufacture d'armes, et qui jouissait d'une honnête [aisance, lui procura une éducation soignée et lui donna les maîtres les plus distingués ; Démosthène reçut d'Isocrate et d'Isée les principes de l'art oratoire, et d'Euboulide de Milet, ceux de la dialectique. Mais son goût pour l'éloquence n'attendit pas pour éclore les leçons de ses maîtres. A peine âgé de quatorze ans, il entendit parler l'orateur Callistrate dans l'affaire d'Orope, et fut tellement ému de la gloire que celui-ci s'était acquise, qu'il résolut, de ce moment, de marcher sur ses traces.

Il n'avait que sept ans lorsqu'il perdit son père. Trois tuteurs, qui devaient gouverner sa jeunesse et administrer son bien, négligèrent l'une et dissipèrent l'autre. Le jeune Démosthène, livré à l'oisiveté et à la débauche, aurait peut-être corrompu un beau naturel, sans les conseils de l'orateur Isée, qui lui enseignait son art. A dix-sept ans, il entreprit de traduire en jugement ses tuteurs, et les força à restitution.

Ce premier succès, dans lequel on prétend qu'il fut aidé par Isée, détermina Démosthène à se livrer entièrement à la tribune et au barreau; et, pour former son style, il copia sept fois, de sa main, l'histoire de Thucydide, dont la diction fière et élevée était alors le plus parfait modèle d'une éloquence mâle et sévère. Ses premiers essais dans cette carrière ne furent point heureux. Peu accoutumé au tumulte des assemblées, peu exercé à la manière de prononcer des orateurs, il se troubla et fut couvert de risées. La nature d'ailleurs opposait de grandes difficultés à ses succès; il avait une poitrine faible, qui ne lui permettait pas de prononcer de longues phrases d'une seule tenue. Il ne pouvait articuler nettement la première lettre du nom de son art; l'habitude vicieuse de lever sans cesse une épaule le rendait ridicule aux yeux d'une multitude maligne, qui raille amèrement les défauts et oublie facilement les vices. Démosthène résolut de triompher de tous ces obstacles. D'abord il fortifia sa poitrine par de longues courses; il délia sa langue en mettant des cailloux dans sa bouche et en s'efforçant de prononcer nettement. Pour vaincre le mouvement déréglé de son épaule, il s'exerçait devant un miroir et sous la pointe d'une épée suspendue, dont la piqûre douloureuse l'avertissait de se contenir. Pour n'être point distrait dans ses travaux, il s'enferma dans un bâtiment souterrain qu'il avait fait construire; il se fit raser la moitié de la tête et de la barbe, afin que la honte de paraître ainsi en public l'empêchât de sortir. Un célèbre comédien son ami, Satyrus, lui donna des leçons de déclamation, le forma à l'action oratoire et à la prononciation.

Après ces efforts, Démosthène reparut avec éclat dans les assemblées. Quand il commença à parler sur les affaires publiques, Philippe, roi de Macédoine, méditait l'asservissement de toute la Grèce. Démosthène connut le premier et dévoila ses projets. Seul il osa s'opposer à ses armées victorieuses et et à son ambition. On vit alors s'élever le combat le plus extraordinaire, entre un particulier qui n'avait d'autre arme que son éloquence, et un roi puissant qui commandait à des troupes nombreuses; et le monarque, contraint de s'arrêter au milieu de ses conquêtes et de demander la paix, fut obligé de recourir à la ruse et à la perfidie pour venir à bout de ses desseins. Pendant quatorze ans que dura cette lutte, Philippe ne pouvait faire un pas sans trouver sur son chemin ce terrible adversaire, qu'aucune tentative ne put jamais corrompre. Il le craignait plus que tous les Grecs, et il avait coutume de dire : « L'éloquence de Démosthène me fait plus de tort à elle seule que toutes les troupes et toutes les flottes des Athéniens; elle nuit plus à mes projets que n'y servent les orateurs que je paie par toute la Grèce. »

Les *Olynthiennes* et les *Philippiques*, que Démosthène a faites contre Philippe, et qui occupent le premier rang dans ses écrits, sont redevables d'une partie de leur mérite à l'importance du sujet, ainsi qu'au caractère d'intégrité et d'esprit public qui y est empreint. L'orateur veut exciter l'indignation des Athéniens contre le roi de Macédoine, et les prémunir contre les mesures insidieuses que ce prince rusé employait pour les endormir dans le danger. On le voit prendre dans ce but tous les moyens à sa portée, pour éveiller un peuple célèbre par sa justice, son humanité et sa valeur, mais qui laissait apercevoir quelques symptômes de corruption, et commençait à dégénérer. Il reproche avec courage à ses concitoyens leur vénalité, leur indolence, leur indifférence pour la cause commune, et en même temps, avec tout l'art d'un orateur, il rappelle à leur pensée la gloire de leurs ancêtres; il leur représente qu'ils sont encore dans un état florissant, qu'ils forment un peuple redoutable, protecteur naturel des libertés de la Grèce, qu'ils n'ont, en un mot, qu'à vouloir, pour faire trembler Philippe. Avec les orateurs, contemporains, vendus à Philippe, et qui conseillaient la paix, il ne garde aucune mesure; il leur reproche ouvertement de trahir leur patrie. Non-seulement il excite les Athéniens à tenir une conduite ferme et vigoureuse, mais il trace le plan qu'ils doivent suivre, il entre dans les détails et indique tous les moyens d'exécution. Tel est l'objet de ces harangues : elles sont pleines de feu, impétueuses, fortes d'esprit public. C'est une suite continuelle d'inductions, de conséquences, de raisonnements pressants et fondés sur les principes les plus sains. Ses figures ne sont jamais cherchées, elles naissent du sujet; il en use avec épargne. La pompe et les ornements du style ne font pas le mérite de ces compositions; ce qui en constitue le caractère, c'est une énergie dans la pensée, qui lui est propre et qui l'élève au-dessus de tous ses rivaux. Il paraît plus occupé des choses que des mots. On oublie l'orateur; on ne pense qu'à l'affaire qu'il traite : il échauffe le cœur et entraîne à l'action. On n'aperçoit en lui ni apparat ni ostentation; point de tournures insinuantes ou d'introductions étudiées. C'est un homme plein de son sujet, qui, par une phrase ou deux, prépare son auditoire à entendre d'utiles vérités.

Démosthène paraît surtout avec supériorité, lorsqu'on l'oppose à Eschine dans la fameuse harangue sur la *Couronne*. Mais avant de rendre compte de ce chef-d'œuvre, disons ce que fut Eschine.

Eschine. (387 — 312.)

Le fils d'une joueuse de tambour, privé de tous les avantages de la naissance et de la fortune, après avoir exercé la profession de comédien, devenu greffier d'un des tribunaux d'Athènes, est tout à coup entraîné vers l'éloquence par la seule force de son génie, et parvient à disputer la palme oratoire à Démosthène. Tel est le phénomène que nous admirons dans Eschine, Athénien de la bourgade de Kothocé, fils d'Atromète et de Glaucothée, personnages obscurs dont les noms seraient inconnus sans la gloire de leur fils. Né avec un tempéramment robuste, Eschine s'appliqua dans sa jeunesse aux exercices

gymnastiques. Il avait une très-belle voix; Aristodème, excellent acteur tragique, l'engagea à embrasser la profession
du théâtre, et l'employa pendant quelque temps à copier des
pièces, et à les faire réciter à ses élèves. Il lui fit jouer aussi
quelquefois de seconds et de troisièmes rôles. Eschine n'obtint
que de faibles succès dans cette carrière, et quitta bientôt le
cothure pour remplir les fonctions de greffier dans un tribunal.
Ce fut là que l'exemple et la gloire des orateurs, enflammant
son génie, firent éclore en lui le talent naturel qu'il avait mé-
connu. Il se livra tout entier à l'art d'écrire et de parler. On
assure qu'il reçut les lecons d'Isocrate, de Platon et d'Alcida-
mas d'Elée.

Il avait quarante ans lorsqu'il entra dans la carrière politique, et ce fut avec un tel succès, qu'il se vit chargé des affaires les plus importantes, et de plusieurs ambassades. La
rivalité qui s'établit entre lui et Démosthène lui fit rechercher
la faveur de Philippe, dont l'ambition commençait à troubler
la Grèce, et alarmait les Athéniens. Si nous en croyons les
inculpations graves que lui fait son rival, Eschine se laissa
corrompre par les présents du roi de Macédoine, et devint son
secret agent. Il fut le principal auteur de la ruine de la
Phocide, et trompa les Athéniens, qui l'avaient député avec
Démosthène, Philocrate et plusieurs autres, pour faire la paix
avec Philippe, et comprendre les Phocéens dans le traité. La
paix ne fut point conclue, malgré les assurances d'Eschine,
qui persuada aux Athéniens de rester tranquilles, en leur
disant que sous peu de jours ils recevraient de Philippe les nouvelles les plus satisfaisantes. Et cependant Philippe, délivré de
la présence importune des ambassadeurs, ravageait la Phocide,
traînait ses habitants en esclavage, vendait leurs biens et leurs
enfants.

A cette nouvelle, les Athéniens furent frappés de la conster-
nation la plus profonde. Démosthène s'élance à la tribune,
accuse Eschine d'être l'auteur de tous les maux des Phocéens,
d'avoir trahi son ministère dans l'ambassade, en vendant à
Philippe les intérêts d'Athènes, et en rendant au peuple et au
sénat un compte faux et perfide des résultats de leurs confé-

rences avec le roi. Tel est l'objet du discours de Démosthène, intitulé de *la perfide Ambassade*. Eschine y répondit avec beaucoup d'éloquence, et trouva le moyen de se justifier. Sans doute le crédit et l'or de Philippe, qui avait déjà de nombreux partisans dans Athènes, l'éloquence de Léodamas et d'Eubulus, qui parlèrent en sa faveur, le protégèrent contre l'accusation de Démosthène plus que sa propre innocence. En effet, il ne fut absous que par une majorité de trente suffrages.

DISCOURS SUR LA COURONNE.

Eschine songea à se venger de Démosthène. L'occasion s'en offrit bientôt. L'ambition et les succès de Philippe allaient toujours croissant. Les Athéniens en furent épouvantés. Malgré l'indolence dans laquelle ils vivaient plongés, ils ouvrirent enfin les yeux sur leur situation. Ils virent Philippe presque à leurs portes, et leurs remparts étaient si mal entretenus que la conquête d'Athènes n'eût coûté au Macédonien que la peine de se présenter devant la ville. On songea donc à réparer au plus tôt les murailles ; mais la caisse militaire qui devait fournir à cette dépense se trouvait épuisée : les fonds en avaient été divertis et employés aux frais des spectacles et des fêtes. Longtemps Démosthène avait tonné contre cet abus, il l'avait fait sans succès, et les Athéniens avaient même défendu par un décret, et sous peine de mort, de proposer d'employer les fonds militaires à d'autres objets qu'aux spectacles.

Il ne restait donc aux Athéniens aucun moyen de réparer leurs fortifications. La générosité de Démosthène y suppléa. Il demanda à être nommé trésorier et se chargea de faire trouver les fonds nécessaires. On lui accorda avec joie sa demande ; il consacra sa propre fortune au salut de sa patrie, fit reconstruire à ses frais les murailles et les tours, et mit la ville sur un pied de défense respectable. Les Athéniens, pénétrés de reconnaissance, et sur la proposition d'un orateur nommé Ctésiphon, ami et parent de Démosthène, rendirent un décret par lequel ils ordonnèrent que Démosthène serait couronné sur le

théâtre, aux fêtes de Bacchus, d'une couronne d'or et qu'il serait
nourri au Prytanée le reste de sa vie.

Eschine, neuf ans après, sous le commencement du règne
d'Alexandre, attaqua ce décret, comme contraire aux lois qui
défendaient de couronner un comptable avant qu'il n'eût rendu
ses comptes. Or Démosthène était trésorier et n'avait pas rendu
ses comptes lorsque Ctésiphon proposa de le couronner. La
peine de l'orateur qui proposait un décret contraire aux lois
était le bannissement. Eschine avait moins dessein de faire
bannir Ctésiphon que de chagriner Démosthène, et le priver
de la gloire que ce décret lui procurait et de la récompense
éclatante qu'il avait obtenue. Il ne doutait point qu'il n'em-
brassât la défense de Ctésiphon et ne parlât en faveur du décret,
au maintien duquel il avait un si vif intérêt. En conséquence,
ce fut contre lui qu'il dirigea ses principaux traits, Ctésiphon
ne fut que le prétexte, Démosthène était le véritable but de
son accusation, et la modération affectée de l'accusateur laissa
transpirer la haine dont il était envenimé.

Il y a une véritable éloquence dans le discours d'Eschine. Cet
orateur se signale par la diction qu'il orne des plus nobles figures, ou qu'il assaisonne des traits les plus vifs et les plus
piquants. L'art et le travail ne s'y font pas sentir; une facilité
heureuse, que la nature seule peut donner, se fait remarquer
partout; il étend et amplifie, mais souvent il serre et presse,
en sorte que son style coulant et doux devient quelquefois énergique et véhément. Ces qualités le placent, sans contredit, le
premier parmi les orateurs grecs du second rang.

Mais Démosthène est à une grande hauteur au-dessus de lui.
On voit dans sa défense l'impétuosité d'un torrent auquel rien
ne résiste; il terrasse son adversaire, le démasque, et emploie
les plus vives couleurs pour peindre son odieux caractère; il
n'est pas au tiers de son discours que celui de son adversaire
est anéanti; il n'en reste pas la moindre trace; Démosthène est
dans les cieux, Eschine est dans la poussière. Il semble que
le reste soit donné, non au besoin de la cause, mais à la
juste vengeance de l'accusé; il foule et retourne sous ses pieds
un ennemi depuis longtemps terrassé. Lorsqu'il daigne en

venir aux détails juridiques, il pulvérise en quelques lignes les sophismes entassés par Eschine. Il triomphe surtout, il foudroie son ennemi, lorsqu'il en vient à la guerre contre Philippe, qu'il lui reprochait d'avoir conseillée et aux malheurs de la patrie dont il le rendait responsable. La seule chose qui puisse nous blesser dans cette immortelle harangue, ainsi que dans celle d'Eschine, c'est la profusion d'injures personnelles que dans plus d'un endroit se permettent les deux concurrents. Mais il faut observer que cette licence était autorisée par les mœurs anciennes.

L'apologie de Démosthène l'emporta. L'accusateur, n'ayant pu obtenir la cinquième partie des suffrages, fut exilé conformément à la loi. Le lendemain, comme il sortait de la ville, Démosthène accourut sur ses pas avec quelques amis. Eschine crut que, non content de l'avoir fait bannir, son rival en voulait à sa vie, et il se cacha pour se dérober à sa poursuite. Mais Démosthène ayant découvert sa retraite, lui offrit sa bourse et le crédit de ses amis pour s'établir où il voudrait. Alos Eschine, pénétré plus que jamais de son malheur, s'écria : *Comment ne pas regretter une ville où je laisse de tels ennemis!* Il se retira à Rhodes, où il fonda une école d'éloquence. Il lut aux Rhodiens assemblés son discours et celui de son adversaire. Le premier fut fort applaudi, et les auditeurs s'étonnaient de ce qu'il avait été vaincu avec un discours si éloquent. *Vous cesseriez, ô Rhodiens! d'être étonnés*, leur dit-il, *si vous eussiez entendu parler Démosthène.* Il leur lut ensuite le discours de son rival, et comme cette lecture excitait un enthousiasme universel, il s'écria, en s'interrompant : *Qu'auriez-vous donc fait, ô Rhodiens! si vous eussiez entendu rugir ce lion terrible?* Eschine mourut à Rhodes, à l'âge de 75 ans.

Revenons à Démosthène. Peu de temps après son triomphe sur Eschine, il fut condamné pour s'être laissé corrompre par un gouverneur macédonien, nommé Harpalus. Démosthène était coupable, si l'on en croit le discours de Dinarque, son accusateur; mais Pausanias le justifie, et Démosthène lui-même, après s'être enfui de sa prison, protesta toujours de son innocence dans les lettres qu'il écrivit au peuple d'Athènes.

La mort d'Alexandre lui ouvrit une nouvelle carrière : il quitte sa retraite, court de ville en ville, soulève les peuples contre la Macédoine, et se joint partout aux ambassadeurs de sa patrie. Son zèle fut récompensé par un prompt rappel. Il rentra dans Athènes au milieu de la joie publique, et s'estima plus heureux qu'Alcibiade, puisque, sans armes et sans violence il ne devait son retour qu'à la volonté libre de ses concitoyens. Mais bientôt Antipater termina par une victoire la dernière guerre du patriotisme. La mort de Démosthène fut ordonnée et les Athéniens la prononcèrent. Il sortit de la ville avec quelques amis. Il passa dans l'île de Calaurie, et se réfugia près du sanctuaire de Neptune. Un ancien acteur nommé Archias, devenu satellite d'Antipater, accourut avec des soldats pour se saisir de l'orateur, et voulut d'abord le tirer de son asile par de fausses promesses. Démosthène, faisant semblant d'y ajouter foi, demanda quelques instants pour écrire, et appliqua sur ses lèvres un stylet empoisonné; puis s'avançant vers les soldats, il leur livra son corps expirant.

Les Athéniens érigèrent à Démosthène une statue, avec cette inscription : *Démosthène, si tu avais eu autant de force que d'éloquence, jamais Mars le Macédonien n'aurait triomphé de la Grèce.*

Outre les discours contre Philippe et celui sur la Couronne, Démosthène en a fait beaucoup d'autres qui sont dignes de lui, que l'on ne connaît pas assez, et qui, selon Maury, devraient être lus et étudiés par les gens de lettres et par les orateurs chrétiens.

En tout, il reste de lui soixante discours, soixante-cinq introductions et six lettres, qu'il écrivit au peuple d'Athènes pendant son exil. De ces discours, il y en a dix-sept dans le genre délibératif, traitant des affaires de la république dans le sénat ou dans les assemblées du peuple; quarante-deux dans le genre judiciaire, dont douze ont rapport à des intérêts publics et trente à des intérêts privés; deux discours d'apparat, qu'on doute être sortis de sa plume.

En général, on admire dans Démosthène le plan, la suite, l'économie du discours; la force des preuves, la solidité du raisonnement; la grandeur, la noblesse du sentiment et du

style, la vivacité des tours et des figures, un art merveilleux
de faire paraître dans tout leur jour les matières qu'il traite,
d'amener ses auditeurs dans son parti en profitant habilement
de leurs dispositions. Son style se distingue par la force et la
concision. « Il se sert de la parole, dit Fénélon, comme un
homme modeste de son habit pour se vêtir et non pour se
parer. » S'il y a quelque chose à critiquer dans son admirable
éloquence, c'est de manquer de douceur et de grâce, et d'avoi_
siner quelquefois la sécheresse et la dureté. Denys d'Halicarnasse prétend qu'il contracta cette manière en imitant celle de
Thucydide, qu'il avait pris pour modèle. Il ne possédait pas
non plus le talent de la plaisanterie. Mais ces légers défauts
sont plus que compensés par cette éloquence mâle et vigoureuse qui entraîna ceux qui purent l'entendre, et qui, aujour-
d'hui encore, à la simple lecture, excite de vives émotions.

On rapporte que son action et son débit étaient pleins de
feu et de véhémence, et le ton général de sa composition dispose à le croire. Si l'on juge de son caractère par ses ouvrages,
ils annoncent plus d'austérité que de douceur; ses discours
contre ses ennemis le montrent quelquefois un peu trop dominé
par le sentiment de la haine. Mais il avait à un haut degré,
toutes les vertus d'un grand citoyen, et l'on voit que son génie
s'inspirait en particulier d'un ardent amour pour la gloire et
pour la liberté de son pays.

Voici encore quelques traits de ce grand orateur. Ses ennemis lui reprochaient que ses discours sentaient l'huile : « On
voit bien que les vôtres ne vous ont pas tant coûté, leur ré-
pondait-il. »

On lui demandait un jour : *Quelle est la partie la plus importante de votre art? — L'action*, disait-il. — *Quelle est la
seconde? — L'action. — La troisième? — Encore l'action ;* jusqu'à ce qu'on eût cessé de l'interroger. Il ne se regardait
point comme le plus habile dans cette partie. *Quel est*, lui
demandait-on, *le plus grand orateur de vous ou de Callistrate!
— Moi quand on me lit; Callistrate quand on l'entend.*

Plusieurs orateurs se signalaient à la tribune et au barreau
en même temps qu'Eschine et Démosthène. Les plus remar-

quables furent Lycurgue, Hypéride, Dinarque, Démade et Phocion.

Phocion (400 — 317).

L'éloquence de Phocion fut l'image de son caractère. Aussi modeste à la tribune que dans sa vie privée, il haranguait avec ce ton ferme et imposant qui sied à la vertu ; sa seule présence persuadait : la réputation de sa probité était son premier exorde et la preuve la plus convaincante de la justice du parti qu'il allait embrasser. Les mains recouvertes de son manteau, il parlait avec une tranquillité de visage imperturbable, sans se livrer aux gestes passionnés des orateurs qui ne veulent que séduire ; il recherchait la brièveté des discours, autant que les autres s'étudient à faire des périodes pompeuses. De tous ses adversaires, c'était celui que Démosthène craignait le plus, et quand il le voyait monter à la tribune après lui, il avait coutume de dire : *Voilà la hache qui va saper tous mes discours.*

Aucun des discours de Phocion n'est parvenu à la postérité : il est même probable que cet orateur n'écrivit jamais rien, et qu'il parlait d'abondance en toute occasion. Néanmoins, la grande quantité de reparties heureuses, de saillies vives et spirituelles, de maximes profondes que les auteurs rapportent de lui, prouve que son éloquence imprimait dans les esprits des traits pénétrants et durables. Peu jaloux du suffrage de ses auditeurs, il regardait même leurs applaudissements comme suspects. Un jour que le peuple battait des mains à l'un de ses discours : *Me serait-il échappé quelque sottise,* demanda-t-il à un de ses amis, *les Athéniens m'applaudissent?*

CHAPITRE CINQUIÈME.

ÉLOQUENCE DES ÉCRITS.

Poètes : Homère; — Eschyle; — Sophocle; — Euripide. — Historiens : Hérodote; — Thucydide. — Harangues de Thucydide. — Philosophes : Xénophon; — Platon; — Aristote.

On doit considérer l'éloquence sous un point de vue plus vaste qu'il n'est d'usage de l'étudier dans les ouvrages de rhétorique. Sans se borner aux discours proprements dits, il faut chercher dans les divers genres de composition, ce qui élève l'âme, ce qui agrandit les idées, ce qui porte la conviction dans l'esprit et la persuasion dans le cœur. Car le poète, l'historien, le philosophe veulent agir sur les hommes aussi bien que l'orateur. Ils sont éloquents, quand ils donnent à leurs écrits l'agrément, la force, l'intérêt d'un style oratoire. Ainsi il y a de l'éloquence dans Homère, dans Eschyle, dans Sophocle, dans Euripide et dans les autres poètes qui ont illustré la Grèce. Il y en a dans les spéculations sublimes de Platon. Il y en a dans la majestueuse simplicité d'Hérodote, dans l'énergique précision de Thucydide, dans l'atticisme plein de douceur et de grâce de Xénophon; et il convient de faire sentir, en particulier, combien cette manière d'écrire l'histoire est préférable au style décousu et languissant d'un simple annaliste ou d'un froid chroniqueur.

Parlons d'abord de l'éloquence des poètes.

ÉLOQUENCE DES POÈTES.

Homère. (IXe ou Xe siècle).

Homère n'est pas seulement le père des poètes, il est aussi le prince des orateurs. Ils se sont fait gloire de le reconnaître pour leur chef. Cicéron le regarde comme son premier maître. Quintilien le propose comme le plus parfait modèle que puissent imiter ceux qui aspirent à l'éloquence : « Ainsi que l'Océan, dit-il, est la source de tous les fleuves et de toutes les fontaines ; de même Homère est la source de tous les genres d'éloquence. Personne ne le surpassera jamais en sublimité dans les grands sujets, en justesse dans les petits. Il est tout à la fois étendu et concis, plein de force et de douceur, également admirable par son abondance et sa brièveté ; il possède évidemment toutes les qualités non seulement du poète, mais de l'orateur. Si on le considère dans les pensées, dans l'expression, dans les figures, dans la disposition de tout l'ouvrage, ne trouvera-t-on pas qu'il a franchi les bornes de l'esprit humain ? Il faut être un grand homme, je ne dis pas pour atteindre à ses perfections, cela est impossible, mais pour les comprendre. Il a laissé, sans contredit, tous les autres bien loin derrière lui, dans tous les genres. » (*Institutions oratoires*, liv. x.)

Longin, Hermogène, et tous les critiques éclairés, regardent aussi Homère comme le plus éloquent des écrivains, comme la source à laquelle ont puisé tous ceux qui ont aspiré à l'immortalité par le talent de la parole ou par la sublimité du style. Quel est, en effet, l'orateur qui a traité les passions avec plus d'art et de vérité ? Quels discours sont comparables à ceux que renferme l'Iliade ? Peut-on exprimer avec plus de noblesse et de chaleur, la colère, l'orgueil outragé, et tous les mouvements qui accompagnent ces passions ? Peut-on les rendre avec plus d'énergie que le poète ne l'a fait dans la dispute d'Achille et d'Agamemnon ? Quoi de plus tendre que les adieux d'Hector et d'Andromaque, lorsque le héros, apprenant la déroute des Troyens et l'attaque furieuse des Grecs, sort de la ville pour se rendre au combat ?

La politique la plus profonde règne dans le discours d'Ulysse aux Grecs, prêts à s'embarquer et à renoncer au siége de Troie. Rien encore de plus éloquent que les discours d'Ulysse, de Phénix et d'Ajax, ainsi que la belle réponse que le héros leur adresse. Veut-on un modèle accompli de pathétique? Le discours de Priam aux pieds d'Achille, lui redemandant le corps d'Hector, est fait pour attendrir les cœurs les plus insensibles ; et ils sont déchirés en entendant éclater la douleur d'Hécube, à la vue de son fils traîné autour des murs de Troie par l'impitoyable Achille.

Eschyle. (525 — 456.)

L'éloquence d'Eschyle était trop forte, pour l'assujettir aux recherches de l'élégance, de l'harmonie et de la correction; son essor, trop audacieux pour ne pas l'exposer à des écarts et à des chutes. C'est un style en général, noble et sublime; en certains endroits, grand avec excès et pompeux jusqu'à l'enflure; quelquefois méconnaissable et révoltant par des comparaisons ignobles, des jeux de mots puérils, et d'autres vices qui sont communs à cet auteur avec ceux qui ont plus de génie que de goût. Cependant, « dans sa grandeur plus qu'humaine, dit Schlegel, il devait toujours rester sans rival, puisque Sophocle, son émule, plus jeune et plus heureux, n'a pu lui-même l'égaler. » *(Cours de littérature dramatique.)*

Sophocle. (495 — 406.)

Sophocle est regardé comme le poète tragique le plus parfait de l'antiquité. Dans ses pièces, l'action est toujours ornée avec art, et la catastrophe préparée de loin. Ses caractères sont grands et héroïques; mais ils ne s'élèvent pas, comme ceux d'Eschyle au-dessus de l'humanité. Sophocle est un grand peintre des passions, et il avait scruté le cœur humain dans ses replis les plus cachés. Le langage qu'il met dans la bouche de ses personnages est toujours parfaitement convenable à leur caractère, au lieu et aux circonstances où ils se trouvent. Son

style est noble sans que ses expressions soient gigantesques;
sa versification est riche et harmonieuse.

Les anciens nous apprennent que l'aménité et la douceur
qui caractérisaient Sophocle, lui ont fait donner le surnom
d'*Abeille attique*.

Euripide. (480 — 402.)

Le style d'Euripide, dans un juste tempérament entre la
bassesse et l'élévation, est presque toujours élégant et clair,
presque toujours harmonieux, coulant et si flexible, qu'il paraît
se prêter sans efforts à tous les besoins de l'âme.

Son éloquence, qui dégénère quelquefois en une vaine abondance de paroles, l'a rendu célèbre parmi les orateurs; il opère
la persuasion par la chaleur de ses sentiments, et la conviction par l'adresse avec laquelle il amène les réponses et les
répliques.

ÉLOQUENCE DES HISTORIENS.

Parmi les historiens grecs qui se sont signalés par leur
éloquence, nous avons déjà nommé les plus célèbres, Hérodote,
Thucydide et Xénophon; nous parlerons de ce dernier à l'article des philosophes.

Hérodote. (484 — 406.)

Hérodote lut à tous les Grecs, assemblés aux jeux olympiques, son histoire composée, comme il le déclara lui-même,
pour immortaliser les actions éclatantes des Grecs et leurs
victoires sur les Barbares, et dans laquelle, par un art ignoré
jusqu'à lui, il fondit l'histoire de toutes les nations connues. La
lecture de ce bel ouvrage excita les plus vifs applaudissements,
et les grâces de son style firent donner le nom d'une Muse à
chacun des neuf livres qui le composent.

Il est difficile de porter plus loin la douceur, le charme et la pureté du langage ionique, dans lequel Hérodote a écrit, et dont il est devenu le modèle. Mais ce qui l'élève de beaucoup au-dessus de ses prédécesseurs, c'est l'art avec lequel il a conduit son ouvrage, c'est l'enchaînement des faits, ce sont les transitions heureuses qui lient un sujet à un autre, et surtout cette prodigieuse variété, qui fait ressembler son histoire à un long poëme,

Si nous considérons Hérodote comme orateur, à ce titre, il mérite un rang distingué parmi les écrivains qui ont composé des discours. Celui qu'il met dans la bouche de Xerxès, délibérant sur la guerre à déclarer aux Grecs, étincelle de tant de beautés, est rempli d'une politique si profonde et réunit tant de vigueur et de grâces, que Denys d'Halicarnasse ne balance point à le comparer à ce qu'Isocrate a écrit de plus harmonieux, à ce que Démosthène a composé de plus profond.

On peut encore mettre au nombre des plus beaux exemples de l'éloquence d'Hérodote, dans le genre délibératif, les discours des trois seigneurs persans Otanes, Mégabyse et Darius, sur la forme à donner au gouvernement de la Perse. Chaque orateur y développe, avec un art infini, les raisonnements les plus propres à faire adopter le parti qu'il propose.

Hérodote, plus que tout autre écrivain de cet âge, montre, par l'élégance et l'harmonie de son style, les progrès que l'éloquence historique avait faits chez les Grecs. Au lieu de cette manière décousue, de cette phrase écourtée et sans forme qu'Aristote et Démétrius de Phalère reprochent aux premiers historiens, on sent dans l'histoire d'Hérodote la plénitude et la grâce ; tout y est lié avec art; les périodes commencent à s'arrondir; le style prend de la dignité, varie ses mouvements, s'élève avec noblesse, ou garde, quand il le faut, une simplicité majestueuse. La narration est toujours claire, vive, animée; et si l'on a reproché un peu de prolixité à cet écrivain, c'est qu'on n'a pas fait assez d'attention à l'abondance prodigieuse des objets dont il est environné, et qui retardent sa marche malgré lui. On pourrait plutôt s'étonner qu'il ait renfermé tant de matières en neuf livres. Les digressions dont il coupe son récit, l'abrègent en y jetant de la variété, et délassent agréablement le lecteur.

On fait à Hérodote le reproche d'avoir mêlé quelques fables à ses récits.

Thucydide. (471—411).

Thucydide à un caractère grave joignait des mœurs austères. Ces qualités sont empreintes dans son *Histoire du Péloponèse*. Les tableaux sombres qu'il avait sous les yeux, les malheurs continuels qui affligeaient la Grèce depuis plus de vingt années, semblent avoir contribué à rembrunir les couleurs de sa diction, et à lui donner ces teintes vigoureuses qui n'appartiennent qu'aux grands maîtres. Il déploie partout une éloquence mâle, une politique savante et profonde. Il affecta dans sa diction les formes sévères de l'ancien atticisme, et devint un modèle si accompli dans le genre grave et majestueux, que Démosthène ne crut pouvoir atteindre à ces hautes qualités qu'en le copiant sept fois de sa main.

Thucydide ajouta aux préceptes de l'art, la hardiesse de l'exécution. Pompeux sans superfluité, arrondi sans mollesse, il a la vigueur nécessaire au barreau. Son élocution est noble, ses termes sont choisis et sonores : il les crée au besoin et lorsqu'ils manquent à la force de sa conception. Nul orateur n'a mieux développé les caractères, et fait des passions un usage plus heureux. Il est fécond en figures, abondant en enthymèmes, profond et sentencieux dans ses réflexions.

« Thucydide est si plein de choses, dit Cicéron, que, chez lui, le nombre des pensées égale celui des mots, et en même temps il est si juste et si serré dans son style, qu'on ne sait si ce sont les mots qui ornent les pensées, ou les pensées qui ornent les mots. » (*De Oratore*, liv. II, n. 56.)

« Thucydide est, à mon gré, dit Jean-Jacques Rousseau, le vrai modèle des historiens; il rapporte les faits sans les juger, mais il n'omet aucune des circonstances propres à nous en faire juger nous-mêmes. Il met tout ce qu'il raconte sous les yeux du lecteur. Loin de s'interposer entre les événements et

les lecteurs, il se dérobe; on ne croit pas lire, on croit voir,»
(*Emile*, liv. IV.)

HARANGUES DE THUCYDIDE.

Les harangues historiques des anciens ne sont peut-être que
de beaux défauts, comme a dit Voltaire; mais sans examiner
si les historiens devaient se les permettre, on peut dire qu'on
regretterait qu'ils ne les eussent pas composées, parce qu'elles
nous offrent de véritables chefs-d'œuvre. Elles frappent ordinairement par des pensées fortes, par des sentiments profonds,
par des élans sublimes. Elles donnent à l'histoire un intérêt
dramatique, et mettent en scène, sous les yeux du lecteur, les
personnages les plus célèbres qui s'expriment d'une manière
si conforme à leur caractère et à leur situation, que nous ou-
blions volontiers l'historien pour écouter le héros. Elles ont
de plus l'avantage de faire connaître parfaitement chaque siècle
et chaque nation, parce que l'orateur, quel qu'il soit, accom-
mode presque toujours son style et ses pensées au langage,
aux mœurs et aux idées de ceux qui l'écoutent.

Parmi les historiens grecs, Thucydide est celui qui a composé un plus grand nombre de harangues. Quelques-unes de
celles qu'il prête aux généraux d'armée semblent retomber
dans des lieux communs, manquer d'originalité et d'énergie;
mais aussi il en a d'éloquentes et de véritablement guerrières,
qui commencent, en quelque sorte, les combats qu'elles annoncent, et qui retentissent déjà comme des coups portés à
l'ennemi. Souvent elles expliquent les manœuvres et les chocs
qui vont suivre; elles nous instruisent et nous ébranlent comme
l'armée qui les écoute. Mais c'est dans les discours politiques
que brille avec plus d'éclat le talent de Thucydide. C'est là
qu'il nous montre combien son âme était sensible, sa pensée
profonde, son élocution flexible et entraînante. Il nous transporte au milieu des assemblées où s'agitent les plus graves
questions. Nous croyons entendre les orateurs, participer aux
délibérations, donner nos suffrages avec les citoyens. Rien, en
un mot, n'est capable de nous faire connaître les débats de la

tribune d'Athènes, comme ces immortels discours, qui font une partie très-importante de l'histoire de Thucydide.

PARALLÈLE D'HÉRODOTE ET DE THUCYDIDE.

Si l'on considère la pureté, la propriété, l'élégance du langage, on peut dire que ces qualités sont reconnues aux deux historiens. « Il est remarquable, dit Cicéron, que ces deux auteurs, contemporains des sophistes qui avaient introduit dans la littérature un style fleuri, recherché, plein d'affectation, n'aient jamais donné dans ces frivoles ornements. Mais voici ce qui les distingue et les caractérise particulièrement : l'un est semblable à un fleuve tranquille qui roule ses eaux avec majesté ; l'autre, à un torrent impétueux qui précipite ses ondes, et, quand il parle de guerre, il semble entonner la trompette. » (*De Oratore*, *n° 39.*)

Quintilien porte de ces deux auteurs le même jugement, presque dans les mêmes termes. « La Grèce, dit-il, a eu plusieurs historiens célèbres, mais on convient qu'il y en a deux fort au-dessus des autres, et qui, avec des qualités différentes, ont acquis une gloire presque égale. L'un concis, serré, pressant sa marche, c'est Thucydide ; l'autre, doux, clair, étendu, c'est Hérodote. L'un traite mieux les passions véhémentes, l'autre celles qui demandent de l'insinuation ; l'un réussit mieux dans les harangues, l'autre dans les discours ordinaires ; le premier entraîne par la force, le second par l'attrait du plaisir. » (Liv. x, chap. 1.)

Ce qui ajoute au mérite d'Hérodote et de Thucydide, c'est qu'ayant trouvé peu de modèles à suivre, ils ont néanmoins porté l'histoire à la perfection, par une route différente.

ÉLOQUENCE DES PHILOSOPHES.

Xénophon. (445—354.)

Xénophon fut tout à la fois grand général, grand historien

et grand philosophe. Il continua l'histoire de Thucydide, à laquelle il ajouta sept livres. Il avait été disciple de Socrate et commandait cette mémorable retraite des Dix-mille, l'une des merveilles de l'antiquité, et dont il était digne d'écrire l'histoire. Il fut, comme César, l'historien de ses propres exploits ; comme lui il joignit le talent de les écrire à la gloire de les exécuter ; comme lui, il mérite une entière croyance, parce qu'il avait des témoins pour juges. Ce dernier mérite n'est pas celui de la *Cyropédie*, dans laquelle, au jugement de Cicéron, il a moins consulté la vérité historique que le désir de tracer le modèle d'un prince accompli, d'un gouvernement parfait. Si les gens de l'art l'étudient comme général dans la *Retraite des Dix-mille*, on l'admire comme philosophe et comme homme d'Etat dans ce livre charmant de la *Cyropédie*, que l'on peut comparer à notre *Télémaque*.

Xénophon fut surnommé l'*Abeille attique*, à cause de la douceur de son style. « Les Muses, dit Cicéron, semblent avoir parlé par sa bouche. » (*De Orat.*, n° 62.) » Quelles louanges, dit Quintilien, ne mérite pas cette douceur charmante de Xénophon, si simple, si éloignée de toute affectation, et que nulle affectation ne pourra jamais atteindre ! Vous diriez que les Grâces elles-mêmes ont composé son langage, et l'on pourrait lui appliquer ce que l'on a dit de Périclès : la déesse de la persuasion habitait sur ses lèvres. » (Liv. x.)

Xénophon, qui eut dans ses écrits tout le charme de l'éloquence attique, avait dans l'âme la force d'un Spartiate. Il sacrifiait aux dieux, la tête couronnée de fleurs : tout à coup, on vient lui annoncer que son fils a été tué à la bataille de Mantinée. Il ôte ses couronnes et verse des larmes ; mais lorsqu'on ajoute que ce fils, combattant jusqu'au dernier soupir, a blessé mortellement le général ennemi, il reprend ses couronnes : « Je savais bien, dit-il, que mon fils était mortel, et sa gloire doit me consoler de sa mort. »

Nous avons de lui beaucoup d'autres ouvrages, entre autres, un *Eloge d'Agésilas*, roi de Lacédémone ; un *Recueil des paroles mémorables de Socrate*, et l'*Apologie de ce philosophe*.

Platon. (430—347.)

Platon peut être considéré comme le plus beau génie que la philosophie ait offert à l'humanité. Il possédait au plus haut degré les facultés brillantes qui président aux arts d'imagination. L'éducation qu'il avait reçue était propre à développer de si heureuses dispositions. A l'étude de la grammaire et de la gymnastique, il avait associé de bonne heure celle de la peinture, de la musique et de la poésie. La lecture des poëtes avait fait les délices de sa première jeunesse. Il s'était essayé lui-même dans les genres lyriques, épiques, dramatiques; il avait composé des tragédies, qu'il brûla à l'âge de vingt ans, lorsqu'il eut entendu Socrate.

Il s'attacha uniquement à ce philosophe ; et, comme il avait d'heureuses dispositions pour la vertu, il profita si bien des leçons de son maître qu'il donna bientôt des preuves d'une éminente sagesse.

Après la mort de Socrate, accablé de douleur, il abandonna une ville souillée par un crime aussi odieux, et se retira à Mégare. Là, il entendit Euclide et fut initié par lui à l'étude de la dialectique. Bientôt il visita l'Egypte, pour profiter des lumières qu'on attribuait aux prêtres de ce pays; l'Italie, pour entendre les illustres philosophes sortis de l'école de Pytagore; la Sicile, pour voir les merveilles de cette île et surtout les embrasements de l'Etna. De retour dans son pays, il fixa sa demeure dans un quartier du faubourg d'Athènes appelé l'*Académie*. C'est là qu'il ouvrit une école et qu'il forma une multitude d'élèves à la philosophie. La beauté de son génie, l'étendue de ses connaissances, la douceur de son caractère et l'agrément de sa conversation, répandirent son nom dans les pays les plus éloignés. Denys le Jeune, tyran de Syracuse, épris du désir de le connaître et de l'entretenir, lui écrivit des lettres également pressantes et flatteuses pour l'engager à se rendre à sa cour. Platon céda à ses instances, dans le but d'exercer sur ce prince une influence salutaire. N'ayant pu réussir que faiblement, il prit le parti de retourner en Grèce. En passant à Olympie, il

s'arrêta pour voir les jeux. Il se trouva logé avec des étrangers
de considération, à qui il se montra très-officieux et très-aima-
ble ; mais sans se faire connaître. Après les jeux, il se rendit
avec eux à Athènes et les logea chez lui. Ils n'y furent pas
plutôt qu'ils le pressèrent de les mener voir Platon. Le philosophe répondit en souriant : « Le voici ; » et les étrangers
admirèrent la modestie aussi bien que les talents de ce grand
homme.

Platon, dans ses écrits, se montre tout à la fois poète, orateur et philosophe : poète, par l'inspiration qui semble animer toutes ses paroles, qui reproduit sous des images brillantes
les vérités les plus profondes, et qui lui a valu, avec raison le
titre d'*Homère de la philosophie* ; orateur, par cette chaleur de
l'âme, par cette noblesse de sentiments, par ce zèle ardent
pour la vérité et la justice, qui pénètrent, attachent, entraînent
le lecteur ; philosophe enfin, par la généralité de ses vues. Il
s'égare souvent, donne dans de graves erreurs et tombe dans
d'étranges contradictions ; mais il n'en est pas moins vrai qu'il
surpasse tous les écrivains païens par des idées admirables sur
Dieu, sur la Providence et sur la vie future, aussi bien que
par les principes de morale les plus capables d'inspirer l'amour
des hommes, le zèle du bien public, le désintéressement, la
fermeté du courage, le mépris du plaisir, de l'opinion et de
la mort. Les anciens avaient pour ses écrits la plus haute considération. Cicéron ne le nomme jamais que le *divin Platon*.
Les saints Pères l'étudiaient avec ardeur, et, selon Clément
d'Alexandrie, sa philosophie a servi aux Grecs pour les préparer à la religion chrétienne. Les écrivains modernes ont aussi
beaucoup admiré ce grand philosophe. *Les ouvrages de Platon*,
dit le comte de Maistre, *sont la préface humaine de l'É-
vangile*. Il avait puisé, sans doute, ou dans les anciennes tra-
ditions des peuples, ou, selon des savants distingués, dans les
livres saints, les choses singulièrement remarquables qu'il dit
sur le dogme de la chute originelle et sur celui d'un répara-
teur futur. « La nature et les facultés de l'homme, dit-il,
ont été changées et corrompues dans son chef, dès sa naissance. »

Et sur ce personnage mystérieux qu'il attend : « Qu'il vienne
ce divin législateur, imprimer en traits de feu , sur le marbre
et sur l'airain, la loi antique que les passions et les préjugés
ont effacé du cœur de l'homme ; qu'il vienne la proclamer aux
quatre coins de l'Univers, qu'il dissipe tous les nuages. Si
l'austérité de la loi décourage, si elle effraie notre faiblesse,
qu'il envoie encore un homme juste dont les vertus servent
d'encouragement et de modèle. Il faut que cet homme n'ait pas
même la gloire de paraître juste, pour ne pas être soupçonné
de l'être par vanité ; il faut qu'il soit dépouillé de tout, à l'exception de sa vertu ; il faut que sans nuire à personne, il soit
traité comme le plus méchant de tous ; il faut qu'il persévère
jusqu'à la fin dans la justice, qu'il soit fouetté, chargé de fers,
qu'on l'attache en croix, qu'on le fasse expirer dans les plus
cruels supplices. »

Les plus beaux ouvrages de Platon sont les trois dialogues
qui contiennent les derniers moments de Socrate, depuis celui
où il est traîné aux pieds d'un tribunal qui l'avait condamné
d'avance, jusqu'à l'instant fatal où la ciguë lui est présentée.
L'*Apologie de Socrate*, le *Criton* et le *Phédon*, forment une véritable trilogie dramatique, dont chaque scène est une leçon
de courage et de grandeur d'âme, et le dénouement, ce que
l'on pouvait offrir de plus attendrissant et de plus pathétique.

Aristote. (384—322.)

Aristote, né à Stagire, en Macédoine, 384 ans avant J.-C.,
vint, jeune encore, à Athènes et fut pendant vingt années
le disciple de Platon. Il acquit bientôt une grande célébrité,
ce qui porta Philippe à le choisir pour le précepteur de son
fils. La lettre qu'il lui adressa fait honneur au prince et au philosophe.

« Philippe, roi de Macédoine, à Aristote, salut :
» Apprenez qu'il m'est né un fils ; je remercie les dieux, non
» pas tant de me l'avoir donné, que de l'avoir fait naître du

» temps d'Aristote. J'espère que vous en ferez un successeur
» digne de moi, et un roi digne de la Macédoine. »

Nous ne connaissons point les détails de cette éducation ;
mais à voir les grandes qualités qu'Alexandre déploya dans
les premières années de son règne, l'empire qu'il conserva sur
ses passions tant qu'il ne fut pas corrompu par ses flatteurs,
enfin le goût éclairé qu'il montra toujours pour les sciences,
les lettres et les arts, on peut croire que le philosophe n'avait
point prodigué à son royal élève d'inutiles leçons.

Aristote ne suivit point Alexandre dans ses expéditions loin_
taines. Il revint à Athènes, et y ouvrit une école de philosophie
dans le Lycée, gymnase peu éloigné de la ville. Il s'y rendait
deux fois par jour. Le matin était destiné à ses disciples, et il
leur expliquait ce que les sciences offrent de plus difficile. Le
soir il admettait tous ceux qui désiraient l'entendre, se mettait à la portée de tout le monde, et dissertait sur les connaissances qui sont d'un usage plus habituel dans le cours ordinaire
de la vie. Il fut le fondateur d'une sorte de philosophie qui prit
le nom de *péripatéticienne*, parce qu'il donnait ses leçons en se
promenant.

La doctrine d'Aristote a éprouvé de nombreuses vicissitudes.
Condamnée par un grand nombre de docteurs chrétiens des
premiers siècles, elle reprit faveur chez les Arabes, et, dans
le moyen âge, ils l'introduisirent en Europe, où elle devint
l'objet d'un culte superstitieux. Descartes réussit à la discré-
diter ; alors on donna dans un excès contraire, et les écrits
d'Aristote tombèrent dans l'oubli.

Il est pourtant reconnu que sa *Poétique* et sa *Rhétorique* contiennent, sur tous les genres d'écrire, les règles les plus saines.
Sa *Morale* offre une analyse délicate de tous les penchants du
cœur, et une distinction fine de toutes les vertus et de tous les
vices. Dans sa *Logique*, il développe, avec une rare sagacité, la
marche et les ressorts du raisonnement ; il lui trace la route
propre à l'empêcher de s'égarer, et poursuit, dans tous leurs
détours, les sophismes les plus spécieux. L'histoire naturelle
lui doit aussi beaucoup ; on peut dire qu'il a créé cette science.

Aristote fut incontestablement l'homme le plus savant de l'antiquité grecque.

Son mérite, c'est d'avoir fondé l'école de l'expérience, et battu en ruine celle de la spéculation et de l'hypothèse ; d'avoir classé toutes les connaissances ; d'avoir fixé par des formules, toutes les découvertes ; enfin d'avoir observé et décrit une foule de faits physiques, métaphysiques, logiques, philosophiques, inaperçus avant lui. On a souvent comparé Aristote à Platon : ces deux philosophes semblent s'être placés aux deux extrémités opposées de la science. Platon spécule avec imagination, s'exprime avec éloquence ; Aristote observe avec froideur, expose avec sécheresse. L'un s'élance dans l'idéal ; l'autre ne sort jamais de la réalité. L'un dédaigne, comme basses et fugitives, les notions du monde extérieur ; l'autre repousse comme téméraires, toutes les hypothèses rationnelles. L'un est poète dans la dialectique ; l'autre est dialecticien quand il parle poésie. Enfin les erreurs du premier agrandissent et élèvent l'âme ; les dogmes de l'autre, quoique souvent plus vrais, rétrécissent, abaissent et enchaînent l'esprit, et cette différence se fait encore sentir aujourd'hui dans les écoles qui ont pris de l'Académie et du Lycée.

CHAPITRE SIXIÈME.

DÉCADENCE DE L'ÉLOQUENCE GRECQUE.

La grande éloquence disparaît avec la liberté. — Démétrius de Phalère chef d'une nouvelle école. — Ses imitateurs le surpassent dans ses défauts. — Éloquence asiatique. — Dion Chrysostôme. — Longin et Denys d'Halicarnasse combattent la corruption du goût. — L'éloquence se réfugie dans les écrits philosophiques et historiques : Lucien. — Plutarque. — Polybe. — Josèphe. — Thémistius et Libanius, sophistes célèbres.

La Grèce, vaincue par Philippe et asservie par Alexandre, fut contrainte de rester dans le repos et de vivre sous le sceptre d'un monarque absolu. L'éloquence de la tribune, privée des éléments qui constituent sa force, s'éteignit insensiblement; elle ne jeta plus que par intervalle quelques faibles lueurs, et elle finit par disparaître.

Démétrius de Phalère. (IIIᵉ siècle.)

Le plus élégant et le dernier des orateurs attiques qui aient survécu à la liberté de leur patrie, fut, au jugement de Cicéron, Démétrius de Phalère. Sa naissance était peu relevée, mais la nature l'avait comblé de toutes les grâces et de tous les talents. Une très-belle physionomie, un esprit brillant, une élocution facile, secondée d'une voix sonore, lui gagnaient tous les cœurs. Elevé dans la philosophie des péripatéticiens, formé à l'éloquence par les principes d'Aristote, à peine il parut à la tribune qu'il charma les Athéniens jusqu'à l'enthousiasme ; son crédit et leur bienveillance s'accrurent à mesure que ses talents se développèrent.

Cassandre, roi de Macédoine, devenu maître de la Grèce, voulut, dans le dessein de s'attacher les Athéniens, confier le gouvernement à l'un de leurs concitoyens, et il ne crut pas devoir en choisir un autre que Démétrius. Celui-ci n'employa d'abord son autorité que pour le bonheur de sa patrie : il s'efforça de lui rendre ses anciennes lois et ses anciens usages. Les Athéniens, pour lui témoigner leur reconnaissance et surpasser tous les honneurs qu'ils avaient rendus jusque-là à leurs grands hommes, lui élevèrent trois cent soixante statues d'airain. Les unes le représentaient à cheval, d'autres porté sur un char attelé de chevaux, et ce qu'il y a de plus étonnant, c'est que ces statues furent toutes achevées en moins de trois cents jours.

Mais, enivré par une longue prospérité, ses mœurs devinrent dissolues; il se plongea dans les plus honteuses voluptés. Son gouvernement despotique, semblable en plusieurs points à celui de Périclès, fut plus brillant que solide. Une foule nombreuse d'ennemis, que lui avaient créés ses succès et l'éclat de ses talents, s'agita sourdement. Leur haine et leurs jalousies, longtemps comprimées par la crainte, éclatèrent enfin lorsque Démétrius, fils d'Antigone, s'empara d'Athènes. Les changements apportés par ce prince dans le gouvernement, devinrent le signal d'une sédition qui éclata contre notre orateur. Les trois cents soixante statues qu'on lui avait dressées, furent renversées en un seul jour. On vendit les unes à l'encan, on brisa les autres, on en précipita plusieurs dans la mer, quelques-unes furent fondues et converties en vases réservés aux plus ignobles usages. Une seule échappa à cette destruction générale, et fut conservée dans la citadelle. A peine put-il échapper lui-même à la fureur de ses ennemis et se sauver à Thèbes sous une escorte que lui donna le vainqueur, pénétré d'estime pour ses talents.

Démétrius se retira en Egypte, auprès du roi Ptolémée Lagus, qui commençait à former la riche bibliothèque d'Alexandrie. Là, dans le sein des Muses, oubliant sa grandeur passée, Démétrius charma ses malheurs par l'étude de la philosophie. Il composa un grand nombre d'ouvrages dont aucun n'est par-

venu jusqu'à nous. Le roi l'honorait d'une amitié particulière
et le consultait en différentes occasions. Démétrius l'exhortait
souvent à lire les ouvrages des philosophes qui ont écrit sur la
royauté et sur les devoirs des souverains. Vous y trouverez,
lui disait-il, des avis que les courtisans n'osent jamais donner aux princes. Il lui conseilla aussi de laisser son empire
aux enfants qu'il avait eus d'Eurydice, sa première femme ;
mais Ptolémée ayant institué pour successeur le Philadelphe,
qu'il avait eu de Bérénice, dès que celui-ci fut monté sur le
trône, Démétrius lui devint suspect : il le fit garder à vue.
Alors banni de la cour, dévoré de chagrins, il se retira dans
la Haute-Egypte, où il se donna la mort en se faisant piquer par
un aspic.

Le caractère de l'éloquence de Démétrius tenait beaucoup
du genre tempéré ; il avait peu de véhémence, mais sa logique
était subtile, son style fleuri, son élocution douce : « on y
reconnaissait un disciple de Théophraste, » dit Cicéron. Le
même auteur, dans le traité *de Claris oratoribus*, dit que « l'é-
loquence de Démétrius était douce, insinuante, mais d'une
douceur qui charmait les esprits sans les énerver. Il fut le
premier qui fit fléchir l'éloquence et la rendit plus propre à
flatter les oreilles qu'à porter la conviction dans les cœurs.

On rapporte de Démétrius de Phalère plusieurs sentences
qui annoncent la trempe philosophique de son caractère. Quand
il eut appris que les Athéniens avaient détruit les nombreuses
statues qu'ils lui avaient dressées, il répartit : « Ils ne peuvent anéantir la vertu qui me les a fait élever. — Plutus, disait-il encore, n'est pas le seul aveugle, la fortune qui le conduit ne l'est pas moins. — Ce que le feu produit dans les
batailles, l'éloquence le fait dans les républiques. » Il disait des
riches orgueilleux : « Otez-leur la fortune, et laissez leur la
bonne opinion qu'ils ont d'eux-mêmes. » Il avertissait les
jeunes gens de respecter leurs parents à la maison, les pas-
sants dans les rues et eux-mêmes dans la solitude.

ÉLOQUENCE ASIATIQUE.

L'éloquence de Démétrius de Phalère, qui avait reçu tant d'applaudissements, devint la règle du goût public. On ne connut plus d'autre langage dans le barreau; les écoles de rhétorique s'y conformèrent. Mais en se proposant le style de cet orateur pour modèle, on ne s'en tint pas au point où il s'était arrêté : élocution, pensées, figures, tout fut porté à l'excès. Ce mauvais goût passa rapidement dans les provinces et s'y corrompit encore davantage. « Dès que l'éloquence sortie du Pyrée en cet état, dit Cicéron, se fut répandue dans les îles et dans l'Asie, perdant pour ainsi dire cet air de santé et d'embonpoint qu'elle avait conservé longtemps dans son terroir naturel, elle prit bientôt les manières étrangères et désapprit presque à parler, tant fut grande et prompte sa décadence. » (*Brutus*, no 51.)

Ce n'était plus cette éloquence mâle et solide que l'Attique avait enfantée ; ce n'était plus cette noble simplicité, cette profondeur de raisonnement, cette vigueur d'élocution embellie par le charme du style. L'éloquence, en passant d'Athènes en Ionie, avait bientôt perdu ses formes majestueuses et sévères; ses grâces naturelles étaient étouffées sous la parure et le luxe asiatiques. La mollesse des peuples de l'Orient avait énervé son antique vigueur. Elle aspirait moins à imprimer dans les cœurs une conviction profonde et durable, qu'à éblouir les esprits par des pensées brillantes, à surprendre l'admiration par des métaphores recherchées, par des antithèses, par des jeux de mots puérils. La déclamation n'était plus l'expression vraie et sentie de la passion ; c'était un chant étudié, dont les inflexions molles caressaient l'oreille de l'auditeur, et semblaient solliciter ses applaudissements.

Le costume même des orateurs, bien éloigné de la gravité antique, annonçait les mœurs les plus efféminées. Au lieu de ce manteau simple et de couleur austère dont étaient revêtus Démosthène, Eschine, Phocion, Callistrate, l'orateur ionien ne voulait paraître devant ses auditeurs que couvert d'une robe magnifique, ornée de pourpre ou brodée d'or; exhalant les parfums les plus précieux, les doigts étincelants d'anneaux ou de pierreries, les joues chargées de far, le front ceint d'une couronne de fleurs ou de lauriers factices, dont les baies étaient représentées par des rubis. Tels autrefois les musiciens paraissaient sur les théâtres pour y disputer le prix du chant. En effet, l'éloquence n'avait plus, comme dans les premiers temps, un but utile et nécessaire : ce n'était plus qu'une vaine représentation, dans laquelle le sophiste s'efforçait de faire preuve d'un talent futile, devant des hommes oisifs, rassemblés par une vaine curiosité.

Parmi ces sophistes asiatiques, quelques-uns cependant firent un plus noble usage de l'éloquence, en la consacrant à l'instruction morale des peuples, en éclairant la multitude sur ses devoirs, en lui faisant connaître le charme et le prix de la vertu.

Dion Chrysostôme. (1er siècle de l'ère chrétienne.)

Tel fut Dion, que l'élégance et la facilité de son élocution firent surnommer Chrysostôme, c'est-à-dire *bouche d'or*. Il était de la ville de Pruse, en Bithynie, et sortait d'une famille ancienne et illustrée par les premières magistratures. Il cultiva d'abord l'art oratoire, et se fit quelque réputation comme sophiste.

Il y joignit l'étude de la philosophie et s'attacha à la secte stoïcienne. Il vint à Rome au commencement du règne de Domitien, et y resta plusieurs années ; mais un de ses amis, qui tenait un rang distingué à la cour de l'empereur, ayant été enveloppé dans une conjuration et condamné à mort, Dion craignit pour lui-même et prit la fuite.

Incertain sur le choix de son asile, il se transporta d'abord à Delphes, pour y consulter l'oracle. *Continuez ce que vous faites,* lui répondit le dieu, *jusqu'à ce que vous soyez parvenu aux extrémités de la terre.* Dion saisit facilement le sens de ces paroles ; il résolut en conséquence de mener une vie errante, de déguiser son nom et sa naissance, et de s'enfoncer jusque dans

les régions les moins connues, pour se dérober aux recherches
de ses ennemis. Revêtu d'un habit grossier, la barbe et les
cheveux négligés, il se mit en chemin, sans autres livres qu'un
dialogue de Platon et un discours de Démosthène. Il traversa
la Thrace et la Mysie, et se réfugia dans le pays des Gètes, où
il vécut longtemps inconnu.

La vie errante qu'il menait, le soin de déguiser son nom et
son rang l'exposèrent à toutes sortes de fatigues et de dangers.
Plus d'une fois il se vit contraint de subir les travaux les plus
vils et les plus rudes, afin de subvenir à ses besoins ; tantôt il
plantait des arbres, tantôt il labourait la terre, ou tirait de
l'eau pour arroser les jardins.

Dans les diverses régions qu'il parcourait, on prenait de lui
des idées différentes. Son costume grossier, sa longue barbe,
ses cheveux négligés contrastaient singulièrement avec l'é-
légance et la pureté de son langage, avec les traits ingénieux
et spirituels qui s'échappaient malgré lui. Ici, on le prenait
pour un insensé ; là, pour un mendiant ou pour un vagabond ;
ailleurs, pour un philosophe ; partout pour un homme extraordinaire. Bientôt sa réputation fit du bruit ; on s'empressa
de venir le consulter. On l'engageait à parler en public :
il ne s'y refusait jamais, quand il croyait donner à la multitude des avis utiles, et l'instruire des préceptes de la morale.

Ses longs malheurs, après avoir exercé sa patience, se ter-
minèrent enfin par un événement désiré de tout l'empire. Domitien reçut la récompense de ses crimes et périt sous le fer
des conspirateurs, qui vengèrent l'univers outragé. Le sénat
élut Nerva pour empereur.

Cette nouvelle, rapidement portée jusqu'aux extrémités de
la domination romaine, engagea Dion à se rapprocher des
limites de l'empire, et ce rapprochement le mit à même de
rendre un service important au nouvel empereur, avec lequel
il avait eu autrefois des liaisons intimes. Il trouva l'armée qui
gardait les frontières dans une agitation extrême, irritée de la
mort de Domitien et disposée à refuser à son successeur le
serment de fidélité. Dion crut en cette circonstance devoir tout
hasarder pour gagner les soldats à Nerva, et empêcher les

suites funestes d'une révolte. Il monte sur un autel élevé ; on se rassemble autour de lui ; on prête silence, on l'écoute. Il se dépouille du manteau grossier dont il était revêtu, et débute par ce vers d'Homère :

> Ulysse quitte enfin son vil déguisement.

Il annonce qu'il n'est point un homme du vulgaire, comme on se l'imagine. Il se nomme, il raconte son histoire ; les malheurs que lui avait attirés sa vertu peignaient déjà la tyrannie de Domitien : il en achève le portrait avec des couleurs si vives que tous les esprits en sont frappés, et la mort du tyran paraît une punition méritée. Il trace ensuite l'éloge du nouvel empereur, et parle avec tant de véhémence et de grâce, qu'il entraîne tous les suffrages. Cette action lui valut la bienveillance de Nerva et celle de Trajan, qui, dans son entrée triomphale à Rome, après la défaite des Daces, le plaça sur son char à côté de lui.

Il faut distinguer deux époques dans l'éloquence de Dion. Pendant les premières années de sa vie, entraîné par le faux goût qui dominait alors, il ne composa que des pièces d'apparat, des déclamations futiles sur des objets souvent ridicules, et qui ne laissaient à l'orateur que le mérite de les traiter d'une manière brillante. L'*Éloge du Perroquet*, celui de la *Puce*, celui de la *Chevelure*, occupèrent sérieusement son esprit ; mais il ne tarda pas à sentir combien il se trompait sur le véritable but de l'éloquence. Il quitta ce genre puéril pour marcher sur les traces des premiers orateurs de la Grèce, et pour revêtir la philosophie des grâces de l'élocution et de l'harmonie oratoire. Quelque passionné qu'il fût pour Platon et pour Démosthène, les deux écrivains qu'il estimait le plus, néanmoins il s'attacha davantage à imiter Lycurgne et Hypéride. Il se forma un style particulier qui, sans atteindre à la véhémence du premier, avait toute la douceur et la clarté du second. Sa diction est, en général, d'une simplicité élégante ; les ornements qu'il emploie sont ménagés avec art, les expressions proportionnées au sujet qu'il traite.

Philostrate compare l'abondance de Dion à la corne d'Amal-
thée, et l'harmonie de son style à celle de Démosthène et de
Platon. Il ne manque point de force, mais il tempère sa véhémence par une sage modération. S'il gourmande l'insolence de
certaines villes, il ne paraît ni désagréable ni enclin à la mé-
disance. Il semble maîtriser avec le frein un cheval fougueux,
au lieu de corriger avec le fouet. Fait-il l'éloge des républiques
bien gouvernées, c'est de manière à ne leur inspirer aucun
orgueil, à les encourager, à leur faire sentir que bientôt
elles tomberont dans les derniers malheurs, si elles cessent de
se conduire avec sagesse. Il aime à employer les fables et les
allégories, et il excelle à en tirer un sens moral et instructif.
Souvent il introduit au milieu de son discours ou une narration,
ou un dialogue, et l'art avec lequel il le fait, jette une variété
merveilleuse dans ses compositions.

Les discours qui nous restent de ce sophiste sont au nombre
de quatre-vingts.

Longin. (210--273 de J.-C.)

Dans la période de décadence qui nous occupe, on vit paraître plusieurs hommes de talent qui entreprirent d'arrêter
la corruption du goût. Au premier rang on doit mettre Longin.

Longin, né à Athènes, florissait vers la fin du troisième siècle
de notre ère. C'était l'homme le plus célèbre de son temps
pour le goût et l'éloquence. La fameuse Zénobie, reine de Palmyre, qui lutta si malheureusement contre la fortune d'Aurélien, le fit venir à sa cour, pour prendre des leçons de grec
et de philosophie. Découvrant dans son maître des talents
supérieurs, elle en fit son principal ministre. Lorsqu'après la
perte d'une grande bataille, elle fut obligée de se renfermer
dans sa capitale, et reçut d'Aurélien une lettre qui l'invitait
à se rendre, ce fut Longin qui l'encouragea à se défendre jusqu'à l'extrémité, et lui dicta la réponse noble et fière que l'histoire a conservée (*). Aurélien vainqueur, maître de la ville de

---

(*) « C'est par la valeur et non par une lettre qu'on contraint un ennemi à se rendre. Vous avez été
battu par des voleurs, que ne devez-vous pas craindre de citoyens qui se défendent? Souvenez-vous
que Cléopâtre aima mieux mourir que d'être vaincue. »

Palmyre et de Zénobie, réserva cette reine pour son triomphe et envoya Longin au supplice. Longin y porta le même courage qu'il avait su inspirer à la reine, et sa mort fit autant d'honneur à sa philosophie que de honte à la cruauté d'Aurélien. Il avait fait quantité d'ouvrages dont nous n'avons plus que les titres. Ils roulaient tous sur des objets de critique et de goût.

Il ne nous reste que le *Traité du Sublime*, et ce traité place Longin au premier rang des critiques de l'antiquité. Cécilius, qui vivait du temps d'Auguste, avait déjà composé un ouvrage sur le style sublime, mais il s'était contenté de le définir, sans donner aucune règle pour y atteindre. Longin, au contraire, en fait connaître la nature, les effets, les sources et les lois par des exemples qu'il développe avec grandeur et souvent avec grâce. Il est le premier auteur païen qui ait senti ou du moins qui ait avoué les beautés simples et sublimes de l'Ecriture.

Ainsi des littérateurs éclairés, des grammairiens savants, portaient le flambeau de la critique dans les routes ouvertes par le génie, et rendaient un compte fidèle des moyens que les grands orateurs avaient employés pour charmer l'imagination et ravir tous les cœurs; mais ils ne purent ressusciter la véritable éloquence. Celle-ci, en effet, ne dépend pas uniquement de l'orateur, il faut encore que le sujet dont il s'occupe soit par lui-même assez noble, assez magnifique pour fournir au génie de grandes conceptions, pour offrir des images imposantes, pour inspirer un intérêt puissant et profond. La poésie, dont le but principal est de plaire, est portée sur les ailes de l'imagination, elle s'élance dans les espaces qu'elle a créés, elle les remplit d'êtres fantastiques, elle forme à son gré des tableaux riants ou sévères, gracieux ou terribles. L'art oratoire, circonscrit dans des limites plus étroites, ne doit qu'à la vérité ses effets et sa puissance : tout y doit être réel, tout y doit parler à la raison, et tandis que le poète peut espérer de nous charmer par d'agréables mensonges, l'orateur ne peut attendre de succès qu'en portant la conviction dans l'esprit,

ou la persuasion dans les cœurs. C'est en vain qu'un froid sophiste épuise les ressources de son art pour nous attendrir sur
des malheurs imaginaires; c'est en vain qu'il veut nous faire
délibérer sur une entreprise qui n'existe que dans son idée,
sur une situation dont l'intérêt est effacé depuis plusieurs siècles; nous remarquons ses efforts pénibles et nous n'en sommes
point émus; nous entendons des mots, lorsque nous espérions
voir des choses, et l'harmonie de ses périodes nombreuses ne
peut nous tirer de notre indifférence.

Voilà l'effet que produisaient et devaient produire tous ces
vains déclamateurs, qui ne traitaient que des sujets supposés.
On disait d'eux qu'ils avaient de l'esprit, qu'ils avaient du
talent, mais personne ne pleurait à leurs discours; on n'é-
prouvait aucun frémissement, aucun transport; on ne s'élançait
point, on ne courait point aux armes. L'éloquence perdait toute
son énergie en s'éloignant de son véritable but. La noble simplicité des orateurs anciens était remplacée tantôt par un luxe
ambitieux d'ornements qui cachait, sous la pompe des paroles,
la stérilité des idées, tantôt par une profusion ridicule de sentences qui couvraient, sous la gravité déclamatoire, le vide
des conceptions.

ÉLOQUENCE HISTORIQUE ET PHILOSOPHIQUE.

Aussi l'éloquence véritable se réfugia-t-elle dans les ouvrages
historiques et philosophiques.

Pour l'histoire, nous avons à faire connaître Polybe, Diodore
de Sicile, Denys d'Halicarnasse, Josèphe et Plutarque; pour la
philosophie le même Plutarque et Lucien.

Polybe. (205 — 125 avant J.-C.)

Polybe publia, en quarante livres, une *Histoire générale*.
Dans ce grand ouvrage, il avait renfermé la période de cin-

quante-trois ans, qui s'étend depuis le commencement de la
seconde guerre punique jusqu'à la conquête de la Macédoine
par les Romains (220 ans avant J.-C.). Les deux premiers livres
sont une introduction dans laquelle Polybe raconte rapidement
ce qui s'est passé depuis la prise de Rome par les Gaulois jusqu'à
la première expédition des Romains dans la Sicile, et les événements qui eurent lieu depuis ce temps jusqu'à la seconde
guerre punique. Une grande idée guidait sa plume. L'univers
retentissait alors de la grandeur des Romains, il n'était question que de la fortune de Rome, que du destin qui protégeait
ses aigles. Polybe voulut faire voir que Rome ne devait pas sa
grandeur à une fatalité aveugle ; il voulut démontrer, selon la
belle expression de Montesquieu, la réalité de ce projet d'en-
vahir tout, si bien formé, si bien soutenu, si bien fini ; il exposa le but de tant de guerres entreprises, de tant de sang
répandu, de tant de peuples détruits, de tant de politique,
de sagesse, de prudence, de courage. Et quel homme pouvait
le faire mieux que lui ? Écoutons-le parler lui-même de cette
unité.

Au commencement du troisième livre, il fait remarquer que
le sujet de son histoire est, dans son entier, une seule action,
un seul et grand spectacle, et qu'il s'agit d'indiquer les causes
qui successivement ont fait tomber toutes les parties du monde
habitable sous la domination romaine. « Cette action, dit-il,
est distincte dans son commencement, déterminée dans sa durée, claire dans son accomplissement final. Il sera donc utile
de donner un tableau général des différentes parties dont ce
grand tout est composé. »

Par là, toutes les nations connues passent nécessairement
sous les yeux de Polybe ; mais il ramène toutes ces nations
vers un centre commun, la grandeur romaine ; et c'est là l'u-
nité de son ouvrage, cette unité inconnue à ses devanciers, et
qui s'est encore accrue sous la plume de Bossuet, dans le cadre
bien plus vaste de l'*Histoire universelle*.

Nous n'avons que les cinq premiers livres de Polybe et des
fragments assez considérables des suivants jusqu'au dix-septième. Deux chapitres du sixième livre, intitulé *de la Milice ro-*

maine, ont été souvent publiés à part, comme un ouvrage de stratégie; d'autres chapitres ont été rassemblés par ordre de Constantin Porphyrogénète, sous le titre d'*Ambassades*, en forme de traités, et intitulés *les Vertus et les Vices*. Ces titres seuls indiquent l'immensité du plan que parcourut Polybe : la perte d'une partie de cet ouvrage est d'autant plus irréparable qu'elle embrassait les événements dont Polybe fut témoin oculaire, et auxquels il prit souvent une part active.

L'ouvrage de Polybe, outre l'ensemble et la variété, présente encore un caractère tout nouveau, celui d'une histoire raisonnée. Il remonte aux causes des événements, il développe les circonstances qui les ont accompagnés et les résultats qu'ils ont produits; il fait moins les réflexions qu'il ne les suggère au lecteur, laissant aux actions et aux caractères des personnages à s'expliquer ou à se faire connaître d'eux-mêmes. Jamais l'histoire ne fut écrite par un homme d'un plus grand sens, d'une perspicacité plus profonde, d'un jugement plus sain et plus libre de toute espèce de préjugé.

Le style de Polybe n'est pas exempt de reproches. Les savants l'accusent d'avoir altéré la pureté de sa langue maternelle par un mélange de mots particuliers aux Barbares, parmi lesquels il séjourna longtemps; par un abus fréquent des termes techniques de l'école philosophique d'Aristote, et par un penchant irrésistible pour les digressions, empruntant souvent aux poètes des passages et des phrases maniérées.

L'histoire de Polybe est le livre des guerriers et l'objet des méditations des hommes qui étudient la tactique.

Diodore de Sicile. (Siècle de César et d'Auguste).

Diodore de Sicile vivait du temps de César et d'Auguste. Après avoir voyagé dans les trois parties du monde ancien, il publia, sous le titre de *Bibliothèque historique*, une histoire générale en quarante livres, comprenant tout ce qui s'est passé dans le monde jusque l'an 60 avant J.-C. De ces quarante livres, quinze seulement sont parvenus jusqu'à nous, avec quelques fragments conservés principalement par Photius et par les extraits de Constantin Porphyrogénète.

L'ouvrage s'ouvre par une préface où l'auteur, après avoir rappelé l'idée salutaire d'une Providence divine qui réunit les hommes en société, fait connaître les secours qui l'ont mis en état d'exécuter une entreprise impossible à ses devanciers, et trace ensuite la division de son travail. Cette préface, à laquelle Bossuet a emprunté quelques traits de son *Histoire universelle*, est un grand et beau tableau de la manière d'écrire l'histoire. Tout y est judicieux et plein de sagesse; mais ce frontispice est d'une beauté trop supérieure à l'édifice qu'il annonce.

Diodore n'est historien ni comme Hérodote ou Thucydide, ni comme Polybe : il n'est, en général, que compilateur, admettant quelquefois sans réflexion tous les faits et toutes les autorités; mais ce qu'il a vu, ce qu'il a vérifié, il l'a bien vu et bien jugé.

Son style est facile, clair, simple et sans affectation; mais aussi sans élégance. Il est parfois chargé d'ornements et de métaphores, parce qu'alors il copie les poètes et les mythologues, ces premiers historiens de la Grèce. Lâche et quelquefois diffus, il manque de liaison et d'ordre; sa narration est souvent embarrassée; il ignore l'art de débrouiller les faits, d'y répandre la lumière, et de faire sortir un événement d'un autre. Du reste, il loue ou blâme avec impartialité. Ses réflexions sont communes sans être triviales; il s'y montre toujours homme de bon sens et de probité.

Denys d'Halicarnasse. (Ier siècle avant J.-C.)

Denys d'Halicarnasse, historien et critique, né à Halicarnasse en Carie, vint à Rome l'an 30 avant J.-C., et y publia, vers l'an 7 avant J.-C., sous le titre d'*Antiquités romaines*, un savant ouvrage qui contenait l'histoire des premiers temps de Rome jusqu'à l'an 266 avant J.-C.. Il se composait de cent vingt livres. Il ne nous reste que les onze premiers avec quelques fragments des livres suivants, qui se terminaient précisément à l'époque où commence l'ouvrage de Polybe.

« Tous les écrivains anciens et modernes, qui ont parlé avec quelque connaissance de cause de son histoire, dit Rollin, reconnaissent dans lui un génie facile, une érudition profonde, un discernement exact et une critique judicieuse. Il était versé dans tous les beaux-arts, bon philosophe, sage politique, excellent rhéteur. Il s'est peint dans son ouvrage sans y penser. On l'y voit ami de la vérité, éloigné de toute prévention, plein de zèle pour sa religion, déclaré contre les impies qui niaient une Providence.

» Il ne se contente pas de raconter les guerres du dehors, il décrit avec le même soin les exercices de la paix, qui contribuent au bon ordre du dedans, et qui servent à entretenir l'union et la tranquillité parmi les citoyens. Il ne se fatigue point par des narrations ennuyeuses; s'il s'écarte en des digressions, c'est toujours pour apprendre quelque chose de nouveau. Il mêle dans ses récits des réflexions morales et politiques, qui sont l'âme de l'histoire et le principal fruit qu'on en doive tirer. Il traite les matières avec beaucoup plus d'abondance et d'étendue que Tite-Live; et ce que celui-ci renferme dans ses trois premiers livres, l'auteur grec en fait la matière de onze livres.

» Il est constant que, sans ce qui nous reste de Denys d'Halicarnasse, nous ignorerions plusieurs choses dont Tite-Live et les autres historiens latins ont négligé de nous instruire, et dont ils ne parlent que très superficiellement. Il est le seul qui nous ait fait connaître à fond les Romains, qui ait laissé à la postérité un détail circonstancié de leurs cérémonies, du culte de leurs dieux, de leurs sacrifices, de leurs mœurs, de leurs coutumes, de leur discipline, de leurs triomphes, de leurs comices ou assemblées, du dénombrement et de la distribution du peuple en classes et en tribus. Nous lui sommes redevables des lois de Romulus, de celles de Numa et de Servius, et de beaucoup d'autres choses pareilles. Comme il n'écrivait son histoire que pour instruire les Grecs, ses compatriotes, des faits et des mœurs des Romains, qui leur étaient inconnus, il s'est cru obligé à une plus grande attention, sur ce point, que les autres historiens latins, qui n'étaient pas dans le même cas que lui. (*Histoire ancienne.*)

Les principaux ouvrages de littérature et de critique de Denys d'Halicarnasse sont, de l'*Arrangement des mots* ; de l'*Art de
la rhétorique* ; *Jugement sur les anciens écrivains* ; *Mémoire sur les
orateurs anciens* ; *Lettre à Amnœus sur Aristote et Démosthène* ;
Lettre à Pompée ; *Jugement sur Thucydide* ; de la *Véhémence de
Démosthène*.

Les critiques de Denys d'Halicarnasse, ordinairement remplies de jugement et de goût, sont trop sévères et empreintes
de partialité à l'égard de Platon, de Thucydide et de Polybe ;
il est aussi trop diffus. Ses traités pourraient être beaucoup
abrégés, mieux conçus et mieux expliqués.

Flavius Josèphe. (37 — 95 de J.-C.)

Plusieurs écrivains juifs avaient déjà pris part à la littérature
grecque. Aucun ne le fit avec plus d'éclat que l'historien Josèphe, né à Jérusalem, d'une famille illustre, l'an 37 de J.-C. Sa
mère descendait des Machabées. Il reçut une éducation savante,
et entra dans la secte des Pharisiens. A vingt-cinq ans il fit un
voyage à Rome. De retour dans son pays, ses compatriotes
insurgés le nommèrent gouverneur de la Judée. Dans cette
place, il se signala par sa vigilance et son courage, et se
soutint soixante-sept jours dans la ville de Jotapa. Il se rendit
ensuite à Vespasien. Il nous apprend lui-même que pendant
toute la guerre contre les Juifs, et lors même qu'il était encore
captif, Vespasien et Titus voulurent toujours l'avoir auprès
d'eux ; de sorte qu'il ne se passait aucun événement dont il
n'eût une entière connaissance ; il voyait lui-même tout ce
qui se passait dans le camp des Romains, et l'écrivait exactement ; et il apprenait des transfuges, qui s'adressaient à lui, ce
qui se passait dans la ville de Jérusalem, et il ne manquait
pas de même de l'écrire aussitôt.

Après que la guerre fut finie, et qu'il eut été amené à Rome
par Titus, Vespasien le fit loger dans la maison qu'il occupait
avant d'être empereur, le fit citoyen romain, lui assigna
une pension avec des terres dans la Judée, et lui témoigna
beaucoup d'affection tant qu'il vécut.

Dans le loisir que Josèphe avait à Rome, il s'occupa à écrire l'*Histoire de la guerre des Juifs*, sur les mémoires qu'il en.avait dressés. Il la composa d'abord en sa langue propre, qui était à peu près la même que la syriaque ; il traduisit ensuite cette histoire en grec pour les peuples de l'empire, en remontant jusqu'au temps d'Antiochus Epiphane et des Machabées.

Josèphe fait profession d'y rapporter avec une entière sincérité tout ce qui s'est fait de part et d'autre, ne se réservant, de l'affection qu'il avait pour son pays, que le droit de plaindre¸ quelquefois ses malheurs et de détester les crimes des séditieux qui avaient causé sa ruine.

Dès que son histoire fut achevée en grec, il la présenta à Vespasien et à Titus, qui en furent extrêmement satisfaits. Celui-ci, dans la suite, ne se contenta pas d'ordonner qu'elle fût rendue publique et mise dans une bibliothèque ouverte à tout le monde ; il signa de sa main l'exemplaire qui devait y être déposé, pour montrer qu'il voulait que ce fût de cette histoire seule que tout le monde apprît ce qui s'était passé pendant le siége et la prise de Jérusalem.

« L'*Histoire de la guerre des Juifs*, dit Phocius, est agréable, remplie d'élevation et de majesté, mais sans excès et sans enflure ; elle est vive et animée, pleine de cette éloquence qui excite ou apaise à son gré les mouvements de l'âme ; les harangues en sont belles et persuasives, et, dans les discours où il faut soutenir les deux partis opposés, elle est féconde en raisons adroites et plausibles pour l'un et pour l'autre. » Saint Jérôme loue Josèphe encore plus avantageusement en un seul mot, en l'appelant le *Tite-Live des Grecs*.

Après que Josèphe eût écrit l'histoire de la guerre des Juifs, il entreprit l'histoire générale de cette nation, en la commençant dès l'origine du monde, pour faire connaître à toute la terre les grandes merveilles que Dieu a opérées en faveur des Juifs. C'est ce qu'il exécuta en vingt livres, auxquels il donna lui-même le titre d'*Antiquités*, quoi qu'il les continue jusqu'à la douzième année de Néron, pendant laquelle éclata la révolte des Juifs.

Il y .fait profession de ne rien ajouter à ce qui est dit dans les livres saints., et de n'en rien retrancher; mais il ne s'est pas acquitté de cette promesse aussi religieusement qu'aurait dû le faire un homme qui appartenait à la race sacerdotale. Il ajoute quelques faits qui ne sont point dans l'Ecriture, il en retranche un plus grand nombre, et en dénature quelques-uns de manière à les faire rentrer dans la classe des événements purement humains.

Plutarque. (50—140.)

On partage les ouvrages de Plutarque en deux classes : les *Vies des hommes illustres*, et les *Traités de morale*.

Les *Vies des hommes illustres*, ou *Vies parallèles*, l'ont rendu pour ainsi dire populaire. Il y donne l'histoire de quarante-quatre personnages distingués par leurs vertus, leurs talents, ou leurs actions, les uns Grecs, les autres Romains, et les met en parallèle.

Quatorze autres vies se sont perdues.

Les *Vies des hommes illustres* sont l'ouvrage le plus propre à former les hommes. Plutarque ne se laisse point éblouir par les actions d'éclat, qui font beaucoup de bruit et qui attirent l'admiration du vulgaire et du plus grand nombre des hommes. Il juge les choses, ordinairement, par ce qui en fait le véritable prix. Les sages réflexions qu'il mêle dans ses écrits, accoutument ses lecteurs à en juger de la même sorte, et leur apprennent en quoi consistent la véritable grandeur et la solide gloire. Il refuse inflexiblement ces titres honorables à tout ce qui n'a point le caractère de justice, de vérité, de bonté, d'humanité, d'amour du bien public, et qui n'en a que les apparences. Il ne s'arrête point aux actions extérieures et brillantes, où les princes, les conquérants et tous les grands de la terre, attentifs à se faire un nom, jouent leur rôle sur la scène du monde, y représentent, pour ainsi dire, un personnage passager, et réussissent à se contrefaire pour un temps. Il les démasque, il les dépouille de tout l'appareil étranger qui les environne, il les montre tels qu'ils sont en eux-mêmes; et, pour les mettre hors d'état de se dérober à sa vue perçante,

il les suit, avec son lecteur, jusque dans l'intérieur de leurs
maisons; les examine, s'il est permis de s'exprimer ainsi, dans
leur déshabillé; prête l'oreille à leurs conversations les plus familières; les considère à table, où l'on ne sait ce que c'est que
de se contraindre, et dans le jeu où l'on se gêne encore moins.
Ces détails, loin de défigurer les *Vies de Plutarque*, sont précisément ce qui en rend la lecture et plus agréable et plus utile.

Il y a, dans les *Traités de morale* de Plutarque, un grand
nombre de faits curieux qu'on ne trouve pas ailleurs; des
leçons très-utiles pour la conduite de la vie particulière et
pour l'administration des affaires publiques; des principes
admirables sur la Divinité, sur la Providence, sur l'immortalité de l'âme; mais le tout avec un mélange d'opinions
absurdes et ridicules, tel qu'il se trouve dans presque tous les
païens. L'ignorance de la bonne physique rend aussi la lecture
de plusieurs de ses traités ennuyeux et rebutants.

Dans la multitude de ses opuscules, on peut distinguer ceux-
ci : *sur la Manière de lire les poètes; sur la Manière d'écouter;
sur la Distinction entre l'ami et le flatteur; sur l'Utilité qu'on
peut tirer de ses ennemis; sur la Curiosité; sur l'Amour des
richesses; sur l'Amour fraternel; sur les Babillards; sur la
Mauvaise honte; sur les Occasions où il est permis de se louer
soi-même; sur les Délais de la justice divine dans la punition des
méchants.*

Lucien. (120—180.)

Lucien, le plus spirituel peut-être et le plus original de tous
les écrivains grecs, était né à Samosate, en Syrie. Il est difficile
de fixer avec précision l'époque où il a vécu. Il appartenait à
une famille obscure et peu favorisée de la fortune. Après avoir
appris, dans une école publique, les premiers éléments des
lettres, il fut mis en apprentissage chez son oncle maternel,
un des meilleurs sculpteurs de Samosate. Dès le premier jour,
il eut le malheur de briser, d'un coup trop fort, une table de
marbre qu'on lui avait donné à dégrossir. Son oncle, qui

n'était pas d'un caractère patient, le frappa rudement, et
Lucien, découragé, abandonna des travaux peu faits pour son
génie. C'était aux lettres que la nature l'appelait, et il suivit
sa vocation.

Il embrassa d'abord la profession d'avocat, et plaida dans
les tribunaux d'Antioche. A un homme d'esprit et de talent,
le barreau n'offrait pas alors beaucoup de moyens de s'enrichir. L'éloquence, appliquée aux déclamations et aux improvisations sophistiques, ouvrait des routes bien plus courtes
et plus sûres à la fortune et à la considération. Les sophistes
parcouraient les grandes villes; ils annonçaient un discours,
comme aujourd'hui un musicien voyageur annonce un concert,
et les curieux accouraient de toutes parts, pour entendre et
voir le discoureur. Lucien, après avoir renoncé au barreau,
visita l'Asie, la Grèce et la Gaule, s'arrêtant pour réciter des
discours, pour improviser les questions qui lui étaient proposées, et levant sur ses auditeurs des tributs assez considérables.

Après un séjour de plusieurs années dans la Gaule, il voulut
voir l'Italie, et s'arrêta quelque temps à Rome, dont il a peint
la corruption avec énergie dans son *Nigrinus*. Le recueil de
ses œuvres contient un assez grand nombre de déclamations
et de petits morceaux de littérature sophistique qui ne peuvent
appartenir qu'à cette époque de sa vie, tels que *les deux
Phalaris*, *le Tyrannicide*, *le Médecin déshérité par son père* (sujet
traité aussi par Sénèque le Rhéteur), *les Dipsades*, *Zeuxis*, *les
Cygnes*, *Hésiode*, *Hérodote*, *les Bains d'Hippias*, *Bacchus*, *Hercule*,
le Scythe, *l'Eloge de la patrie*, *l'Eloge de la Mouche*.

On ne peut nier qu'il ne se trouve dans toutes ces compositions de l'esprit et de la facilité. Le langage en est correct
et d'une élégance soutenue. Toutefois, si Lucien n'eût pas
exercé sa plume sur d'autres sujets, sa place en littérature,
même dans cette littérature de rhéteur, serait fort au-dessous
de Dion Chysostôme et de Libanius. Il sentit lui-même qu'il
ne s'élèverait pas beaucoup au-dessus de la foule, s'il
n'entrait dans des routes nouvelles. Il revit donc, dans la
maturité de l'âge, la terre classique de la Grèce; il vécut

plusieurs années dans Athènes, avec le vieux philosophe
Démonax, auquel il donne les vertus d'un vrai sage, et fut
témoin de l'action fanatique du cynique Pérégrinus, apostat du
chistianisme, espèce de fou qui se brûla publiquement aux jeux
olympiques, l'an 165. C'est à cette époque qu'il renonça com-
plètement à l'art frivole des rhéteurs. Il voulut obtenir des
succès moins passagers et plus honorables, en éclairant les
hommes sur leurs superstitions absurdes, sur leur folle administration pour une foule de charlatans parés du nom de
philosophes, sur le honteux esclavage qu'ils se laissaient
imposer par les riches et les grands. Mais il faut avouer qu'en
se moquant, avec l'originalité la plus piquante et la gaîté la
plus communicative, des vices et des ridicules dont ses yeux
étaient blessés, il a souvent passé toutes les bornes; qu'en
attaquant les superstitions, il attaque aussi les idées religieuses, fondement de la morale; que les coups qu'il porte
aux hypocrites de philosophie tombent quelquefois sur des
hommes estimables; que son pyrrhonisme est porté à l'extrême;
enfin, qu'en peignant les mauvaises mœurs, il est souvent
licencieux et obcène. En le reconnaissant pour un écrivain
ingénieux et amusant, il est nécessaire d'ajouter que toutes
ses productions ne conviennent pas à tous les âges, et qu'il
pourrait arriver qu'étant lu sans précaution par des esprits
trop jeunes et mal préparés, il fît sur eux des impressions
plus dangereuses que les maux dont il pourrait les guérir.

Parmi les ouvrages de ce moraliste enjoué, de ce philosophe satirique, on a toujours mis au premier rang *les Dialogues des dieux et des Morts*, *Timon*, *Jupiter tragique*, *Jupiter
confondu*, *Charon*, *les Ressuscités*, *l'Asssemblée des Dieux*,
Menippe, *le Coq*, *les Lapythes*, *les Vœux*, *les Sectes à l'encan*.

DERNIERS ORATEURS GRECS DU PAGANISME.

L'éloquence grecque, même dans sa décadence, eut de
glorieuses destinées. Si elle n'avait plus la même influence

dans les affaires publiques, si elle n'était, le plus souvent, qu'un article de luxe et d'ostentation, elle eut encore l'avantage d'exercer les esprits et de répandre les lumières. Les guerres continuelles qui, pendant plusieurs siècles, déchirèrent la Grèce, devaient, ce semble, l'anéantir. L'Attique fut en proie à des révolutions fréquentes; elle changea souvent de domination; à peine eut-elle le temps de connaître ses vainqueurs. La Grèce entière fut envahie par les Romains. Athènes voulut résister à ce torrent rapide qui entraînait toutes les nations : elle subit toutes les horreurs d'un siége, et, prise d'assaut par Sylla, elle se vit dépouillée des chefs-d'œuvre des arts; on enleva ses tableaux, ses statues, ses bibliothèques. Les habitants, dispersés, portèrent ailleurs le tribut de leur génie. Peu d'années après, elle tenta de secouer le joug; elle fut reprise par César; et, dévastée par le fer et par le feu, la terre chérie de Minerve et de Mercure semblait devoir être stérile; mais la fécondité naturelle de son sol reproduisait d'elle-même le germe des talents, que la guerre n'avait pu détruire.

Athènes resta toujours un centre important pour les lettres grecques; elle continua d'avoir des écoles célèbres, où des maîtres savants attirèrent, de tous les pays, de nombreux disciples.

L'éloquence grecque s'étendit bien au-delà des limites de la Grèce. A la suite des conquêtes d'Alexandre, elle brilla dans toutes les grandes villes de l'Asie. Elle vint s'établir à Alexandrie. Cette nouvelle capitale du monde ancien, grâce à son heureuse situation, devint le lien commercial et intellectuel des trois parties du monde.

La dynastie des Ptolémées, qui, pendant deux cent soixante-quinze ans, gouverna l'Egypte, adopta, comme un moyen de puissance et de gloire, l'habile et généreuse politique de protéger les lettres. L'un d'eux fonda cette fameuse bibliothèque d'Alexandrie, qui devint, avec le Musée, un centre de réunion pour tous les savants du monde.

L'éloquence grecque obtint un autre triomphe plus éclatant : elle subjugua les vainqueurs de l'univers. Non-seu-

lement les plus illustres Romains se firent un honneur de
venir dans la Grèce, et principalement à Athènes, pour s'instruire et se former dans l'art de la parole; mais la Grèce
envoya dans la capitale du monde ses orateurs et ses savants,
pour y ouvrir des écoles. Ils y furent reçus avec applaudissements, et malgré l'opposition de quelques Romains austères,
ils s'y établirent et devinrent les maîtres privilégiés de la
jeunesse. Ils eurent une grande vogue sur la fin de la république, et surtout sous le règne d'Auguste. Persécutés par
Néron et Domitien, ils obtinrent, sous les Antonins, des faveurs
extraordinaires.

Parmi les orateurs et les écrivains grecs qui se sont signalés,
nous n'avons parlé que des plus célèbres, et surtout de ceux
que nous pouvons encore juger par leurs œuvres. Il nous
reste à faire connaître ceux qui ont marqué dans les derniers
temps du paganisme. C'est comme un dernier rayon qui doit
bientôt s'effacer en face d'une lumière plus brillante, celle
du génie chrétien.

Constantinople avait remplacé Rome en qualité de capitale,
et elle était devenue, à son tour, le principal siége de la littérature grecque.

Thémistius. (325—...)

Cette littérature fut illustrée, au quatrième siècle, par deux
rhéteurs philosophes, Thémistius et Libanius.

Le premier était né dans la Paphlagonie. Ses talents oraroires
lui valurent le surnom d'Euphradès, c'est-à-dire *beau parleur*,
et lui attirèrent l'estime de tous les empereurs romains, depuis
Constance jusqu'à Théodose le Grand. Constance l'éleva à la
dignité de sénateur; Julien le fit préfet de Constantinople en
362, et entretint un commerce épistolaire avec lui. Jovien
et Valens l'employèrent aussi dans les affaires publiques, principalement comme ambassadeur. Enfin Théodose le nomma de
nouveau préfet de Constantinople en 384, et, quoiqu'il ne fût
pas chrétien, il lui confia l'éducation de son fils Arcadius. Thémistius enseignait à la fois l'éloquence et la philosophie. Une

foule prodigieuse de disciples assistait à ses leçons. Thémistius unissait aux talents et aux connaissances la vertu la plus pure, une modestie admirable et un désintéressement sans bornes. Quoique peu riche, jamais il n'acceptait d'honoraires de ses disciples; souvent, au contraire, il les encourageait lui-même par ses libéralités. Il nous reste de cet auteur quelques fragments de ses commentaires sur Aristote, et trente-trois discours; le style en est clair, élégant et pur. Saint Grégoire de Naziance, lié d'amitié avec Thémistius, l'appelle quelque part le *roi de l'éloquence.*

Libanius. (314—390.)

Libanius d'Antioche fut élevé à Athènes, et professa la rhétorique à Constantinople. Il eut pour disciples saint Basile, qui conserva toujours pour lui l'amitié la plus vive, et saint Jean Chrysostôme, qu'il aurait choisi pour successeur dans sa chaire si le christianisme ne le lui eût enlevé. Il jouit d'une grande faveur auprès de Julien, qui voulut l'élever aux honneurs; mais il préféra rester dans une condition privée. Il possédait surtout le talent de s'attacher ses élèves. Loin d'imiter les autres sophistes, qui s'avilissaient par leur avarice et leur avidité, il disait: « J'aime que ceux qui ne peuvent donner soient avides de recevoir. » Julien soumettait à sa critique ses actions et ses écrits; et le philosophe, plus attaché à la personne qu'à la fortune du prince, le traita en juge sévère jamais en courtisan. Il survécut à Julien et passa les dernières années de sa vie à Antioche, où il professa la rhétorique avec le plus grand succès.

Libanius avait écrit un grand nombre de panégyriques, de déclamations et de lettres. La plus grande partie de ses ouvrages s'est perdue. On a seulement ses lettres, au nombre de plus de deux mille, des déclamations, des progymnasmata, des contes et vingt-quatre harangues d'après lesquelles on peut, à juste titre, lui donner la première place parmi les orateurs de Constantinople. Cependant la manie de prodiguer les citations d'Homère, un vain luxe d'érudition, une exagération outrée, de la sécheresse, et par suite de l'obscurité, diminuent le mérite de ses ouvrages et déparent un style qui ne manque pas d'éclat.

CAUSES DE PERFECTION ET DE DÉCADENCE.

La plupart des écrivains qui ont recherché les causes de la perfection de l'éloquence grecque, l'ont attribuée, en grande partie, à la constitution d'Athènes. Cette constitution, comme nous l'avons vu, donnait en effet au talent de la parole l'occasion de s'exercer; mais elle ne suffit pas pour expliquer le haut point de perfection où il est parvenu. C'était la société même, son état de civilisation, ses mœurs et ses vertus, plus encore que ses passions, qui animaient les orateurs. Les assemblées populaires, sous un rapport, sont ordinairement funestes aux progrès de l'éloquence: le tumulte de la place publique, les mouvements désordonnés de la multitude, lui impriment un caractère de violence et même de faction; mais dans Athènes, s'adressant à un peuple poli, accoutumé aux charmes des lettres et des arts, elle pouvait prendre ce ton de dignité qui caractérise les grandes compositions du génie. D'ailleurs toutes les questions étaient préparées dans le sénat avant d'être portées dans l'assemblée du peuple, et le respect qu'inspirait naturellement l'autorité des anciens, empêchait de traiter avec légèreté ce qui avait été gravement examiné par les hommes les plus respectables et les plus éclairés de l'Etat.

Mais parmi les différentes causes qui ont élevé si haut l'éloquence à Athènes dès le commencement de la République, tandis qu'à Rome, comme nous le verrons bientôt, elle fut des siècles avant de se perfectionner, on doit signaler, comme la principale, les vertus sociales qui animaient le peuple. Ami sincère de sa liberté et de sa gloire, il était prêt à faire les plus grands efforts et les plus généreux sacrifices pour défendre l'une et pour procurer l'autre. Les citoyens pouvaient être partagés de sentiments; mais ils croyaient mutuellement à leur patriotisme. Il était facile aux hommes de talent d'agir sur des auditeurs ainsi disposés. Plus tard, lorsqu'Athènes fut dégénérée, quand même elle n'aurait pas été assujettie à la puissance des Macédoniens, et ensuite à celle de Rome, elle n'eût pas offert à l'éloquence, comme au temps de sa gloire et de ses vertus, de grands moyens de s'élever. On a donc trop attribué à une simple forme de gouvernement. On a trop donné aussi à l'influence de Démétrius de Phalère. Cet orateur put hâter la corruption de l'éloquence, mais il n'en fût pas la cause. Son siècle le fit plutôt qu'il ne fit son siècle. Pour dominer sur ses concitoyens, il consulta leur goût et leurs dispositions, comme avaient fait les grands orateurs qui avaient paru avant lui.

Nous ferons observer aussi que les orateurs s'inspiraient puissamment des vertus qui les animaient eux-mêmes. Les plus dévoués à la patrie, les plus désintéressés, les plus sincèrement amis de la vérité et de la justice, étaient ceux qui exprimaient le mieux dans leurs discours ces sentiments nobles, ces idées généreuses qui font l'éloquence. Les orateurs mercenaires et égoïstes, au contraire, pouvaient bien éblouir par un vain éclat de paroles, mais rarement ils étaient éloquents, et surtout ils ne pouvaient produire de véritables chefs-d'œuvre.

C'est en partant de ces idées, que l'on comprendra pourquoi, pendant que l'éloquence politique parvenait à une si haute perfection, l'éloquence académique n'offrait, pour ainsi dire, que la déclamation et le ridicule. Les subtilités des sophistes, leur charlatanisme, l'impudence avec laquelle ils se jouaient du vrai et du faux, du vice et de la vertu, révèlent une plaie profonde de la société, l'affaiblissement des croyances, l'incertitude et le doute qui s'étaient emparés de la plupart des esprits. « La littérature, a dit M. de Bonald, est l'expression de la société. » Cette pensée, vraie pour tous les genres, l'est surtout pour le genre oratoire. Les sophistes cependant, étaient plus avancés que leur siècle, et ils contribuèrent à le corrompre. Le scepticisme, qui régnait dans leur philosophie, passait naturellement dans leur éloquence, car il y a entre l'une et l'autre une liaison nécessaire.

Ceci peut fournir l'occasion de remarquer l'influence de la

vérité sur le discours. Ces déclamateurs, qui se jouaient de tous les principes, ne pouvaient être éloquents ; les esprits, au contraire, qui défendaient la vérité avec conviction, évitaient les défauts des sophistes et atteignaient à des beautés réelles. Cette influence des doctrines se fera mieux sentir encore, si l'on se rappelle que l'éloquence sophistique régna seule pendant plusieurs siècles, et qu'à dater de l'époque où le christianisme eut agi sur les peuples, elle n'existait plus que dans la société païenne ; car dans la société chrétienne qui se formait, on vit se manifester alors une éloquence vraie et sublime dont l'Evangile et la foi des hommes étaient la source.

DEUXIÈME PARTIE.

ÉLOQUENCE ROMAINE.

CHAPITRE PRÉLIMINAIRE.

IDÉE GÉNÉRALE DE L'ÉLOQUENCE ROMAINE.

Deux grands théâtres étaient ouverts dans Rome à l'éloquence politique, le sénat et le Forum.

On sait que toutes les questions importantes étaient traitées devant le peuple, et qu'on pouvait même en appeler à son jugement des décisions du sénat. Les orateurs qui avaient à porter la parole en présence d'une assemblée tumultueuse, jouissant d'un aussi grand pouvoir, s'efforçaient d'agir sur elle par des discours passionnés et pleins de feu, de l'entraîner dans leur parti par les mouvements d'une éloquence impétueuse.

On a dit souvent que l'agitation de là multitude, les factions diverses qui la partageaient, les révolutions fréquentes dans lesquelles elle était entraînée, donnaient au talent de puissants moyens, et favorisaient singulièrement les progrès de l'éloquence. Une distinction est ici nécessaire. La liberté républicaine, telle qu'elle existait à Rome, était favorable à cette faconde tribunitienne qui vivait de troubles et de tumultes, qui remuait violemment la multitude, pour l'entraîner à toute sorte d'excès. Elle était funeste, au contraire, à l'éloquence

véritable, qui se sert de la parole pour faire triompher la
vérité et la vertu.

Un peuple, ami de la nouveauté, oubliait le soin de ses
affaires ou ses misères domestiques, pour aller chercher des
émotions violentes en présence d'une tribune d'où retentissaient des voix le plus souvent séditieuses. Là, s'alimentaient
des haines irréconciliables et des discordes éternelles. Les
orateurs populaires échauffaient les esprits par l'amour du
changement, excitaient des tumultes par la haine des lois et
du pouvoir établi, trompaient la multitude par les noms spécieux de liberté et de patriotisme, et aspiraient à l'asservir en
flattant ses passions et en l'égarant par une éloquence trom-
peuse et déclamatoire. C'est à la voix des tribuns (ou du moins
des orateurs plébicoles, qui furent créés tribuns après la
révolte), que la populace soulevée sortait en tumulte de Rome,
s'emparait du mont sacré, et imposait au sénat des conditions
de paix; c'est à la voix des tribuns qu'elle demandait à
grands cris la perte de Coriolan, ou forçait Camille, ce généreux vainqueur des ennemis étrangers, à céder aux honteuses
attaques de ses ennemis particuliers et à fuir loin de sa
patrie; c'est à la voix des tribuns qu'elle entrait dans des
transports furieux et quelquefois se souillait de violences et
de meurtres. Que dirons-nous des lois agraires? Dès que ces
terribles mots, de *partage des terres*, eurent été, pour la première fois, prononcés dans la tribune du Forum, ils restèrent,
pour toute la suite, comme le signal des révolutions meurtrières
qui ensanglantèrent la république. Ainsi donc, tant que la liberté, ou plutôt la licence, ne fit que s'agiter dans la place
publique, elle ne produisit, en général, que des harangues
pleines de violence et funestes à l'ordre; elle n'était favorable
qu'à cette éloquence frénétique et incendiaire qui enflammait
les passions d'un peuple déjà irrité, et menaçait à chaque instant les bons citoyens du pillage, du massacre et du renversement universel de la patrie.

Les effets de cette éloquence étaient dus moins aux talents
des orateurs qu'aux dispositions de ceux qui les écoutaient.
Elle frappait sans doute par des traits de génie et des élans

sublimes; mais elle était déclamatoire, se nourrissait de mensonges et de sophismes, et ne pouvait produire de ces grandes inspirations du génie, dont l'effet se prolonge encore après que la passion est éteinte, après même que les siècles écoulés sont venus mettre, à la place d'un auditoire enflammé, des juges calmes et sévères, étrangers à tous les sentiments tumultueux qui bouillonnent sur les places publiques.

L'éloquence véritable, qui consiste, comme nous l'avons dit, à faire triompher la vérité et la vertu, trouvait des obstacles presque toujours invincibles dans les assemblées du Forum. L'histoire de la république romaine, pendant quatre cents ans, atteste que ce n'était point les orateurs les plus véritablement éloquents, qui remportaient le plus de triomphes, mais les tribuns les plus séditieux, les ambitieux les plus habiles à faire servir les passions du peuple à leurs propres desseins. Quelquefois, il est vrai, l'orateur, homme de bien, qui voulait combattre les passions au lieu de les flatter, commandait le silence par le respect qu'inspire un noble caractère, et subjuguait la multitude par la force de la raison et l'ascendant du génie. Son éloquence semblait s'accroître par les obstacles qu'il était obligé de vaincre; mais le plus souvent il ne parvenait pas même à se faire entendre, sa voix était étouffée par les cris tumultueux qui s'élevaient de toutes parts. L'éloquence a besoin, pour se perfectionner, de la sagesse et de la gravité des pensées; il lui faut un auditoire susceptible tout à la fois d'être éclairé et d'être ému, et elle doit se perdre, inévitablement, quand elle s'exerce en présence d'une multitude ignorante et factieuse.

Mais si les disputes du Forum étaient moins favorables aux progrès de l'éloquence qu'on ne pourrait le penser d'abord, les assemblées du sénat lui offraient un théâtre digne d'elle.

Le sénat, comme on sait, était composé des personnages les plus graves de la république : « C'était, avait dit autrefois une bouche ennemie, comme une assemblée de rois. » Dans l'en-

ceinte où siégeaient les sénateurs, l'éloquence n'élevait la voix
que pour éclairer des esprits amis du bien public; c'était
toujours un langage plein de majesté et de noblesse; les avis
pouvaient y être partagés, mais les discours qui y étaient en-
tendus n'étaient point destinés, comme ceux qui retentissaient
dans le Forum, à alimenter des haines publiques et particulières, à aigrir les jalousies et à favoriser les ambitions. L'é-
loquence s'animait de l'amour de la patrie, de la haine des
nouveautés, du respect pour les dieux et les institutions anciennes, de la dignité du sénat, de la gloire du nom romain.
C'en était assez pour inspirer aux orateurs des mouvements
sublimes, généreux et pathétiques; mais rien dans leur langage ne ressemblait à ces harangues emportées et pleines de
vengeance, qui, à la tribune publique, transformaient les
tribuns populaires en autant de déclamateurs. D'ailleurs, les
délibérations du sénat étaient environnées d'un secret profond;
d'où il suit que l'orateur factieux qui aurait été appelé à porter
la parole dans cette enceinte mystérieuse, aurait eu peu d'intérêt à s'abandonner au langage de la sédition ; car ses discours,
impuissants pour ébranler la gravité des sénateurs, expiraient
dans l'enceinte même du palais, et aucune passion du dehors
ne pouvait répondre à sa propre passion.

Les orateurs du sénat étaient donc forcés de s'adresser toujours à la raison de leurs auditeurs et de chercher plus encore
à éclairer leurs suffrages qu'à les vaincre par des discours emportés. Leur éloquence, remarquable surtout par la dignité et
la grandeur, joignait une méditation profonde et la force du raisonnement aux nobles inspirations du patriotisme, à la chaleur
et à la vivacité du langage.

En caractérisant ainsi les deux sortes d'éloquence qui se combattaient dans Rome, celle des tribuns et celle des sénateurs,
on sent que nous ne faisons que des réflexions générales. Sans
doute les orateurs populaires étaient animés quelquefois de l'a-
mour du bien public ; ils combattaient les prétentions injustes
des grands, leur avidité insatiable, leur odieuse tyrannie ; ils
s'élevaient contre des abus condamnables, ils demandaient des
réformes utiles. Mais ordinairement les passions les poussaient

au delà de ces devoirs légitimes de leur charge, et leur position même les portait à proclamer sans cesse des principes de
désordre. Les sénateurs, au contraire, étaient engagés, par le
rang qu'ils occupaient, à repousser les innovations dangereuses,
à défendre toutes les maximes conservatrices de l'ordre, toutes les institutions capables de procurer à l'Etat de la force,
de la stabilité et de la gloire.

Nous ne ferons que peu d'observations sur l'éloquence judiciaire à Rome. Les lois, même du temps de Cicéron, étaient
simples, générales, et surtout en petit nombre. La décision des
causes dépendait, en grande partie, de l'équité et du bon sens
des juges ; et la jurisprudence était, bien moins que l'éloquence, l'objet des études et du travail de ceux qui se destinaient
à la profession d'avocat. De même que dans Athènes, les juges
étaient ordinairement très-nombreux et formaient une espèce
d'assemblée populaire. Le talent de la parole exerçait, par
conséquent, une très-grande influence ; les orateurs avaient
recours assez souvent à l'adresse et à la ruse, mais surtout
aux mouvements passionnés et pathétiques, et à tous les moyens
de l'éloquence populaire.

CHAPITRE PREMIER.

PREMIERS PROGRÈS DE L'ÉLOQUENCE ROMAINE.

Epoque de spontanéité. — Epoque de réflexion. — Le progrès des études en général, et de l'éloquence en particulier, est favorisé par les savants grecs qui viennent à Rome. — Les écoles latines s'établissent et la jeunesse est exercée dans les deux langues. — Déclamations. — Caton, les Gracques, etc. — Antoine et Crassus. — Sulpitius et Cotta.

Quoique l'éloquence exerçat un grand pouvoir dans les assemblées du sénat et du peuple, et jusque dans les jugements du barreau, elle fut très-longtemps négligée des Romains. Les discordes civiles qui déchiraient la république, les guerres longues et sanglantes qui l'occupaient au dehors, absorbaient l'attention de tous les citoyens. Dans ces temps de troubles et de bouleversements, les hommes de génie, que des études fortes et des méditations solitaires eussent perfectionnés, se trouvaient emportés au milieu du tumulte des partis ou du fracas des armes. Les lettres ont besoin de la paix pour être cultivées. Aussi, pendant quatre ou cinq cents ans, les Romains n'eurent aucun goût pour elles, et leur génie parut enseveli dans une nuit profonde. Ils n'avaient même d'autre éloquence que celle qu'ils tenaient de la nature et qu'ils acquéraient au milieu des combats de la tribune. Mais lorsqu'enfin ils eurent affermi leur puissance et qu'ils furent comme fatigués de tant de discordes, les bons esprits éprouvèrent le besoin de se réfugier dans la solitude pour y cultiver les beaux-arts, et en particulier celui de la parole. On peut apprécier le changement qui s'opéra, sous ce rapport, par l'exemple du second Scipion l'Africain, qui avait déjà pour les lettres un goût très-fin et très-

délicat. Il avait toujours auprès de lui des savants du premier
mérite, tels que Panétius et Polybe, qui l'accompagnaient même
dans ses voyages.

La conquête de la Grèce contribua beaucoup aussi à diriger
les esprits vers l'étude. Les philosophes et les rhéteurs, qui
passèrent à Rome, y portèrent avec eux le goût des beaux-
arts dont ils faisaient profession ; mais ils furent bientôt bannis par un édit, parce que leurs exercices, inusités jusqu'alors,
donnaient de l'inquiétude (161 ans avant J.-C.). Cinq ou six ans
après, ils reparurent à l'occasion d'une ambassade. Carnéade,
célèbre rhéteur grec, qui en faisait partie, se fit admirer par
une éloquence tout à la fois pleine de force, de grâce et de
délicatesse. Ses discours, traduits en latin par un sénateur,
coururent toute la ville et y furent lus avec un applaudissement général. Tous les jeunes romains qui avaient quelque
goût pour l'étude, allèrent l'entendre, et il leur inspira tant de
zèle pour l'éloquence, qu'ils oublièrent tous les autres plaisirs
et toutes les autres occupations. Le brave et sévère Caton
fut presque le seul qui désapprouva ces nouveautés. Craignant
que la jeunesse ne prît bientôt la vanité des sophistes étrangers et qu'elle ne préférât la gloire de bien parler à celle
de bien faire, il usa de toute son influence dans le sénat
pour terminer l'affaire des ambassadeurs et pour hâter leur
départ. Il y réussit ; mais l'absence de ces philosophes n'éteignit pas l'ardeur pour l'étude que leurs discours avaient
allumée. Le goût pour l'éloquence devint une passion, et
depuis cette époque, pendant près de cinquante ans, elle
prit tellement faveur, qu'elle était regardée eomme l'un des
moyens les plus efficaces pour parvenir aux premières dignités
de la république ; mais elle n'était encore enseignée que par
les rhéteurs grecs, qui avaient bientôt trouvé l'occasion de
rentrer à Rome et de s'y établir.

Plotius Gallus fut le premier qui enseigna la rhétorique dans
la langue nationale. Il le fit avec succès et eut un grand
concours d'auditeurs (94 avant J.-C.). Cicéron, âgé pour l'ors
de 14 ans, aurait bien voulu profiter des leçons de ce nouveau
maître ; mais ceux qui dirigeaient son éducation ne lui en
laissaient pas la liberté.

Un édit des censeurs condamna d'abord les nouvelles écoles (92 avant J.-C.); mais l'on comprit enfin combien il était raisonnable d'exercer les jeunes gens dans une langue qu'ils devaient toujours parler, et après ces premières contradictions, les rhéteurs latins enseignèrent sans obstacle. Ils ne contribuèrent pas peu au progrès étonnant que fit à Rome, dans les années suivantes, l'étude de l'éloquence. Les rhéteurs grecs, néanmoins, ne furent pas négligés, on continua à prendre leurs leçons, et l'on déclamait tout à la fois dans les deux langues.

On appelait *déclamations* des compositions sur des sujets vrais ou inventés, tantôt dans le genre délibératif, tantôt dans le genre judiciaire, et rarement dans le genre démonstratif. Elles furent l'exercice de Cicéron, non-seulement pendant sa jeunesse, mais jusque dans un âge très-avancé, et lors même que les troubles de l'Etat lui eurent fait abandonner les fonctions du barreau. Il récitait à ses amis des harangues ainsi composées, et eux-mêmes, à leur tour, soumettaient à ses jugements des essais du même genre. *Hirtius et Dolabella*, dit-il, *viennent chez moi déclamer, et moi je vais chez eux faire bonne chère.* (liv. IX, lettre 16e.) Marc-Antoine, Pompée et tous les personnages les plus illustres s'appliquèrent beaucoup à ces déclamations.

Caton, les Graecques, etc.

A l'époque où les maîtres grecs parurent à Rome, ou dans celle qui suivit immédiatement, on comptait déjà un grand nombre d'illustres orateurs. Les plus connus sont : Caton le Cenceur, les Gracques, Scipion Emilien et Lélius, son ami. Ils avaient un excellent naturel, un merveilleux fond d'esprit, beaucoup d'ordre dans le discours, de force dans les preuves, de solidité dans les pensées, d'énergie dans les expressions; mais nul art, nulle délicatesse, nulle grâce, nul soin de l'arrangement des mots, nulle connaissance du nombre et de l'harmonie du discours.

Caton avait composé un grand nombre de *harangues*; on en

comptait, du temps de Cicéron, plus de cent cinquante; mais elles n'étaient point lues. Il ne manquait, néanmoins, à son éloquence qu'une certaine fleur de style et une vivacité de couleurs qui n'étaient point encore en usage.

Les Gracques, Tibérius et Caïus, se distinguaient aussi par une éloquence mâle et robuste, mais dénuée d'ornements. Ils sont les deux orateurs les plus célèbres dans cette éloquence tribunitienne dont nous avons parlé. On sait quels bouleversements ils excitèrent à Rome, en soulevant les passions de la multitude, et en proposant des lois qui, sous prétexte de défendre les droits du peuple, avaient pour but de les éiever eux-mêmes sur les débris de la puissance du sénat.

Cicéron nous a conservé quelques lignes d'un discours que tint le jeune Caïus après la mort de son frère.

« Où irai-je, s'écrie-t-il; de quel côté me tournerai-je, malheureux que je suis? sera-ce vers le Capitole? mais il est encore teint du sang de mon frère. Retournerai-je dans ma maison? quoi! pour y voir une mère affligée, dans la dernière désolation et baignée dans les pleurs? »

En prononçant ces paroles, tout parlait en lui, les yeux, la voix, le geste, de sorte que ses ennemis mêmes ne purent retenir leurs larmes.

C'est ce même Caïus Gracchus qui avait toujours derrière lui un joueur de flûte pour l'avertir quand il devait hausser ou baisser le ton de la voix.

L'éloquence de Lélius et de Scipion était très-éloignée de la dureté de celle de Caton et des Gracques, quoiqu'elle se ressentît encore du siècle où ils vivaient. Lélius avait beaucoup de modestie et de délicatesse, le trait suivant en est la preuve : il avait plaidé deux fois une même cause avec beaucoup d'éloquence, mais sans succès; alors il força ses parties à la remettre entre les mains de Galba, célèbre orateur de ce temps-là, qui avait plus de véhémence et de pathétique que lui, et qui, en effet, la gagna tout d'une voix.

Antoine, Crassus, Cotta, Sulpitius.

Après les orateurs dont nous venons de parler, on vit paraître Antoine et Crassus, et ensuite Cotta et Sulpitius, qui tous ne sont guère connus que par ce que Cicéron nous en apprend dans ses livres de rhétorique. Il remarque que ce fut sous les deux premiers que l'éloquence latine, parvenue à une sorte de maturité, commença à pouvoir entrer en lice avec celle des Grecs.

Antoine, dans le voyage qu'il fit pour aller en Cilicie en qualité de proconsul, s'arrêta quelque temps à Athènes et dans l'île de Rhodes, sous différents prétextes; mais en effet pour avoir l'occasion de converser avec les plus habiles maîtres de rhétorique, et pour se perfectionner dans l'éloquence par leurs avis. Il affecta pourtant toujours, dans la suite, de paraître ignorer ce que les Grecs enseignaient sur l'art de parler, espérant par ce moyen rendre son éloquence moins suspecte. En effet, il passait communément dans l'esprit de ses auditeurs, pour venir au barreau plaider ses causes presque sans préparation; mais dans la vérité, il était tellement préparé, que souvent les juges ne l'étaient pas assez pour se défier de lui. Rien de ce qui pouvait servir à sa cause ne lui échappait; il savait placer chaque preuve dans l'endroit où elle faisait plus d'impression; il était moins attentif à la délicatesse et à l'élégance des mots qu'à leur force et à leur énergie; il ne paraissait occupé que des choses mêmes et du raisonnement; il avait toutes les grandes parties d'un orateur, et il les soutenait merveilleusement par la force et la dignité de la prononciation; il était surtout habile à gagner l'esprit des juges en remuant leurs passions; il fit aussi retentir très-souvent la tribune aux harangues de sa voix éloquente.

Crassus était le seul qu'on pût mettre en parallèle avec Antoine, et quelques-uns même le lui préféraient. Son caractère propre était un air de gravité et de dignité qu'il savait tempérer par une douceur insinuante, par une grande délicatesse, et même par une fine raillerie, sans jamais sortir de la décense qui convient à un orateur. Il avait une expression pure, exacte, élégante, mais sans affectation. Il s'expliquait avec une merveilleuse netteté, et relevait la beauté de son discours par la force des preuves et par l'agrément des similitudes.

Il joignait à ces rares talents une profonde connaissance du droit; car, dans cette science, il n'était surpassé que par Scévola, le plus habile jurisconsulte de son siècle et en même temps l'un des plus célèbres orateurs.

Cotta et Sulpitius différaient par le caractère de leur éloquence.

Cotta, du côté de l'invention, avait de la pénétration et de la justesse d'esprit; son élocution était pure et coulante. Comme la faiblesse de sa poitrine le forçait à éviter toute contention de voix, il avait soin de régler sur ce peu de force son style et sa manière de composer. Tout était juste, exact et de bon goût dans son discours; mais ce qui était le plus admirable en lui, c'est que, ne pouvant presque faire usage du style véhément et impétueux, et se trouvant, par conséquent, hors d'état d'entraîner les juges par la force de son discours, il savait pourtant les manier avec tant d'adresse et d'habileté, qu'il produisait sur leur esprit le même effet, par son éloquence douce et tranquille, que Sulpitius par les traits vifs et enflammés de la sienne.

Sulpitius, au contraire, avait le style grand, véhément et pour ainsi dire tragique; la voix forte et éclatante; le geste et le mouvement du corps extrêmement agréables et gracieux, mais d'un agrément et d'une grâce qui convenaient au barreau, non au théâtre. Son discours était abondant et rapide, sans passer les justes bornes et sans se répandre en superfluités. Sulpitius prenait pour modèle Crassus, Antoine plaisait d'avantage à Cotta; mais ni ce dernier n'avait la force d'Antoine, ni l'autre l'agrément de Crassus.

CHAPITRE SECOND.

PERFECTION DE L'ÉLOQUENCE ROMAINE.

César. — Hortensius. — Cicéron surpasse tous les autres orateurs et laisse des modèles dans tous les genres. — Ses ouvrages oratoires. — Ses écrits philosophiques. — Parallèle de Démosthènes et de Cicéron.

Le siècle de Cicéron produisit un grand nombre d'excellents orateurs : Brutus, Messala, César, Hortensius et plusieurs autres, qui tous se sont fait un grand nom chez les Romains, quoique leurs ouvrages ne soient point parvenus jusqu'à nous.

César. (100—44.)

« Pour César, dit Quintilien, s'il se fût entièrement adonné au barreau, on n'opposerait pas d'autre nom à Cicéron. Il a tant d'énergie, tant de pénétration, tant de feu, qu'il semble avoir parlé comme il faisait la guerre ; et tout cela est encore relevé en lui par une merveilleuse élégance de langage, qualité dont il était particulièrement soigneux. (*Institutions oratoires*, liv. x.)

Hortensius. (115—49.)

Hortensius brilla au barreau dès sa plus grande jeunesse, et la cause qu'il plaida, à l'âge de dix-neuf ans, lui fit tout d'un coup une grande réputation. « Le talent d'Hortensius, dit Cicéron, dès qu'il parut, fit le même effet qu'une belle statue de Phidias, dont le coup d'œil charme et enlève dans le moment. » Il avait un génie vif, une ardeur inconcevable pour le travail, une assez grande étendue de science, une prononciation agréable, et surtout une mémoire prodigieuse et un geste parfait.

Sa mémoire était si sûre, qu'après avoir médité en lui-même un discours sans écrire un seul mot, il le rendait dans les mêmes termes dans lesquels il l'avait préparé. Rien ne lui échappait des plus longs plaidoyers de ses adversaires, et les choses mêmes les plus difficiles se gravaient exactement dans sa mémoire. On rapporte qu'en conséquence d'une gageure, il passa un jour entier à une vente, et lorsqu'elle fut finie, il rendit compte de toutes les choses qui avaient été vendues, du prix de chacune, du nom des acheteurs, et cela par ordre, sans se tromper dans une seule circonstance, comme il fut vérifié par l'huissier qui le suivait sur son livre à mesure qu'il parlait.

Pour ce qui est de son geste, il était si parfait, que lorsqu'il plaidait, on était aussi curieux de le voir que de l'entendre, tant les mouvements du corps accompagnaient admirablement ses discours. Esope et Roscius, les deux plus fameux acteurs qui aient existé à Rome, l'un dans le tragique, l'autre dans le comique, venaient assister à ses plaidoiries pour se perfectionner dans leur art en étudiant le modèle que leur en donnait Hortensius. Il faut avouer néanmoins qu'il poussait ce talent au delà de ce qui convenait à la gravité de sa profession. On l'eût pris souvent moins pour un orateur que pour un comédien, et il s'en attira le reproche de la part de Torquatus, qui, plaidant contre lui, le compara publiquement à Dyonysia, célèbre danseuse de ce temps-là. Le nom de Dionysia lui était même ordinairement donné par ses ennemis.

Hortensius effaça tous les orateurs qui l'avaient précédé, et pendant longtemps il régna seul au barreau; il eut ensuite un rival redoutable dans Cicéron, et finit par en être entièrement éclipsé. A dater de son consulat, il commença à déchoir, et à mesure qu'il avançait en âge, il devenait de plus en plus méconnaissable. Cicéron explique comment il fut plus goûté dans sa jeunesse. Il avait donné dans un genre d'éloquence ornée et fleurie, où régnait une heureuse richesse d'expressions, une grande beauté et une grande délicatesse de pensées, souvent néanmoins plus brillantes que solides; une exactitude, une justesse, une élégance de composition non communes. Ses discours, travaillés ainsi avec un soin et un art infinis, et soutenus par un beau son de voix, un geste très-agréable et une déclamation parfaite, plurent extrêmement dans un jeune homme, et enlevèrent d'abord tous les suffrages. Mais dans la suite, comme le poids des charges par où il avait passé et la maturité de l'âge demandaient quelque chose de grave et de sérieux, cette éloquence enjouée ne fut plus de saison. D'ailleurs il ne se donnait plus la même peine qu'autrefois, et l'on sait que le travail est nécessaire, même aux hommes de talent, pour obtenir des succès.

La réputation d'Hortensius diminua encore davantage après sa mort. Comme ses discours devaient beaucoup à une déclamation séduisante, ils ne se soutinrent pas à la lecture. Quintilien, qui les avait sous les yeux, les trouvait extrêment au-dessous de la gloire qu'ils avaient procurée à leur auteur.

Il y avait un rapport frappant entre les mœurs d'Hortensius et son éloquence. Il était d'un luxe recherché et d'une délicatesse excessive, avait pour sa personne des soins minutieux qui allaient jusqu'au ridicule, et donnait des attentions extraordinaires à des bagatelles. On doit rendre justice à la douceur de ses mœurs, dont nous avons une grande preuve dans l'amitié qu'il entretint toujours avec Cicéron, malgré leur rivalité par rapport à la gloire de l'éloquence; mais il n'avait pas une grande délicatesse dans le choix des causes; il se chargeait volontiers des plus mauvaises. La corruption des jugements était telle qu'il n'y avait plus de justice dans Rome. Les juges vendaient publiquement leurs voix, et il était passé en maxime qu'un homme riche, quelque coupable qu'il fût, ne pouvait être condamné. Or, l'orateur Hortensius avait une grande part à cette corruption universelle de la justice. Il ne s'en tenait pas à déployer, en faveur des accusés qu'il défendait, ses talents, son éloquence ; il mettait en œuvre tous les moyens, les sollicitations, les caresses, l'argent. Il n'était pas lui-même désintéressé. Dans l'affaire de Verrès, il avait reçu des présents considérables et en particulier un sphynx d'ivoire, qui donna lieu à un bon mot de Cicéron ; car, comme celui-ci attaquait son adversaire d'une manière fine et cachée, Hortensius, qui feignait de ne pas l'entendre, lui dit qu'il ne savait pas expliquer les énigmes. *Je m'en étonne*, dit Cicéron, *vous avez chez vous le Sphinx.*

Cicéron. (106—43.)

Cicéron était né d'une simple famille de chevaliers romains, à Arpinum, ville municipale du pays des Volsques (106 avant J.-C.).

La nature lui fit part de tous les dons nécessaires à un orateur, d'une figure agréable, d'un cœur sensible, d'une imagination riche et féconde, d'un esprit vif, pénétrant, avide d'apprendre et capable de tout embrasser. Son père ne négligea rien pour son éducation, et le fit étudier sous les plus habiles maîtres de son temps. Le jeune Cicéron fit des progrès si rapides, se distingua d'une manière si marquée parmi ses compagnons d'étude, qu'au sortir des écoles ils le mettaient au milieu de leur troupe pour l'honorer, et que les parents de ces enfants, qui l'entendaient toujours vanter la vivacité de son esprit et la maturité de son jugement, venaient exprès dans les écoles pour en être témoins par eux-mêmes, et s'en retournaient charmés de ce qu'ils avaient vu et entendu.

A l'âge de seize ans ses études devinrent plus sérieuses. Il commença à suivre assidûment tous les orateurs qui avaient quelque réputation, soit qu'ils plaidassent devant les juges, sois qu'ils fissent des harangues devant le peuple assemblé. Il consacrait tous les jours un temps considérable à lire et à composer, soit en latin, soit en grec. Il ne se borna pas à l'éloquence ; il étudia à fond toutes les parties de la philosophie, et en particulier la dialectique. Il apprit la jurisprudence des deux Scévola ; la poésie même fut pour lui un exercice assidu. En un mot, il embrassa cette universalité de connaissances que plus tard il prescrivit à l'orateur.

Ses premiers essais furent quelques poèmes assez estimés de ses contemporains, poèmes dont il ne nous reste que des fragments. Le plus admiré de tous était celui où il célébra son compatriote Marius, dont la gloire avait frappé vivement sa jeune imagination. Il ne paraît pas, au reste, qu'il ait eu jamais de grandes prétentions à la gloire poétique.

Celle de l'éloquence était l'objet de tous ses vœux. Il n'entra néanmoins dans la carrière oratoire qu'à l'âge d'environ vingt-six ans. Ses premiers discours furent des coups de maître, et ils lui acquirent d'abord une réputation qui égala celle des plus anciens orateurs. Son plaidoyer pour Roscius d'Amérie lui attira de grands applaudissements, d'autant plus que personne n'avait osé se charger de cette affaire, à cause du crédit de Chrysogonus, affranchi du dictateur Sylla, qui était alors tout puissant dans la République.

Il quitta Rome quelque temps après pour visiter les écoles célèbres de la Grèce et de l'Asie, et pour raffermir, par la distraction d'un voyage, une santé naturellement faible et que le travail avait encore altérée. Le séjour d'Athènes accrut le goût naturel qui le portait vers la philosophie. En Asie, il consulta tout ce qu'il trouva d'habiles philosophes et de célèbres orateurs. Il s'attacha principalement au fameux Apollonius Molon, Rhodien, dont il avait déjà pris des leçons à Rome. Cet habile maître corrigea plusieurs défauts de son style; il vint à bout d'en retrancher en grande partie cette abondance excessive, qui, semblable à un fleuve qui se déborde, ne connaissait ni borne ni mesure. Le trait suivant peut faire juger de la perfection qu'acquit alors l'éloquence de Cicéron. Apollonius l'ayant un jour entendu déclamer un discours, demeura dans un profond silence tandis que tout le monde s'empressait d'applaudir : *Ah!* répondit-il, *je vous loue sans doute et vous admire; mais je plains le sort de la Grèce : il ne lui restait plus que la gloire de l'éloquence, vous allez la lui ravir et la transporter aux Romains.*

Après deux années d'absence, Cicéron retourna à Rome. Il

y continua ses études dans l'art de la parole, et cultiva surtout l'action, cette partie si essentielle, au jugement de Démosthène. Plutarque assure qu'il eut, sous ce rapport, les mêmes obstacles à vaincre que l'orateur de la Grèce. Il en triompha comme lui à force de constance et par les conseils d'Esope et de Roscius. Macrobe rapporte qu'il s'exerçait avec ce dernier, à qui rendrait une même pensée et un même sentiment, l'un en plus de tours différents et néanmoins heureux, l'autre par une plus grande variété de gestes et de mouvements.

Les talents de Cicéron, cultivés avec tant de soin, le rendirent bientôt l'objet de l'admiration publique, et le firent monter aux premières dignités de l'Etat. Il n'entre pas dans notre sujet de le suivre dans sa carrière politique, ni même dans les détails de sa vie oratoire. Il suffit de dire qu'il mit toujours sa gloire à faire servir son crédit et sa puissance à procurer le bien de l'humanité, et en particulier celui de sa patrie; qu'il sut, par de grandes actions, s'égaler aux plus grands hommes de son temps; qu'il gouverna et sauva Rome; que, dans un siècle de crimes, il offrit le modèle des plus belles vertus; qu'il fut le défenseur des lois au milieu de l'anarchie; qu'honoré pour son talent et chéri de ses concitoyens, qui le trouvaient toujours prêt à défendre leurs intérêts avec un dévouement généreux, il fut environné d'une estime et d'une considération immenses, et qu'enfin, après avoir, jusqu'à l'âge de soixante-trois ans, défendu les particuliers et l'Etat, cultivé les lettres, la philosophie et l'éloquence, il périt victime des factions et de l'ingratitude monstrueuse d'Octave, à qui il avait servi de protecteur et de père (43 avant J.-C.).

On ne peut blâmer, dans la vie de ce grand homme, qu'un peu de vanité pour les services qu'il avait rendus à sa patrie, quelque faiblesse dans son exil, et une conduite flottante et irrésolue dans les guerres civiles de César et de Pompée.

ÉLOQUENCE DE CICÉRON.

Le nom seul de Cicéron rappelle encore toute la splendeur de l'éloquence. Avant lui, les orateurs ne se distinguaient que par la solidité des pensées; leur langage était rude et dépouillé de tout agrément. Hortensius, il est vrai, avait commencé à jeter les grâces dans le discours, mais l'élégance minutieuse, la parure affectée de son style, ne pouvaient donner à l'idiome des Romains ce nombre imposant, cette harmonie majestueuse, qui jusqu'alors n'avaient appartenu qu'à celui des Grecs. Il était réservé à Cicéron de lui procurer aussi cet avantage, et l'on peut dire qu'il opéra, sous ce rapport, une révolution complète dans la langue latine. Il porta l'harmonie du discours à la plus étonnante perfection. Il abonde en expressions magnifiques et en périodes cadencées. Dans les sujets les plus simples, son style est plein et coulant, jamais brusquement coupé. Il semble même qu'il prodigue alors avec plus d'abondance les richesses inépuisables de son élocution, afin de relever par cet artifice la sécheresse et l'aridité des pensées.

Ce style harmonieux, mais simple et naturel tout à la fois, est soutenu par des qualités éminentes. Tous les discours de Cicéron attestent une profonde connaissance de l'art. Il commence, en général, par un exorde régulier; il met beaucoup de soin à préparer son auditoire et à gagner son affection; sa méthode est claire, et ses arguments sont distribués dans le meilleur ordre. Sa manière est développée, mais le plus souvent variée et toujours assortie au sujet. Dans ses quatre harangues contre Catilina, par exemple, on remarque de l'une à l'autre un ton et un style fort différents, surtout en passant de la première à la dernière; et l'on voit l'orateur se conformer, avec beaucoup de jugement, à l'occasion et à la situation du moment. Personne n'a mieux connu le cœur de l'homme, ni mieux réussi à en émouvoir tous les ressorts, soit par les passions douces et tendres, soit par celles qui emploient les grandes figures, les grands mouvements et qui mettent en œuvre tout ce que l'éloquence a de plus fort et de plus touchant. Lorsqu'un intérêt public très-important excite son indignation, il devient pressant, animé, impétueux au plus haut point. C'est ainsi qu'il se montre dans ses discours contre Antoine, et dans ceux contre Verrès et contre Catilina.

Quelque éminentes que soient ces qualités, elles sont mêlées de certains défauts. Dans la plupart des harangues de Cicéron,

surtout dans celles qui sont l'ouvrage de sa jeunesse, il y a
trop d'art, et l'art va même quelquefois jusqu'à l'ostentation.
Son éloquence s'annonce avec trop d'apparat : il semble souvent plus occupé d'exciter l'admiration de ses juges que de les
convaincre. Il en résulte qu'il est quelquefois plus pompeux
que solide, et qu'il déduit ou développe sa pensée, lorsqu'il
devrait être pressant et rapide. Ses périodes sont toujours ar-
rondies et sonores, sans qu'on puisse y remarquer aucune monotonie, parce qu'il sait en varier habilement la cadence ; mais
en aspirant trop à la magnificence, il affaiblit son style. Dès
qu'il en trouve l'occasion, il fait lui-même son éloge. De grandes
actions et des services réels rendus à sa patrie peuvent à cet
égard, lui servir d'excuse : les mœurs anciennes imposaient
aussi, sous ce rapport, moins de retenue que les nôtres ; mais
après que l'on a pesé toutes les considérations, on ne peut
laver entièrement Cicéron du reproche d'ostentation et de vaine
gloire.

Les défauts que nous venons de signaler dans l'éloquence de
Cicéron, n'échappèrent point aux hommes de son temps. Brutus
l'accusait d'être faible et énervé. « Ses contemporains, dit
Quintilien, ont été jusqu'à l'accuser d'enflure et de pompe asiatique, de profusion et de répétitions superflues, de froideur
dans la raillerie, de faiblesse et de diffusion dans la composition ; enfin d'une mollesse de style peu digne d'un homme. »
De tels reproches sont évidemment exagérés et sentent la ma-
lignité et l'inimitié personnelle. Ces exagérations prirent leur
source dans les opinions extrêmes des deux partis opposés, qui,
au temps de Cicéron, divisaient à Rome ceux qui s'occupaient
de l'art oratoire. Ces partis étaient connus sous le nom d'*attiques* et d'*asiatiques*. Les premiers recommandaient cette espèce
d'éloquence qui leur paraissait la plus naturelle, et dont la
simplicité fait le mérite. Ce parti accusait Cicéron de s'écarter
de ce style simple et sévère, et d'incliner vers la manière
fleurie des Asiatiques. Cicéron, à son tour, dans ses traités de
rhétorique, cherche à présenter ses adversaires comme subs-
tituant à la véritable éloquence attique, une manière froide et
aride, et soutient que la forme de composition qu'il a adoptée,

est calquée sur le modèle du style attique le plus pur. Quintilien, en reconnaissant à peu près ce qu'il y a de juste dans les
critiques dirigées contre Cicéron, se prononce en sa faveur, et
préfère, quelque nom qu'on lui donne, un style abondant, plein,
étendu.

Parmi les nombreux discours de Cicéron, on distingue particulièrement : le *Discours des supplices contre Verrès ;* les *quatre
Catilinaires ;* les *quatorze Philippiques*, et surtout la *seconde ;*
les *trois Discours contre la loi agraire ;* les *Discours pour Milon*,
pour Marcellus, *pour Ligarius*, *pour la loi Manilia*, *pour Muréna*,
pour le poète Archias.

Ouvrages de Cicéron sur l'Art oratoire.

Cicéron, qui s'était fait admirer par tant de chefs-d'œuvre,
voulut révéler aux autres les secrets de son éloquence, et composa, sur l'art oratoire, un grand nombre d'écrits qui l'ont
placé au premier rang de tous les rhéteurs. Les principaux de
ses écrits sont : les trois livres *de l'Orateur ;* un livre intitulé
simplement l'*Orateur ;* un dialogue sur les orateurs illustres,
intitulé *Brutus ;* le *Traité du genre d'éloquence le plus parfait ;*
les *Topiques ;* les *Partitions oratoires*, et deux livres *de l'Invention.* Les trois livres *de l'Orateur* sont, à proprement parler, la
rhétorique de Cicéron. A la solidité des principes, il a su joindre, dans cet ouvrage, toute la délicatesse, toutes les grâces
dont le sujet était susceptible. Pour éviter l'air et la sécheresse
de l'école, il prend la forme du dialogue et choisit pour interlocuteurs les hommes qui non-seulement avaient passé par
toutes les charges, mais qui, de plus, s'étaient fait une grande
réputation par leur éloquence. Ces interlocuteurs sont : Crassus,
Antoine, Scévola, Sulpicius et Cotta.

Le livre intitulé l'*Orateur* ne le cède ni en beauté, ni en solidité aux précédents. Cicéron y donne l'idée de l'orateur parfait, non tel qu'il ait jamais existé, mais tel qu'il peut être. Il
regardait cet ouvrage avec une sorte de complaisance, et ne
dissimulait point qu'il y avait employé tout son esprit et toute
la force de son jugement.

Le *Brutus* est un dialogue sur tous les orateurs illustres,
tant grecs que latins, qui avaient paru jusqu'à Cicéron. On y
trouve une variété admirable de portraits et de caractères,
qui roulent tous sur la même matière, sans jamais pourtant
se ressembler.

Ces trois ouvrages, et surtout le premier, sont les plus remarquables de Cicéron, parmi ceux du même genre. Il règne
partout, avec les grâces et les ornements du style, une simplicité admirable, un naturel qu'on ne peut imiter, en un mot
cette urbanité romaine qui répond à l'atticisme des Grecs, c'est-
à-dire à ce qu'il y avait de plus fin, de plus délicat, de plus
spirituel, de plus achevé pour les pensées, les expressions
et les tours. La lecture en est très-attachante, excepté dans
les passages nombreux et très-étendus, il est vrai, où il traite
d'objets qui ont perdu pour nous l'intérêt qu'ils avaient pour
les Romains. Très-souvent il approfondit des questions d'un
intérêt général ; il donne de son art les idées les plus grandes
et les plus magnifiques ; il s'élève à des considérations philosophiques et morales très-hautes, et bien plus capables de
féconder le talent que les préceptes stériles, quoique savamment expliqués, qui se trouvent dans les autres livres des rhéteurs.

Le *Traité du genre d'éloquence le plus parfait* est fort court.
Cicéron soutenait que le style attique est le plus parfait, qu'il
renferme les trois caractères, le simple, le sublime et le tempéré, et que l'orateur les emploie selon que l'exige le sujet.
Pour le prouver, il traduisit les célèbres plaidoyers d'Eschine
contre Démosthène et de Démosthène contre Eschine. L'ouvrage
dont il s'agit n'était qu'une espèce de préface pour cette traduction que l'on a perdue.

Les *Topiques* contiennent la méthode de trouver les arguments par le moyen de certains termes qui les caractérisent, et
qu'on appelle *lieux de rhétorique* ou *de logique*. C'est un art dont
l'invention et la perfection sont dues à Aristote. Ce fut pour expliquer le traité où ce philosophe en parle, que Cicéron composa celui-ci. Une chose remarquable, et qui montre la mémoire
et la facilité de Cicéron, c'est qu'il n'avait pas le livre du phi-

7

losophe grec quand il entreprit de l'expliquer : il était sur mer, comme lui-même nous l'apprend.

Les *Partitions oratoires* sont une bonne rhétorique, donnée par divisions et subdivisions des matières, d'un style simple, mais clair, succinct, élégant et mis à la portée de ceux qui commencent.

Les livres *de l'Invention oratoire* sont aussi de Cicéron. Les deux premiers sont les seuls qui nous restent. Cet ouvrage est de la jeunesse de l'auteur ; il le trouva dans la suite peu digne de sa réputation.

Ouvrages philosophiques de Cicéron.

Cicéron, par ses éloquents discours, s'était acquis le nom d'orateur ; mais il se glorifiait encore davantage de celui de philosophe. Il s'efforça de le mériter en étudiant à fond tous les systèmes grecs et en composant lui-même un grand nombre d'ouvrages philosophiques. Il convient de les faire connaître en quelques mots sous le rapport de leur mérite oratoire. Les livres *des Offices* sont recommandables par le ton de bonnes mœurs, de réflexion, d'humanité, de patriotisme qui y règnent tour à tour. Ceux *de la République et des Lois* attachent autant par leur goût exquis de politesse, que par l'art et la délicatesse avec lesquels les matières y sont traitées. On trouve dans les *Tusculanes*, dans les *Questions académiques*, dans les deux livres *de la Nature des dieux*, dans le *Traités de la vieillesse et de l'amitié*, le philosophe, le savant et l'écrivain élégant. On admire dans tous la fécondité, la grâce et l'harmonie qui caractérisent les écrits de Cicéron. On y rencontre même plusieurs passages d'une éloquence élevée ; c'est lorsqu'il saisit en orateur quelques-unes des vérités importantes que la tradition avait conservées au milieu des peuples, comme, par exemple, l'existence de Dieu, l'immortalité de l'âme. Alors son génie s'enflamme et son langage devient aisément sublime ; mais sitôt qu'il se livre aux investigations du philosophe, il devient froid et fatigant, malgré tous les ornements de son style. En général, comme chez tous les philosophes païens, le doute et l'incertitude se font trop sentir dans ses opinions. Sa raison faible et variable, parce qu'elle est sans guide, ne peut lui donner cette conviction forte qui produit l'éloquence.

PARALLÈLE DE CICÉRON ET DE DÉMOSTHÈNE.

Le parallèle de Cicéron et de Démosthène a été, chez les critiques, un objet fréquent de discussion. En citant les jugements les plus remarquables sur ces deux grands orateurs, nous achèverons de les caractériser et de les faire bien connaître.

On voit par Quintilien que de son temps bien des gens préféraient Démosthène. Pour lui, il semble très-favorable à Cicéron. « C'est surtout dans l'éloquence, dit-il, que Rome peut se vanter d'avoir égalé la Grèce. En effet, à tout ce que celle-ci a de plus grand, j'oppose hardiment Cicéron. Je n'ignore pas quel combat j'aurai à soutenir contre les partisans de Démosthène; mais mon dessein n'est pas d'entreprendre ici ce parallèle inutile à mon objet, puisque moi-même je cite partout Démosthène comme un des premiers auteurs qu'il faut lire, ou plutôt qu'il faut savoir par cœur. J'observerai seulement que la plupart des qualités de l'orateur sont au même degré dans tous les deux : la sagesse, la méthode, l'ordre des divisions, l'art des préparations, la disposition des preuves, enfin tout ce qui tient à ce qu'on appelle l'*invention*. Dans l'élocution il y a quelque différence... L'un serre de plus près son adversaire; l'autre prend plus de champ pour le combattre. L'un se sert toujours de la pointe de ses armes; l'autre en fait souvent sentir aussi le poids. On ne peut rien ôter à l'un, rien ajouter à l'autre. Il y a plus de travail dans Démosthène, plus de naturel dans Cicéron. Celui-ci l'emporte évidemment pour la plaisanterie et le pathétique, deux puissants ressorts de l'art oratoire. Peut-être dira-t-on que les mœurs et les lois d'Athènes ne permettaient pas à l'orateur grec les belles péroraisons du nôtre; mais aussi la langue attique lui donnait des avantages et des beautés que la nôtre n'a pas. Nous avons des lettres de tous les deux, il n'y a nulle comparaison à en faire. D'un autre côté, Démosthène a un grand avantage, c'est qu'il est venu le premier, et qu'il a contribué à faire Cicéron ce

qu'il est. Il s'était attaché à imiter les Grecs, et nous a représenté, ce me semble, en lui seul la force de Démosthène,
l'abondance de Platon et la douceur d'Isocrate. Mais ce n'est
pas l'étude qu'il en a pu faire qui lui a donné ce qu'il y a dans
chacun d'eux : il l'a tiré de lui-même et de cet heureux génie
né pour réunir toutes les qualités... On dirait qu'il a été formé
par une destination particulière de la Providence, qui voulait
faire voir aux hommes jusqu'où l'éloquence pouvait aller. En
effet, qui sait mieux développer la vérité? qui sait émouvoir
plus puissamment les passions? quel écrivain eut jamais autant
de charme? Ce qu'il arrache de force, il semble l'obtenir de
plein gré; et quand il vous entraîne avec violence, vous
croyez le suivre volontairement. Il y a dans tout ce qu'il dit
une telle autorité de raison, que l'on a honte de n'être pas
de son avis. Ce n'est point un avocat qui s'emporte, c'est un
témoin qui dépose, un juge qui prononce et cependant tous
ces différents mérites, dont chacun coûterait un long travail
à tout autre que lui, semblent ne lui avoir rien coûté; et
dans la perfection de son style, il conserve toute la grâce
de la plus heureuse facilité. C'est donc à juste titre que
parmi ses contemporains il a passé pour le dominateur du barreau, et que dans la postérité son nom est devenu celui de
l'éloquence. Ayons-le toujours devant les yeux comme le modèle que l'on doit se proposer; et que celui-là soit sûr d'avoir
profité beaucoup, qui aime beaucoup Cicéron. » *(Institutions
oratoires*, liv. X*e* ch. 1*er*.)

Un grand nombre d'écrivains modernes ont donné aussi la
préférence à Cicéron.

« Démosthène et Cicéron, dit La Harpe, ne sont plus à proprement parler pour nous que des écrivains; nous ne les entendons plus, nous les lisons. Tous deux ont eu le même succès
et ont exercé le même empire sur les âmes; mais aujourd'hui
je conçois très-bien que Cicéron, qui a toutes les sortes d'esprit
et toutes les sortes de style, doit être plus généralement goûté
que Démosthène. Sans doute il n'est rien au-dessus du plaidoyer
pour la Couronne, de ce dernier; mais ses autres ouvrages ne

me paraissent pas, en général, de la même hauteur; ils ont, de plus, une certaine uniformité de tons qui tient peut-être à celle des sujets, car il s'agit presque toujours de Philippe. Cicéron sait prendre tous les tons, et je ne saurais, sans ingratitude, refuser mon suffrage à celui qui me donne tous les plaisirs. » *(Cours de littérature.)*

« Ce grand homme, dit M. Villemain, n'a rien perdu de sa gloire en traversant les siècles; il reste au premier rang comme orateur et comme écrivain. Peut-être même, si on le considère dans l'ensemble et la variété de ses ouvrages, est-il permis de voir en lui le premier écrivain du monde, et quoique les créations les plus sublimes et les plus originales de l'art d'écrire appartiennent à Bossuet et à Pascal, Cicéron est peut-être l'homme qui s'est servi de la parole avec le plus de science et de génie, et qui, dans la perfection habituelle de son éloquence et de son style, a mis le plus de beautés et laissé le moins de fautes. C'est l'idée qui se présente en parcourant ses productions de tout genre. Que l'harmonieux Fénélon préfère Démosthène, il accorde cependant à Cicéron toutes les qualités de l'éloquence, même celles qui distinguent le plus l'orateur grec, la véhémence et la brièveté. » *(Biographie universelle.)*

On peut opposer à ces jugements ceux de plusieurs écrivains plus célèbres encore.

« Je ne crains pas de dire que Démosthène, c'est ainsi que s'exprime Fénélon, me paraît supérieur à Cicéron. Je proteste que personne n'admire Cicéron plus que je fais. Il embellit tout ce qu'il touche, il fait honneur à la parole, il fait des mots ce qu'un autre n'en saurait faire, il a je ne sais combien de sortes d'esprit. Il est même court et véhément toutes les fois qu'il veut l'être, contre Catilina, contre Verrès, contre Antoine; mais on remarque quelque parure dans son discours. L'art y est merveilleux, mais on l'entrevoit. L'orateur, en pensant au salut de la république, ne s'oublie pas et ne se laisse point oublier. Démosthène paraît sortir de soi, et ne voit que la patrie. Il ne cherche point le beau, il le fait sans y penser : il est au-dessus de l'admiration ; il se sert de la parole comme un homme modeste de son habit pour se couvrir. Il tonne, il foudroie ; c'est un torrent qui entraîne tout : on ne peut le critiquer parce qu'on est saisi. On pense aux choses qu'il dit, et non à ses paroles; on le perd de vue ; on n'est occupé que de Philippe, qui envahit tout. Je suis charmé de ces deux orateurs; mais j'avoue que je suis moins touché de l'art infini et de la magnifique éloquence de Cicéron, que de la rapide simplicité de Démosthène. » *(Lettre à l'Académie française.)*

Le bon La Fontaine est peut-être encore plus énergique :

> Que Cicéron blâme ou qu'il loue,
> C'est le plus disert des parleurs :
> L'ennemi de Philippe est semblable au tonnerre :
> Il frappe, il surprend, il atterre :
> Cet homme et la raison, à mon sens, ne sont qu'un.

(Lettre à Mgr le procureur général du Parlement.)

David Hume pense que de toutes les productions de l'esprit humain, les harangues de Démosthène sont celles qui approchent le plus de la perfection. *(Essai sur l'éloquence.)*

Enfin, J.-J. Rousseau s'est aussi prononcé pour Démosthène :

« Entraîné par la mâle éloquence de Démosthène, mon élève dira : c'est un orateur ; mais en lisant Cicéron, il dira : c'est un avocat. » *(Emile,* liv. IV.)

S'il nous était permis de donner notre sentiment après ces grands écrivains, nous dirions d'abord : lorsqu'il ne faudra que marquer les différences entre ces deux orateurs extraordinaires, la comparaison sera facile, car leur manière et leur caractère distinctifs sont fortement empreints dans leurs ouvrages. Démosthène a la force et l'austérité; Cicéron l'insinuation et la douceur. Le style de l'un est plus mâle, celui de l'autre est plus orné. Le premier a quelquefois de la rudesse, mais il est plus pressant et plus animé; le second est plus agréable, mais plus lâche et plus faible.

Nous dirions en second lieu, que pour décider lequel des

deux l'emporte, il faut faire, ce nous semble, une distinction. Dans l'éloquence politique, l'orateur grec est au-dessus de l'orateur romain; en effet, dans un danger national, ou dans une discussion d'un grand intérêt public, et qui fixerait l'attention de tous les esprits, un discours du genre et du ton de Démosthène aurait plus de poids et produirait plus d'effet qu'une harangue à la manière de Cicéron. Si on prononçait aujourd'hui les *Philippiques* de Démosthène devant une assemblée de Français, dans des circonstances semblables à celles où la Grèce se trouvait alors, elles opéreraient la conviction et la persuasion comme elles firent autrefois. On ne pourrait pas évidemment en dire autant des harangues de Cicéron; son éloquence, de quelque beauté qu'elle brille, et quelqu'effet qu'elle eût pu faire sur les Romains, par des rapports de goût et de convenance, est souvent voisine de la déclamation, et s'éloigne, plus que l'éloquence de Démosthène, de la manière dont on aime, parmi nous, voir traiter les affaires sérieuses, ou plaider les causes graves et importantes. Cette manière d'envisager la question se rapproche de celle de La Harpe, qui s'exprime ainsi dans son *Cours de littérature :* « J'avais toujours préféré Cicéron, et je le préfère encore comme écrivain; mais depuis que j'ai vu des assemblées délibérantes, j'ai cru sentir que la manière de Démosthène y serait plus puissante dans ses effets que celle de Cicéron. »

Dans d'autres genres d'éloquence, Cicéron a souvent l'avantage, parce qu'il sait prendre tous les tons, selon que les circonstances l'exigent. Il traite merveilleusement surtout la plaisanterie et le pathétique, que Démosthène ne sait pas employer, ou qu'il n'emploie pas au même degré.

Quoi qu'il en soit, Cicéron, par son éloquence extraordinaire et par ses autres talents, a exercé sur le goût des Romains la plus heureuse influence; on peut dire qu'il a commencé le siècle d'Auguste. Les grands écrivains qui sont venus après lui étaient en quelque sorte formés à son école, puisqu'ils se servaient d'une langue que lui-même avait faite.

CHAPITRE TROISIÈME.

ÉLOQUENCE DES HISTORIENS.

Tite-Live. — Intérêt dramatique de ses narrations. — Mérite remarquable de ses harangues. — Salluste. — Il se distingue par l'énergique concision de son style. — Ses harangues expriment moins les passions des personnages qu'il fait parler que les siennes propres. — César. — Velléius Paterculus. — Tacite. — Ses harangues. — Cornélius Népos. — Quinte-Curce. — Ses harangues. — Justin.

Tite-Live (59 ans avant J.-C. — 18 ou 19).

A la tête des historiens de Rome, et nous pourrions dire de toute l'antiquité, se présente Tite-Live. Ecrivain pur, brillant et pathétique, il a recueilli tout ce qui peut nous apprendre à bien bien juger cette république étonnante et presque miraculeuse, qui, d'une origine obscure, parvint, par une suite de victoires, à la domination du monde. Le récit de tant d'événements est présenté dans son ouvrage avec un intérêt dramatique qui semble ne devoir s'attacher qu'aux chefs-d'œuvre de l'imagination. Les guerres lointaines, les discordes civiles, les tumultes du Forum, les agitations populaires, les scènes de la tribune, les mœurs publiques et particulières, les beaux faits d'armes, les dévouements généreux, les malheurs et les succès, les défaites et les triomphes, tout est peint dans ses histoires avec des couleurs admirables, tout y est mêlé avec un art parfait, et aucune langue ne peut offrir un ouvrage historique qui soit d'un intérêt aussi varié et aussi soutenu.

Le style de Tite-Live a de l'éclat, de la richesse, de la magnificence. Quintilien, pour peindre sa fécondité, crée une expression qu'il est impossible de transporter, dans notre langue, *lactea ubertas*. Souvent aussi, lorsque le sujet le demande,

ce style est impétueux et d'un entraînement rapide ; il abonde
en images vives et presque poétiques.

HARANGUES DE TITE-LIVE.

L'éloquence de Tite-Live, dans ses harangues, est tour à
tour vive, impétueuse, pathétique ; son style s'échauffe ou se
ralentit, est concis ou développé, suivant le caractère des personnages qui parlent. On dirait que chaque discours est véritablement l'œuvre d'un talent particulier. Cette variété de tons,
d'images et de couleurs, parait surtout sensible lorsqu'on vient
à parcourir le recueil que l'on a fait des harangues de Tite-Live,
sous le nom de *Conciones*. On peut les soumettre à une analyse
sévère, et l'on s'étonne de trouver, dans ces petits chefs-d'œuvre, toutes les parties du discours oratoire disposées avec une
variété surprenante : ce sont les mêmes mouvements que nous
admirons dans Cicéron et dans Démosthène : ce sont ces figures pathétiques, ces vives apostrophes, ces expressions hardies
qui font le triomphe de l'orateur ; c'est enfin cette brillante fécondité de tours, cette abondance de style, et souvent cette
énergique précision, qui décèlent le véritable génie de l'éloquence. Qu'on voie, par exemple, si dans les plus admirables
chefs-d'œuvre des orateurs anciens, il y a rien de plus entraînant, de plus passionné, de plus brûlant, que le discours prononcé dans le sénat de Carthage, contre Annibal, par Hannon
son ennemi. Est-il rien de plus élevé, de plus fort, de plus
majestueux, que les deux discours opposés de Fabius et de
Scipion, lorsqu'on délibère à Rome si l'on doit porter la guerre
en Afrique pour y attirer Annibal ? Avec quelle admiration on
voit le vieux Fabius, cet ancien vengeur des armes romaines,
opposer une éloquence grave et des raisonnements pleins de
sagesse, au bouillant courage du jeune vainqueur des Espa-
gnes ! Avec quelle émotion on entend à son tour ce jeune
homme, si bouillant au milieu des batailles, prendre à l'aspect
du sénat tout le calme de l'âge mûr, repousser avec un mélange de respect et de courage l'imposant langage de son adversaire, et vaincre par sa modération la gravité du plus sage

des praticiens ! Tite-Live, dans un grand nombre d'autres discours également admirables, nous retrace l'éloquence grave et
solennelle des délibérations du sénat. Il nous fait entendre
aussi les harangues fougueuses des tribuns ; par exemple lorsqu'il fait parler Canuléius proposant des lois que les patriciens
repoussaient de tous leurs efforts, ou lorsque Manlius Capitolinus, sorti de prison, soulève la multitude contre le sénat,
l'exhorte à renverser le gouvernement établi, et lui demande
avec tant d'adresse qu'elle lui décerne la royauté. À côté des
discours incendiaires des tribuns, on admire le langage énergique et grave des dictateurs, des consuls, des magistrats de
la République, qui réussissent quelquefois à calmer les passions
du peuple, à l'indigner contre ses flatteurs et à remporter un
triomphe d'autant plus honorable, qu'il est dû tout entier au
respect qu'imprime leur caractère et à la solidité de leur
éloquence. On peut citer en particulier le discours de Quintius
Capitolinus, consul, déterminant le peuple à marcher
contre les Eques et les Volsques qui étaient aux portes de
Rome.

Il semble que la variété ne pouvait pas être portée à ce même
degré dans les harangues militaires, où il ne s'agit en général
que d'encourager les soldats contre les dangers des batailles.
Mais Tite-Live profite avec tant d'habileté des situations différentes où se trouvent les généraux et les armées, que chacune
de ces harangues a un mérite qui lui est propre, tantôt le
mérite de la simplicité, tantôt celui de la jactance, tantôt le
ton du reproche, tantôt celui de la fierté ; mais toujours c'est
la patrie dont l'image est présentée aux regards des Romains,
et qui double l'effet de l'éloquence. Les plus belles sont celles
d'Annibal et de Scipion, avant le signal de quelques-uns de
leurs combats ; le discours du dictateur Valérius Corvus à ses
soldats révoltés ; celui de P. Scipion à son armée également
rebelle.

Tous ces discours que Tite-Live a répandus dans ses histoires
en sont un des plus beaux ornements. Ils sont tellement liés
aux récits, qu'il parait presque impossible de les en détacher ;
ils sont préparés et amenés par les circonstances, et, si l'on en

excepte un petit nombre, ils ne paraissent ni trop fréquents,
ni trop étendus. Ils ont d'ailleurs l'avantage de renfermer
toute la science politique de l'historien, les leçons de sa morale et sa philosophie. Cette philosophie n'a pas le défaut de
troubler la narration par des sentences détachées; mais elle
se trouve au contraire jetée naturellement dans l'histoire, où
elle est comme rendue vivante par l'action des personnages mis
en scène.

Salluste. (85 — 38 ans avant J.-C.)

Les deux écrits restés intacts de cet historien sont la *Conjuration de Catilina* et la *Guerre de Jugurtha*; ils suffisent pour
placer Salluste au rang des beaux génie de l'antiquité. La première histoire est un modèle de narration abrégée. L'auteur y
a répandu une foule de réflexions politiques, pour marquer
par quels degrés les peuples arrivent à leur décadence, et comment les esprits, fatigués d'une longue prospérité et perdus
dans la mollesse, finissent par se lasser des choses présentes,
saisissent avidement l'incertain pour le certain, se précipitent
au milieu des révolutions et courent avec une sorte de volupté
après leur propre ruine. A ne considérer Salluste que sous un
point de vue politique, on est frappé des vérités que sa plume
a exprimées avec une effrayante concision. Mais on se demande
comment cet écrivain, qui se déchaîne avec tant d'éloquence
contre la dépravation et le luxe, peut donner dans toute la
suite de sa vie des exemples si contraires à la rigidité de ses
écrits? On serait tenté de révoquer en doute cette sentence des
anciens, qui répétent dans toutes leurs leçons de philosophie
que l'écrivain dépravé ne saurait parler convenablement de la
vertu. Toutefois ne cherchons pas de contradictions dans la
morale. Non, sans doute, les cœurs corrompus ne feront jamais
entendre un langage véritablement honnête; ils parleront de
la vertu, mais ce ne sera pas avec cette onction, avec cette
vérité qui pénètre les âmes et qui les émeut. D'ailleurs, si Salluste se prononce avec la sévérité d'un philosophe, c'est moins
parce qu'il veut toucher les cœurs par des leçons utiles, que

parce qu'il n'a pu s'empêcher de voir les horribles suites de
la corruption. Il y a même dans son langage quelque chose
d'amer et de triste qui flétrit l'humanité plutôt qu'il ne la console et ne l'instruit, et à considérer de près sa philosophie,
on le croit plutôt un homme dégoûté de la dépravation, que
touché de l'influence de la vertu. C'est la remarque qu'on peut
faire, en général, au sujet de tous les écraivains qui s'attachent
à faire l'histoire des mœurs de leur siècle. Il faut avoir été,
pour ainsi dire, initié dans les secrets de la débauche pour
en tracer toute l'horreur; et de même que l'âme pure de Fénélon ne lui eût jamais inspiré des couleurs assez énergiques
pour peindre le hideux tableau des vices, Salluste n'eût point
trouvé dans la sienne des images assez douces pour exprimer le
charme des bonnes mœurs et les délices de l'innocence.

HARANGUES DE SALLUSTE.

Salluste a moins possédé que Tite-Live l'art de donner de la
vraisemblance aux discours par l'imitation des mœurs de l'o-
rateur. Ses personnages parlent moins d'après leurs passions
que d'après les siennes propres. Aussi lorsqu'il fait monter à
la tribune un orateur factieux, et qu'il lui prête de violentes
invectives contre la noblesse, malgré l'énergique concision,
les rapprochements éloquents, les tours hardis et vigoureux qui sont les caractères de son style, il s'éloigne un peu
du naturel, et nuit à l'effet de son éloquence en voulant l'exagérer. Par exemple le discours du tribun Memmius, qui respire
toute l'animosité que l'historien nourrissait lui-même contre
les grands, est généralement écrit sur un ton de déclamation
qui finit par fatiguer le lecteur. Salluste est aussi moins habile
que Tite-Live à mettre ses personnages sur la scène, et à lier
leurs discours au reste du récit. Ces défauts n'empêchent pas
que ses harangues ne soient très-éloquentes. On admire particulièrement celle de Catilina à ces complices; celles de César
et de Caton dans le sénat; mais surtout celle de Marius au
peuple, qui peut être regardée comme un des chefs-d'œuvre
de l'éloquence latine.

Outre les harangues répandues dans les histoires de Catilina et de Jugurtha, il nous reste encore plusieurs autres monuments de l'éloquence de Salluste. Ce sont des discours populaires qui appartiennent à l'histoire générale de la République, et deux lettres adressées à César sur les moyens de rétablir les affaires après la victoire de Pharsale. Ces deux derniers écrits peuvent être comparés à ce que nous nommons aujourd'hui brochures politiques.

J. César. (100—43 avant J.-C.)

Il ne nous reste de César, dit Rollin, que deux ouvrages, qui sont les sept livres de la *Guerre des Gaules*, et les trois de la *Guerre civile*. Ce ne sont, à proprement parler, que des mémoires, et il ne les avait donnés que sur ce pied là : *Commentarii.* Il les composait à la hâte, sans étude et dans le temps même de ses expéditions, uniquement dans la vue de laisser des matériaux aux écrivains pour en composer une histoire. Il y a mis sans doute cette netteté de style et cette élégance qui lui étaient naturelles; mais il a négligé tous les ornements brillants qu'un génie aussi heureux que le sien pouvait répandre dans un ouvrage de cette nature. Cependant, tout simple et négligé qu'il pouvait paraître, on convenait généralement, dit Hirtius, qu'aucun autre écrit, quelque travaillé et quelque limé qu'il fût, n'approchait de la beauté des commentaires de César. Son dessein n'avait été que de fournir des matériaux à ceux qui voudraient en composer une histoire en forme : « En quoi, dit Cicéron, il peut avoir fait plaisir à de petits esprits qui ne craindront point d'en défigurer les grâces naturelles par le fard et l'ajustement qu'ils voudront y ajouter; mais tout homme sensé se donnera bien de garde d'y toucher en aucune sorte, ni d'y faire aucun changement, car rien ne fait tant de plaisir dans l'histoire qu'une brièveté de style si claire et si élégante. » Hirtius emploie aussi la même pensée à l'égard des écrivains qui songeraient à composer une histoire sur les mémoires de César : « Certainement, dit-il, il leur en fournit le moyen; mais, s'ils sont sages, il doit leur en ôter l'envie pour toujours. »

Le Thucydide de l'Allemagne, Jean de Muller, confirme ce témoignage dans une de ses lettres :

« Je sens que César me rend infidèle à Tacite ; il est impossible d'écrire avec plus d'élégance et de pureté. Il a la véritable précision, celle qui consiste à dire tout ce qui est nécessaire, et pas un mot de plus. Il écrit en homme d'Etat, toujours sans passion. Tacite est philosophe, orateur, ami zélé de l'humanité, et à tous ces titres il se passionne quelquefois. Si je me fie aveuglément à lui, il peut me mener trop loin ; avec César, je ne cours jamais ce risque. Son discours n'est qu'une suite de faits présentés sous le jour le plus frappant et le plus lumineux, son style est l'image de son caractère. Tandis qu'il renfermait au dedans les passions les plus violentes, à l'extérieur il semblait, comme les dieux, élevé au-desssus de toutes les passions, et rien ne paraissait assez grand pour que l'âme de César pût s'en émouvoir. »

Velléius Paterculus. (né l'an 19 av. J.-C.)

Velléius Paterculus avait écrit une *Histoire Romaine* ou plutôt une histoire universelle renfermant un précis de tout ce qui pouvait intéresser les Romains. Le commencement et la plus grande partie du premier livre est perdu ; ce qui en reste traite de la Grèce, des royaumes d'Assyrie et de Macédoine, après quoi il y a une lacune qui s'étend sur les cinq cent quatre-vingt-deux premières années de Rome. Le reste du premier livre et le second, que nous avons à peu près entier, contient l'histoire de Rome depuis l'année 582 jusqu'à l'an 783 (170 ans avant J.-C. — 30 ans après J.-C.). C'est un tableau rapide des temps et des circonstances plutôt qu'une narration des événements. Velléius Paterculus aime à développer et à peindre les caractères des différents personnages, et son ouvrage est riche en portraits tracés de mains de maître. Il se montre le vengeur de la vertu et l'ami de son pays, sans que cet amour le rende partial envers ses ennemis ; mais on ne peut s'empêcher d'être affligé lorsqu'on le voit ensuite descendre jusqu'au rôle indigne d'adulateur de Tibère et de Séjan. Ce qui peut l'excuser, c'est qu'il ne vit pas les dernières années de Tibère, où ce monstre laissa tomber le masque hypocrite dont il avait jusque là caché ses vices, et qu'enfin il pouvait s'être aveuglé sur un prince dont il avait été l'ami et le compagnon d'armes, et à qui il devait sa fortune.

Le président Hénault a dit de Velléius Paterculus qu'il était le modèle des abréviateurs.

Son langage, par sa pureté et son éloquence, annonce le siècle de goût dans lequel il vécut : il est simple, clair et abondant ; et quant à sa pensée, elle a toujours de l'élévation et de la dignité. Il y a dans son talent un mélange de simplicité et de noblesse, de grâce et de gravité qui le distingue des autres historiens de Rome. Le nom du consul Vicinius, a qui il dédie son ouvrage, en revenant souvent dans le cours de ses récits, leur donne d'ailleurs une forme inusitée qui n'est pas sans attrait, parce qu'elle varie le ton de l'histoire et qu'elle est propre à réveiller l'attention du lecteur.

Tacite. (54 — 130 ou 134.)

Tacite a quelque chose dans son langage qui nous remue jusqu'au fond du cœur. Lorsqu'il raconte les crimes des tyrans et les bassesses de leurs flatteurs, c'est avec un ton sublime de moraliste qui flétrit les uns et les autres, et cependant il ne sort pas du genre de la narration historique ; il ne déclame point comme un rhéteur. Sa narration laisse voir le fond d'une âme tout émue, et elle communique au lecteur cette impression de courroux et de mépris qui ne peut naître que d'une inspiration d'éloquence. On voit qu'une pensée de morale prédomine dans tous ses récits. La haine qu'il a vouée aux tyrans et aux oppresseurs anime son langage. Sa voix a des accents de douleur qui déchirent l'âme. Ce n'est pas seulement un attendrissement excité par la vue soudaine de quelque grande infortune, et qui s'apaise par les larmes, c'est une longue émotion qui s'aggrave par les réflexions de l'esprit, c'est une sorte d'abattement du cœur qui a besoin de se soulager par de longues plaintes et par des gémissements répétés.

Cette éloquence, toute particulière à Tacite, se fait sentir dans ses *Histoires* et dans ses *Annales*. Elle est plus remarquable encore dans la *Vie d'Agricola*.

La *Vie d'Agricola* peut être considérée comme un vrai panégyrique. La Harpe dit que c'est le chef-d'œuvre d'un homme qui n'a fait que des chefs-d'œuvre. Tacite, par l'heureuse fécondité de son génie, sait faire d'un personnage assez obscur un héros comparable aux plus grands hommes de l'antiquité. Il peint d'abord avec une simplicité admirable les talents et les vertus d'Agricola ; ensuite, s'arrêtant sur une partie plus importante de sa vie, il entre dans les développements du plus haut intérêt. Ce n'est plus le simple abrégé d'une vie peu féconde : c'est le récit d'une grande bataille, ce sont des personnages mis sur la scène, des généraux qui haranguent, de longues et de brillantes descriptions du combat, les détails de la victoire et de la fuite, du carnage et du triomphe, enfin tout ce qui distingue les mouvements animés d'une grande composition. L'admiration est au comble pour Agricola ; mais bientôt un intérêt touchant s'attache à lui lorsqu'on le voit, à cause de ses victoires, courir le plus grand danger à la cour de l'empereur, être obligé d'employer plus d'art pour faire oublier sa gloire qu'il ne lui en a fallu pour vaincre des armées et conquérir des provinces. Enfin, après avoir employé la mâle sévérité de son pinceau pour tracer le caractère soupçonneux de Domitien, l'historien ou plutôt l'orateur termine par une péroraison d'un pathétique sombre, mais en même temps plein de noblesse. Fatigué des émotions douloureuses et profondes que lui ont données l'indignation du crime et le spectacle d'un tyran, il semble qu'il cherche, pour écarter ces images, à se reposer sur les sentiments les plus doux de la nature. C'est la sensibilité d'un grand homme qui tout à la fois vous attendrit et vous élève.

HARANGUES DE TACITE.

Les harangues, dans Tacite, sont ordinairement courtes,

mais substantielles, et dans sa précision il ne manque point de mouvements, quoiqu'il en ait moins que Tite-Live dans son abondance. Lorsqu'il fait parler des hommes vertueux, par exemple, un Germanicus, un Traséas, un Agricola, il leur donne un langage plein de dignité et de grandeur. Il se surpasse lui-même en profondeur, en quelque sorte, lorsqu'il rend compte des discours tenus dans le Sénat ou dans le conseil des princes, pour décider quelque coup violent et quelqu'acte d'une politique mystérieuse. Ses harangues militaires sont d'une grande beauté. Celle que Galgacus, chef des Calédoniens, adresse à ses troupes au moment d'en venir aux mains avec Agricola, est sublime d'un bout à l'autre. Elle respire je ne sais quoi de fier et de farouche qui est parfaitement analogue avec les mœurs d'un peuple qui jusqu'alors n'a pas connu l'esclavage, et qui s'irrite des fers qu'on vient lui présenter. La harangue d'Agricola, quoique très-belle, est moins éloquente.

Cornélius Népos. (1er siècle avant J.-C.)

Cornélius Népos vécut dans les beaux temps de la littérature latine. Il fut le contemporain et l'ami de Cicéron, et il partagea, avec ce grand homme, l'intimité d'Atticus. Il s'occupa beaucoup d'études historiques; il ne nous reste, d'une foule d'écrits qu'il avait composés, que les vies des capitaines grecs et de quelques autres personnages fameux. Au nombre des livres dont la perte doit être le plus sensible, on compte un ouvrage sur les historiens grecs, une histoire de Cicéron et un livre de Caton, auquel il renvoie lui-même, en terminant la courte biographie de cet illustre romain. Cornélius Népos n'est pas mis au rang des talents élevés qui peuvent faire honneur à la littérature latine; mais il mérite d'être compté parmi les écrivains élégants qui ont consigné dans leurs ouvrages de purs exemples de l'urbanité romaine. Sa diction est simple et gracieuse, et ses vies doivent être citées comme des modèles du genre. On a dit qu'il était loin d'avoir le charme de Plutarque; il est toutefois remarquable que si Plutarque l'emporte sur le

8

biographe romain, ce n'est ni par la grâce de l'esprit, ni par
les délicatesses du langage, c'est par l'extrême variété des
faits, des propos, des particularités de tous genres qu'il admet
dans ses récits, et par l'abandon, la naïveté et la bonne foi
dont il les raconte. Cornélius Népos ne fait, à proprement
parler, que de simples notices; mais il leur donne tout le
charme que ces sortes d'abrégés peuvent avoir. Il recueille
tous les traits mémorables des grands hommes, et il a le talent
d'en rappeler les détails avec une précision que la grâce de
son style empêche de devenir jamais de la sécheresse. Il ne
se contente pas de dire brièvement chacun des traits qu'il rapporte; il met de l'ensemble et de la liaison dans les récits;
chaque vie forme un tout bien uni, où les jugements de l'écrivain sont heureusement mêlés à la narration, où l'éloge est
habilement fondu dans l'histoire, et où se fait admirer un esprit d'ordre et de clarté qui est rendu sensible par la netteté
et la simplicité du langage.

Quinte-Curce. (Ier siècle de l'ère chrétienne).

La diction de Quinte-Curce, dit Vossius, est digne du siècle
d'Auguste. Il se distingue principalement par le choix heureux
des mots; son style est clair et poli. Son récit ne manque pas
de rapidité; les détails y sont habilement fondus; un vif intérêt s'attache aux actions qu'il raconte. Son langage a quelque
chose d'onctueux et de touchant; il provoque les larmes sur
les calamités humaines; il compatit au malheur et l'on voit
qu'il a un penchant secret à raconter les grandes infortunes et
à semer ses narrations de scènes pathétiques. Son style n'a
pas alors ce ton lamentable et solennel qui fait naître dans toutes
les âmes les émotions les plus profondes et une douleur pleine
de violence; mais l'impression qui naît de ses récits est une
sorte de mélancolie douce qui s'attendrit sans trop s'émouvoir
à l'aspect des malheurs de l'humanité.

HARANGUES DE QUINTE-CURCE.

Dans Quinte-Curce, les personnages sont d'ordinaire heureu-

sement amenés sur la scène, mais leurs discours paraissent
être plutôt une œuvre particulière de l'écrivain, qu'une inspiration fournie par la circonstance à celui qui parle. C'est à peu
près toujours le même langage, un langage fleuri, élégant,
embelli de toutes les formes oratoires, mais rarement passionné et propre à donner du mouvement et de la vivacité au reste
du récit. On a admiré le discours de l'ambassadeur des
Scythes à Alexandre. Il est beau en effet comme composition
oratoire; mais comme harangue adressée à un jeune vainqueur
qui se débordait sur l'Asie comme un torrent, il paraît être un
mélange de paroles outrageuses et insolentes, qu'assurément
Alexandre n'aurait point souffertes, lui qui ordonnait à Darius
de cesser dans ses lettres de prendre le titre de roi, et qui,
mécontent de ce titre pour lui-même, affectait encore celui de
Dieu. Nous n'en admirons pas moins la magnificence des images
qui remplissent le discours de l'orateur scythe; mais en en faisant honneur au talent de Quinte-Curce, nous préférons quelques discours moins chargés d'ornements, mais plus accommodés
aux circonstances où sont placés ceux qui les prononcent. Tel est
celui de Darius, où ce monarque s'efforce de relever le courage
du petit nombre de soldats qui lui restent; telles sont les harangues impétueuses d'Alexandre à ses soldats séditieux, où
le caractère du héros est heureusement tracé par le langage que
lui prête l'historien, dans des moments où son ambition s'é-
tonnait de trouver quelque résistance de la part d'une armée
qu'il traînait à la gloire. »

Justin. (IIe siècle.)

Justin vivait sous Antonin le Pieux, et il sut se préserver en
grande partie du mauvais goût qui régnait de son temps. Son
langage est simple, facile, clair et naturel, souvent il a une
abondance remarquable. Ses formes sont variées, quelquefois
brillantes, presque jamais ambitieuses. Il ne manque ni d'expressions énergiques, ni d'images pittoresques. L'histoire de
Philippe, roi de Macédoine, est un de ses sujets les mieux traités. Il y a un effet de style très-frappant dans le texte, lorsque

l'historien montre ce roi *portant les yeux du fond de la Macé-doine, comme d'un lieu d'observation, sur les divers peuples de la Grèce, et tendant des embûches à la liberté de tous, tandis que chacun d'eux aspire à la domination.* La description qu'il fait de la bataille livrée par Philippe aux Phocéens, pour venger le sacrilége qu'ils avaient commis en pillant le temple de Delphes, est admirable et ferait honneur à un historien du premier ordre.

Il ne manquait à Justin qu'un génie plus élevé pour donner à ses récits toute la majesté du ton historique. Il choisit avec discernement ce qui doit faire naître de grandes émotions; ses couleurs sont conformes aux sujets qu'il traite, mais seulement elles ne sont pas assez prononcées ou assez vigoureusement empreintes pour rendre ses tableaux vivants. Son style est souvent lâche et diffus; il s'attache à des détails peu dignes de l'histoire; sa plume n'est pas toujours chaste, et on trouve dans ses écrits des antithèses et des oppositions d'idées qui annoncent une affectation voisine de la corruption du goût.

L'éloquence de la poésie pourrait être considérée comme celle de l'histoire, soit dans l'ensemble des poèmes, soit dans les discours proprement dits qu'ils renferment. Virgile, Ovide, Lucain et d'autres poëtes offriraient, sous ces deux rapports, des sujets d'étude très-intéressants; mais il nous suffira de les avoir indiqués au lecteur. Nous quitterons cette éloquence fictive et de cabinet pour reprendre l'histoire de l'éloquence réelle, ou plutôt pour raconter sa décadence et sa chute.

CHAPITRE QUATRIÈME.

DÉCADENCE DE L'ÉLOQUENCE ROMAINE.

École de déclamation. — Sénèque le philosophe, écrivain distingué par ses
  beautés et par ses défauts, précipite la décadence du goût. — Mérite remarquable de la rhétorique de Quintilien. — Pline le jeune. — Dialogue
  des Orateurs. — Causes de perfection et de décadence.

————————

L'excès de la liberté où la licence avait retardé la perfection de l'éloquence romaine ; la servitude, qui lui est encore
plus funeste, lui fit perdre, après Cicéron, sa dignité, son
élévation, son énergie et son importance. Elle ne pouvait plus
se montrer la même dans les assemblées du peuple, qui n'a-
vait plus de pouvoir ; dans les délibérations d'un sénat esclave,
elle devait rester muette ou ne s'exercer qu'à l'adulation et à
la bassesse ; les tribunaux n'étaient plus dignes de sa voix,
depuis que les jugements publics avaient perdu leur crédit et
leur majesté, qu'on n'y discutait plus que de petits intérêts,
et que tout le reste dépendait de la volonté d'un seul. Le changement produit à cet égard par l'influence du gouvernement et
des mœurs nouvelles, est éloquemment décrit dans le *Dialogue
sur les causes de la décadence de l'éloquence*, ouvrage dont nous
dirons plus bas quelques mots. « Tandis que l'orateur parle,
il n'y a qu'une ou deux personnes qui l'écoutent. Cependant
l'éloquence a besoin d'acclamations et d'applaudissements. Les
orateurs anciens en recevaient chaque jour. Alors les grands
remplissaient le Forum ; alors les clients, les tribus, les dé-
putations des municipes y accouraient auprès de leurs patrons
en danger ; alors, dans la plupart des affaires, le peuple ro-

main prenait part à la cause et s'envisageait comme intéressé à la sentence qui devait y intervenir. »

Ce fut aux écoles de déclamation que l'éloquence acheva de se corrompre. Des sujets imaginaires et fantastiques, qui n'avaient aucun rapport aux incidents réels de la vie commune ou des affaires, devinrent des textes de composition, et on les surchargea d'ornements faux et recherchés, qui furent dès lors l'objet de l'admiration générale. Entre les mains des rhéteurs grecs, l'éloquence avait dégénéré en subtilités et en sophismes ; entre les mains des déclamateurs de Rome, elle se changea en affectation, en bel esprit, en jeux de mots, en antithèses.

Sénèque le Philosophe. (2 — 65 de J.-C.)

Un homme d'un rare talent, Sénèque le Philosophe, devint le chef de cette nouvelle école. Il contribua beaucoup à hâter la décadence du goût. Plein d'estime pour lui-même et jaloux de la gloire des grands hommes, il profita des dispositions de son siècle pour se distinguer. Les grâces dont Cicéron avait embelli et enrichi l'éloquence romaine étaient dispensées sobrement et avec justesse ; Sénèque les prodigua sans discernement et sans mesure. Dans les écrits du premier, c'étaient des ornements graves, majestueux et propres à relever la dignité d'une reine ; dans ceux du second, on pourrait presque dire que c'était une parure de courtisane qui, bien loin d'ajouter un nouvel éclat à la beauté naturelle de l'éloquence, l'étouffait à force de perles et de diamants, et la faisait disparaitre. Il gâte les pensées les plus belles par le tour qu'il leur donne, par les antithèses et les jeux de mots dont il les accompagne ordinairement.

« On voudrait, dit Quintilien, qu'il eût écrit avec son génie, mais avec le goût d'un autre ; car, s'il eût dédaigné certains faux brillants, s'il eût été moins ambitieux, s'il n'eût pas tant aimé tout ce qu'il produisait, s'il n'eût pas pris plaisir à amoindrir et à morceler ses pensées, le suffrage des savants, bien plus que l'enjouement de la jeunesse, ferait aujourd'hui son éloge. Toutefois, tel qu'il est, il ne faudra pas laisser de le lire, quand on aura le goût déjà sûr et suffisamment formé par un genre de lecture plus sévère, ne fut-ce que parce qu'il peut exercer par ses beautés et par ses défauts; car il y a en lui beaucoup à louer, beaucoup même à admirer, pourvu qu'on sache choisir : ce qu'il eût été à désirer qu'il fît lui-même, car ce beau génie était digne de vouloir faire mieux, lui qui a fait tout ce qu'il a voulu. « (*Institutions oratoires*, liv. x.)

Les ouvrages de Sénèque sont divers *Traités* de morale ou de philosophie, et un grand nombre de *Lettres*. Ils contiennent d'excellents principes et de très-belles pensées : on s'aperçoit sans peine que les maximes de l'Evangile, déjà répandues partout, ne lui étaient pas inconnues. Quelquefois aussi, comme tous les autres philosophes, il s'abandonne à des erreurs étranges, et devient le jouet d'une raison incertaine et mobile.

Après Sénèque, plusieurs hommes de talent et même de génie résistèrent à l'entraînement général et demeurèrent plus ou moins fidèles aux principes du bon goût. Quintilien, dans ses judicieux préceptes, fit tous ses efforts pour ramener à la manière de Cicéron. Il fut en même temps lui-même un très-grand orateur. Pline le Jeune et Tacite s'illustrèrent après lui par le talent de la parole. Nous connaissons déjà Tacite, il nous reste à parler de Quintilien et de Pline le Jeune.

Quintilien. (42—120).

Quintilien naquit la 42ᵉ année de J.-C. en Espagne, selon quelques-uns, et selon d'autres, à Rome. Pour se former à l'éloquence, il se rendit le disciple des orateurs qui avaient le plus de réputation. Il s'attacha particulièrement à Domitius Afer, qui tenait parmi eux le premier rang. Il ne se contentait pas d'entendre ses plaidoyers au barreau, il lui rendait de fréquentes visites. Après que ses entretiens et une forte application à l'étude lui eurent formé le goût et le jugement, et l'eurent enrichi d'une foule de connaissances, il alla, à ce que pensent quelques auteurs, en Espagne, où il donna des leçons d'éloquence et exerça les fonctions d'avocat pendant plus de

sept années. Il revint ensuite à Rome et y remplit une chaire
de rhétorique avec un applaudissement général. Il se fit aussi
un grand nom dans le barreau. Quand on distribuait les différentes parties d'une cause à plusieurs avocats, comme c'était
alors la coutume, on le chargeait pour l'ordinaire du soin d'exposer le fait, ce qui demande un esprit d'ordre et une grande
netteté. Il excellait dans l'art d'émouvoir les passions, et il
avoue, avec cet air de franchise modeste qui lui était naturel,
qu'on le voyait souvent, lorsqu'il plaidait, non-seulement répandre des larmes, mais changer de visage, pâlir et donner
toutes les marques d'une vive et sincère douleur. Après avoir
employé vingt années sans interruption, tant pour instruire
la jeunesse dans l'école que pour défendre les particuliers devant les juges, il prit sa retraite à l'âge de quarante-sept ans.
Mais son loisir ne fut pas un loisir de paresse. Pressé par les
instantes prières de ses amis, il travailla à ses *Institutions oratoires*. Il en avait achevé les trois premiers livres lorsque l'empereur Domitien lui confia l'éducation des deux jeunes princes,
ses petits neveux, qu'il destinait à l'empire. Le soin qu'il leur
donna ne l'empêcha pas de continuer son ouvrage, qui est la
rhétorique la plus complète que l'antiquité nous ait laissée. Son
dessein est de former un orateur parfait. Il le prend au berceau
et le conduit jusqu'au tombeau.

Dans le premier livre il traite de la manière d'élever les enfants dans l'âge le plus tendre, puis de ce qui regarde la
grammaire. Le second expose ce qui se doit pratiquer dans
l'école de rhétorique, et plusieurs questions qui regardent la
rhétorique même : si elle est une science, si elle est utile, etc.
On trouve dans les cinq livres suivants les préceptes de l'invention et de la disposition. Les livres huitième, neuvième et
dixième renferment ce qui regarde l'élocution. Le onzième,
après un beau chapitre sur les bienséances, traite de la mémoire et de la prononciation. Dans le douzième, qui est le
dernier et peut-être le plus beau de tous, Quintilien marque
les qualités et les obligations de l'avocat, le temps où il doit
quitter la plaidoierie, et les occupations qui lui conviennent
dans la retraite.

Un des caractères particuliers de la rhétorique de Quintilien est d'être écrite avec tout l'art et toute l'élégance de style qu'il est possible d'imaginer. On y voit une grande richesse de pensées, d'images et surtout de comparaisons, qu'une imagination vive et ornée lui fournit à propos. Ordinairement rien de plus vrai, rien de plus judicieux que ce qu'il dit. On lui souhaiterait néanmoins quelquefois plus de précision et de profondeur. Il entre assez souvent dans des détails minutieux ; il donne une connaissance très-étendue des préceptes, mais il n'agrandit pas suffisamment son sujet ; il s'élève trop rarement à ces considérations morales et philosophiques qui donnent un si grand intérêt aux écrits de Cicéron sur l'art oratoire. Malgré ces légers défauts, la lecture de Quintilien est singulièrement propre à former le goût. Elle n'est pas moins utile par rapport aux mœurs. Il a répandu dans toute sa rhétorique des maximes admirables. Malheureusement ce fond de probité se trouve déshonoré par ses flatteries envers Domitien, et par son désespoir à la mort de ses enfants, porté presque jusqu'à nier la Providence.

Pline le Jeune. (61—113.)

Le plus illustre disciple de Quintilien est Pline le Jeune, neveu et fils adoptif de Pline l'Ancien. Né à Côme, l'an 61, il s'éleva par son mérite aux premières charges, sous Trajan. Il possédait toutes les qualités qui distinguent le bon père, le bon fils, le bon ami, l'excellent citoyen. Il plaida à Rome, pour la première fois, à l'âge de dix-neuf ans, avec une approbation universelle.

Il poursuivit cette carrière comme il l'avait commencée ; il lui arriva plusieurs fois de parler sept heures de suite et d'être seul fatigué. Il mettait son plaisir et sa gloire à défendre l'innocence et à poursuivre l'injustice. Il le faisait avec un désintéressement admirable, ne prenant jamais rien pour ses plaidoyers. Ses discours ne sont pas venus jusqu'à nous, non plus qu'une histoire de son temps, dont on doit encore plus regretter la perte. On ne peut juger de son style et de sa manière que

par ses *Lettres* et son *Panégyrique de Trajan*. Le plus grand
mérite de cet ouvrage, c'est qu'au portrait d'un bon prince il
oppose celui des tyrans qui l'avaient précédé, c'est qu'il loue
par des faits et des faits attestés. Le style en est fleuri et brillant ; les pensées y sont belles, en grand nombre, et souvent
elles paraissent neuves ; mais la diction se sent trop du goût
des antithèses, des pensées coupées, des tours recherchés qui
dominaient de son temps.

DIALOGUE DES ORATEURS.

C'est ici le lieu de parler du *Dialogue des Orateurs*, qui
tour à tour a été attribué à Quintilien, à Tacite et à Pline le
Jeune.

Après avoir établi le lieu de la scène, à l'exemple de Cicéron,
l'auteur suppose qu'il s'engage une lutte entre un poète nommé
Maternus, et un orateur nommé Aper. L'un élève l'éloquence
au-dessus de la poésie, l'autre donne à la poésie la palme
sur l'éloquence. Arrive un troisième interlocuteur nommé
Messala, qui change le sujet de la discussion et propose de
rechercher les causes de la corruption de l'éloquence. Aper
plaide en faveur de l'éloquence de son temps, Messala et
Maternus soutiennent la cause de l'antiquité. Ce plan est
agréable, mais il est vicieux ; il y a évidemment deux sujets, et
le premier, qui n'est pas le sujet principal, occupe beaucoup
trop de place. Du reste, l'ouvrage est plein de ce bon goût
que les anciens désignaient par le mot *urbanitas*. Les caractères
sont parfaitement soutenus ; il y a toujours quelque chose
de poétique dans les discours de Maternus, de hardi et de vif
dans ceux d'Aper, de raisonnable et d'antique dans ceux de
Messala.

CAUSES DE PERFECTION ET DE DÉCADENCE.

Il peut paraître bien étonnant au premier coup d'œil que le
génie de l'éloquence ne commence à briller véritablement que

ce sentiment lui-même était une autre source des plus hautes
inspirations. Les orateurs savaient s'en servir pour susciter
aux hommes de guerre une opposition redoutable; ils dévoilaient leurs projets ambitieux ; ils poussaient le premier cri
d'alarme, et ce cri allait réveiller au fond des âmes l'amour de
la liberté et l'horreur de la tyrannie.

C'est dans le sénat surtout, qu'ils trouvaient cette disposition avantageuse. Cette assemblée auguste possédait encore
une grande partie de sa puissance. Elle discutait comme
autrefois non-seulement les plus graves intérêts des peuples
et des rois, mais ce qui concernait les affaires intérieures de
l'Etat. Elle semblait même plus vénérable par la majesté des
souvenirs. Elle était environnée de toute la gloire qu'elle
s'était acquise de siècle en siècle depuis la fondation de Rome.
Quelques-uns de ses membres s'étaient laissés corrompre et
secondaient les vues criminelles de ceux qui désiraient abattre
son pouvoir, pour commander eux-mêmes. Mais la plupart
étaient fortement attachés aux institutions anciennes ; ils s'in-
dignaient de voir la liberté en péril et leurs droits menacés.
Les plus grands orateurs de cette époque mémorable se
déclarèrent les intrépides défenseurs de leur cause. Ils se
livraient aux mouvements de la plus haute éloquence, et con-
servaient en même temps à leurs discours toute la dignité que
commandait un si imposant auditoire.

Ce qu'on eut à craindre des citoyens violents, tels que
Clodius, qui exerçait publiquement d'odieux brigandages, ou
des hommes pervers comme Catilina et ses complices, qui
conspiraient dans l'ombre pour tout détruire, dut être aussi
pour les orateurs un puissant moyen d'agir sur les esprits. Ils
peignaient avec des couleurs effrayantes ces dangers terribles
dont la patrie et les particuliers étaient incessamment menacés. On connaît le discours de Caton et ceux de Cicéron
contre Catilina. Ces grands orateurs eurent occasion de développer avec feu les motifs les plus forts, les sentiments les
plus profonds, en présence d'auditeurs qui délibéraient non
plus seulement sur les affaires de l'Etat, mais sur leurs
intérêts les plus chers, sur leurs fortunes, sur leurs dignités,
sur leur existence même.

Telles sont, ce nous semble, les principales causes qui donnèrent tant d'importance aux discours , particulièrement dans les assemblées publiques. On pourrait ajouter que Rome, malgré le déréglement de ses mœurs, conservait au moins quelque reste de ses anciennes vertus, et que les orateurs, pour triompher, s'exerçaient à les ranimer dans les âmes : c'était un levier puissant dont ils pouvaient se servir encore avec succès.

Mais bientôt ils n'eurent plus les mêmes secours. Rome, sous les empereurs descendit aux derniers degrés de la corruption et de la bassesse. Elle n'était plus capable de la liberté; elle aurait été esclave même en conservant les formes républicaines; elle était pour ainsi dire plus méprisable encore que ses tyrans. Aussi Tibère, l'un d'entre eux, fit voir ouvertement le mépris qu'il avait pour les hommes. « C'était, dit M. de Châteaubriand, un cri de joie qu'il ne pouvait s'empêcher de pousser, en trouvant le peuple et le sénat romain au-dessous même de la bassesse de son propre cœur. Lorsqu'on vit ce peuple roi se prosterner devant Claude et adorer le fils d'Enobardus, on put juger qu'on l'avait honoré en gardant avec lui quelque mesure. Rome aima Néron. Longtemps après la mort de ce tyran, ses fantômes faisaient tressaillir l'empire de joie et d'espérance. C'est ici qu'il faut s'arrêter pour contempler les mœurs romaines. Ni Titus, ni Antonin, ni Marc-Aurèle, ne purent en changer le fond. Si donc les Romains tombèrent dans la servitude, ils ne durent s'en prendre qu'à leurs mœurs. C'est la bassesse qui produit d'abord la tyrannie, et par une juste réaction, la tyrannie prolonge ensuite la bassesse. » (*Génie du Christianisme.*)

Le changement dans la forme du gouvernement nuisit beaucoup, sans doute, à l'éloquence romaine; mais on voit que le changement dans les mœurs dut lui être encore bien plus funeste. Elle était impossible chez un peuple aussi profondément avili.

Mais s'il faut rechercher dans la société les principales causes des progrès et de la décadence de l'éloquence, on peut remarquer aussi, pour chaque orateur en particulier, l'in-

fluence de son caractère, de ses vertus ou de ses vices, car il
a dû se peindre dans ses discours; le style est l'expression
de l'homme, de même que la littérature est l'expression de la
société. On trouve une preuve sensible de cette vérité chez
les écrivains de Rome. Qu'on se rappelle Hortensius, Salluste,
Sénèque, et d'un autre côté Cicéron, Tite-Live, Quintilien,
Pline, Tacite. Combien l'éloquence des premiers n'a-t-elle pas
souffert de leurs défauts, de leurs travers et surtout de leurs
vices! Combien celle des seconds n'a-t-elle pas été agrandie et
fortifiée par leur dévouement à la patrie, par leur désintéressement, par leur zèle pour le malheur et l'innocence, par leur
haine de l'injustice, en un mot par les sentiments nobles et
généreux qui remplissaient leurs cœurs! Ce rapport entre
l'homme et son langage est si remarquable, que lorsqu'il a
manqué quelque chose aux vertus de ces grands hommes, des
défauts analogues se sont manifestés dans leurs ouvrages. La
vanité de Cicéron par exemple, est empreinte dans ses écrits.
Ce serait envain que l'orateur et l'écrivain feraient des efforts
pour ne pas se refléter dans leurs compositions, ils ne pourraient
y réussir ; ils parviendraient tout au plus à tromper les esprits
peu clairvoyants. Témoin Sénèque, dont les leçons auraient
été plus pénétrantes et plus belles s'il eût été autre chose
qu'un bel esprit, qui débite de pompeuses maximes, tandis
qu'au fond il est bien éloigné de les suivre. Témoin Salluste,
qui laisse souvent échapper sa haine contre les grands, quoiqu'il cherche à paraître uniquement guidé par le sentiment
d'indignation que lui inspire le spectacle de la corruption et
de la tyrannie. Ses déclamations contre les désordres de son
siècle auraient été bien autrement touchantes, s'il n'eût pas
été lui-même dégradé et corrompu. La vertu eût donné un
autre ton, une autre couleur à son style.

On voit par là l'influence de la vertu ; celle des croyances
n'est pas moins sensible. Ce qui donne le plus grand intérêt
aux histoires de Tite-Live, par exemple, c'est qu'elles sont
dominées par un esprit éminemment religieux, par l'idée d'une
Providence qui conduit les événements humains et dirige les
empires. Ce qui, au contraire, nuit singulièrement aux ou-

vrages philosophiques de Sénèque, et même à ceux de Cicéron, c'est qu'ils laissent trop voir le doute et l'incertitude des écrivains, ou que du moins ils ne sont pas inspirés par une conviction assez forte et assez profonde. Les Romains se sont préservés pendant quelque temps des subtilités des Grecs, parce que les grands principes de la morale et de la société étaient encore gravés dans leurs cœurs. Mais aussitôt que ces croyances précieuses se furent affaiblies, il donnèrent aussi dans des puérilités d'autant plus choquantes, qu'elles contrastaient avec le caractère grave et sérieux de leur nation. Le discours ne fut plus chez eux qu'un vain parlage, un ridicule charlatanisme.

Ces observations paraîtront encore plus frappantes de vérité lorsque nous les appliquerons, dans un sens contraire, aux orateurs et aux écrivains que le christianisme a formés.

SUPPLÉMENT

à

L'ÉLOQUENCE ANCIENNE.

ÉLOQUENCE DE L'ÉCRITURE SAINTE.

Cedite, Romani scriptores, cedite Graii
Nescio quid majus nascitur !

Prop.

Il y a dans tout l'ensemble des livres saints la trace profonde d'une création merveilleuse, qui ravit l'esprit et remplit d'enthousiasme. On voit que c'est Dieu même qui est l'inspirateur de ces pensées simples et sublimes. Ses prophètes parlent pour lui ; ils ont assisté à ses conseils, ils publient ses secrets ; ils sont armés de son tonnerre ; ils menacent ou pardonnent en son nom : jamais la parole humaine n'eût pris cette grande autorité. *M. Laurentie, De l'étude et de l'enseignement des lettres.*

La beauté et l'éclat de ces ouvrages divins ne viennent point d'une élocution étudiée, mais du fond même des choses qui sont par elles-mêmes si grandes et si élevées, qu'elles entraînent nécessairement la magnificence du style. Les orateurs profanes, selon la remarque de Saint-Augustin, ont cherché les ornements de l'éloquence, mais l'éloquence a suivi naturelle-

9

ment les écrivains sacrés. Le dessein de Dieu, en parlant aux
hommes dans ses Ecritures, n'a pas été sans doute de nourrir
leur orgueil, de plaire à leur imagination, d'en faire des orateurs et des savants, mais de les attirer à lui et de les rendre
meilleurs. Cependant il est vrai aussi que la sagesse divine
mène à sa suite tous les biens, et qu'elle a dans sa main toutes
les qualités que le siècle respecte et qu'il ne peut recevoir que
d'elle. Et comment ne serait-elle pas éloquente, elle qui ouvre
la bouche des muets, et qui rend éloquentes les langues des
petits enfants?

Un lecteur frivole et amoureux de ce qui flatte l'oreille sera
peu capable d'admirer les beautés des livres saints; ils lui ins-
pireront quelquefois du dégoût et choqueront sa vaine délicatesse;
mais un auteur judicieux et d'un goût solide en fera ses délices.
Saint Jérôme, consommé dans la science sacrée et profane, in-
vite Paulin dans une épître à étudier l'Ecriture Sainte, et lui
promet plus de charmes dans les prophètes qu'il n'en a trouvé
dans les poètes.

Pour sentir l'éloquence des livres saints, rien n'est plus utile
que d'avoir le goût de la simplicité antique. Il faut connaître
Homère, Platon, Xénophon et les autres des temps anciens, et
alors rien ne surprend dans l'Ecriture. Ce sont presque les
mêmes coutumes, les mêmes narrations, les mêmes images des
grandes choses, les mêmes mouvements. La différence qui est
entre eux est tout entière à l'honneur de l'Ecriture : elle les
surpasse tous infiniment en naïveté, en vivacité, en grandeur.
Jamais Homère même n'a approché de la sublimité de Moïse
dans ses cantiques, particulièrement le dernier, que tous les
enfants des Israélites devaient apprendre par cœur ; jamais
nulle ode grecque ou latine n'a pu atteindre à la hauteur des
psaumes. Par exemple, celui qui commence ainsi (psaume 49) :
Le Dieu des Dieux, le Seigneur a parlé, et il a appelé la terre,
surpasse toute imagination humaine. Jamais Homère, ni aucun
autre poète, n'a égalé Isaïe peignant la majesté de Dieu, aux
yeux duquel les royaumes ne sont qu'un grain de poussière,
l'univers qu'une tente qu'on dresse aujourd'hui, et qu'on en-
lèvera demain. Tantôt ce prophète a toute la douceur et toute

la tendresse d'une églogue dans les riantes peintures qu'il fait de la paix; tantôt il s'élève jusqu'à laisser tout au-dessous de lui. Mais qu'y a-t-il dans l'antiquité profane, de comparable au tendre Jérémie, déplorant les maux de son peuple, ou à Nahum, voyant de loin, en esprit, tomber la superbe Ninive sous les efforts d'une armée innombrable? On croit voir cette armée, on croit entendre le bruit des armes et des chariots; tout est dépeint d'une manière vive qui saisit l'imagination. Qu'on lise encore Daniel dénonçant à Balthasar la vengeance de Dieu toute prête à fondre sur lui, ou bien, dans le livre de Job, les magnifiques discours qui peignent avec tant de grandeur et d'énergie la sagesse et la puissance du Très-Haut, et l'on verra que l'on chercherait en vain des beautés d'un ordre aussi élevé dans les plus sublimes originaux des anciens. Au reste, tout se soutient dans l'Ecriture, tout y garde le caractère qu'il doit avoir, l'histoire, le détail des lois, les descriptions, les endroits véhéments, les mystères, les discours de morale; enfin il y a autant de différence entre les poètes profanes et les prophètes, qu'il y en a entre le véritable enthousiasme et le faux. Les uns, véritablement inspirés, expriment sensiblement quelque chose de divin; les autres, s'efforçant de s'élever au-dessus d'eux-mêmes, laissent toujours voir en eux la faiblesse humaine. *Fénélon, Dialogues sur l'éloquence.*

Les écrits des prophètes sont surtout frappants par l'élévation des pensées et par la magnificence du style; l'histoire et les instructions de J.-C., dans les Evangiles, respirent une touchante simplicité qui est plus admirable encore. On voit que c'est la sagesse éternelle qui s'entretient avec les hommes. Quelle étonnante élévation dans les dogmes qu'il enseigne! quelle perfection dans la morale qu'il prêche! quelle dignité et quelle onction dans tout ce qu'il dit! Que sont les brillantes maximes, les hautes pensées des plus célèbres philosophes, auprès de ces paraboles simples et sublimes tout à la fois, par lesquelles il a voulu se mettre à la portée du commun des hommes, et offrir aux plus grands esprits des sujets inépuisables de profondes réflexions? Mais ce qui doit nous inspirer encore une plus grande admiration, c'est qu'il dit sans effort tout ce qu'il lui plaît; il parle du royaume et de la gloire célestes comme de la maison de son père. Toutes ces grandeurs qui nous étonnent lui sont naturelles ; il y est né, et il ne dit que ce qu'il voit, comme il nous l'assure lui-même.

Les apôtres, au contraire, succombent sous le poids des vérités qui leur sont révélées ; ils ne peuvent exprimer tout ce qu'ils conçoivent, les paroles leur manquent : de là viennent ces transpositions, ces expressions confuses, ces liaisons de discours qui ne peuvent finir. Toute cette irrégularité de style marque que l'esprit de Dieu entraînait le leur. Mais nonobstant tous ces petits désordres pour la diction, tout y est noble, vif et touchant. *Fénélon, Dialogues sur l'éloquence.* « C'est la vertu qui anime leur style, et lui donne cette vivacité, cette énergie, ces mouvements rapides que produit la passion dans les écrivains ordinaires. » *M. de Genoude, Dissertation sur le caractère des apôtres.*

Saint Paul, en particulier, dans ses épîtres, a une force et une véhémence que la fiction ne saurait jamais avoir. La sincérité, la candeur de cet illustre apôtre, la persuasion intime qui l'animait, sa grande âme victorieuse de tant de périls, de tant de persécutions, y paraissent dans le plus beau jour. On croit l'y voir, l'y entendre encore ; rien n'est plus animé, plus vivant, et on peut lui appliquer ce qu'un ancien a dit d'un autre homme célèbre du même nom :

« Et Pauli stare ingentem miraberis umbram. »

Il ne cherche pas les discours persuasifs de la sagesse humaine ; au contraire, il les méprise, et ne met sa confiance qu'en la vertu de la croix : cependant l'esprit de Dieu communique à ce qu'il dit une force et une onction merveilleuse. « Il a, dit Bossuet, des moyens de persuader que la Grèce n'enseigne pas, et que Rome n'a pas appris. Une puissance surnaturelle, qui se plaît à relever ce que les superbes méprisent, s'est répandue et mêlée dans l'auguste simplicité de ses paroles. De même qu'on voit un grand fleuve qui retient encore, coulant dans la plaine, cette force violente et impétueuse qu'il avait acquise aux montagnes d'où il tire son origine ; ainsi cette vertu céleste qui est contenue dans les écrits de saint Paul, même dans cette simplicité de style, conserve la vigueur qu'elle apporte du ciel d'où elle descend. » *Panégyrique de saint Paul.*

Outre cette éloquence générale qui se trouve dans les livres sacrés, ils renferment encore des discours proprement dits, des harangues de longue haleine, parfaitement adaptées aux circonstances dans lesquelles elles sont prononcées, et très-propres à produire un grand effet par la solidité des preuves, par la vivacité des images, par l'impétuosité des sentiments.

Les livres saints ont été, pour les prédicateurs et pour les poètes une source féconde des plus grandes beautés. Pour s'en convaincre, il suffit de lire les chefs-d'œuvre de Bossuet, de Bourdaloue et de Massillon; les chœurs de Racine, les odes sacrées de Rousseau et les Méditations poétiques de Lamartine. Les poètes qui ont suivi d'autres routes se sont éloignés du véritable enthousiasme.

Il est facile d'apprécier l'ignorance ou la mauvaise foi des incrédules qui, formés à la honteuse école de la philosophie du dix-huitième siècle, déversent le mépris et le ridicule sur nos livres sacrés. Heureusement le bon sens public a fait depuis longtemps justice de ces déclamations haineuses. Le rire Voltairien paraît encore sur des lèvres impures; mais il ferait rougir tout homme qui se respecte et qui a un sentiment d'honneur.

On peut consulter, sur les beautés poétiques et oratoires des livres saints, Rollin, Laharpe, Maury, Lowth, M. de Châteaubriand et beaucoup d'autres écrivains célèbres. Nous avons reproduit leurs pensées et leurs réflexions dans l'ouvrage qui a pour titre : *Eloquence et Poésie des Livres Saints.*

TROISIÈME PARTIE.

ÉLOQUENCE DES SAINTS PÈRES.

CHAPITRE PREMIER.

PÈRES APOSTOLIQUES.

Saint Barnabé. — Saint Clément. — Saint Ignace. — Saint Polycarpe. —
Hermas.

On donne le nom de Pères de l'Eglise aux docteurs catholiques, grecs et latins, des six premiers siècles, dont les écrits
contiennent, soit des explications des livres saints, soit des
instructions dogmatiques et morales, soit la défense de la religion contre les païens, soit la réfutation particulière des nouveautés hérétiques. Les écrivains qui sont venus après eux sont
nommés simplement auteurs ecclésiastiques.

Les Pères apostoliques, rapprochés de l'inspiration divine,
ont pour caractère distinctif la simplicité, la candeur et cette
onction touchante qui pénètre à la fois l'esprit et le cœur. Leurs
écrits font sentir en quelque sorte le contact avec les premiers
disciples ; ils respirent toute la vivacité de leur foi, toute l'ardeur
de leur charité, tout le parfum de cette fleur des premiers temps.

Les Pères apostoliques sont saint Barnabé, saint Clément,
saint Ignace et saint Polycarpe. On peut y joindre Hermas à qui
on attribue le livre du *Pasteur*.

Saint Barnabé. (Premier siècle.)

Saint Barnabé, que l'on compte parmi les apôtres, nous a
laissé, sous le nom d'*Epitre catholique*, une lettre adressée

particulièrement aux Juifs hellénistes qui, nouvellement conver-
tis à la foi, restaient encore attachés aux cérémonies Judaï-
ques. Elle se divise en deux parties : l'une établit que les rites
mosaïques ont été abolis par la loi nouvelle ; l'autre en tire des
inductions utiles à la conduite des mœurs.

Plusieurs auteurs graves ont contesté l'authenticité de la
lettre de saint Barnabé. « Mais quelqu'en soit l'auteur, dit
Tillemont, cette épître est assurément digne de vénération,
et par l'estime qu'on en a toujours faite et par sa haute antiquité. »

Saint Clément. (..—100.)

Le pape saint Clément a laissé une *Epître* adressée aux fidèles
de Corinthe , dont l'Eglise était en proie à la discorde. Cette
lettre est un des plus beaux monuments de l'antiquité chrétienne. L'éloge des vertus qui distinguaient les premiers chrétiens,
l'Eglise de Corinthe, le tableau de l'harmonie qui règne dans
l'univers, celui de la grandeur du Christ, sont des morceaux
très-remarquables.

Il y a une seconde lettre aux Corinthiens attribuée à saint
Clément par quelques auteurs. Outre qu'elle respire la plus
saine doctrine, elle est d'une grâce et d'une simplicité remarquables, elle renferme de grandes leçons noblement exprimées et propres à inspirer l'amour d'une vie sainte et digne
de Dieu.

Saint Clément reçut de saint Paul un magnifique témoignage ;
le grand apôtre dit dans son épître aux Philippiens : « Le nom
de Clément est écrit dans le livre de vie. »

Saint Ignace. (...—107.)

C'est avec raison qu'on a dit des *Epîtres* de saint Ignace martyr, évêque d'Antioche, qu'elles étaient moins l'ouvrage d'un
homme que celui de l'esprit de Jésus-Christ, qui animait les
martyrs et embrasait les âmes d'un feu tout divin. Quelle vigueur

de pensée ! quelle énergie d'expression ! et en même temps quelle touchante effusion de cœur, quelle abondance de sentiments, quelle charité pour tous ses frères, quelle sollicitude pour son troupeau ! Jamais trône, jamais trésor, furent-ils l'objet de désirs plus ardents que ceux dont brûle saint Ignace pour trouver la mort, pour jouir des tortures, pour s'emparer de son Dieu? N'est-ce point là, dans toute sa force, cette première sève du christianisme dont parle Bossuet ?

Les écrivains du premier ordre, dans tous les partis, ne trouvent rien au-dessus des sept épîtres écrites par le saint martyr, dans le cours de son voyage, aux Eglises d'Ephèse, de Magnésie, de Tralles, de Rome, de Philadelphie, de Smyrne, et à Saint Polycarpe. Cependant la plus belle de toutes est celle que saint Ignace écrivait de Smyrne aux fidèles de Rome. Il avait appris qu'ils voulaient gagner le peuple, et, par argent ou par sollicitations, empêcher qu'il ne fût exposé aux bêtes féroces. Il les conjure de n'en rien faire; il demande avec instance qu'il lui soit permis de mourir, comme un autre demanderait qu'il lui fût permis de vivre. Enfin, il ne veut pas qu'on mette obstacle à son bonheur. C'est ainsi qu'il appelle sa mort.

Les raisons qu'il emploie sont si vives, si pressantes, si fort au-dessus de la nature, qu'on ne peut lire cette épître sans attendrissement, sans un transport d'admiration qui nous élève au-dessus de nous-mêmes.

Rien n'est comparable, dans aucune langue, à cette épître; c'est bien mieux que de l'éloquence, c'est du ravissement, c'est de l'extase, c'est le sublime transport de saint Paul, s'écriant qu'il n'a qu'un désir, celui de mourir, d'être avec Jésus-Christ. Presque tous les Pères ont répété ces paroles si énergiques par lesquelles le saint demande à « être broyé sous la dent des bêtes comme froment de Dieu, pour devenir le pain de Jésus-Christ. »

Il semble, dit Tilmont, que la plume de saint Ignace soit trempée dans le sang même de Jésus-Christ, auquel il brûle de mêler le sien.

Saint Polycarpe. (....—619.)

Il ne nous reste qu'une seule *Epître* de saint Polycarpe , évêque de Smyrne. Elle est adressée aux Philippiens qui avaient
reçu chez eux saint Ignace lorsqu'il passa par leur ville pour
aller à Rome, où il devait consommer son martyre. Saint Polycarpe leur écrivit pour avoir des nouvelles de cet hôte illustre
qu'ils avaient eu le bonheur de posséder. Mais en même temps,
à l'imitation des apôtres et des écrivains des temps apostoliques,
il donne des instructions à tous les fidèles, il parcourt tous
les rangs et tous les états pour apprendre à chacun ses
devoirs. Son style se fait remarquer par une noble simplicité.

Hermas. (Premier siècle.)

Le livre d'*Hermas*, le seul de tous les écrits des temps apostoliques qui n'ait pas la forme épistolaire, est un ouvrage de
morale. Il est divisé en trois parties : les *Visions*, les *Préceptes*
et les *Similitudes*. Dans les *Visions*, l'Eglise, sous la figure d'une
femme instruit Hermas sur ses devoirs d'époux et de père, et
lui apprend le moyen d'arriver de l'incrédulité à la foi. Elle
termine tous ses entretiens en lui racontant ses persécutions et
ses souffrances. Les *Préceptes* traitent de la foi en Dieu, de la
justice, de l'innocence, de l'aumône, du mensonge, enfin des
vertus et des vices. Les *similitudes* ne sont que des apologues
imaginés par l'auteur pour rendre, sous des images gracieuses,
quelques unes des prescriptions de la loi nouvelle. C'est une
imitation des paraboles de l'Evangile.

CHAPITRE SECOND.

PÈRES APOLOGÉTIQUES.

Apologistes grecs : Saint Justin. — Réflexions. — Ecole chétienne d'Alexandrie. — Saint Pantène. — Clément d'Alexandrie. — Origène. — Apologistes latins : Tertulien. — Minutius Félix. — Arnobe. — Lactance. — Coup d'œil sur Carthage. — Saint Cyprien.

———————

Les travaux des apôtres et de leurs disciples immédiats avaient eu pour objet la prédication. Leurs successeurs continuèrent avec éclat cet important ministère. Ils exposèrent, dans un langage touchant et souvent sublime, les dogmes de la foi et les principes de la morale évangélique. Ils exhortèrent à la pratique des vertus qu'inspire le Christianisme, prémunirent contre le danger, et fortifièrent contre la crainte des tyrans. Mais bientôt un plus vaste champ s'ouvrit à leur zèle. Ils entreprirent de plaider la cause des chrétiens injustement persécutés. Ils adressèrent au peuple, aux proconsuls et aux empereurs d'éloquentes réclamations. Des préjugés étaient répandus contre les disciples de Jésus-Christ, ils les dissipèrent. Ils firent briller la beauté de la foi chrétienne, les merveilles de sa propagation et les célestes vertus de ses sectateurs. En mêmet emps ils montrèrent la fausseté et l'immoralité du paganisme. Ils eurent aussi d'autres ennemis à combattre. En effet, pendant qu'ils repoussaient les ennemis du dehors, l'Eglise était déchirée au-dedans par des enfants ingrats qui corrompaient sa doctrine. On n'a pas assez remarqué cette nouvelle lutte qu'elle eut à soutenir dès sa naissance; elle n'était cependant pas la moins terrible.

Les persécutions servaient à montrer le courage héroïque des fidèles ; les calomnies qu'on répandait contre eux tombaient d'elles-mêmes tôt ou tard, parce qu'elles étaient trop absurdes ; mais les innovations des sectaires, attaquant les vérités de la foi, tendaient à détruire l'unité sans laquelle l'Eglise ne pourrait manquer de périr. Mais Dieu, qui veillait sur elle, ne permit les hérésies que pour lui procurer tous les genres de triomphe. Les différentes sectes qui se formèrent eurent alors la destinée de toutes celles qui vinrent dans la suite ; elles furent comme des branches séparées de l'arbre, elles se desséchèrent ; et l'Eglise, au contraire, reprit une nouvelle vie par le retranchement de ces branches mortes ou corrompues. Quoi qu'il en soit, les Pères qui, dans ces siècles de persécution, furent suscités par la Providence pour prêcher et défendre la foi, accomplirent avec un étonnant succès leur glorieuse mission. Leurs écrits, remarquables par une vaste science et une logique invincible, étincellent souvent du feu du génie. Ils occupent une magnifique place dans les monuments de l'éloquence.

APOLOGISTES GRECS.

Saint Justin. (103—167.)

Saint Justin, surnommé le Philosophe, est le plus ancien de tous les apologistes dont les ouvrages soient parvenus jusqu'à nous.

Né vers l'an 103, à Sichem, l'ancienne capitale de la Samarie, dans la Palestine, il fut élevé dans les erreurs et les superstitions de l'idolâtrie ; mais en même temps il eut soin de cultiver son esprit par l'étude des belles lettres. Il chercha de bonne heure à connaître les sectes diverses de philosophes qui partageaient les écoles. Il raconte lui-même, dans son *Dialogue avec Tryphon*, qui est un traité de controverse contre les Juifs, quel chemin il parcourut avant de parvenir à la connaissance de la vérité. « Plein du dessin de me former à la philosophie, j'étais allé à l'école d'un stoïcien. J'y demeurai assez de temps, jusqu'à ce que, voyant que je n'avançais point dans la connaissance de Dieu, que cet homme ignorait jusqu'à la mépriser et ne la croire point nécessaire, je le quittai pour un autre de ceux qui se nomment péripatéticiens. Celui-là, qui avait de lui-même l'idée la plus avantageuse, me garda quelque temps auprès de lui. Mais un jour, m'ayant demandé son salaire, cette proposition me parut si peu digne d'un philosophe, que je me déterminai à l'instant même à quitter son école.

» Le désir où j'étais d'être iustruit de ce qui fait l'objet essentiel de la philosophie ne laissant aucun repos à mon esprit, je m'adressai à un pytagoricien qui jouissait d'une grande considération et qui n'était pas moins que l'autre plein de son mérite. Je lui demandai de m'admettre au nombre de ses disciples. Sa première question fut celle-ci : « Savez-vous la musique, l'astronomie, la géométrie ? car, à moins de ces préliminaires, vous ne croyez pas sans doute pouvoir arriver à rien de ce qui mène à la béatitude, c'est-à-dire à la contemplation de l'Être, bonté et beauté essentielle et souveraine. » Sur ma réponse que je n'en savais pas un mot, il me renvoya. J'espérais être plus heureux auprès des platoniciens. C'étaient alors les plus accrédités. J'allai trouver l'un d'entr'eux qui passait pour le plus habile de cette école. Je le fréquentais assidûment, et je fis d'assez rapides progrès dans la connaissance de sa doctrine. J'en étais enchanté ; la contemplation des idées intellectuelles semblait me donner des ailes pour m'élever bientôt jusqu'à la plus haute sagesse ; je le croyais du moins ; ce n'était qu'une erreur. Un jour que, m'abandonnant à cette espérance, je marchais pour gagner le bord de la mer, comptant y être seul et pouvoir m'y livrer mieux à la méditation, tout près d'arriver, j'aperçus à quelques pas quelqu'un qui marchait derrière moi. C'était un homme d'un âge déjà fort avancé ; la douceur et la gravité paraissaient également sur son visage. Je m'arrêtai, et je me retournai vers lui pour voir qui c'était ; et je le considérais attentivement sans rien dire. Ce fut lui qui engagea la conversation. — Est-ce que vous me connaissez ? me dit-il. Je répondis que non. — D'où vient donc que vous me regardez si fixement. — C'est, répliquai-je, que je suis surpris de vous rencontrer dans un lieu où je me croyais tout seul. —

Mais vous-même, qu'y étiez-vous venu faire? J'exposai pourquoi. »

Le vieillard prend occasion des réponses de Justin, pour lui
apprendre les secrets d'une autre philosophie bien plus certaine, bien plus nécessaire que toutes celles des écoles profanes.
Justin argumente dans le sens des platoniciens sur la nature
des âmes, sur l'essence divine, sur les récompenses et les châ-
timents à venir. Le vieillard le presse si fort, tantôt par des
questions agréables, tantôt par des comparaisons sensibles,
tantôt par de solides raisons, qu'il le réduit à avouer que les
philosophes n'avaient pas connu la vérité. Alors Justin lui demandant à qui il fallait s'adresser pour entrer dans la véritable
voie. « Longtemps avant que vos philosophes existassent, répondit-il, il y a eu dans le monde des hommes justes, amis de
Dieu, et inspirés par son esprit. On les appelle prophètes, parce
qu'ils ont prédit des choses futures qui sont effectivement ar-
rivées. Leurs livres, que nous avons encore, contiennent des
instructions lumineuses sur la première cause et la dernière
fin de tous les êtres. On y trouve beaucoup d'autres articles
dont la connaissance doit intéresser un philosophe. Ils n'employaient, pour établir la vérité, ni les disputes, ni les raisonnements subtils, ni ces démonstrations abstraites qui sont au-
dessus de la portée du commun des hommes. On les croyait
sur leur parole, parce qu'on ne pouvait se refuser à l'autorité
qu'ils recevaient de leurs miracles et de leurs prédictions. Ils
inculquaient la créance d'un seul Dieu, le père et le créateur
de toutes choses, et de Jésus-Christ, son fils, qu'il a envoyé
au monde. » Il conclut son discours par ces paroles : Quant à
vous, faites d'ardentes prières pour que les portes de la vie
vous soient ouvertes. Les choses dont je viens de vous entretenir sont de nature à ne pouvoir être comprises, à moins
que Dieu et Jésus-Christ n'en donnent l'intelligence. » Après
ces mots, le vieillard se retira, et Justin ne le vit plus.

Cet entretien fit beaucoup d'impression sur l'esprit du jeune
philosophe, et lui inspira une grande estime pour les prophètes.
Il approfondit les motifs de crédibilité du christianisme, et se

détermina peu après à l'embrasser. Ce qui contribua particulièrement à le convaincre ce furent l'innocence et la vertu des chrétiens. Il ne pouvait se lasser d'admirer la constance avec laquelle ils aimaient mieux souffrir les plus cruelles tortures, et même affronter la mort avec son plus terrible appareil, que de trahir leur religion, et de commettre le moindre péché. Voici comment il s'exprime sur ce point : « Je n'ignorais pas de combien de crimes la haine publique les chargeait; mais en les voyant affronter la mort et ce qu'il y a de plus terrible, je reconnus qu'il était impossible que de tels hommes fussent coupables des crimes honteux qu'on leur reprochait. Car comment une personne avide de plaisirs, abandonnée à la débauche, pourrait-elle recevoir avec joie une mort qui va la priver de tout ce qu'elle trouve d'heureux et d'agréable dans le monde? Au contraire, ne fera-t-elle pas bien plutôt tous ses efforts pour prolonger par tous les moyens une vie qui est pour elle le bien suprême, et pour se dérober aux yeux des magistrats, bien loin d'être elle-même son dénonciateur et son bourreau? » (*Apologie* 1re.)

Saint Justin rendit compte de son changement de religion dans un écrit qui a pour titre *Discours aux Grecs*. Il leur dit que c'est avec connaissance de cause qu'il a renoncé au paganisme, dont le culte ne lui présentait rien de saint, rien qui fût digne de la divine majesté; toutes les fictions des poètes qui fondent la théologie du paganisme, n'étant que des monuments de délire et d'impiété.

Saint Justin est particulièrement célèbre par ses deux *Apologies*, adressées aux empereurs.

« Quand nous vous parlons du royaume de Dieu, l'objet de notre espérance, dit-il dans la première qui est la plus importante, vous vous imaginez aussitôt qu'il s'agit d'un royaume tel que ceux de la terre. Désabusez-vous. Pour vous détromper, il vous suffirait d'assister à l'interrogatoire d'un chrétien. Quand on nous demande si nous le sommes, nous le confessons. Si nos espérances se bornaient à un royaume de la terre, nous nierions, nous nous cacherions pour éviter la mort et parvenir

au terme de notre ambition : mais parce qu'elle n'est point li-
mitée au cercle étroit des choses d'ici-bas, nous ne cherchons
point à arrêter les coups qui nous frappent, sachant bien d'ailleurs qu'ils sont tôt ou tard inévitables. Sommes-nous moins que
les autres citoyens en état d'entretenir et de cimenter l'ordre et
la prospérité publique. Nous enseignons que personne n'é-
chappe aux regards de Dieu, ni le méchant, ni l'avare, ni le
calomniateur secret, ni l'homme vertueux, et que chacun est
destiné à un bonheur ou à un malheur éternel, en conséquence
de ses œuvres. »

Saint Justin met sous les yeux de ses juges les principales
maximes de la morale chrétienne, rapportées textuellement du
livre des Evangiles, sur le devoir de la continence, de la chas-
teté, de la charité, de l'aumône, du pardon des injures, de
la soumission envers les princes, sur le culte de Dieu, sur les
serments, etc.

« Doctrine admirable, poursuivit-il, qui a trouvé des disciples dans toutes les classes, a réformé les mœurs d'une foule
innombrable de personnes que nous voyons encore avec orgueil persévérer jusqu'à l'âge le plus avancé dans la plus haute
perfection ! »

Ces traits suffisent pour indiquer la manière de saint Justin.
Il dédaigne les ressources, le fard de l'éloquence ; mais il donne
à son style la force, la précision, la noblesse.

Il avait défendu la foi dans ses écrits avec un noble courage ;
il la scella de son sang par un glorieux martyre (167).

Tatien, saint Théophile, évêque d'Antioche, et Athénagore
doivent être nommés avec distinction parmi les apologistes du
second siècle. Comme saint Justin ils avaient quitté les rangs de
la philosophie payenne pour embrasser la foi.

RÉFLEXIONS.

Une preuve des plus frappantes en faveur du Christianisme,
c'est la conversion de ces grands esprits qui, dès les premiers
temps, embrassèrent sa défense. Ils sortaient des écoles de la

philosophie; ils allaient partout, cherchant la vérité. Ils s'arrêtent tout-à-coup devant la doctrine du Christ. Ils l'embrassent avec transport et bravent la mort pour la défendre : elle leur apparait donc avec des caractères de vérité qui ne laissent plus aucun doute à l'esprit.

La beauté de la doctrine qu'ils entrevoient, la sublimité des vertus qu'ils ont sous les yeux, les étonnent. Ils examinent, ils raisonnent; et plus ils cherchent à approfondir, plus ils restent convaincus qu'il n'y a rien de l'homme dans ce qu'ils découvrent; qu'ici tout est divin; la droiture de l'âme unie à la docilité du cœur seconde la grâce; ils en deviennent la conquête, et demandent avec empressement d'être admis dans la société chrétienne.

Et que lui apportent ces illustres transfuges de la philosophie et du paganisme? Une érudition prodigieuse dans tous les genres, une force de raisonnement irrésistible, une connaissance parfaite de tout ce qui se disait, s'enseignait, se pratiquait dans les écoles de la philosophie comme dans les mystères de la religion païenne; une science profonde des lois, des coutumes, des mœurs.

Et tous ces précieux avantages, la Providence en fait autant d'armes victorieuses qu'elle retourne contre l'erreur, au profit de la vérité.

Quel intérêt s'attache à leurs éloquents plaidoyers! Tout leur est connu : la philosophie avec tous ses systèmes, le paganisme avec toutes ses absurdités, et le christianisme avec son ensemble si parfait dans son unité. Ils présentent toutes les pièces du procès : d'une part l'idée la plus sublime, la plus majestueuse, la plus digne qu'on puisse se faire de la Divinité; de l'autre, tout ce qu'on peut imaginer de plus absurde, de plus indécent, de plus propre à dégrader. D'un côté, les notions les plus saines, les plus liées, les plus consolantes pour la raison; de l'autre, des fables dénuées de tout fondement, de toute vraisemblance, de tout bon sens. D'un côté la sagesse de Dieu dans le gouvernement de ses créatures, dans les lois qu'il leur impose, dans la fin à laquelle il les destine; de l'autre, le déplorable abandon des hommes jetés sur la terre

comme au hasard , sans connaissance de leur origine, de leurs
devoirs, de leurs destinées. Ici, l'admirable spectacle des vertus
les plus pures , les plus héroïques et les plus capables de rapprocher l'homme de la Divinité; là, le spectacle révoltant des
vices les plus grossiers, des passions les plus brutales et des
excès monstrueux qui font descendre l'homme au-dessous de la
brute.

Voilà le rapprochement , voilà la comparaison qu'ils se plai-
sent à faire. On ne doit pas s'étonner de les trouver tous sur
ce même fond d'idées. C'est ce contraste qui les avait surtout
frappés et amenés à la vérité ; et c'est en le reproduisant qu'ils
cherchent à éclairer ceux dont ils avaient partagé les erreurs,
qu'ils ouvrent les yeux aux uns, qu'ils imposent silence aux
autres, et qu'ils multiplient les conquêtes du christianisme.

ÉCOLE CHRÉTIENNE D'ALEXANDRIE.

Une institution célèbre contribua puissamment à multiplier
dans l'Orient ces glorieuses conquêtes. Nous voulons parler de
l'école chrétienne d'Alexandrie. Etablie dès le temps des apôtres , elle était destinée à l'instruction des catéchumènes pour
les disposer à recevoir le baptême. Mais prenant bientôt une
importance plus étendue, grâce au mérite et au zèle de ceux
qui furent appelés à la diriger, elle devint une espèce d'académie religieuse, d'où sortirent successivement un grand nombre
de saints évêques et d'illustres docteurs qui servirent également
l'Eglise et par leurs vertus et par leurs lumières. Depuis longtemps la ville d'Alexandrie était comme le centre des sciences
et particulièrement de la philosophie. Le musée qu'avaient établi les Ptolémées et que les empereurs romains avaient maintenu,
offrait aux études profanes des ressources de tous genres , et
les différents maîtres , choisis pour y donner des leçons, n'é-
pargnaient rien pour conserver à cette institution le prestige
de gloire qu'elle devait aux immenses travaux des savants qui
l'avaient illustrée durant plusieurs siècles. D'un autre côté, les
Juifs, qui étaient en grand nombre dans cette ville, avaient
eu aussi des docteurs d'un mérite éminent, et les écrits du cé-

lèbre Philon avaient formé plusieurs disciples capables de lui succéder et de perpétuer son enseignement. Enfin, plusieurs hérésiarques célèbres, tels que Basilide et Valentin, avaient enseigné leurs erreurs dans la même ville; les écoles qu'ils y avaient fondées subsistèrent longtemps, malgré les divisions qui s'y introduisirent. Au milieu de ces circonstances, le zèle des docteurs catholiques ne se borna pas à l'instruction commune et ordinaire des simples fidèles, ils jugèrent important d'établir aussi une école particulière et un enseignement plus élevé pour ceux qui voudraient faire une étude approfondie des saintes Ecritures, et, en face de ces écoles ennemies de la foi, après avoir exposé et développé la doctrine chrétienne, ils s'attachèrent à la défendre et à combattre, dans leurs discours comme dans leurs écrits, les erreurs propagées par l'enseignement public des hérétiques, des Juifs et des philosophes païens.

Saint Pantène. (...—216.)

Telle fut l'école chrétienne d'Alexandrie. Le premier qui l'illustra fut saint Pantène. Originaire de Sicile, il avait embrassé la philosophie stoïcienne avant d'être chrétien. Il fut instruit dans les divines Ecritures par quelques disciples des apôtres, et son mérite l'ayant appelé à la direction de l'école d'Alexandrie (vers l'année 179), il joignit à l'étude de la religion celle des sciences profanes, et voulut connaître les écrits des philosophes et des hérétiques, afin d'être plus en état de les combattre. Il eut plusieurs disciples célèbres, et entre autres Clément d'Alexandrie, qui lui succéda, et saint Alexandre, qui fut plus tard évêque de Jérusalem. La réputation de saint Pantène s'étendit jusque dans les Indes. Les peuples de cette contrée, que le commerce attirait en grand nombre dans Alexandrie, le firent prier de venir les instruire, et il fut envoyé par l'évêque Démétrius, pour leur prêcher la foi, vers l'an 190. Il mourut sous le règne de Caracalla, et laissa quelques commentaires sur l'Ecriture qui ne sont point parvenus jusqu'à nous.

Clément d'Alexandrie. (...—217.)

Clément d'Alexandrie, comme saint Pantène, avait étudié
la philosophie païenne avant d'embrasser la foi. Lorsqu'il
fut chrétien, il ne songea plus qu'à se rendre aussi habile dans
la doctrine du salut qu'il l'était dans les autres sciences. Il
parcourut dans ce but la Grèce, l'Italie, la Palestine et l'Orient,
pour conférer avec les docteurs les plus célèbres et apprendre
d'eux la science de l'Eglise et de la tradition. Il s'attacha enfin à
saint Pantène et fut élevé bientôt à la prêtrise, puis choisi
par Démétrius pour présider à l'école des catéchumènes (190).
Il enseigna avec un éclatant succès jusqu'à l'année 202;
mais alors il fut contraint de prendre la fuite pour se soustraire à la persécution qui s'exerçait dans Alexandrie avec
une extrême violence. Sa mort arriva vers 215 ou 217.

Des écrits de Clément d'Alexandrie, il nous reste l'*Exhortation aux Gentils*, le *Pédagogue*, les *Stromates*, et un traité
intitulé : *Quel riche peut être sauvé?*

L'*Exhortation* est le traité le plus complet qui ait été publié
à cette époque contre l'idolâtrie. Dans aucun écrit, on ne rencontre plus de feu, de verve et d'originalité avec plus d'ordre.
Le genre de cet ouvrage appartient à la polémique. L'auteur
y répand à pleines mains le sel de la satire et de l'ironie. Ce n'est
plus le ton modéré de saint Justin, ni la gravité philosophique
d'Athénagore, c'est une suite de sarcasmes et d'invectives
contre l'Olympe. Cette différence vient sans doute de ce que
les deux Pères dont nous venons de parler s'adressaient à
l'empereur Marc-Aurèle, tandis que Clément parlait au peuple
d'Alexandrie. Dans cette exhortation, il se propose un double
but; d'abord, de détourner les Grecs de l'idolâtrie, ensuite
de les amener au Verbe, fils de Dieu, c'est-à-dire de les
retirer des idées terrestres et matérielles qui faisaient le fond
du paganisme, du culte des passions honteuses que les
païens adoraient dans la personne des faux dieux, pour les
spiritualiser et les conduire à pratiquer les vertus sévères
enseignées par le christianisme.

Le *Pédagogue*, destiné à l'instruction des catéchumènes, est un abrégé de la morale évangélique. Il est surtout précieux en ce qu'il représente le tableau des mœurs chrétiennes au second siècle.

Les sept livres des *Stromates*, qu'on appellerait aujourd'hui mélanges ou essais, traitent d'une foule de sujets divers. La science profane y est portée au plus haut degré. Les opinions philosophiques de toutes les écoles sont mises en parallèle avec les doctrines évangéliques, et viennent rendre hommage à la supériorité du christianisme sur la philosophie. Ce que dit l'auteur sur les mœurs des premiers Chrétiens, et en particulier sur le martyre, suffirait pour le classer parmi les historiens de cette époque. Toutes ces choses sont exposées et déduites avec une originalité piquante qui leur prête le plus vif intérêt. Et afin qu'on n'oublie pas que Clément ne fait briller le flambeau de la philosophie que pour conduire son lecteur à la foi, le portrait du parfait chrétien qu'il appelle Gnostique, se rencontre à chaque instant sous mille traits différents.

L'ouvrage qui a pour titre : *Quel riche sera sauvé ?* contient des préceptes instructifs et touchants.

Origène. (183—253.)

Origène, disciple et successeur de Clément d'Alexandrie, est un des hommes les plus extraordinaires dont l'histoire nous ait conservé le souvenir. Il naquit à Alexandrie, l'an 185. Saint Léonide, son père, se chargea de lui donner les premières leçons d'une éducation chrétienne. Origène répondait à ces soins par les plus heureuses dispositions, et le charmait par sa piété au point qu'il arriva à Léonide de s'approcher de son jeune fils pendant qu'il dormait, et, lui découvrant la poitrine, il la baisait avec respect, comme un sanctuaire où résidait l'esprit de Dieu. Origène n'avait pas encore dix-sept ans qu'il étonnait déjà par l'étendue et la précision de ses connaissances. Outre les saintes Écritures, dont son père lui avait appris la lettre et l'esprit, il savait très-bien la

philosophie tout entière. Elle embrassait la dialectique, l'arith-
métique, la géométrie, la musique, la rhétorique, l'histoire
de toutes les sectes de philosophes.

Démétrius, évêque d'Alexandrie, lui confia, à l'âge de dix-
huit ans, la direction de l'école de cette ville, dont l'érudition
et l'éloquence de Clément avaient si fort accru la célébrité. Bientôt sa réputation éclipsa celle de tous ses prédécesseurs. Elle
parvint à la cour. L'empereur Alexandre et Mammée, sa mère,
voulurent le connaître. Porphyre, célèbre par ses calomnies
contre l'Eglise, témoigna une grande curiosité pour l'entendre.
Origène était alors en Palestine, où la persécution l'avait forcé
de chercher un asile. Les évêques de cette contrée, réunis en
concile, et présidés par saint Alexandre, évêque de Jérusalem,
l'obligèrent, quoiqu'il ne fût encore que laïque, d'instruire le
peuple en leur présence et d'expliquer les saintes Ecritures.

Les païens s'alarmèrent de tant de mérite. Dénoncé aux
magistrats, obligé de changer à tout moment de maison pour
échapper à ses persécuteurs, saisi par une populace furieuse,
traîné par les rues, il courut souvent le risque de sa vie.

La mort de Sévère ayant rendu quelque paix à l'Église,
Origène fit un voyage à Rome, poussé par le désir de voir
cette église si ancienne; et, peu de temps après, il revint à
Alexandrie reprendre son école. Sa renommée, qui augmentait tous les jours, attirait sans cesse près de lui un prodigieux
concours d'auditeurs de tout âge et de tout rang.

Les hérétiques et les philosophes s'empressaient eux-mêmes
à ses instructions, et il les conduisait insensiblement par
l'attrait des études profanes à la connaissance de l'Evangile.
Il enseignait aux uns les belles lettres, aux autres l'arithmé-
tique, la géométrie, la physique, l'astronomie; puis, expliquant les écrits des poètes ou des philosophes, discutant les
opinions des différentes sectes, il en montrait les erreurs, et
faisait ressortir ce qu'il trouvait dans leurs maximes de conforme aux vérités chrétiennes.

Voici un trait qui prouve la haute idée que l'on avait conçue
du mérite d'Origène. Etant un jour entré dans l'école de Plotin,
ce philosophe, tout habile qu'il était, fut déconcerté en le

voyant, s'arrêta tout court et refusa de continuer. Il reprit à la fin son discours, sur les instances de son illustre auditeur, et profita de cette occasion pour lui donner des louanges où il y avait autant d'esprit que de vérité.

Malgré les fatigues de son emploi, Origène était encore en état d'occuper sept sténographes qui écrivaient chaque jour sous sa dictée ; et ce qu'il y a de plus admirable, c'est que la fécondité de son génie ne l'empêchait point de mettre chaque chose à sa place et de rendre toutes ses pensées avec une énergie et une activité qui feront l'admiration de tous les siècles. Son application à l'étude n'était presque jamais interrompue ; la variété dans les objets de son travail était l'unique délassement qu'il se permît.

Partout il était environné de disciples et il n'y avait aucun lieu où il ne laissât des traces de son immense érudition.

On vit sortir de son école un grand nombre de saints évêques qui occupèrent avec distinction les siéges les plus importants et une foule de docteurs et de prêtres qui éclairèrent l'Église par leurs lumières autant qu'ils l'honorèrent par leurs vertus. Plusieurs de ses disciples avaient souffert le martyre dans la persécution de Sévère, et beaucoup le souffrirent dans la suite. C'est dans ces circonstances surtout qu'il faisait éclater l'ardeur de son courage et la vivacité de sa foi. Il visitait ses disciples dans les fers, les accompagnait à l'interrogatoire, et jusqu'au lieu du supplice, les encourageait par des signes, et, quand il était nécessaire, par des discours animés, ne craignant pas de s'exposer ainsi à la fureur des païens.

Origène avait composé une immense quantité d'ouvrages. Le nombre en est si grand, ont dit Saint-Jérôme et Vincent de Lérins, qu'il est devenu très-difficile non-seulement de les lire tous, mais de les recueillir. Ceux qui nous restent sont des *Commentaires* et des *Homélies* sur l'Écriture sainte, une touchante *Exhortation au Martyre*, *Un Traité de la Prière*, etc., et enfin le fameux *Traité contre Celse*. C'est une apologie de la religion chrétienne, que Bossuet appelle le plus exact et le plus savant des ouvrages d'Origène.

Eusèbe renvoie à ce livre tous ceux qui voudront connaître le christianisme, et affirme que non-seulement toutes les difficultés proposées avant lui contre sa vérité, mais que toutes celles qui pourraient s'élever dans la suite s'y trouvent à l'avance combattues et réfutées victorieusement.

Le philosophe Celse se vantait de lui avoir porté le coup mortel par son livre publié sous le titre de *Discours véritable*. En effet, l'ouvrage était composé avec beaucoup d'artifice. Son titre semblait justifié par un ton de franchise, et surtout par un caractère d'assurance propre à éloigner tous les doutes. Une érudition fastueuse appuyait de tout son poids une argumentation vive, serrée, qui avait épuisé toutes les ressources du sophisme, et l'apparente austérité du sujet s'y trouvait tempérée adroitement par une piquante ironie qui lui assurait des lecteurs dans toutes les classes de la société. Ce n'étaient plus les fausses interprétations données par l'ignorance et par le fanatisme des peuples à une religion qui enveloppait ses mystères des ombres du secret; nos premiers apologistes l'avaient tirée du sanctuaire : c'était la philosophie et la raison armées de nos propres aveux, s'avançant contre la religion nouvelle en connaissance de cause, procédant par une marche régulière, sapant dans ses bases l'édifice tout entier de la foi chrétienne, la mettant au creuset, l'attaquant dans son principe, dans ses dogmes, dans son histoire et ses institutions.

L'Église commençait à s'alarmer d'un si dangereux adversaire. Origène se chargea de la défendre. Sa réputation portée aussi loin que l'empire romain; soixante ans de travaux et de triomphes; la confiance des fidèles, des évêques eux-mêmes qui avaient voulu l'entendre, lorsqu'il n'était encore que simple laïque, expliquer les Écritures; les vœux de l'amitié; tout déférait à ce grand homme l'honneur d'entreprendre une si belle cause. Origène publia sa réponse, et il resta démontré à tous les siècles que la vérité, sortie victorieuse d'un combat en apparence si redoutable, n'avait pas plus à craindre les sophistes que les bourreaux.

Le savant apologiste ne se contente pas de détruire les objections de son adversaire, qu'il poursuit pied à pied, au risque même de revenir quelquefois sur ses pas, parce que Celse le ramène souvent aux mêmes objections; il établit doctement la vérité de la religion chrétienne. Il la démontre par le raisonnement, par les faits, par les prophéties, par les miracles, par les mœurs de ses disciples.

Le début est remarquable par le ton d'une franchise courageuse que donnait à l'auteur la supériorité de sa cause.

« Jésus-Christ, notre sauveur et notre maître, accusé-calomnieusement par de faux témoins, ne répondit pas; il savait bien que sa vie entière lui tenait lieu d'apologie, et parlait plus haut que ses accusateurs. Et vous voulez, pieux Ambroise (*son compagnon d'étude et son ami*) que je réponde aux invectives que Celse s'est permises contre les Chrétiens et contre la foi de leur Eglise, comme si elles ne se réfutaient pas d'elles-mêmes; comme si notre doctrine, plus éloquente que tous les écrits, ne confondait pas la calomnie, ne lui ôtait pas jusqu'à l'ombre de la vraisemblance. »

Les plus belles vertus du christianisme honorèrent constamment la vie d'Origène, et semblèrent rehausser encore l'éclat de ses talents. Quelques erreurs qui lui échappèrent, sur l'éternité des peines et sur d'autres points, donnèrent lieu dans la suite à des sectaires de s'appuyer de son autorité. C'est de là que leur vint le nom d'*Origénistes*. Pour lui il n'eut jamais cette opiniâtreté qui fait les hérétiques, et il mourut dans la communion de l'Eglise, à Tyr, en 253.

APOLOGISTES LATINS.

Tertullien. (150 ou 160—245.)

Ainsi les Pères grecs, et surtout Origène, ont repoussé avec un grand talent et une vaste science toutes les attaques dirigées contre la religion. Mais Tertullien, non moins instruit peut-être, a procuré aux Latins, par la grandeur de son génie, une

supériorité remarquable. Il était né à Carthage, vers 150 ou
160, d'un centurion qui servait dans la milice d'un proconsul
d'Afrique. Doué d'une imagination facile à s'enflammer, d'un
esprit pénétrant et droit, et enfin d'une grande puissance d'é-
locution, il obtint des succès comme avocat et comme professeur de rhétorique. Ces deux carrières conduisaient infail-
liblement aux honneurs. La beauté de son génie les lui promettait,
s'il fût resté dans le paganisme. Mais à côté de lui grandissait
une religion sublime dans ses dogmes, pure dans sa morale,
passant des catacombes à l'échafaud et de l'échafaud au triomphe. Il avait senti d'ailleurs le néant de la gloire humaine;
les folles dissipations dans lesquelles il avait précipité sa jeunesse ne lui laissaient que dégoût et amertume. Le Christianisme
lui offrait de nobles luttes pour déployer toute l'étendue de
ses forces, et un joug salutaire pour comprimer des penchants
qu'il n'avait pas su maîtriser jusque-là. Il se sentit donc attiré
aux idées chrétiennes, d'abord par ce vide que laisse en nous
le désordre, et ensuite par le spectacle de la constance que
montraient les disciples de Jésus-Christ en mourant pour la défense de leur foi. La raison lui disait qu'il fallait en croire des
témoins si héroïques et si sincères, et qu'il n'y a qu'une conviction profonde qui souffre et meure pour des faits et des
principes.

Tertullien se convertit, vers 185, et il devint prêtre de Rome
ou de Carthage. Il publia son *Apologétique* vers l'an 199. Il
l'adressa aux magistrats romains, soit à ceux mêmes qui siégeaient dans la capitale de l'empire et du monde, soit plutôt
au proconsul et aux autres officiers qui tenaient leur tribunal à
Carthage.

« L'*Apologétique*, dit Fleury, est la plus ample et la plus fa-
» meuse de toutes les apologies des chrétiens. » Saint Augustin
et saint Jérôme ont vanté la prodigieuse érudition de l'auteur,
son éloquence mâle et généreuse, toute en raisonnements, en
images, en mouvements pathétiques. Fière et imposante, elle
attache l'esprit par l'élévation des principes, la profondeur,
quelquefois même la hardiesse des pensées, et le cœur par

une sorte de mélancolie sombre et presque dramatique, qui la rend plus intéressante encore; c'est celle du héros calme, mais sensible qui marche à la mort en bravant ses assassins et en déplorant l'iniquité de ses juges. Vincent-de-Lérius le nomme sans difficulté le premier écrivain de l'Eglise latine. Il ne voit personne à qui le comparer sous les rapports de l'érudition tant sacrée que profane. Il se plaît à louer la facilité de son esprit, la véhémence entraînante de sa dialectique toujours irrésistible, soit dans l'attaque, soit dans la défense, l'énergie inimitable de son style et l'éclat de ses sentences. Sa plume est la foudre; elle brille, elle tonne, elle renverse, et ne laisse dans les lieux qu'elle frappe que des ruines. Sa critique n'est pas seulement la lumière qui éclaire, c'est la flamme qui dévore. Lactance, qui juge sa diction plus sévèrement, n'en rend pas moins hommage à sa prodigieuse science et aux services qu'il a rendus. Nous ne désavouerons pas en effet que le style de Tertullien est dur à force de vigueur, obscur à force de précision, enflé même, si l'on veut, parce que l'idiôme qu'il parle, quelque riche qu'il soit, secondant mal la grandeur de sa pensée et la chaleur de son sentiment, il sort de la règle et de l'usage pour se créer un langage nouveau. Au reste, ces défauts, qui tiennent à son pays autant qu'à son propre génie, sont rachetés par tant de beautés, qu'on peut les exagérer même sans nuire à la réputation de l'auteur.

Balsac compare son éloquence à l'ébène qui tire son prix de sa couleur noire; il dit que son style est de fer, mais qu'avec ce fer il a forgé d'excellentes armes. Selon M. de Châteaubriand, de fréquents barbarismes, une latinité africaine, déshonorent ce grand orateur. Il tombe souvent dans la déclamation et son goût n'est jamais sûr : néanmoins il est le Bossuet des Pères, de même que saint Ambroise en est le Fénélon.

Quant à la conduite de l'ouvrage, elle est sans reproche; la méthode en est régulière, la marche vive et pressante, les matières sagement graduées. Les conséquences les plus décisives viennent toujours s'y enchaîner aux principes les plus lumineux. L'esprit, le bon sens, l'érudition s'y font remarquer également. L'imagination vive et brillante de l'auteur fait à tout moment jaillir de sa pensée des expressions éclatantes, souvent des traits de génie qu'il devient difficile de transporter dans toute autre langue.

Tertullien a composé plusieurs autres ouvrages apologétiques, soit contre les païens, soit contre les Juifs, soit contre les hérétiques. Le plus célèbre est le livre des *Prescriptions*. Le terme de prescription est emprunté à la jurisprudence, et signifie une fin de non recevoir, une exception péremptoire que le défendeur offre au demandeur, et en vertu de laquelle celui-ci est déclaré non-recevable à intenter une action sans qu'il soit besoin d'entrer dans le fond et les détails de la cause. Tertullien écarte donc à la fois et par un seul mot toutes les sectes opposées à l'Eglise. « Vous êtes d'hier, vous venez de naître, avant hier on ne vous connaissait pas. » *Hesternus es, hodiernus,* magnifique idée qui reçut plus tard un sublime commentaire dans l'Histoire des variations, par l'évêque de Meaux.

Dans les traités de morale tels que le livre de la *Pénitence*, l'*Exhortation à la pénitence*, l'*Exhortation au martyre*, le livre *des Spectacles*, celui de l'*Ornement des femmes*, etc., Tertullien développe de grandes pensées et étincelle de traits sublimes.

Le prêtre de Carthage avait mérité les bénédictions et la reconnaissance de toutes les Eglises, par la profondeur de son génie et la solidité de ses raisonnements. Ses ouvrages étaient dans toutes les mains, lus, médités, encourageant les forts et soutenant les faibles. Son nom se confondait avec celui d'apologiste du christianisme. Mais après avoir combattu toutes les nouveautés en matière de foi, après avoir établi, sur les principes les plus solides, l'autorité de l'Eglise catholique, il se montra malheureusement lui-même rebelle à ses enseignements. Il fut séduit par les rêveries du fanatique Montan, et, ce qui est plus déplorable, il ne rougit pas de devenir le disciple de deux aventurières, Priscille et Maximille. Il continua d'écrire après sa chute; mais on aperçoit, dans les ouvrages qui datent de cette époque, ce que fit perdre à son talent l'at-

tachement opiniâtre qu'il eut pour ses erreurs. Il semble dépourvu des premières notions du bon sens, lorsqu'il veut les
soutenir ; il porte l'enthousiasme jusqu'au ridicule, comme
lorsque, sur l'autorité de ses nouveaux docteurs, il dispute
sérieusement sur la couleur et la figure de l'âme humaine.

Cependant, malgré ces taches, les écrits de Tertullien tombé,
sont encore marqués au coin de son génie et renferment çà et
là de grandes beautés. Aussi, on pourrait résumer ainsi un
jugement sur ce célèbre apologiste.

Tant qu'il est fidèle à ses premières croyances, son génie
brille de tout son éclat. Profond et original, il sort des règles
ordinaires du langage pour se créer un idiôme nouveau. Il
éblouit par la beauté de ses images ; il tonne, il renverse par la
solidité de ses arguments. Aussi longtemps qu'il est dans la vérité,
il ne connaît point d'égal ; mais du moment que l'esprit de Dieu
s'est retiré de lui, comme autrefois de Saül, il faiblit et chan-
celle. Il conserve encore d'admirables clartés par intervalles,
mais souvent aussi il tombe dans l'affectation et l'enflure. Ses
arguments n'ont plus ni l'enchaînement ni la solidité accoutu-
més. Il se contente parfois de raisons plus spécieuses que solides pour prouver ce qu'il avance, lui qui avait tout à l'heure
le regard si pénétrant et la parole si incisive. Il devient crédule
comme un enfant. Le docteur s'est fait peuple, et accepte avec
lui des chimères et des visions ridicules. Tant il est vrai que
la pensée nourrit l'élocution, et que le style tout entier c'est
l'homme. Qu'on le sache bien cependant, Tertullien, ainsi que
l'ange déshérité de sa gloire, conserve encore dans sa chute
une partie de sa puissance et de son génie.

On ne voit nulle part que Tertullien soit revenu à la doctrine
de l'Eglise. Il mourut dans un âge très-avancé, vers 245.

Minutius Félix. (Troisième siècle.)

Tout ce que nous savons de Minutius Félix, c'est qu'il exerçait à Rome, avant sa conversion à la foi chrétienne, la profession d'avocat. On conjecture qu'il était d'Afrique, parce que
son style a quelque chose d'étranger qui semble appartenir à

la patrie de Tertullien. Lié avec un Romain de la même profession que lui, nommé Octave, converti au christianisme, il eut occasion d'apprendre à mieux connaître les chrétiens. La lumière approchait insensiblement de ses yeux. Il finit par se rendre à son éclat; et parce que la vérité ne sait pas se renfermer dans les ténèbres, Minutius voulut que ses concitoyens égarés comme il l'avait été lui-même, partageassent le bienfait dont il commençait à jouir, et publia sa *Défense du Christianisme*. Il lui a donné la forme du dialogue, à l'imitation de ceux de Cicéron sur la nature des Dieux, et le titre d'*Octave*, comme l'orateur romain celui de *Brutus* et d'*Hortensius* à ceux de ses dialogues où l'un ou l'autre est le principal interlocuteur.

Minutius se promène un matin au bord de la mer, à Ostie, avec Octavius, chrétien, et Cécilius, attaché au paganisme. Les trois interlocuteurs regardent d'abord des enfants qui s'amusaient à faire glisser des cailloux applatis sur la surface de l'eau; ensuite Minutius s'assied entre ses deux amis. Cécilius, qui avait salué un idole de Sérapis, demande pourquoi les chrétiens se cachent? pourquoi ils n'ont ni temple, ni autels, ni images? Quel est leur Dieu? D'où vient-il? Où est-il ce Dieu unique, solitaire, abandonné, qu'aucune nation libre ne connaît, Dieu de si peu de puissance qu'il est captif des Romains avec ses adorateurs? Les Romains, sans ce Dieu, règnent et jouissent de l'empire du monde. Vous, chrétiens, vous n'usez d'aucuns parfums; vous ne vous couronnez point de fleurs; vous êtes pâles et tremblants, vous ne ressusciterez point, comme vous le croyez, et vous ne vivez pas en attendant cette résurrection vaine.

Octavius répond que le monde est le temple de Dieu, qu'une vie pure et les bonnes œuvres sont le véritable sacrifice. Il réfute l'objection tirée de la grandeur romaine, et tourne à leur avantage le reproche de pauvreté adressé aux disciples de l'Evangile: Cécilius se convertit. Peu de dialogues de Platon offrent une plus belle scène et de plus nobles discours (*M. de Châteaubriand, Etudes historiques.*)

Arnobe. (Troisième siècle.)

Arnobe naquit à Sicca, ville d'Afrique, dans la province proconsulaire. Il y professait la rhétorique avec la plus haute réputation sous l'empire de Dioclétien, lorsque, pressé par de secrets avertissements du ciel, il voulut examiner de plus près cette religion chrétienne dont le nom ne retentissait autour de lui qu'avec les qualifications les plus propres à exciter contre elle le mépris et la haine. Toutes ses préventions cédèrent à l'évidence, et il abjura le paganisme pour la religion de Jésus-Christ. Arnobe voulut signaler par une profession de foi éclatante son entrée dans le christianisme, et donner à sa religion nouvelle des garanties qui lui méritassent la grâce du baptême; car il n'était encore que catéchumène quand il publia son ouvrage *contre les Gentils*.

Les raisonnements de l'auteur, dans tout l'ouvrage, sont pleins de force et présentés avec cette grâce que communique le coloris délicat d'une imagination brillante. Il y a beaucoup de sel dans la manière dont il raconte l'histoire et les aventures des divinités du paganisme. Il traite son sujet avec un ton de facilité et de décence qui suppose en lui une grande finesse d'esprit. Cependant on rencontre quelquefois dans son style des expressions emphatiques et des phrases embarrassées. Comme il était novice dans la foi, il lui est échappé aussi quelques méprises sur les mystères.

Lactance. (Troisième et quatrième siècle.)

Ce que nous savons de plus certain sur la vie de Lactance, c'est qu'il était né et qu'il persévéra longtemps dans le paganisme; qu'il étudia la rhétorique à Sicca, sous Arnobe; qu'il fut appelé d'Afrique à Nicodémie, pour en donner des leçons, et qu'il y resta durant la persécution de Dioclétien; que ce furent même les attaques dirigées contre le christianisme par Hiéroclès et Porphyre, autant que la violence des persécuteurs, qui l'amenèrent à connaître la vérité chrétienne; que vers l'an 317, il fut envoyé dans les Gaules par l'empereur Constantin, pour présider aux études de Crispe, son fils; qu'au sein de l'opulence il vécut pauvre, jusqu'à manquer du nécessaire : c'est l'expression d'Eusèbe, son contemporain. Nous n'avons point de certitude précise sur l'année et le lieu de sa naissance, pas plus que sur l'époque de sa mort.

Un mérite particulier à Lactance est de mettre une grande méthode dans ses compositions. Son plan est parfaitement régulier; chaque chose y est à sa place : c'est une chaîne d'idées qui se tiennent par une liaison naturelle et imperceptible. Les raisonnements sortent pour ainsi dire les uns des autres, et sont tellement assortis au sujet qu'on ne peut résister à l'évidence qui résulte de leur ensemble. Quant au style, il est pur, égal, naturel, fleuri et tellement semblable à celui de Cicéron, que de bons critiques ont eu de la peine à trouver de la différence entre l'un et l'autre. Aussi Lactance est appelé le *Cicéron chrétien*. Il est plus remarquable par la perfection du langage, que par l'élévation des pensées. Cependant les grandes idées de la religion animent aussi son talent; il développe admirablement les principes de la morale, et il parle quelquefois de Dieu d'une manière sublime. On doit reconnaître qu'il a mêlé dans la théologie trop d'idées philosophiques, et qu'il lui est arrivé, comme à Arnobe, de ne pas s'exprimer sur tous les mystères de la foi avec autant d'exactitude et de précision que la plupart des autres Pères.

Son principal ouvrage a pour titre : *Des Institutions divines*; il est partagé en sept livres qui tous tendent à renverser le système de l'idolâtrie et à établir sur ses ruines le culte du vrai Dieu. On distingue ensuite le *Traité de la mort des persécuteurs*, qu'il composa pour justifier la Providence dans la cause des chrétiens.

Saint Cyprien. (...,—258.)

Avant de parler de saint Cyprien, nous croyons devoir jeter un coup d'œil sur Carthage, dont il devint évêque. L'intérêt

qui s'attache aujourd'hui pour nous à tous les glorieux souvenirs de la terre d'Afrique, justifiera cette digression, si c'en
est une.

COUP D'OEIL SUR CARTHAGE.

Carthage, plusieurs fois rebâtie depuis la guerre terrible qu'elle
avait soutenue contre les deux Scipions, avait repris une grande
splendeur sous la conquête romaine, et continuait de commander au vaste territoire sur lequel elle dominait lorsqu'elle formait un empire distinct. Elle était, par la magnificence et par
la richesse, une des premières ville du monde, rivale d'Antioche et d'Alexandrie. Elle conservait, sous le pouvoir du
proconsul romain, des libertés municipales et un sénat ou
conseil public révéré dans toute la province d'Afrique. Le génie
commerçant de l'ancienne Carthage se retrouvait dans la colonie romaine fondée sur ses ruines. Elle partageait avec l'Egypte
le privilége d'alimenter les marchés d'Italie. Son port, ses
quais, ses rues excitaient l'admiration des étrangers. La multitude se pressait dans ses temples de marbre, d'où l'on avait
banni les sacrifices humains et la dévorante statue de Saturne,
il est vrai ; mais pour dédommager la colonie de cette perte,
la métropole lui avait bâti des cirques et des amphithéâtres,
elle lui formait des gladiateurs et lui envoyait des édits de
mort contre les chrétiens. La langue et les institutions étaient
devenues romaines ; le sang et l'idiôme puniques avaient fui
aux extrémités de l'empire, reculant autant qu'ils l'avaient pu,
devant la conquête politique et morale. L'amour des lettres, à
peu près étranger à l'antique Carthage, s'implanta profondément dans la nouvelle. Grâce au mélange des deux races, ces
vives imaginations de l'Afrique se passionnèrent pour les arts
de la Grèce avec un enthousiasme ardent, quoique avec un
goût peu délicat. Les représentations dramatiques avaient tra-
versé les mers. La ville d'Annibal battait des mains aux chefs-
d'œuvre de Térence, d'autant plus fière qu'elle applaudissait à
une gloire nationale. La honte de l'esclavage disparaissait devant l'auréole littéraire. Les philosophes avaient dans cette
cité des écoles nombreuses. Des rhéteurs fameux, des sophistes

11

habiles à manier la parole, attiraient le peuple sur les places
publiques. L'ingénieux Apulée payait en éloges les éloges qu'il
recevait de cette ville studieuse, surnommée, au second siècle, la muse d'Afrique.

Cette civilisation, brillante à sa surface, cachait une grande
corruption, qu'accrurent encore les voluptés de Rome, une
fois que celles-ci eurent pénétré, parmi les loisirs de la paix
et sous un ciel brûlant, dans des imaginations plus brûlantes
encore. A côté d'elle grandissait le Christianisme, qui avait
jeté de profondes racines sur ce littoral. Là, les conciles pro-
vinciaux étaient aussi nombreux qu'ailleurs les conciles œcumé-
miques. De toutes parts s'élevaient des églises que gouver-
naient deux cents évêques. Tertullien et Minucius Félix avaient
paru; Arnobe et Lactance florissaient déjà; Augustin allait
briller. Là, autant et peut-être plus qu'ailleurs, le sang des
martyrs fut une semence de chrétiens. Le second siècle s'a-
chève à peine, que l'apologiste de la foi nouvelle peut déjà
invoquer les intérêts politiques pour arrêter le bras qui frappait
ses frères, en déclarant à la Rome impériale, qui se baignait dans
le sang, qu'anéantir les chrétiens ce serait décimer Carthage.
Disons-le cependant, parmi ceux que l'Evangile avait conquis à
ses dogmes et à sa morale, se perpétuaient encore des coutumes
grossières; les festins dégénéraient souvent en dissolutions,
jusque sur le tombeau des martyrs; une férocité toujours prête
à s'échapper, un penchant naturel à la rébellion, quelque
chose d'impatient et de mobile, une secrète affection pour les
dogmes obscurs des Gnostiques et des Manichéens, suscitaient
de grands embarras aux évêques de ces contrées, et entre-
tenaient l'activité de leur zèle.

Tel est le double peuple au milieu duquel naquit, au commencement du troisième siècle, Thascius-Cécilius-Cyprianus,
d'un des principaux sénateurs de Carthage. Les soins donnés
à son éducation, les heureuses dispositions qui ne tardèrent
point à se développer en lui, des espérances de fortune et de
gloire dirigèrent ses premiers pas vers le barreau. Dans la
décadence de l'empire, comme au jour de ses prospérités,
l'éloquence conduisait aux honneurs et aux charges publi-

ques. Ses talents ne tardèrent point à attirer sur lui les re-, gards de ses concitoyens. Ils voulurent l'avoir pour professeur de rhétorique, fonction qui était alors une dignité autant qu'un emploi.

Cyprien, né au sein de l'idolâtrie, en adopta bientôt les mœurs; il but largement, comme les autres, à la coupe empoisonnée. Mais un saint prêtre, nommé Cécilius, avec lequel il se lia d'une amitié très-étroite, lui ayant découvert l'excellence de la religion chrétienne et la sainteté de la morale évangélique, il renonça aux superstitions païennes et se convertit à la foi.

Saint Cyprien, depuis l'époque de sa conversion, pratiqua les vertus chrétiennes dans un degré héroïque; élevé à l'épiscopat, il en remplit les devoirs avec un zèle infatigable. Admirable mélange de fermeté et de douceur, saisi profondément de l'esprit de l'Evangile, docteur plein de sagesse et de lumières, il fut envoyé par la Providence à une époque pleine de troubles et d'orages, pour montrer au paganisme et à l'hérésie ce que c'était qu'un pontife du Seigneur.

Il fut l'âme de son peuple au milieu de la persécution, il sut l'animer par des exhortations pleines de foi, et il l'encouragea aussi par son exemple, car il termina sa vie par un glorieux martyre. (258.)

Les écrits de ce grand homme, qui se divisent en deux classes, les *Lettres* et les *Traités*, fournissent à l'histoire de précieux documents. Il ne faut que les ouvrir pour y trouver, presque à chaque page, des preuves indubitables en faveur de la tradition, de la divinité de Jésus-Christ, du sacrement de l'autel sous les deux espèces, de la confession sacramentelle, de la prière pour les morts, de la foi au purgatoire, de la nécessité de la pénitence, du don gratuit de la foi, de l'unité de l'Eglise, de la suprématie spirituelle du Saint-Siège.

Ces ouvrages montrent dans saint Cyprien un très-beau génie. Il est souple et abondant, plein de sentiment et de chaleur, et, chose plus remarquable encore dans un Africain, il est plein d'élégance et de clarté. Quelle grâce dans ses images! quelle véhémence dans ses mouvements! quelle sympatique admiration pour tout ce que le Christianisme enfantait de grand et d'élevé autour de lui ! La prose et les vers se sont disputé l'honneur de célébrer les éminentes qualités qui distinguaient son esprit et son cœur. « Il ressemble, dit Lactance, à une eau très-pure dont le cours est doux et paisible, mais qui, grossi par l'orage, devient un torrent qui entraîne tout. » Il a, selon saint Jérôme, une invention facile, variée, agréable, et, ce qui est plus essentiel, beaucoup de clarté et de netteté dans les idées. Sa narration est ornée et devient plus intéressante par la facilité de l'expression. Il raisonne presque toujours avec autant de justesse que de force. Il y a trop de travail dans sa lettre à Donat ; mais, dès qu'il s'anime fortement, il laisse là tous les jeux de l'esprit, et prend un tour véhément et sublime. L'illustre évêque d'Hyppone ne tarit point sur son éloge ; il reconnaît en lui les trois genres d'éloquence ; il aime à le citer ; il en rapporte des passages à ses auditeurs, pour leur faire partager son estime et son admiration. « Pour le bien louer, dit-il, il faudrait être lui-même. » Ce ne sera point affaiblir la gloire de ce grand homme, de dire qu'il doit beaucoup à Tertullien. Seulement, tout ce qui est rapide, serré, philosophique et quelquefois aride chez l'un, revêt chez l'autre les formes d'une éloquence tantôt douce ou véhémente, tantôt tempérée ou sublime, mais toujours inspirée par le cœur, et aussi lumineuse dans la pensée que dans l'expression.

CHAPITRE TROISIÈME.

SIÈCLE DE SAINT JEAN CHRYSOSTÔME.

Age d'or de l'éloquence chrétienne. — Pères grecs : Saint Athanase. — Saint Grégoire de Nazianze et saint Basile le Grand. — Eloquence de saint Grégoire de Nazianze. —Eloquence de saint Basile. —Saint Jean Chrysostôme — Saint Ephrem. — Saint Epiphane. — Saint Cyrille d'Alexandrie. — Pères latins : Saint Hilaire de Poitiers. — Saint Ambroise. — Saint Jérôme. — Saint Augustin.

L'Eglise, dans les temps que nous venons de parcourir, gémissait sous le glaive des bourreaux ; c'était surtout par son héroïque patience qu'elle devait vaincre ; il fallait que les fondements de cet édifice divin fussent élevés dans le sang des martyrs. Cependant la prédication des apôtres et celle de leurs premiers successeurs servaient à éclairer et à subjuguer les cœurs. La force dominatrice de la vérité enlevait au paganisme les esprits les plus élevés. Une foule d'hommes, versés dans la littérature grecque et romaine et dans toutes les connaissances de la philosophie, venaient se soumettre au joug de la foi et se consacraient ensuite généreusement à sa défense. Leur génie allait puiser dans le ciel ses inspirations et rapportait sur la terre un ordre d'idées et de sentiments jusqu'alors inconnus. Nous nous sommes arrêtés à contempler ces admirables productions. Maintenant de plus grandes merveilles vont s'offrir à nous. La lumière de l'Evangile avait montré peu à peu l'absurdité du paganisme ; les idées chrétiennes s'étaient

répandues; la religion de Jésus-Christ comptait une multitude
de disciples dans tous les rangs; ils étaient même jusque dans
la cour des princes, à côté du trône des Césars; un grand nombre, retenu par la crainte à l'ancien culte, étaient chrétiens
dans le cœur et n'attendaient que le moment de se déclarer;
en un mot la révolution était faite dans les esprits. Elle éclata
enfin lorsque Constantin se convertit, et l'empire fut étonné de
se trouver chrétien.

L'Eglise, dès ce moment, brilla du plus grand éclat. Elle sortit des catacombes, pour déployer la splendeur de son culte,
l'appareil imposant de ses cérémonies. Des temples magnifiques
furent élevés au vrai Dieu. Des richesses immenses furent con-
sacrées à leur décoration. Leur enceinte se remplit tout à la
fois et d'un peuple nombreux et de ce qu'il y avait de plus
distingué dans l'empire. Alors commença une ère nouvelle pour
l'éloquence. La religion lui éleva, selon l'expression de Marmontel, non pas une chaire, mais un trône. Les plus heureuses circonstances favorisaient ses inspirations. Les orateurs
avaient à rappeler les glorieux combats de l'Eglise, à célébrer
son triomphe, et à produire tous les titres qui établissaient sa
divinité. Ils parlaient en présence d'auditeurs pleins de foi;
ils donnaient des leçons aux grands de la terre avec une autorité divine; ils se présentaient enfin aux regards des hommes,
environnés de tout le respect et de toute la vénération qui
étaient dus à leur saint caractère et à leurs hautes vertus.
Beaucoup d'entr'eux joignirent à ces avantages un génie élevé
et de vastes connaissances. Ils s'étaient formés à l'éloquence
par des études approfondies et des exercices assidus. Ils avaient
obtenu d'éclatants succès dans le monde savant et littéraire,
avant d'être chargés dans l'Eglise du ministère de la parole
sainte; ils étaient, au jugement même des païens, les plus
grands hommes de leur temps. Aussi, leurs voix éloquentes firent entendre les plus admirables accents. Elles retentirent dans
toutes les villes considérables de l'empire, et ces villes acquirent par là une célébrité nouvelle; les noms de Milan, d'Hyppone, de Nazianze, d'Alexandrie, de Constantinople, se sont
agrandis dans notre imagination par le glorieux souvenir des

Ambroise, des Augustin, des Grégoire, des Cyrille, des Athanase, des Chrysostôme.

Les talents de ces grands docteurs ne se déployèrent pas seulement dans les discours de la chaire, mais encore dans des traités moraux présentés aux fidèles, dans des apologies contre les païens, et surtout dans un grand nombre de livres de controverse dirigés contre les hérétiques. Car il est digne de remarque que l'Eglise, qui, après tant de combats et de souffrances, venait de voir enfin commencer pour elle des jours de paix et de bonheur, eut plus que jamais la douleur de sentir son sein déchiré par ses propres enfants. Ces nouveaux ennemis lui étaient plus redoutables peut-être que les Domitien et les Néron. Quelle guerre cruelle n'eut-elle pas en effet à soutenir contre les Ariens et les autres sectaires? Que ne souffrit-elle point des empereurs eux-mêmes, souvent trompés par les évêques mondains et courtisans qui s'étaient attachés à l'erreur? Ne vit-elle pas les plus furieuses persécutions se renouveler contre ceux de ses enfants qui lui demeuraient fidèles, et surtout contre les saints prêtres et les saints évêques qui la défendaient avec un infatigable courage? Mais il était dans ses destinées de toujours combattre pour triompher toujours. Ce n'est pas ici le lieu de faire les réflexions que peut fournir sous ce rapport l'époque qui nous occupe. Nous ne rappelons avec quelle fureur les hérésies agitèrent l'Eglise que pour indiquer la lutte dans laquelle furent engagés les grands docteurs dont nous avons à retracer l'éloquence. Ils montrèrent, dans cette lutte, et la grandeur de leur génie et l'élévation de leurs vertus. Ils poursuivirent l'erreur au milieu de toutes les subtilités où elle cherchait à s'envelopper; ils dévoilèrent sa mauvaise foi et réfutèrent tous ses sophismes. Leurs écrits de controverse ne sont plus pour nous en général d'un grand intérêt; mais souvent aussi ils conviennent à tous les temps, ils établissent les grands principes sur lesquels reposent les fondements de l'Eglise, ils fournissent des armes puissantes avec lesquelles on peut combattre les novateurs de tous les siècles. D'ailleurs l'attitude ferme de ces vigoureux athlètes présente toujours à la postérité un bien grand spectacle. Ils font face en même temps à une multitude d'ennemis conjurés contre la vérité. En vain on emploie contre eux la force matérielle ; ni la spoliation, ni les fers, ni l'exil ne peuvent étouffer leurs voix courageuses ; au contraire, leur talent puise une force nouvelle dans la persécution même, et les infortunes dont on les abreuve rehaussent singulièrement l'éclat de leur éloquence. L'intérêt qui s'attache à ces illustres docteurs, à ces intrépides défenseurs de la foi, nous porte à entrer à leur égard dans quelques détails biographiques. Ces détails montreront d'ailleurs la vérité des réflexions qu'on vient de lire.

PÈRES GRECS.

Saint Athanase. (296—373)

Saint Athanase, le premier qui se présente à notre admiration, naquit à Alexandrie, vers l'an 296, d'une famille distinguée. Saint Alexandre, archevêque de cette ville, ayant découvert ses heureuses dispositions et ses vertus naissantes, prit pour lui tant d'affection qu'il le dirigea dans ses études, l'éleva au diaconat, et le nomma ensuite son successeur. Avant que d'arriver à l'épiscopat, Athanase eut occasion d'employer ses talents et son zèle dans une discussion qu'il soutint contre Arius, au concile de Nicée ; mais les succès qu'il obtint dans cette circonstance, en lui attirant l'estime et l'admiration des Pères, lui valurent la haine des Ariens, qui se liguèrent contre lui avec les Méléciens, quand ils le virent, en 326, occuper le siége d'Alexandrie. Nous ne dirons pas comment, à force d'intrigues et de calomnies, ils parvinrent à le faire exiler sous Constantin. Sous Constance, proscrit pour la troisième fois, il se réfugie dans les déserts de l'Egypte ; mais ses ennemis l'y poursuivent, mettent sa tête à prix, et font massacrer de pieux solitaires qui lui avaient donné un asile, et qui n'avaient point voulu déclarer sa retraite. Enfin, il n'a plus d'autre moyen d'échapper à la fureur de ses cruels persécuteurs, que de s'enfoncer dans la partie tout-à-fait inhabitée du désert, où un serviteur fidèle lui porte de temps en temps quelques aliments au péril de sa vie.

C'est au fond de cette retraite, inaccessible aux hommes, que l'âme du saint patriarche, loin de se laisser abattre, s'anime au contraire d'un nouveau zèle pour la cause de la religion ; méprisant les maux dont il est accablé, il ne songe qu'à combattre l'erreur et à raffermir la foi des fidèles par d'éloquents écrits, qu'il compose avec autant de facilité que s'il eût vécu paisiblement au milieu de son troupeau.

« Copiés par des mains fidèles, dit M. Villemain, ses écrits, comme autrefois ceux d'Origène, étaient en un moment répandus dans toutes les sociétés chrétiennes d'Orient. Du fond de sa cellule, il était le patriarche invisible de l'Egypte ; il avait pour le servir, pour le cacher, pour le défendre cette milice du désert, enthousiaste et muette. » (*Tableau de l'Eloquence chrétienne au 4e siècle.*)

« Cependant, après six ans de cette vie errante et solitaire ; il lui fut permis de retourner occuper le siége d'Alexandrie. Son retour fut dans l'Egypte une fête telle que l'empire romain n'en connaissait plus depuis l'abolition de ses anciens triomphes. Un peuple immense se précipitant hors des murs d'Alexandrie, les rivages du Nil couverts de spectateurs, le fleuve sillonné de mille barques, la mer au loin éclairée des feux qui resplendissaient sur les hautes tours du Muséum, ce furent là les moindres honneurs qu'Athanase reçut dans sa patrie. Le peuple adorait en lui un saint, un grand homme, le défenseur de la foi de Nicée, le rempart des Eglises d'Orient. » *(M. Villemain.)*

Le premier usage qu'il fit de son autorité, fut de rétablir l'ordre dans la ville d'Alexandrie et la paix dans l'Eglise : mais bientôt les païens, dont il faisait par son zèle déserter les temples, le rendirent odieux à Julien. Ce prince, aussi crédule que superstitieux, ordonna qu'Athanas fut chassé d'Alexandrie ; et le saint patriarche se vit forcé de regagner la Thébaïde. L'avénement de Jovien au trône le ramena pendant quelques mois au milieu de son peuple, qu'il fut obligé de quitter, lorsque Valens, entièrement dévoué aux Ariens, devint possesseur de l'empire. Cette fois, ce fut dans le tombeau de son père, que saint Athanase alla chercher un asile. Il y resta l'espace de quatre mois, au bout desquels les murmures des

Alexandrins, qui gémissaient de son absence, forcèrent Valens de le rétablir sur son siège. Ses ennemis, qui n'avaient pu lasser sa constance, et qui sans doute étaient fatigués de le poursuivre, abandonnèrent enfin leur système de persécution et le laissèrent achever paisiblement sa carrière au milieu de son peuple. Il mourut en 373, après quarante-six ans d'épis- copat, passés en grande partie dans l'agitation et dans l'exil.

Les principaux ouvrages de saint Athanase sont : la *Défense de la Trinité* et *de l'Incarnation; ses *Apologies; ses *Lettres; ses *Traités contre les Ariens et d'autres hérétiques.*

On regrettera qu'il ne se soit pas conservé quelques uns des discours qu'il dut prononcer au retour de ses fréquents exils, au milieu de l'enthousiasme populaire. On y chercherait par quels ressorts le primat d'Egypte agissait sur ces races mélangées, sur cette population multiforme qui remplissait Alexandrie et se laissait docilement conduire à sa voix. On peut juger de la haute estime qu'on avait pour ses écrits, par ce mot qu'un ancien moine, nommé Come, avait coutume de dire : « Quand vous trouverez quelque chose des écrits de saint Athanase, si vous n'avez point de papier, écrivez-le sur vos habits. »

Ce grand docteur est admirable sans doute dans les écrits qu'il nous a laissés; il attaque l'erreur avec une étonnante force d'esprit, saisit le vrai point de la difficulté, dégage les principes des nuages dont le sophisme avait réussi à les envelopper, expose le dogme avec précision et confond par l'autorité et l'enchaînement des preuves. Il est grand et simple lorsqu'il raconte ses souffrances et celles de l'Eglise; il est sublime de conviction en quelque sorte; mais il est peu varié et n'a pas les riches ornements de la tribune antique; il hérisse trop souvent son langage des épines théologiques; il ne cherche point à plaire par l'imagination; il se défend le pathétique; on dirait qu'il ne veut pas être un orateur véhément et persuasif, mais l'invariable témoin, le dépositaire impassible des dogmes de la foi.

Grégoire de Nazianze, au contraire, saint Basile et plus

encore saint Jean Chrysostôme appellent à leur secours toutes
les inspirations et tous les artifices du talent oratoire. Docile
à leur génie, la langue grecque exprime tous les enseignements de la foi chrétienne, en paraissant encore l'idiôme
antique des Lysias et des Platon. On reconnaît le génie
grec presque dans sa beauté première, doucement animé d'une
teinte orientale, plus abondant et moins attique, mais toujours harmonieux et pur.

Nous allons d'abord occuper le lecteur de saint Grégoire
de Nazianze et de saint Basile. L'époque de leur naissance,
la conformité de leurs études, la ressemblance de leur vie, et
surtout leur étroite amitié, ne permettent pas de séparer leur
histoire.

Saint Grégoire de Nazianze. (328—389.)

ET

Saint Basile-le-Grand. (329 — 379.)

Le premier, surnommé *le Théologien*, à cause de la connaissance profonde qu'il avait de la religion, naquit vers l'an
328, à Arianze, petit bourg du territoire de Nazianze, en
Cappadoce. Il apprit la grammaire dans son pays, et vint
ensuite à Césarée, en Palestine, où était une école célèbre de
rhétorique. Il étudia aussi quelques temps dans Alexandrie.
Mais Athènes avait la réputation de posséder les plus habiles
maîtres; on s'y rendait de toutes parts pour se former à
cette pureté de langage et à cette élégance attique qui ont
rendu si fameux les anciens écrivains de la Grèce : il y vint
donc lui-même, dans le but de perfectionner ses talents et
d'étendre de plus en plus ses connaissances.

Le second naquit à Césarée, métropole de la Cappadoce
vers la fin de l'année 329. Après la mort de son père, qui lui
avait enseigné les premiers éléments de la littérature, il continua quelque temps ses études dans sa ville natale. Mais
bientôt ses parents l'envoyèrent à Constantinople, où le célèbre

Libanius donnait des leçons publiques avec un applaudissement universel. Ce grand maître sut le distinguer dans la
foule de ses disciples ; il ne pouvait se lasser d'admirer en
lui les plus heureuses dispositions pour les sciences, jointes
à une modestie rare et à une vertu extraordinaire. Il dit
dans ses lettres qu'il se sentait comme ravi hors de lui-même
toutes les fois qu'il l'entendait parler en public. Il entretint
toujours depuis avec lui un commerce d'amitié et il ne
cessa de lui donner des marques de cette haute estime qu'il
avait conçue pour son mérite.

Basile cependant quitta Constantinople pour se rendre à
Athènes, à l'exemple de Grégoire de Nazianze, avec lequel il
avait déjà formé, à Césarée, sa patrie, la liaison la plus intime.
Il resserra de plus en plus les liens qui l'unissaient à son
ami. On citera toujours ces deux grands hommes comme
des modèles accomplis d'une amitié tendre et sainte. Attentifs
à éviter les compagnies dangereuses, ils ne fréquentaient que
ceux de leurs condisciples en qui l'amour de l'étude se trouvait réuni à la pratique de la vertu. Jamais on ne les voyait
assister aux divertissements profanes.

« Nous ne connaissions, dit saint Grégoire, que deux rues
dans la ville ; l'une conduisait à l'église et aux ministres
sacrés qui y célébraient les divins mystères ; l'autre conduisait aux écoles et chez ceux qui nous enseignaient les
sciences. »

Ils priaient assidûment et vivaient dans une mortification
continuelle de leurs sens. Avec cette vigilance sur eux-mêmes,
ils trouvaient, dans leur amitié réciproque, mille consolations
et mille moyens pour s'entr'exciter à la pratique du bien. Ils
demeuraient ensemble et avaient une table commune. L'esprit
de propriété ne régnait point parmi eux. Dans toutes leurs
actions, ils n'envisageaient que la gloire de Dieu ; c'était là
qu'ils rapportaient leurs travaux, leurs études, leurs veilles et
généralement l'emploi de toutes les facultés de leur âme.

Ce zèle pour la piété chrétienne ne nuisait point aux progrès
de leurs études. Ils se rendirent très-habiles non-seulement

dans l'éloquence, mais dans la philosophie, dans la poésie et dans toutes les autres parties de la littérature. Nous apprenons de saint Grégoire que son illustre ami prit même une teinture générale de la géométrie, de la médecine et d'autres sciences semblables.

Cette universalité de connaissances, et les rares talents qu'ils faisaient paraître, leur attirèrent une grande réputation dans Athènes. Les étudiants et les maîtres de cette ville admiraient surtout Basile. Ils employèrent toutes sortes de moyens pour le fixer parmi eux, mais ils ne purent y réussir. Il revint dans sa patrie, dont il devait être l'ornement : il y professa pendant quelque temps la rhétorique et plaida plusieurs causes avec un brillant succès. Bientôt, dégoûté du monde, craignant d'ailleurs que ce double emploi, dans lequel il éclipsait tous ses rivaux, n'influât sur son caractère en l'enorgueillissant, il y renonça pour se consacrer entièrement à Dieu. Il donna la plus grande partie de son bien aux pauvres et parcourut les monastères de la Syrie, de l'Egypte et de la Lybie, où la vie édifiante des solitaires le consola des ravages de l'Arianisme, et lui inspira la résolution d'imiter leur exemple. Il se retira dans les déserts du Pont, où saint Grégoire, dominé par le même zèle vint bientôt le rejoindre. Ce fut de cette retraite qu'il écrivit en divers temps des lettres et des conseils, que la plupart des religieux ont pris pour leur règle et où les fondateurs de monastères de l'Occident même ont puisé plusieurs points de leurs constitutions. Il ne sortit de la solitude que pour exercer des œuvres de charité et de zèle. Son éloquence ramenait les esprits à la vérité et opérait des prodiges en faveur des pauvres. Devenu malgré lui archevêque de Césarée, une dignité si importante fit briller d'un nouvel éclat ses talents et ses vertus. Il montra une fermeté admirable dans la persécution. L'empereur Valens, partisan fanatique des Ariens, envoya Modeste, préfet d'Orient, avec ordre de soumettre, par les promesses ou par les menaces, l'archevêque de Césarée. En vain on le menace de la confiscation, de l'exil, des tourments, de la mort. « Cela ne me regarde point, répondit Basile, celui qui n'a rien est à couvert de la confiscation ; je

ne puis craindre non plus l'exil dont vous parlez : toute la
terre est un exil et le ciel seul est ma patrie. Pour les tourments, quel empire auront-ils sur moi, puisque je n'ai pas de
corps en quelque sorte pour les souffrir? Il n'y aura que le
premier coup qui trouvera prise. Et quant à ce qui est de la
mort, je la regarde comme une grâce, elle me mènera plutôt
à Dieu, pour qui seul je vis. » Irrité de cette réponse, Modeste
s'écria que jamais personne ne lui avait parlé avec tant de
hardiesse. « C'est, reprit Basile, que vous n'avez jamais
rencontré d'évêque. Dans le cours ordinaire de la vie, nous
sommes les plus doux et les plus soumis des hommes; quand
il s'agit de la religion, nous méprisons tout pour Dieu, rien
n'est capable de nous ébranler. » Le repos du saint évêque
fut enfin respecté. Il en profita pour travailler à la destruction
de l'hérésie ; mais ses travaux abrégèrent ses jours. Il mourut
en 379. Les païens et les juifs le pleurèrent avec les chrétiens;
tous déploraient la perte de celui qu'ils regardaient comme
leur père commun et comme le plus célèbre docteur du monde.
« Après sa mort, dit M. de Châteaubriand, Basile fut en si
grande renommée, qu'on cherchait à l'imiter jusque dans ses
défauts : on affectait sa pâleur, sa barbe, sa démarche, sa
lenteur à parler, car il était pensif et recueilli. On s'habillait
comme lui, on se couchait comme lui, on se nourrissait comme
il aimait à se nourrir. » *Etudes historiques.)*

Saint Grégoire, qui était venu dans la solitude pour se sanctifier avec son ami, fut comme lui, obligé d'en sortir pour le
bien de l'Eglise. Il exerça aussi les fonctions du saint ministère, fut sacré, malgré sa résistance, évêque de Sazime, et placé
ensuite sur le siége de Constantinople, où il opéra des fruits
extraordinaires par ses vertus et par son éloquence. Mais après
de longues persécutions, se voyant de nouveau en butte aux
dissensions et aux cabales, il crut devoir, pour le bien de la
paix, se démettre du gouvernement d'une église qu'il avait
presque créée ; il reprit paisiblement le chemin du désert, où
il employa les dernières années de sa vie à des ouvrages de
poésie et de dévotion. Il mourut en 389.

ÉLOQUENCE DE SAINT GRÉGOIRE DE NAZIANZE.

Il reste de ce Père deux *Invectives contre Julien*; des *Discours dogmatiques et moraux*, des *Oraisons funèbres*, des *Lettres* et des *Poésies*, qui furent presque toutes le fruit de sa retraite et de sa vieillesse, mais où l'on trouve cependant tout le feu et toute la sensibilité d'un jeune poète.

« Si l'on veut, dit M. Villemain, se former une idée générale du talent de saint Grégoire, on doit le considérer comme un écrivain agréable et brillant, plein de politesse et d'élégance. Ce n'est pas un orateur sublime : il a trop peu de mouvements et trop d'artifice dans le style; peut-être aussi manque-t-il de pathétique. Il ne sait pas, dans l'oraison funèbre, fondre assez habilement les faits et la morale; il fait des digressions sans mesure et sans intérêt. Son goût n'est pas irréprochable, non qu'il laisse échapper des idées et des expressions bizarres, mais il a les défauts d'une composition trop soignée, trop symétrique. Ses pensées, vives et brillantes, se forment presque toujours d'un contraste ingénieux, d'un rapprochement inattendu. Sa diction, qui paraît d'une extrême pureté, devient uniforme, par le retour trop fréquent des antithèses. Fénélon le trouve plus concis et plus poétique que saint Chrysostôme; mais cette concision ne produit pas la rapidité dans le style; elle tient à la coupe des phrases, à l'opposition des mots; elle ressemble à celle de Pline le jeune et de Sénèque, qui tournent très vite, mais très longtemps autour de la même idée. Saint Grégoire a souvent été comparé à Isocrate, dont il paraît l'imitateur. Sans doute il n'est pas au-dessous de son modèle; on lui trouvera même plus de grandeur et de feu, grâce aux inspirations d'un ordre supérieur; riche en images, en similitudes, en termes métaphoriques, il plaît surtout à l'imagination. Il a quelques morceaux d'une éloquence aussi forte que pure, et qui prouve que s'il se borne habituellement à l'éloquence timide et soignée du style tempéré, ce n'est pas faute de vigueur et d'élévation dans la pensée. Il excelle, comme Fléchier, à saisir finement les idées morales, et à les rendre avec cette expression piquante qui leur donne plus de prix et même plus de nouveauté. » *(Essai sur l'Oraison funèbre.)*

M. Villemain, dans ce jugement, nous semble blâmer trop et ne pas louer assez. Ailleurs il s'exprime ainsi : « Ses éloges funèbres sont des hymnes; ses invectives contre Julien ont quelque chose de la malédiction des prophètes. » *(Tableau de l'éloquence chrétienne au quatrième siècle.)*

ÉLOQUENCE DE SAINT BASILE.

« Saint Basile, dit M. Villemain, écrivain mâle et sévère, est digne, par la pureté de son goût, des plus beaux temps de l'ancienne Grèce. » *(Essai sur l'Oraison funèbre.)*

Mais il faut, pour se faire une juste idée de son éloquence, le considérer successivement dans les principaux ouvrages qu'il nous a laissés. Et d'abord combien il est touchant de contempler le saint évêque expliquant aux pauvres habitants de Césarée les merveilles de la création, dans des discours où la science de l'orateur, formé dans Athènes, se cache sous une simplicité persuasive et populaire! C'est le sujet des homélies qui portent le nom d'*Hexaméron.* Parmi des erreurs de physique communes à toute l'antiquité, elles renferment beaucoup de notions justes, de descriptions heureuses et vraies : on croirait lire parfois de belles pages détachées des *Etudes de la Nature;* c'est le même soin pour montrer partout Dieu dans son ouvrage; c'est la même intelligence, c'est la même imagination spéculative et tendre pour s'élever aux bontés du Créateur, la même délicatesse, la même sensibilité dans l'expression pour les faire comprendre et les faire aimer.

Cette imagination sensible et pittoresque se retrouve dans tous les autres discours de saint Basile.

Plusieurs de ses homélies ne sont que des traités de morale contre l'avarice, l'envie, l'abus de la richesse; mais il faut l'avouer : l'onction évangélique leur donne un caractère nouveau. Saint Basile est surtout le prédicateur de l'aumône; il a compris mieux que personne, ce grand caractère de la loi chrétienne, qui ramenait l'égalité sociale par la charité religieuse. Le triomphe de ses efforts, c'est d'attendrir le cœur des hommes, c'est de les rendre secourables l'un à l'autre. L'état malheureux du monde le voulait ainsi. Ce n'était pas une fiction oratoire que le passage où saint Basile décrit le désespoir et les incertitudes d'un père forcé de vendre un de ses enfants pour avoir du pain. La misère, née de la tyrannie, rendait ces exemples communs; la loi les permettait. N'était-ce pas alors une providence que la voix de l'orateur qui s'élevait pour prohiber ces barbares commerces, pour consoler le pauvre, pour émouvoir le riche?

Sans doute l'orateur s'emporte trop loin, lorsqu'il n'établit aucune distinction entre le riche et le voleur, considérant le bien que le riche refuse aux pauvres comme un larcin qu'il leur fait. Mais telle était cette éloquence des premiers temps, énergique, passionnée, frappant avec force sur des âmes engourdies par la mollesse; elle contre-pesait tous les vices d'une société dure et corrompue; elle tenait lieu de la liberté, de la justice et de l'humanité qui manquaient à la fois; elle promettait le ciel, pour arracher quelques bonnes actions sur la terre. C'est à saint Basile qu'appartient cette belle idée, si souvent développée par Massillon, que le riche doit être sur la terre le dispensateur des dons de la Providence, et, pour ainsi dire, l'intendant des pauvres.

Saint Basile n'excelle pas moins dans les peintures de la brièveté de la vie, du néant des biens terrestres, de la tromperie des joies les plus pures. Après les anciens philosophes, il est éloquent d'une autre manière sur ce texte monotone des calamités humaines. La source de cette éloquence est dans la Bible dont il aime à emprunter la poésie, plus pittoresque et plus hardie que celle des Grecs. Il renouvelle les fortes images de la muse hébraïque: mais il y mêle ce sentiment tendre pour l'humanité, cette douceur dans l'enthousiasme, qui faisait la beauté de la loi nouvelle. Les yeux élevés vers le ciel, il tend des mains secourables à toutes les misères : il veut soulager autant que convertir.

Ses discours font aisément concevoir la puissance qu'il avait sur l'esprit du peuple. Faible de corps, consumé par la souffrance et les austérités, un zèle ardent le soutenait dans ses prédications continuelles, ses courses pastorales, ses voyages.

Que si maintenant, à quinze siècles de distance, loin de ces mœurs étranges, loin de cette société où le polythéisme, l'Évangile, les fables populaires, les philosophes, les martyrs, avaient tant agité l'imagination des peuples, on cherche l'orateur de Césarée dans les pages d'un livre, combien n'admire-t-on pas son âme et son génie! Peut-être même cette éloquence est-elle plus à l'épreuve du temps que les harangues des grands orateurs profanes; car enfin la cause de l'humanité est plus durable que celle d'un citoyen ou d'une république célèbre; et les variations de costumes sont peu de chose, quand il s'agit de l'intérieur de l'homme, de ses incertitudes, de ses espérances, de toutes ses misères et de son besoin d'immortalité. Ces idées, si présentes dans la réalité, nous échappent cependant bien vite, quand l'imagination ne les fixe pas en nous par l'énergie du langage. L'écrivain moraliste surtout doit être éloquent pour être écouté : c'est la puissance de l'orateur de Césarée; tout devient image dans sa langue expressive et poétique. Les comparaisons, les allégories rendent visibles toutes ses pensées. *(M. Villemain, Tableau de l'éloquence chrétienne.)*

Parmi les ouvrages les plus célèbres de saint Basile, il faut mettre le *Traité sur la manière de lire avec fruit les auteurs profanes.* On y voit, dans les nombreuses citations dont il est parsemé, par quelles études saint Basile avait développé ses talents et s'était formé à cette mâle éloquence qui le caractérise. Cet intéressant écrit est sous la forme d'un discours adressé par l'auteur à quelques jeunes gens qui fréquentaient les écoles. On y trouve les préceptes les plus sages, un style pur et élégant, et la gravité chrétienne unie aux charmes d'une imagination brillante et d'une éloquence fleurie.

Les lettres de saint Basile, au nombre de plus de 350, forment la correspondance la plus étendue et la plus agréablement variée, non-seulement avec les catholiques les plus distingués, mais encore avec des païens célèbres, tels que le philosophe Libanius, qui n'exprime jamais son estime pour saint Basile qu'avec l'accent de l'enthousiasme. Phocius les vante comme un modèle de style épistolaire. L'auteur n'est jamais au-dessous du sujet qu'il traite. L'aimable simplicité, la politesse, l'érudition sans recherche, les grâces naturelles y assaisonnent merveilleusement la gravité des matières et la sagesse de l'instruction. *(M. Villemain.)*

Saint Jean Chrysostôme (344—407.)

« Après avoir relu et admiré l'orateur de Constantinople et le poète du village d'Arianze, dit M. Villemain, il est une sorte de grandeur, une paisible élévation de génie qu'on peut chercher encore, et qui est nécessaire à l'idée que l'on se forme de l'écrivain vraiment sublime. Ce sont ces qualités plus hautes, ou plutôt c'est la réunion de tous les attributs oratoires, le naturel, le pathétique et la grandeur, qui ont fait de saint Jean Chrysostôme le plus grand orateur de l'église primitive, le plus éclatant interprète de cette mémorable époque.

» La pensée reste d'abord confondue devant les prodigieux travaux de cet homme, devant l'ardeur et la facilité de son génie. Ce n'est pas dans ces rapides esquisses, dans ces analyses incomplètes, que nous pouvons, même faiblement, retrouver la puissance de l'orateur et l'enthousiasme des contemporains. Nous avons à peine exploré tous ses ouvrages; nous ne pouvons en reproduire que quelques traits isolés; et le plus grand caractère d'un tel génie, c'est la richesse et l'ordonnance. Il semble que nous enlevons furtivement quelques carreaux des marbres de sainte Sophie, comme ce voyageur anglais pillait les pierres du Parthénon; mais l'édifice entier, la splendeur de cette Eglise orientale, le génie de cet orateur sublime, qui sauvait Antioche, qui désarmait les chefs des barbares, qui semblait relever l'empire dégradé, et mourait en exil; où retrouver ces grandes images? *(Tableau de l'Eloquence chrétienne au quatrième siècle.)*

Saint Jean Chrysostôme naquit à Antioche, en 344. Sa famille, une des plus illustres de cette ville, ne négligea rien pour développer les dispositions extraordinaires qu'il manifesta dès son enfance. Il reçut de Libanius les premières leçons d'éloquence. Ses progrès furent si rapides et si étonnants, qu'il fut bientôt en état d'égaler et même de surpasser son maître. Celui-ci voulant, un jour, donner une idée de la merveilleuse capacité de son disciple, lut dans une assemblée de connaisseurs, une déclamation que Jean avait composée à la louange des empereurs. Cette lecture fut écoutée avec les plus grands applaudissements, et avec ces transports qui sont le langage de l'admiration. « Heureux le panégyriste, s'écria Libanius, d'avoir eu de tels empereurs à louer ! heureux aussi les empereurs d'avoir régné dans un temps où le monde possédait un si rare trésor ! » Ce sophiste prouva encore, avant de mourir, quelle estime il faisait de notre saint. Ses amis lui ayant demandé, dans sa dernière maladie, lequel de ses disciples il voudrait avoir pour successeur : « Je nommerais Jean, répondit-il, si les Chrétiens ne nous l'avaient enlevé. » Si Jean avait eu de l'ambition, il aurait pu prétendre aux premières dignités de l'empire. Outre l'avantage de la naissance, les succès extraordinaires qu'il obtint au barreau, où il plaida quelque temps, rendaient son avancement très-facile. Mais la grâce avait touché son cœur. Déjà mort aux vanités terrestres, brûlant de se consacrer à Dieu, il résolut d'abandonner la brillante perspective que lui offrait le monde, pour se retirer parmi les anachorètes qui habitaient les montagnes voisines d'Antioche. C'est là que, revêtu d'un habit de pénitent, le corps ceint d'un cilice, ce grand homme passa quatre années dans les exercices de la vie cénobitique. Il quitta ses compagnons de retraite, pour chercher dans un désert une solitude encore plus profonde ; il la trouva dans une grotte ignorée, qu'il ne put habiter que deux ans ; car les veilles, les mortifications qu'il s'imposait, l'insalubrité de sa demeure, ayant altéré sa santé, il fut obligé de revenir à Antioche. Il y rentra l'an 381. La même année il fut ordonné diacre par saint Mélèce ; et en 386, saint Flavien ayant succédé à ce dernier, Chrysostôme fut élevé par lui au sacerdoce, et chargé d'instruire le peuple de la parole de Dieu, fonction qu'il remplit avec d'autant plus de succès, qu'à une éloquence douce et persuasive, il joignait des mœurs célestes. Il mit le soin et l'instruction des pauvres au nombre de ses devoirs les plus essentiels. Son amour pour les malheureux ne connaissait point de bornes, et il n'était jamais plus éloquent que quand il les recommandait à la charité des fidèles. Quoique la ville d'Antioche comptât cent mille chrétiens, son zèle suffisait à leur annoncer à tous la parole sainte. Il prêchait plusieurs fois la semaine, et souvent plusieurs fois le même jour. Il avait un talent singulier pour la controverse, et il la maniait si habilement dans ses discours, que les juifs, les païens et les hérétiques qui venaient l'écouter, y trouvaient la plus solide réfutation de leurs erreurs.

Il était l'ornement et les délices d'Antioche et de tout l'Orient. Sa réputation avait pénétré jusqu'aux extrémités de l'empire : mais Dieu, pour la gloire de son nom, le plaça sur un nouveau théâtre où il préparait à son éloquence d'autres triomphes, à sa vertu d'autres épreuves et d'autres couronnes. Il fut sacré archevêque de Constantinople en 398.

Enflammé d'un saint zèle, il commença son épiscopat par la réforme des abus qui s'étaient introduits dans le clergé, retrancha les dépenses que ses prédécesseurs avaient jugées nécessaires à leur dignité, et en affecta le produit à la fondation de plusieurs hôpitaux. Ses aumônes étaient si abondantes, que tout ce qu'il possédait était devenu le patrimoine des pauvres. Sa charité lui mérita le nom de *Jean l'Aumonier*. Ardent propagateur de l'Evangile, il envoya des missionnaires chez les Goths, chez les Scythes nomades, d'autres dans la Perse et dans la Palestine. Ses vertus néanmoins n'eurent pas la récompense dont elles étaient dignes. Chrysostôme, incapable de transiger avec le pouvoir, fidèle à la voix de sa conscience, tonnait avec force contre l'orgueil, le luxe et la violence des grands de l'empire ; il eut bientôt une foule d'ennemis : le tyran Gaïnas, à qui il refusa une église pour les Ariens ; tous les sectateurs d'Arius qu'il avait fait bannir de Constantinople ; Théophile, patriarche d'Alexandrie, qu'un zèle outré contre les Origénistes

animait contre Chrysostôme, s'imaginant que le saint archevêque les favorisait ; mais surtout l'impératrice Eudoxie, qui s'était
trouvée vivement blessée d'un discours de Chrysostôme contre
le luxe des femmes, parce qu'elle y voyait le reproche de sa
conduite. Une sentence d'exil fut prononcée contre le saint.
Avant de quitter son troupeau, il lui fit les adieux les plus touchants.

« Une tempête violente, dit-il, m'environne de toutes parts ;
mais je ne crains rien, parce que je suis sur un rocher inébranlable. La fureur des vagues ne pourra submerger le vaisseau de Jésus-Christ. La mort n'est pas capable de m'effrayer,
elle est un gain pour moi. Redouterais-je l'exil ? toute la terre
est au Seigneur. Appréhenderais-je la perte des biens ?
Je suis entré nu dans le monde, et j'en sortirai dans le même
état. Je méprise les menaces et les caresses du monde ; je ne
désire de vivre que pour votre utilité. Jésus-Christ est avec
moi ; qui pourrais-je craindre ? Oui, je le répète, en vain suis-
je assailli par un violent orage ; en vain suis-je en butte à la
fureur des princes, tout cela me paraît plus méprisable
qu'une vile toile d'araignée..... Je ne cesse de dire : Seigneur,
que votre volonté s'accomplisse. Je ferai et souffrirai avec
joie, non pas ce que telle ou telle créature voudra, mais ce
qu'il vous plaira d'ordonner. Je trouve dans cette disposition
de mon cœur une solide consolation, une ferme ressource.
Encore une fois, si telle est la volonté de Dieu, qu'elle soit
faite ; en quelque lieu qu'il veuille que je sois, je lui rends
grâces. »

Il dit ensuite à ses auditeurs qu'il était prêt à donner mille
vies pour eux, et qu'il ne souffrait que parce qu'il n'avait rien
négligé pour sauver leurs âmes.

Cependant le peuple, attaché à son pasteur, refusait de le
laisser partir, et menaçait de se révolter. Mais Chysostôme va
secrètement trouver l'officier chargé de l'arrêter, et part pour
son exil. La nuit suivante, un violent tremblement de terre se
fait sentir ; Eudoxie effrayée court supplier l'empereur de rappeler le saint. Il est reçu dans la ville comme en triomphe. Mais

le calme n'est pas de longue durée. Quelques mois à peine s'é-
coulent, et son devoir l'oblige de blâmer hautement des fêtes,
mêlées de superstitions extravagantes, qui avaient eu lieu en
l'honneur de l'impératrice. Cette liberté apostolique amena de
nouveau son exil. « Précipité, comme Démosthène, dit M. de
Châteaubriand, de la tribune dont il était la gloire, enlevé de
l'autel où il avait donné asile à Eutrope, Chrysostôme reçoit
l'ordre de quitter Constantinople. Il dit aux évêques, ses amis :
« Venez, prions; prenons congé de l'ange de cette église. » Il
dit aux diaconesses : « Ma fin approche; vous ne reverrez
plus mon visage. » Il descendit par une route secrète aux
rives du Bosphore pour éviter la foule, s'embarqua et passa
en Bithynie. Exilé à Cucuse, les peuples, les moines, les
vierges accouraient à lui; tous s'écriaient : « Mieux vau-
drait que le soleil perdit ses rayons, que Jean Bouche-d'Or ses
paroles. »

Tout banni qu'il était, les ennemis de Chrysostôme le redoutaient encore, et sollicitèrent pour lui un exil plus lointain. Il
fut enjoint au confesseur de se transporter à Pytione, sur le
bord du Pont-Euxin. Le voyage dura trois mois : les deux soldats qui conduisaient Chrysostôme, le contraignaient de marcher
sous la pluie ou à l'ardeur du soleil, parce qu'il était chauve.
Quand ils eurent passé Comane, ils s'arrêtèrent dans une
église dédiée à saint Basilisque, martyr : le saint se trouva
mal; il changea d'habits, se vêtit de blanc, communia (il était
à jeûn), distribua aux assistants ce qui lui restait, prononça
ces paroles qu'il avait ordinairement à la bouche : « Dieu soit
loué de tout : » Puis allongeant les pieds, il dit le dernier
Amen. » (M. de Châteaubriand, Etudes historiques.) (407)

Le nom de Chrysostôme, c'est-à-dire Bouche-d'Or, lui fut
donné de son vivant, et la postérité lui a confirmé ce titre. On
l'a aussi nommé le Cicéron de l'Eglise Grecque. Mais la religion
et les vertus qu'elle inspire, lui donnaient un avantage sur
le prince des orateurs romains; car on ne peut s'empêcher de
sentir, en lisant plusieurs de ses discours, que ses expressions,
comme ses pensées, ont souvent quelque chose de divin qui

surpasse la capacité de l'homme. « Il s'est reposé dit Cassien, sur le sein de Jésus, comme l'apôtre dont il porte le nom, et, comme lui, il y a puisé ces traits de flamme qui embrasent les cœurs du divin amour. »

L'Ecriture Sainte est le fond ordinaire et pour ainsi dire unique de sa prédication. C'est par là que, conformément au précepte du divin Législateur : *Prædicate Evangelium*, il se montre véritablement le ministre, le dissipateur de la parole divine. Il lui doit son génie peut-être autant qu'à la nature, de qui d'ailleurs il avait reçu toutes les qualités qui font l'orateur.

Il prélude d'ordinaire par un exorde assez étendu sur l'ouvrage, sur une circonstance, sur la solennité ou sur l'office divin; procède avec calme; expose avec netteté ce qui va faire le sujet de l'entretien; dissipe les nuages, mais par une clarté douce; s'insinue dans les esprits avant de pénétrer jusqu'aux cœurs; et ce n'est qu'après avoir ainsi préparé les avenues, qu'il s'élance, s'abandonne, lance les foudres, s'épanche avec l'abondance d'un grand fleuve, presse, interroge, argumente, s'interrompt lui-même, va, revient, et paraît oublier sa matière pour un autre objet que lui suggère une circonstance inattendue, un souvenir subit, et l'inspiration du moment, jetant avec une sorte de profusion, les trésors de l'imagination; descriptions vives, tableaux animés et pittoresques, oppositions frappantes de vérité et d'énergie, mouvements pleins de chaleur et quelquefois de ce saint enthousiasme qui du ciel tombait dans l'âme des prophètes; traits édifiants empruntés à l'histoire des temps antiques ou des événements contemporains; figures hardies, similitudes et comparaisons prises le plus souvent dans les spectacles de la nature, dans les arts et les sciences, dans les usages de la vie civile; entremêlant aux discussions les plus lumineuses, les exhortations les plus pressantes; remuant avec une égale souplesse les deux ressorts qui toujours agissent avec force sur le cœur de l'homme, la crainte ou l'espérance; unissant le reproche à la prière, le raisonnement au pathétique, l'autorité d'un juge à tous les épanchements d'une tendresse vraiment paternelle.

Il prêchait souvent le matin avant la célébration des saints mystères, quelquefois avant la première heure du jour, sans doute pour que le travail du peuple n'en souffrît pas ; le soir, durant le carême. Il fallait donc que l'esprit divin, dont il était véritablement rempli, diversifiât son langage, pour l'approprier de la sorte aux conditions diverses qui formaient son immense auditoire. Non-seulement les faits d'une importance générale, tels que les solennités religieuses, les persécutions violentes auxquelles il ne cessa d'être en butte, le renversement des statues, la disgrâce d'Europe, mais les circonstances de détail, ce semble les plus indifférentes, fournissaient à son inépuisable génie des pensées heureuses et des exhortations pressantes.

Cette variété, dont le mérite devait être si fort goûté de ses contemporains, répand encore aujourd'hui sur l'ensemble de ses compositions un intérêt vraiment dramatique. Que l'affluence fût moins nombreuse ou moins attentive, l'éloquent évêque savait bien le remarquer ; et le zèle sacerdotal s'animait pour venger avec éclat l'honneur de la parole sainte. Mais aussi, que le concours et le recueillement des auditeurs répondît aux efforts du prédicateur, avec quelle paternelle effusion vous l'entendiez remercier ses enfants, et s'en applaudir avec eux ! Le peuple ne se lassait pas d'écouter son évêque, ni l'évêque d'instruire son peuple.

Quel était donc le ressort qui agissait avec une si puissante énergie sur des esprits aussi divers ? Par quels liens saint Jean Chrysostôme réussissait-il à enchaîner des volontés aussi contraires, et à faire de toute cette vaste multitude *comme un seul homme*, selon l'expression de l'Ecriture? Fortement persuadé lui-même, il lui en coûtait peu pour persuader. Voilà tout le secret de son éloquence. L'éloquence, nous disent tous les maîtres, est tout entière dans le cœur. Chrysostôme n'expose jamais les oracles de la loi que comme Moïse, descendu de la montagne, paraissait aux yeux d'Israël la tête ceinte de rayons de feu. Nulle ostentation de paroles, jamais de faux ornements, jamais le moindre retour sur lui-même, que quand la cause de son ministère est liée à l'intérêt des âmes. Tout, chez lui, est sentiment, transport, joie, tristesse, passion, trouble, désordre. Le salut de son peuple est son unique besoin ; il ne parle, il ne vit, il ne respire que pour lui. Son âme est embrasée, ses entrailles émues, déchirées : il s'en échappe des cris de douleur, des accents de miséricorde ; et, alors même qu'il s'indigne, il supplie, il demande grâce. Ses larmes coulent ; bien loin d'en rougir, il s'accuse de n'en point assez répandre. Il voudrait même verser tout son sang pour le troupeau qui lui est si cher. Ce n'est pas la conquête d'un seul pécheur qu'il faut à ses saintes ardeurs ; c'est son peuple tout entier. Qu'un seul périsse ; c'en est assez pour verser dans son âme toutes les amertumes et toutes les angoisses.

De cette plénitude de sentiment s'épanchait, sans nul effort, une élocution facile et impétueuse, vive et entraînante, variée et soutenue. Ses écrits offrent un vrai modèle d'atticisme. On y reconnaît cette beauté, cette perfection qui consiste à revêtir la pensée des expressions les plus justes et les plus claires pour instruire, les plus pittoresques pour décrire, les plus énergiques pour exhorter, les plus pathétiques pour reprendre et pour consoler.

« On trouve cependant, dit un historien de l'Église, le style de saint Jean Chrysostôme un peu asiatique, ou trop diffus ; mais en même temps, et jusque dans ses longueurs, il y a tant d'esprit, tant d'agréments, et surtout tant de traits d'une imagination vive et brillante, qu'entraîné dans la lecture par un charme inexprimable, on ne peut se résoudre à en rien omettre. C'est là ce qu'on éprouve au moins dans les ouvrages de ses belles années. Car on sent une différence considérable entre ceux qui furent composés à Antioche, et ceux qu'il composa depuis sur le siége épiscopal de la seconde Rome, où la multiplicité de ses occupations et de ses travaux ne lui permit pas de leur donner le même degré de perfection. » (Berault.)

Saint Ephrem. (...—379.)

Saint Ephrem naquit à Nisibe, en Mésopotamie, probablement sous le règne de Dioclétien. Il ne reçut le baptême qu'à l'âge de dix-huit ans, et bientôt après il se retira dans la solitude, près d'Edesse, pour s'y livrer tout entier aux plus rudes exercices de la pénitence et aux plus sublimes vertus de la vie religieuse.

« Comme orateur, dit M. Guillon, saint Ephrem est à l'Eglise de Syrie ce que saint Augustin est à celle d'Afrique, et saint Jean Chrysostôme à l'Eglise grecque. Saint Jérôme, qui ne le connaissait que par des traductions grecques et latines de ses ouvrages, vante la force et la pénétration de son esprit; il l'appelle un écrivain sublime : et c'est là aussi le jugement qu'en porte Phocius : « On a raison, dit ce dernier, d'admirer dans ce saint personnage le pathétique profond avec lequel il remue et persuade, l'agrément qu'il a su répandre dans son élocution, et une onction affectueuse qui ne tarit jamais. » Tels sont en effet les caractères principaux qui distinguent cet écrivain vraiment original, d'autant plus étonnant qu'il n'avait point eu comme les autres les secours que donnent l'étude et l'exercice public de la prédication. Saint Ephrem ne fut qu'un solitaire enseveli dans son désert, entouré d'un petit nombre d'auditeurs que le commun désir de la perfection religieuse rassemblait autour de lui pour recueillir de sa bouche des instructions familières; mais il écrivait comme il parlait, en présence de Dieu et de ses anges, en présence des tombeaux et des tristes témoignages de notre mortalité : ces aspects, fortement conçus, donnaient à ses méditations et à son langage une élévation et une chaleur, une abondance, où il n'a point d'égal dans aucune langue. Il vous laisse accablé sous le poids d'une majesté sombre et terrible; il vous enveloppe comme un nuage, que sillonnent la foudre et les éclairs. Pas un écrivain des temps antiques et modernes, où se rencontrent avec autant d'énergie et de variété les peintures les plus éloquentes de la fragilité de la vie, du néant des biens terrestres, des terreurs de la mort, du jugement qu'elle amène et de ses formidables suites. « Vous croyez, disait saint Grégoire de Nysse, assister à la dernière scène qui accompagnera la consommation des temps; vous êtes présent à l'arrivée de

Jésus-Christ, porté sur les nuées du ciel; vous êtes réveillé de votre assoupissement, comme les morts au fond de leurs sépulcres par les sons de la trompette; et il ne manque en effet à la vérité du tableau que la présence même du juge futur des vivants et des morts. » (*Bibliothèque choisie des Pères de l'Eglise.*)

Souvent saint Ephrem emprunte la forme du dialogue; et par là il ajoute à l'énergie de ses tableaux un intérêt vraiment dramatique, se mettant lui-même en scène, s'interrompant par ses larmes, se faisant interroger, et répondant par ses propres sanglots aux sanglots de son auditoire.

PÈRES LATINS.

« On ne pouvait espérer dans l'Occident cette succession de grands génies dont s'honore l'Eglise orientale. La décadence de Rome et de l'Italie, la civilisation récente et toute latine de la Gaule et de l'Espagne n'offraient pas à l'imagination autant de secours que les lettres grecques mêlées à l'Evangile. Constantin victorieux, en portant vers l'Orient son trône et l'étendard de sa foi, semblait décourager l'essor du génie dans l'Occident; mais le culte chrétien avait pénétré trop avant dans les âmes pour ne pas se fortifier de lui-même. Dans le nombre de ses sectateurs multipliés chaque jour, il rencontra des génies qui s'éveillèrent à sa voix, et les Eglises de Gaule, et de Mauritanie se vantèrent de leurs orateurs, comme celles de la Grèce et de l'Asie. » (*M. Villemain, Tableau de l'Eloquence chrétienne au quatrième siècle.*)

D'ailleurs l'hérésie n'avait pas seulement infecté l'Eglise d'Orient; elle étendait ses ravages jusque dans l'Eglise latine, elle s'y livrait aux mêmes excès, aux mêmes violences contre les catholiques; elle y trouvait aussi des adversaires redoutables, de saints docteurs qui la poursuivaient sans relâche, et dont le talent se montrait avec plus d'éclat dans la persécution même. Ce fut le même combat sur un autre théâtre.

Saint Hilaire de Poitiers. (...—368.)

Une petite ville de la Gaule eut son Athanase, saint Hilaire, né à Poitiers, d'une famille païenne, vers le commencement du quatrième siècle. Lorsqu'il eut fini ses études, qui furent brillantes, il voulut connaître tous les écrivains juifs, chrétiens et païens : il acquit une si grande érudition, qu'il était regardé comme l'un des plus savants hommes de son temps. Les livres de Moïse le frappèrent par l'idée sublime qu'ils donnent de la divinité. A son étonnement succéda le désir de connaître cette puissance infinie, dont il avait trouvé une si belle peinture dans l'écrivain sacré. Il lut les Evangiles et fut saisi d'admiration, lorsqu'il y vit que Dieu s'était fait homme; qu'il était venu lui-même s'offrir pour victime; qu'il avait lavé dans son sang les péchés du monde. Il se rendit à la lumière de la foi qui brillait à ses yeux et reçut le baptême. Dès lors, sa conduite ne fut plus réglée que sur les maximes de l'Evangile. Le peuple de Poitiers, touché de ses vertus, voulut l'avoir pour évêque (350 ou 355). Zélé défenseur de la foi de Nicée, il encourut la disgrâce de Constance, trompé par les Ariens, et fut envoyé en exil. Lorsqu'il revint, après plusieurs années, les églises des Gaules le reçurent, dit saint Jérôme, comme un héros sortant de l'arène, illustré par ses combats contre les hérétiques. Il finit une vie pure et remplie de traverses, par une mort sainte et tranquille (367 ou 368).

Saint Jérôme nous a donné la plus haute idée de son éloquence en la comparant au plus rapide de nos fleuves, *eloquentiæ latinæ Rhodanus*. Cette noble image n'a rien que de juste sous tous les rapports; sa dialectique vigoureuse, abondante dans ses raisonnements, nourrie de la doctrine qui vient d'en haut, vive, pressante, impétueuse dans sa marche, soutenue par le nombre et la pompe des périodes, par l'harmonie éclatante de l'expression, se précipite et roule avec majesté, renversant, entraînant toutes les résistances.

Quelquefois ces beautés conduisent saint Hilaire à des défauts. Il tombe dans la recherche, il s'embarrasse dans la longueur de ses phrases, et sa concision se borne à l'énergie de l'expression qui, par là, devient obscure.

Celui de ses ouvrages qu'il faut placer au premier rang, non-seulement parmi ses écrits, mais parmi ceux que nous a laissés l'antiquité, c'est son *Traité de la Trinité*, le plus ample, le plus méthodique et le plus complet que nous ayons sur ce dogme.

Saint Ambroise. (340—397.)

Ce fut aussi la Gaule qui donna le jour à saint Ambroise. Son père, l'un des premiers dignitaires de l'empire, était préfet de la Gaule méridionale. Son gouvernement s'étendait sur une partie de la Germanie, de l'Espagne et de la Mauritanie.

Paulin raconte que ce qu'on a dit de Platon se renouvela pour saint Ambroise, lorsqu'il était enfant. Un jour qu'il dormait la bouche entr'ouverte, dans une des cours du palais de son père, un essaim d'abeilles vint voltiger autour de son berceau. Quelques-unes de ces abeilles s'étant arrêtées sur son visage, entraient dans sa bouche et en sortaient les unes après les autres. Elles s'envolèrent quelque temps après, et s'élevèrent si haut qu'on les perdit entièrement de vue. Cet événement fut regardé comme un présage de la force et de la douceur de l'éloquence de saint Ambroise.

Il fit ses études à Rome, et vint ensuite à Milan pour y suivre la carrière du barreau. Il y déploya tant d'habileté, que Pétronius Probus, préfet d'Italie et d'Illyrie, le choisit pour un de ses conseillers, et le nomma ensuite gouverneur des provinces consulaires de la Ligurie et de l'Émilie, en lui recommandant d'agir, dans son gouvernement, non en juge, mais en évêque. Cette leçon s'accordait trop avec le caractère d'Ambroise, pour qu'il ne la retînt pas : sa douceur et sa sagesse lui gagnèrent le respect et l'affection des peuples, dans un temps où l'Italie et le pays de Milan étaient déchirés par les fureurs de l'arianisme.

Lorsqu'il fut question d'élire un évêque, après la mort

d'Auxence, la ville se divisa en deux partis dont chacun voulait l'emporter; les uns demandaient un arien, les autres un catholique. La fermentation des esprits faisait craindre une sédition. Ambroise, pour la prévenir, se rendit à l'église où se tenait l'assemblée; il fit un discours rempli de sagesse et de modération, et dans lequel il exhorta ceux qui composaient l'assemblée à procéder à l'élection dans un esprit de paix et sans tumulte. Pendant qu'il parlait encore, un enfant cria : *Ambroise, évêque!* Le tumulte cessa sur le champ; la voix de l'innocence parut être l'oracle du ciel; les catholiques et les ariens se réunirent, et proclamèrent unanimement le gouverneur, évêque de Milan.

Lorsqu'il eut été placé sur la chaire épiscopale, malgré toutes ses résistances, il ne se regarda plus comme un homme de ce monde; et, pour rompre tous les liens qui pouvaient l'y attacher, il distribua ce qu'il avait d'or et d'argent à l'Eglise et aux pauvres. Il fit dès lors éclater en lui toutes les vertus d'un grand évêque. Il montra surtout une fermeté inébranlable à l'égard des princes de la terre. L'impératrice Justine, arienne furieuse, voulait l'obliger à céder aux sectaires la basilique Portienne; mais il résista courageusement à ses ordres, et, bravant ses menaces et ses violences, il parvint à renverser ses projets et ceux des ennemis de la foi. La ville de Thessalonique s'étant révoltée contre son gouverneur, qui fut massacré dans une sédition, l'empereur Théodose, pour venger ce meurtre, avait ordonné de faire périr sept mille habitants. Ambroise, pénétré d'une profonde douleur de n'avoir pu empêcher l'exécution de cet ordre barbare, écrivit au prince pour lui représenter l'énormité de son crime et le prévenir qu'il lui refuserait l'entrée de l'église. Quelque temps après, Théodose veut s'y présenter; le saint pontife en est averti, et, sortant du sanctuaire, pour l'attendre jusqu'au-delà du vestibule, il s'avance vers lui dès qu'il le voit paraître, et lui défend d'avancer plus loin :

« Prince, lui dit-il, il semble que vous ne sentez point encore l'énormité du massacre commis par vos ordres. L'éclat de la pourpre ne doit point vous empêcher de reconnaître la faiblesse de ce corps si magnifiquement couvert. Vous êtes pétri du même limon que vos sujets : il n'y a qu'un Seigneur, qu'un Maître du monde. Avec quels yeux considérez-vous son temple? avec quels pieds foulerez-vous son sanctuaire? Oserez-vous, en priant, élever vers lui ces mains teintes d'un sang injustement répandu? Retirez-vous donc, et n'allez pas aggraver par un nouveau crime celui dont vous êtes coupable. Recevez avec soumission le joug que le Seigneur vous impose; il est dur, mais salutaire, et procure la guérison de l'âme. »

Sensiblement touché de ce discours, Théodose cherche cependant à excuser son crime; il rappelle le pardon accordé autrefois au roi David.

« Vous l'avez imité dans son péché, lui répond Ambroise; imitez-le donc aussi dans sa pénitence. »

L'empereur appréciant la force toute chrétienne du saint prélat, se soumit à son arrêt sans se plaindre.

Ambroise vécut encore plusieurs années dans le tranquille exercice de son ministère. Il mourut en 397.

Dans les règles qu'il prescrit à l'orateur, il exige un style simple, clair, plein de force et de gravité, qui exclue l'affectation et les ornements recherchés. Il est cependant tombé lui-même dans les défauts qu'il blâmait. Mais les pointes et [les jeux d'esprit qu'il emploie, n'empêchent pas qu'on ne trouve dans ses ouvrages beaucoup de force, de pathétique et d'onction. Les livres qu'il a travaillés avec soin sont polis, ingénieux, ornés de fleurs et de figures : en général son style est noble, concis, sentencieux, étincelant de traits d'esprit; il plaît par un certain mélange d'agrément et de douceur. Ses *Lettres*, celles surtout qu'il écrivit aux empereurs, sont d'un grand mérite; elles font voir que le saint connaissait le monde et les affaires, et qu'il savait s'accommoder à tous les rangs.

Saint Ambroise, dit M. de Châteaubriand, est le *Fénélon des Pères de l'Eglise*. Il est fleuri, doux, abondant, et, à quelques défauts près, qui tiennent à son siècle, ses ouvrages offrent

une lecture aussi agréable qu'instructive. Pour s'en convaincre, il suffit de parcourir le *Traité de la Virginité* et l'*Eloge des
Patriarches.* » (*Génie du Christianisme.*)

Saint Ambroise n'était pas seulement orateur, il fut aussi
poète. Les hymnes qu'il avait composées devinrent si célèbres,
qu'au lieu de dire une hymne, on disait une *Ambroisienne.*
Nous en avons encore plusieurs d'une simplicité si noble et si
touchante, que toute l'élégance moderne n'a point paru digne
de leur être préférée. C'est à lui encore que l'on attribue
communément le cantique *Te Deum laudamus*, qu'il aurait
composé conjointement avec saint Augustin, après qu'il lui
eût administré le baptême. On dit que dans l'enthousiasme
d'une piété tendre et sublime, ces deux docteurs prononcèrent
alternativement les versets de ce majestueux cantique.

Saint Jérôme (331—420).

« Eloigné des affaires et du monde, dit M. Villemain, saint
Jérôme n'eut aucune des grandes occasions de régner sur les
esprits, qui s'offraient naturellement au génie des Athanase,
des Augustin et des Chrysostôme. Toujours errant et solitaire,
sans autre titre dans l'Eglise que celui de prêtre de Jésus-
Christ, il ne parut ni à la cour, ni aux funérailles d'aucun
prince; il ne fut point chargé d'instruire ou de consoler le
peuple de quelque grande cité. Mais il a montré son génie dans
les livres qu'il a composés. Ses *Ouvrages de controverse* et *ses
Épîtres chrétiennes*, qui sont de véritables traités ou des éloges
funèbres, l'ont placé au premier rang des orateurs qui ont
illustré le christianisme. » (*Tableau de l'éloquence chrétienne.*)

Né à Stridonium, sur les confins de la Dalmatie et de la
Pannonie, vers 331, il fit des études brillantes sous les plus
habiles maîtres, voyagea dans presque toutes les parties de
l'empire, et passa une grande partie de sa vie à Rome et dans
la solitude de Béthléhem, où il mourut vers l'an 420. Il est,
parmi les latins, ce qu'Origène est parmi les Grecs, et il a
joint avec plus de supériorité la connaissance des lettres à la

profonde étude de l'antiquité. Il n'est pas un écrivain de la
Grèce et de Rome qui ne lui soit familier; et s'il pèche, c'est
par la profusion de textes étrangers qu'il mêle à ses plus
graves compositions; mais ce défaut est racheté, le plus
souvent, par la justesse des applications.

A peine sorti de l'école de rhétorique, il voulut commenter
le prophète Abdias. Ce n'était là qu'un prélude à des travaux
d'une bien plus difficile exécution ; et ce premier essai, dont
lui seul ne fut pas content, lui fit sentir que c'était dans leur
langue même qu'il fallait étudier nos livres saints. C'est à lui
que nous sommes redevables de la version de l'Ancien et du
Nouveau Testament, que nous employons aujourd'hui et qui
est connue sous le nom de *Vulgate*. Saint Augustin, qui s'était
d'abord effrayé de la difficulté de l'entreprise, la jugeant sans
doute supérieure aux forces d'un seul homme, n'attendit pas
sa pleine exécution pour changer de langage, et pour en féliciter à la fois et l'auteur et la religion à qui il rendait un si
éminent service.

« Comme écrivain, il n'étonne pas moins par son abondance
et son énergique concision. Vif, impétueux, entraînant, son
style prend la teinte de son caractère. Il n'a pas toujours la
pureté et l'élégance châtiée du beau siècle de la littérature
latine : saint Jérôme eût dédaigné de s'asservir à une correction méthodique et régulière ; ses expressions n'en sont que
plus mâles et plus grandes. Les questions les plus arides
perdent sous sa plume leur sécheresse naturelle; et les
ouvrages les plus sérieux ne sont pas les moins agréables. Il
traite ses matières quelquefois avec la pompe et toute la
chaleur de l'éloquence, toujours avec la vigueur d'une dialectique consommée. La véhémence, la précipitation, si l'on veut,
avec laquelle il écrivait, ne nuit presque jamais à la solidité
de son raisonnement, ni à la clarté de ses discussions, parce
que la pénétration de son esprit allait droit au point de la
difficulté. Ce mérite se fait sentir plus particulièrement dans
tout ce qu'il a écrit sur l'Ecriture sainte. C'est là que ce torrent, tombé de la montagne, roule avec calme dans le

vallon ses eaux limpides et abondantes. On voit qu'il y fait
effort sur lui-même pour n'être pas orateur. Son génie le
trahit, et à défaut du nombre des périodes, de la magnificence
des images, des ornements du discours, et d'un certain luxe
d'érudition, qu'il déploie jusque dans ses lettres, avec une
sorte de complaisance, ce même génie se concentre dans
une concision pittoresque, dans une élocution sentencieuse,
variée par les tours et les mouvements. » (*M. Guillon, Bibliothèque choisie des Pères de l'Eglise.*)

Nous devons ajouter à ce jugement sur saint Jérôme, que
dans plusieurs de ses ouvrages de controverse, il pousse la
véhémence au-delà des bornes; elle dégénère en invectives
pleines d'amertume, en traits sanglants, et ressemble trop au
langage de la passion. La rigidité de son caractère, augmentée
encore par une vie dure et pénitente, donnait à son zèle, dans
certaines circonstances, une espèce d'âpreté qui influait sur
son éloquence.

Saint Augustin. (354—430.)

Nous arrivons à l'homme le plus étonnant de l'Eglise latine,
à saint Augustin. « Donnez-lui un autre siècle, dit M. Villemain;
placez-le dans une meilleure civilisation, et jamais homme
n'aura paru doué d'un génie plus vaste et plus facile. Métaphysique, histoire, antiquités, science des mœurs, connaissance des Arts, Augustin avait tout embrassé. Il écrit sur
la musique comme sur le libre-arbitre; il explique le phénomène intellectuel de la mémoire, comme il raisonne sur la
décadence de l'empire romain. » (*Tableau de l'Eloquence chrétienne.*)

Cet illustre docteur naquit l'an 354, à Tagaste, petite ville
de Numidie, située à peu de distance de Madaure et d'Hyppone. Il était fils de Patrice et de Monique, qui l'élevèrent
avec un soin extrême. Sa sainte mère lui inspira de bonne
heure les sentiments de piété dont elle-même était pénétrée;
mais les leçons de la vertu furent bientôt effacées par les

passions de la jeunesse ; et, dès l'âge de seize ans, Augustin s'abandonna avec ivresse aux attraits du plaisir.

Il étudia d'abord dans la ville de Madaure, puis à Carthage. L'éloquence ne lui suffisait pas ; il avait besoin de croire, et il cherchait la vérité. Il crut la voir dans la secte des Manichéens, dont la métaphysique subtile et merveilleuse plaisait à son esprit. Sa mère, pleine d'horreur pour cette secte, suppliait les évêques chrétiens de le voir et de le ramener. L'un d'eux lui dit ces belles paroles :

« Allez en paix, et continuez de prier pour lui ; car il est impossible qu'un fils pleuré avec tant de larmes périsse jamais. »

Augustin était revenu près de sa mère à Tagaste, où il enseignait la rhétorique ; mais le regret qu'il eut de la mort d'un ami l'éloigna de nouveau de cette ville, et le fit retourner à Carthage, toujours maître d'éloquence, manichéen peu convaincu et philosophe emporté par les plaisirs. Ses doutes religieux redoublèrent par des conférences avec un docteur manichéen.

On sait comment, lassé de tout, il vint à Rome, puis à Milan, où il fut envoyé par Symmaque pour enseigner l'éloquence ; on sait comment il fut touché des paroles de saint Ambroise, se retira dans la solitude, et fixa dans le christianisme la longue inquiétude de son esprit et de son cœur.

C'est dans les propres écrits d'Augustin, c'est dans le plus original de tous, dans ses *Confessions*, qu'il faut chercher la première partie de sa vie, qui n'est autre que l'histoire de ses passions et de ses pensées. On défigurerait, en voulant les reproduire, ces peintures si fortes et si naïves d'une âme ambitieuse, aimante, que le plaisir enivre et ne satisfait pas, que la célébrité fatigue, que l'étude même agite ; et qui poursuit toujours une fantastique espérance de bonheur et de vérité.

Augustin était dans sa trente-deuxième année lorsqu'il se convertit. Pour exécuter son projet de quitter le monde, il

attendit les vacances de l'école de Milan ; et alors, ayant
averti les principaux citoyens de lui chercher un successeur,
il se retira dans une maison de campagne avec sa mère, son
fils naturel Adéodat, ses amis Alype et Nébride, et deux jeunes
élèves dont il voulait surveiller les études. La méditation, la
promenade et les entretiens de philosophie religieuse, occupaient la petite société.

Augustin, dans cette retraite, écrivit ses premiers ouvrages
contre les principes des Académiciens et des Pyrronniens, et
sur le bonheur de connaître Dieu, parce qu'il voulut d'abord
s'exercer sur des sujets propres à l'affermir dans ses pieuses
résolutions. Ces ouvrages sont en forme de dialogues. Il y
introduit, comme interlocuteurs, tantôt ses deux amis et tantôt
ses jeunes élèves. Les détails en sont pleins de charmes.
L'entretien commence quelquefois dans la salle des bains,
quelquefois, par un beau soleil d'hiver, dans une prairie
voisine de la maison ; on l'interrompt pour lire un demi-
volume de Virgile, charmante préoccupation qu'Augustin ne
se reprochait pas encore. La vive ardeur des deux jeunes gens,
cet emportement de leur âge, qui contraste avec la gravité de
leurs études, les petits incidents de la dispute, et les mouvements de l'amour propre, tout est rendu avec une grâce
infinie.

Augustin appelle sa mère à ces entretiens, et il croit remarquer en elle une rare sagacité pour la philosophie : lui-même
parle avec beaucoup d'élévation et de subtilité sur Dieu,
l'âme et la vérité : mais il ramène tout à la foi chrétienne, et à
la règle des mœurs.

Un autre ouvrage de la même époque, et d'une forme plus
singulière, ce sont les *Soliloques*, dans lesquels Augustin con-
verse avec la raison. Jamais on ne réunit autant de fine dialectique et de sensibilité rêveuse ; le tour subtil de l'imagination africaine s'y mêle à une sorte de curiosité naïve : « Je
veux, dit Augustin, savoir Dieu et l'âme. « Et il entend la
raison qui lui répond : « Ne veux-tu rien savoir de plus ? »
Toutefois le génie du philosophe africain jette quelques traits
de lumière sur ces grandes questions ; il y a quelque chose de

sublime dans la manière dont il prouve l'immortalité de l'âme,
par la nature immortelle de la vérité, dont notre âme est le
sanctuaire et le juge. (M. Villemain.)

C'est ainsi qu'Augustin se disposait au baptême, qu'il reçut
des mains de saint Ambroise, avec son fils et son ami Alype,
à la pâque de 387, étant âgé de trente-trois ans.

Ayant perdu sa mère, il vint passer quelque temps à Rome,
où il composa les livres des *Mœurs de l'Eglise contre les Manichéens*, et *de la Grandeur de l'âme*. Il y commença aussi son
livre sur le *Libre-Arbitre*, et retourna ensuite à Tagaste, où il
donna la meilleure partie de ses biens aux pauvres, forma une
communauté avec quelques uns de ses amis, et se consacra au
jeûne et à la prière.

En même temps qu'il menait cette vie austère, il multipliait
ses écrits en faveur de la religion. Son savoir et ses vertus
se répandirent et lui attirèrent la vénération publique. Un
jour qu'il était à Hyppone, Valère, évêque de cette ville, fit
à son peuple un discours sur la nécessité où il se trouvait
d'ordonner un prêtre pour son église. A l'instant tous les
yeux se fixent, comme par une convention préméditée, sur
Augustin qui se trouvait dans l'auditoire. On se saisit de sa
personne; il est ordonné prêtre, malgré sa résistance, et Valère
lui confie aussitôt le ministère de la prédication.

Une fois engagé dans ce laborieux exercice, Augustin ne
cessa pas un moment d'en remplir le devoir. Il prêchait quelquefois tous les jours, et même deux fois par jour. Il n'interrompait point cette fonction, même quand il était si faible
qu'il pouvait à peine parler; mais il ranimait alors ses forces,
et le zèle dont il brûlait pour le salut des âmes lui faisait
oublier ses peines et ses dangers. S'il allait dans d'autres
diocèses, on le priait de rompre au peuple le pain de la parole
de vie. Partout on courait en foule à ses sermons. On l'écoutait avec transport : on battait souvent des mains, selon la
coutume de ce siècle. De semblables succès ne flattaient point
son cœur. « Ce ne sont pas, s'écriait-il des applaudissements,
mais des larmes, que je demande; *non plausus sed lacrymæ*. »
Des peuplades entières de malheureux, opprimés soit par les

exactions, soit par les malheurs du temps, allaient souvent
l'attendre sur les chemins publics, et le contraignaient de
prêcher en leur faveur, pour triompher, par l'onction de ses
discours, de l'impitoyable dureté des riches.

Cependant Valère, se sentant accablé sous le poids des ans
et des infirmités, le fit nommer, malgré sa résistance, son
coadjuteur, avec le titre d'évêque. Alors les vertus et le génie
d'Augustin se montrèrent dans tout leur éclat. Il quittait
rarement Hyppone, et seulement pour aller à Carthage et à
Madaure, dont les habitants étaient encore en partie attachés
au paganisme; mais de son modeste asile il portait ses
regards et ses travaux sur tout le monde chrétien. Ce pontife
universel prend sur lui le travail de tous les évêques. Réfutation des hérésies, interprétation des livres saints, institution des lois canoniques, réforme des monastères, lettres aux
empereurs, correspondances suivies à Rome, avec les souverains pontifes, à Nole avec Paulin, en Palestine avec saint
Jérôme, à Milan avec saint Ambroise et Simplicien, en Espagne
avec Orose, dans les Gaules avec saint Prosper, Lazare d'Arles,
Hilaire de Narbonne, à Constantinople avec Maxime, Lon-
ginien, Dioscore, tous les gens de lettres du Bas-Empire,
qui en lui adressant leurs écrits, l'appellent de concert *le
représentant de la postérité :* tels sont les délassements de son
épiscopat : aussi admirable par la simplicité et l'héroïsme de
ses vertus, qu'il est étonnant par le nombre et l'excellence
de ses écrits. En même temps, il s'occupait d'élever de
jeunes enfants, faisait bâtir à Hyppone un hospice pour les
étrangers, adoucissait le sort des esclaves, habillait les pauvres, aliénait en leur faveur son propre revenu, les visitait en
personne; et on le vit, comme saint Ambroise, vendre les
ornements de son église et les vases sacrés des autels, tant
pour subvenir à leurs besoins que pour racheter les captifs.

Nous n'entrerons point dans le récit des combats qu'il
eut à soutenir contre les sectaires, et des victoires qu'il a
remportées sur eux tous; de ces fameuses conférences où il
triompha de leurs subtilités; des conciles dont il fut l'âme;

des persécutions auxquelles il ne cessa d'être en butte, et de
l'invincible patience qu'il opposa constamment à tous les
genres d'adversités; de son parfait désintéressement, de l'inal-
térable pureté de ses mœurs après un si long dérèglement,
des amertumes qui auraient desolé tout autre cœur que le
sien, si l'ardeur de sa foi ne l'eût élevé an-dessus de tous les
événements d'ici-bas.

Une carrière remplie de tant de travaux, de tant de périls,
de tant de bonnes œuvres, l'avait conduit à un âge avancé,
lorsqu'il eut la douleur de voir son pays en proie aux horreurs
de la guerre, et sa chère ville d'Hyppone assiégée par les Barbares (430). On le vit alors, animé de ce zèle charitable qui
était le caractère de sa sainteté, rassembler le peu de forces
qui lui restaient, pour prodiguer des consolations et des
secours aux combattants et aux blessés. « Il les animait de sa
foi, dit M. Villemain. Son nom était vénéré même des Van-
dales. Ces barbares attaquèrent faiblement des murs défendus
par la présence du saint pontife, et bientôt consacrés par sa
mort; car dans le troisième mois du siège, accablé d'inquié-
tudes et de soins, il expira, le cœur déchiré par les maux de
son pays, et les yeux attachés sur cette cité céleste, dont il
avait écrit la merveilleuse histoire. » *(Tableau de l'Eloquence
chrétienne.)*

On trouve dans les écrits de saint Augustin des jeux de
mots, des antithèses et des subtilités. « Mais, dit Bossuet, que
ces minuties sont peu dignes d'être relevées! Un savant
de nos jours (Arnaud) dit souvent qu'en lisant saint Augustin,
on n'a pas le temps de s'appliquer aux paroles, tant on est
saisi par la grandeur, par la suite, par la profondeur des
pensées. En effet, le fond de saint Augustin, c'est d'être nourri
de l'Ecriture, d'en tirer l'esprit, d'en prendre les plus hauts
principes, de les manier en maître, et avec la diversité convenable. Après cela, qu'il ait ses défauts, comme le soleil a
ses taches, je ne daignerais ni les avouer, ni les nier, ni les
excuser ou les défendre. » *(Défense de la tradition.)*

CHAPITRE QUATRIÈME.

MOYEN-AGE.

Île de Lérins. — Salvien. — Saint Eucher. — Saint Léon. — Saint Grégoire-le-Grand. — Conversion des Barbares. — Croisades. — Pierre
l'Ermite. — Urbain II. — Saint Bernard.

Ainsi le Christianisme ranimait le génie de l'éloquence ; ainsi
une foule de grands hommes, qu'il avait formés, enfantaient
des productions sublimes. Cette carrière nouvelle qui s'était
ouverte, aurait conduit sans doute à une perfection plus haute ;
le goût lui-même se serait entièrement épuré sous l'influence
des doctrines qui avaient opéré dans le monde une si étonnante
révolution. Mais un mouvement rétrograde fut malheureusement imprimé à la littérature chrétienne. Les Barbares s'étaient
précipités sur l'empire et avaient ravagé ses plus belles provinces. Pendant plusieurs siècles ils continuèrent leurs dévasta-
tions, et l'on put croire, lorsqu'ils se fixèrent au milieu des
vaincus, que le monde allait être plongé pour toujours dans
les plus affreuses ténèbres. La lumière brillante, qui, du sein
de la foi, avait éclairé les peuples, fut en effet obscurcie et
enveloppée d'épais nuages. Toutefois elle ne pouvait entièrement s'éteindre. Longtemps encore le grand siècle de saint
Jean Chrysostôme sembla se prolonger. On vit paraître saint
Vincent de Lérins, Salvien, le grand pape saint Léon et saint
Grégoire-le-Grand. Après eux on ne rencontre plus d'orateurs,
il est vrai ; le génie de l'éloquence est, ce semble, étouffé ;
mais la religion entretient le feu sacré au milieu des ruines ;
elle sauve de la destruction non-seulement les ouvrages ins-

pirés par son esprit, mais encore la plupart des chefs-d'œuvre de l'antiquité païenne; elle conserve, pour un avenir plus heureux, la langue du peuple-roi, si digne, par sa noblesse, de servir à la majesté de son culte et de proclamer ses divins mystères; elle possède même des hommes de talent et de science, dont les écrits, empreints pour la plupart de la rouille du mauvais goût, sont quelquefois remarquables par l'élévation des pensées.

ILE DE LÉRINS.

Au cinquième siècle il se forma une sorte de Thébaïde savante dans l'île de Lérins. « Sans doute, dit saint Eucher, je dois un grand respect à tous les lieux du désert; mais c'est principalement ma chère Lérins que j'honore, elle qui, après avoir accueilli dans ses bras maternels ceux qui ont échappé au naufrage d'un monde orageux, travaillés qu'ils sont encore des agitations du siècle, les introduit doucement sous ses ombrages, afin qu'ils reprennent leurs esprits, couverts par cette ombre intérieure de Dieu. Arrosée d'eaux bienfaisantes, riche de verdure, émaillée de fleurs, pleine de charmes pour l'odorat et la vue, elle offre à ceux qui la possèdent une image de ce paradis qu'ils doivent habiter. »

Salvien. (...484.)

Salvien est le plus remarquable des hommes qui ont vécu dans cette île. Etabli en 426 à Marseille, où il fut ordonné prêtre, il déplora avec tant de douleur les désordres de son temps, qu'il fut appelé le *Jérémie du cinquième siècle*. Ses lumières et ses vertus le firent aussi nommer le *Maître des évêques*.

Salvien aurait égalé le mérite des plus grands orateurs, s'il avait su mettre plus de méthode dans ses traités, plus de réserve dans ses invectives, plus de précision dans ses mouvements et dans son élocution. Mais on ne saurait se dissimuler que le retour habituel des mêmes pensées, des mêmes images et des mêmes expressions, porte dans ses deux principaux ouvrages, le *Traité de la Providence* et le *Traité contre l'Avarice*, une monotonie qui nuit beaucoup à leur effet. Salvien présente une vaste galerie de tableaux composés avec feu, coloriés d'une manière brillante, mais tous copiés les uns sur les autres.

Saint Eucher. (...450.)

Un autre solitaire de Lérins, le mélancolique et doux saint Eucher, contraste singulièrement avec l'énergique et âpre Salvien. Ses deux principaux ouvrages sont : l'*Eloge de la Solitude*, et un *Traité du mépris du monde et de la philosophie du siècle*.

Il y a dans saint Eucher des traces de recherche et d'affectation; mais on ne peut méconnaître dans cet écrivain un style élégant et une âme tendre et rêveuse. La tristesse sainte de l'auteur semble se résumer dans cette phrase de son opuscule sur le mépris du monde : « Le genre humain se hâte rapidement vers le tombeau, et toutes les générations s'écoulent une à une avec les siècles. Nos pères sont partis les premiers, nous partirons aussi, nos neveux viendront après nous, et comme les vagues, poussées les unes par les autres, se brisent contre les rivages de la mer, ainsi tous les âges se suivent, se heurtent et se terminent à la mort. »

Saint Eucher mourut évêque de Lyon, vers 450.

Saint Vincent de Lérins. (...—448.)

L'île de Lérins devait encore donner au monde, dans ce siècle, un habile athlète, Vincent de Lérins, né dans les Gaules. On croit qu'il embrassa d'abord la profession des armes, et que le dégoût de la société l'entraîna dans la sainte solitude, aux bords des flots : « Balloté, dit-il, par les tristes et divers tourbillons de la vie séculière, je me suis enfin caché au port de la religion, refuge toujours si favorable à tous les hommes. Là, déposant les pensées d'orgueil et de vanité, apaisant Dieu par le sacrifice de l'humilité chrétienne, je cherche à éviter non-seulement les naufrages de la vie présente, mais encore les feux du siècle futur. »

Vincent de Lérins écrivit, dans sa retraite, un livre qui a été souvent comparé aux Prescriptions de Tertullien. Il a pour titre : *Commonitoire d'un Pèlerin contre les hérétiques.*

« Sous le point de vue littéraire, dit M. l'abbé Ray, traducteur de ce livre, le Commonitoire est l'œuvre d'un génie supérieur, d'une plume habile et longtemps exercée. Moins nerveux, moins pressant, moins énergique que l'auteur des Prescriptions, sur les traces duquel il conduit parfois son raisonnement, il est aussi moins fiévreux, moins obscur et moins âpre ; il est plus onctueux, plus méthodique, plus abondant, sans être moins fort ni moins exact. Plus d'intelligences communes peuvent l'aborder avec profit, et cependant lorsque Vincent, dont la précision de style n'ôte rien à la souplesse, à la clarté, au nombre, à l'harmonie, veut donner à sa pensée plus d'éclat et plus d'étendue, quelle force, quelle pompe ne déploie-t-il pas ! Lisez en particulier le tableau qu'il trace de la chute de deux grands hommes, Origène et Tertullien, la description des fureurs de l'arianisme et celle des progrès du dogme catholique. Ce sont là, controverse à part, des pages bien éloquentes. »

Saint Léon le Grand. (...—461.)

Saint Léon, surnommé le Grand, occupa le trône pontifical depuis 440 jusqu'à 461.

Son éloquence a un caractère spécial, et qui semble appartenir à lui seul. Ce n'est point la vigueur mâle, impétueuse de saint Grégoire de Nazianze, ni la pompe et la magnificence de saint Jean Chrysostôme, ni l'abondante sublimité d'esprit de saint Ambroise, de saint Augustin ; c'est une éloquence grave, sans passion, pleine de dignité ; celle, en un mot, qui convient éminemment au vicaire de Jésus-Christ. On reconnaît la religion du roi des rois, qui, assise sur le trône de saint Pierre, dicte ses oracles par la bouche de son pontife.

Saint Grégoire le Grand. (...—604)

Nous devons avouer que le style de saint Grégoire le Grand est celui de son siècle, c'est-à-dire qu'il est obscur, embarrassé, rempli de locutions vicieuses, surchargé d'allégories et déjà barbare ; mais ces défauts sont avantageusement compensés par la solidité de l'instruction, et surtout par l'onction divine qui fait le caractère de ses écrits.

CONVERSION DES BARBARES.

Quand même le génie de l'éloquence, dans les siècles que nous parcourons, n'aurait élevé aucun monument durable, il présenterait encore à la postérité de bien glorieux souvenirs. Les pontifes de Rome, les évêques et les prêtres attachés à la chaire de l'unité, se virent environnés du respect et de l'amour qui étaient dus à la grandeur de leur vertu, à l'éclat de leur science et à la sainteté de leur caractère. Ils exercèrent au milieu des peuples le ministère de la prédication avec une autorité imposante. Les Barbares, malgré la férocité de leurs mœurs, avaient dans le cœur je ne sais quoi de grand et de généreux. Ils furent frappés à la vue de ces hommes célestes qui leur présentaient le flambeau de la vérité ; ils prêtèrent facilement l'oreille aux sublimes enseignements de la foi, et ouvrirent leurs cœurs aux nobles sentiments qu'elle inspire. Le farouche Attila, qui renonce tout-à-coup au projet de dévaster Rome, parce qu'il voit dans le pontife saint Léon, qui lui parle au nom du ciel pour fléchir son courroux, quelque chose de surnaturel et de divin, donne une idée de l'impression que firent sur eux les discours des ministres de la religion. Ainsi l'éloquence chrétienne eut une nouvelle mission à remplir, et elle l'accomplit avec succès. Elle adoucit les mœurs de ces peuples féroces que la Providence poussait sur l'empire romain, pour le punir de sa corruption et de ses crimes ; elle allait même souvent à leur rencontre jusque dans les régions septentrionales, afin de les gagner au Dieu de paix et de miséricorde, et de leur inspirer des sentiments d'humanité en faveur des nations qu'ils venaient subjuguer. Les apôtres avaient converti l'empire par la prédica-tion ; leurs successeurs le convertirent une seconde fois , ou pour mieux dire, autant de fois qu'il fut renouvelé.

Enfin d'autres sociétés se formèrent sur les débris de l'an-cienne. Ils en furent pour ainsi dire les chefs suprêmes ; ils dirigèrent les peuples et les rois ; ils défendirent les uns contre la tyrannie , les autres contre la licence et la révolte ; ils firent recevoir peu à peu, dans le gouvernement des Etats , les maxi-mes de l'Evangile et les décisions des conciles. On leur a re-proché d'avoir abusé quelquefois de l'influence accordée à leur science et à leur mérite ; mais en général ils s'en servirent pour le bien , et il est maintenant reconnu que tout ce qu'il y a de meilleur dans les sociétés modernes , est dû , en grande partie, aux pontifes de Rome et au clergé catholique. On peut en voir la preuve dans les plus célèbres écrivains de notre temps ; tels que M. de Châteaubriand, M. de Maistre, M. de Bonal, M. Michaut.

CROISADES.

En avançant dans les siècles , nous arrivons à une époque plus mémorable encore ; celle qui vit tous les peuples de l'Oc-cident s'ébranler à la fois, se précipiter sur l'Asie pour venger les outrages faits à leur culte , et refouler la barbarie musul-mane qui avait débordé jusque dans les royaumes de l'Euro-pe, et qui menaçait la chrétienté tout entière. Nous ne nous arrêterons à ces entreprises extraordinaires , connues sous le nom de *Croisades*, que pour montrer qu'elles donnèrent lieu à la puissance de la parole d'opérer des prodiges.

L'ermite Pierre, dit M. Michaut, (première croisade, 1095), traversa l'Italie, passa les Alpes, parcourut la France et la plus grande partie de l'Europe , embrasant tous les cœurs du zèle dont il était dévoré. Il voyageait monté sur une mule, un crucifix à la main , les pieds nus, la tête découverte , le corps ceint d'une grosse corde , couvert d'un long froc et d'un manteau d'ermite de l'étoffe la plus grossière. La singularité de

ses vêtements était un spectacle pour le peuple ; l'austérité de
ses mœurs, sa charité, la morale qu'il prêchait, le faisaient
révérer comme un saint.

Il allait de ville en ville, de province en province, implorant le courage des uns, la piété des autres ; tantôt il se montrait dans la chaire des églises, tantôt il prêchait dans les chemins et sur les places publiques. Son éloquence était vive et
emportée, remplie de ces apostrophes véhémentes qui entraînent la multitude. Il rappelait la profanation des saints lieux,
et le sang des chrétiens versé par torrents dans les rues de
Jérusalem ; il invoquait tour-à-tour le ciel, les saints, les anges,
qu'il prenait à témoins de la vérité de ses récits ; il s'adressait
à la montagne de Sion, à la roche du Calvaire, au mont des
Oliviers, qu'il faisait retentir de sanglots et de gémissements.
Quand il ne trouvait plus de paroles pour peindre le malheur
des fidèles, il montrait aux assistants le crucifix qu'il portait
avec lui ; tantôt il se frappait la poitrine et se meurtrissait le
sein, tantôt il versait un torrent de larmes...

Souvent il rencontrait dans ses courses des chrétiens d'O-
rient, bannis de leur patrie et parcourant l'Europe en demandant l'aumône. L'ermite Pierre les présentait au peuple comme
des témoins vivants de la barbarie des infidèles ; en montrant
les lambeaux dont ils étaient couverts, le saint orateur s'élevait
avec violence contre leurs oppresseurs et leurs bourreaux. A
ce spectacle, les fidèles éprouvaient tour-à-tour les plus vives
émotions de la pitié et toutes les fureurs de la vengeance ; tous
déploraient dans leur cœur les malheurs et la honte de Jérusalem. Le peuple élevait la voix vers le ciel, pour demander
à Dieu qu'il daignât jeter un regard sur la ville chérie ; les
uns offraient leurs richesses, les autres leurs prières : tous
promettaient de donner leur vie pour la délivrance des saints
lieux.

Mais écoutons l'éloquent historien, lorsqu'il transporte les
prédicateurs de la guerre sainte dans une assemblée solennelle
(le concile de Clermont), composée d'une multitude d'évêques,
d'archevêques, de prêtres, de docteurs, d'ambassadeurs, de

princes accourus de toutes les parties de l'Europe, à la voix du chef de l'Église.

Urbain, qui parla après Pierre l'ermite, représenta comme lui les saints lieux profanés par la domination des infidèles.

A mesure qu'il prononçait son discours, ses auditeurs se pénétraient des sentiments dont il était animé ; il cherchait tour-à-tour à exciter dans le cœur des chevaliers et des barons qui l'écoutaient, l'amour de la gloire, l'ambition des conquêtes, l'enthousiasme religieux, et surtout la compassion pour leurs frères chrétiens :

« Guerriers qui m'écoutez, poursuivait l'éloquent pontife, vous qui cherchez sans cesse de vains prétextes de guerre, ré-jouissez-vous, car voici une guerre légitime ; le moment est venu de montrer si vous êtes animés d'un vrai courage ; le moment est venu d'expier tant de violences commises au sein de la paix, tant de victoires souillées par l'injustice. Vous qui fûtes si souvent la terreur de vos concitoyens, et qui vendez pour un vil salaire vos bras aux fureurs d'autrui, nouveaux Machabées, allez défendre la *maison d'Israël qui est la vigne du Seigneur des armées.* Il ne s'agit plus de venger les injures des hommes, mais celles de la divinité ; il ne s'agit plus de l'atta-que d'une ville ou d'un château, mais de la conquête des lieux saints. Si vous triomphez, les bénédictions du ciel et les royau-mes de l'Asie seront votre partage ; si vous succombez, vous aurez la gloire de mourir aux mêmes lieux que Jésus-Christ, et Dieu n'oubliera point qu'il vous aura vus dans sa milice sainte. Que de lâches affections, que des sentiments pro-fanes ne vous retiennent point dans vos foyers ; soldats du Dieu vivant, n'écoutez plus que le gémissements de Sion ; bri-sez tous les liens de la terre, et ressouvenez-vous de ce qu'a dit le Seigneur : *Celui qui aime son père ou sa mère plus que moi, n'est pas digne de moi ; quiconque abandonnera sa maison, ou son père, ou sa mère, ou sa femme, ou ses enfants, ou son héritage, pour mon nom, sera récompensé au centuple, et possé-dera la vie éternelle.* »

Ces paroles d'Urbain pénétraient, embrasaient tous les

cœurs, et ressemblaient à la flamme ardente descendue du ciel. L'assemblée des fidèles, entraînée par un enthousiasme que jamais l'éloquence humaine n'avait inspiré, se leva tout entière et lui répondit par un cri unanime : *Dieu le veut ! Dieu le veut !*

« Oui, sans doute, reprit le saint pontife, Dieu le veut, vous voyez aujourd'hui l'accomplissement de la parole du Sauveur, qui a promis de se trouver au milieu des fidèles assemblés en son nom; c'est lui qui vous a dicté ces paroles que je viens d'entendre; qu'elles soient votre cri de guerre, et qu'elles annoncent partout la présence du Dieu des armées. »

En achevant ces mots, le pontife montra à l'assemblée des chrétiens le signe de leur rédemption.

« C'est Jésus-Christ lui-même, leur dit-il, qui sort de son tombeau et qui vous présente sa croix : elle sera le signe élevé entre les nations, qui doit rassembler les enfants dispersés d'Israël, portez-la sur vos épaules ou sur votre poitrine; qu'elle brille sur vos armes et sur vos étendards; elle deviendra pour vous le gage de la victoire ou la palme du martyre; elle vous rappellera sans cesse que Jésus-Christ est mort pour vous, et que vous devez mourir pour lui. »

Saint Bernard. (1091—1153.)

Dans la seconde croisade (sous le règne de Louis le jeune, 1146), on voit paraître un prédicateur plus étonnant encore, saint Bernard, abbé de Clairvaux, si célèbre par l'influence extraordinaire qu'il exerça sur son siècle. Entraîné vers la vie solitaire et religieuse par un de ces sentiments impérieux qui n'en laissent pas d'autres dans l'âme, il alla prendre sur l'autel toute la puissance de la religion. Lorsque, sortant de son désert, il paraissait au milieu des peuples et des cours, les austérités de sa vie empreintes sur des traits où la nature avait répandu la grâce et la beauté, remplissaient toutes les âmes d'amour et de respect. Il faisait fondre en larmes les peuples

14

au milieu des campagnes et des places publiques ; son éloquence paraissait un des miracles de la religion qu'il prêchait.
Enfin, l'Eglise, dont il était la lumière, semblait recevoir les
volontés divines par son entremise. Les rois et leurs ministres,
à qui il ne pardonnait jamais ni un vice, ni un malheur public, s'humiliaient sous ses réprimandes comme sous la main
de Dieu même ; et les peuples, dans leurs calamités, allaient se
ranger autour de lui, comme ils vont se jeter au pied des autels. (*Garat*, *Eloge de Suger.*)

Saint Bernard prêcha la croisade dans la célèbre assemblée
de Vézelay.

Le dimanche des Rameaux, après avoir invoqué l'Esprit-
Saint, dit M. Michaut, tous ceux qui étaient arrivés pour
entendre l'abbé de Clairvaux, se réunirent sur le penchant
d'une colline, aux portes de la ville. Une vaste tribune fut
élevée, où le roi, dans l'appareil de la royauté, et saint
Bernard, dans le costume modeste d'un cénobite, furent salués
par les acclamations d'un peuple immense. L'orateur de la
croisade lut d'abord les lettres du souverain pontife, et parla
ensuite à ses auditeurs de la prise d'Edesse par les Sarrazins,
et de la désolation des saints lieux. Il leur montra l'univers
plongé dans la terreur, en apprenant que Dieu avait commencé
à perdre sa terre chérie. Il leur présenta la ville de Sion
implorant leur secours, Jésus-Christ prêt à s'immoler une
seconde fois pour eux, et la Jérusalem céleste ouvrant toutes
ses portes pour recevoir les glorieux martyrs de la foi.

Tous les barons et les chevaliers applaudirent à l'éloquence de
l'abbé de Clairvaux, et furent persuadés qu'il avait exprimé la
volonté de Dieu. Louis VII, vivement ému des paroles qu'il venait d'entendre, se jeta, en présence de tout le peuple, aux pieds
de saint Bernard, et lui demanda la croix. Revêtu de ce signe
révéré, il parla lui-même à l'assemblée des fidèles pour les
exhorter à suivre son exemple. Dans son discours, il leur
montra l'impie Philistin versant l'opprobre sur la maison de
David, et leur rappela la sainte détermination que Dieu lui-
même lui avait inspirée. Il invoqua, au nom des chrétiens

d'Orient, l'appui de la nation généreuse dont il était le chef ; de cette nation qui ne pouvait supporter la honte ni pour elle ni pour ses alliés, et portait sans cesse la terreur parmi les ennemis de son culte et de sa gloire. A ce discours, tout l'auditoire fut attendri et fondit en larmes. La piété touchante du monarque acheva de persuader tous ceux que l'éloquence de saint Bernard n'avait point entraînés. La colline sur laquelle était rassemblé un peuple innombrable, retentit long-temps de ces mots : *Dieu le veut! Dieu le veut! la croix!* *(Histoire des Croisades.)*

On connaît les mauvais succès de cette croisade. Ils furent imputés à saint Bernard, qui composa une apologie. Ce serait nous écarter de notre plan de donner ici l'analyse de ses raisons ; ce serait nous en écarter également de réfuter ce que les incrédules du dernier siècle ont dit contre les guerres saintes. Nous renvoyons aux écrivains célèbres que nous avons nommés plus haut, en parlant de la puissance exercée, au moyen-âge, par le clergé catholique. Ils démon-trent qu'elles ont eu les résultats les plus avantageux pour la société, et en particulier qu'elles ont sauvé l'Europe de la barbarie.

ÉCRITS DE SAINT BERNARD.

Revenons à saint Bernard. Pendant sa vie il agit à son gré sur les peuples et les rois par son éloquence et par une éminente sainteté; il fut l'oracle de l'Eglise, la lumière des évêques, le restaurateur de la discipline. Mais il continue, après sa mort, le ministère de la parole sainte; il console, il instruit par les ouvrages également pieux et savants qu'il a laissés. Il présente parmi ses contemporains une sorte de phénomène. Vivant dans le siècle des scolastiques, il n'en eut ni la méthode ni la sécheresse. Il sut briser les entraves qui auraient arrêté l'essor de son génie, et imita la marche libre et le style animé des anciens. Il est plein de force, d'onction et d'agrément. Il possédait si parfaitement l'Ecriture, qu'il en faisait passer le langage dans presque toutes ses

périodes. Il avait beaucoup lu les anciens Pères, surtout saint
Ambroise et saint Augustin ; souvent il emprunte leurs pensées ; mais il sait se les rendre propres par le tour nouveau
qu'il leur donne. Ses *Sermons* respirent l'éloquence du genre,
cette éloquence qui plait à l'esprit et pénètre le cœur. Ses
Lettres, au nombre de plus de quatre cents, sont d'un grand
intérêt ; elles ont pour objet diverses questions de discipline,
de dogme, de morale, et les affaires de son temps. Parmi
ses *Traités*, on distingue celui de la *Considération*, adressé au
pape Eugène III, et dans lequel il enseigne aux souverains
pontifes l'importance et l'étendue de leurs devoirs.

Erasme, bon juge en matière de style, admirait l'éloquence
et les agréments de celui de saint Bernard, autant que sa
vaste et modeste érudition. Son discours, dit Sixte de Sienne,
est partout plein de douceur et de feu ; il charme, il embrase :
sa langue est comme une source d'où le lait et le miel semblent couler dans ses paroles ; son cœur est une fournaise
d'où sortent ces affections brûlantes qui se communiquent à ses
lecteurs. « Celui, dit M. de Châteaubriand, qu'on appelait le
dernier des Pères avant que Bossuet eût paru, saint Bernard,
joint à beaucoup d'esprit une grande doctrine. Il réussit à
peindre les mœurs, et il avait reçu quelque chose du génie
de Théophraste et de La Bruyère. » *(Génie du Christianisme.)*

RÉFLEXIONS.

Nous avons vu l'éloquence des saints Pères sortie du collége
des apôtres, se déployer avec une sublime énergie pendant
les siècles de persécution. C'est au pied des échafauds et sous
le glaive des tyrans que s'enflammait le génie des apologistes.
Le siècle de saint Jean Chrysostôme a brillé à nos yeux du
plus grand éclat ; il nous a montré comme l'âge d'or de
l'éloquence chrétienne. Ces deux époques donneraient lieu
à un grand nombre de réflexions importantes ; nous en
indiquerons quelques-unes, en laissant parler, autant que possible, des écrivains célèbres dont les témoignages imposants
ajouteront à l'idée avantageuse qu'on a pu se former des écrits
des saints Pères.

1° L'Eglise a eu pour défenseurs, dans les premiers siècles, une foule d'hommes de talent et de savoir.

2° Leur autorité doit être d'un très-grand poids pour là cause du Christianisme.

« Quel plaisir, dit La Bruyère, d'aimer la religion et de la voir crue, soutenue, expliquée par de si beaux génies et par de si solides esprits! » *(Caractères.)*

« Comment n'être pas frappé, dit M. de Frayssinous, de l'autorité de ces illustres personnages, hommes si graves, si réfléchis, si vertueux, aussi incapables de préoccupation dans leur jugement que d'hypocrisie dans leur conduite? Dira-t-on que chez eux la foi était le fruit de l'ignorance? Mais c'étaient des hommes très-éclairés et très-savants. Dira-t-on qu'ils ont cru sans examen? Mais ils avaient si bien approfondi la religion, que plusieurs en ont laissé de très-doctes apologies; mais ils connaissaient toutes les objections de ses ennemis, ils les rapportent sans déguisement, ils mettent dans la dispute tant de bonne foi qu'ils ne dissimulent rien, et c'est par eux que nous avons connu ce que les Juifs ou les philosophes païens, tels que Celse, Porphyre, Julien, Hiéroclès, opposaient au Christianisme. Dira-t-on qu'ils écrivaient par préjugé de naissance? Mais plusieurs d'eutr'eux avaient été nourris, élevés dans le paganisme, tels que Clément d'Alexandrie, Tertullien, saint Cyprien, Arnobe, Lactance, Minutius-Félix. Ne sait-on pas que saint Augustin avait goûté de toutes les erreurs et de tous les plaisirs avant de se déclarer pour le Christianisme? Dira-t-on qu'ils étaient guidés par l'intérêt et par l'ambition? Mais quel intérêt avait-on, dans les trois premiers siècles de l'Eglise, d'embrasser une religion qui n'attirait que la haine et des persécutions? Quels ambitieux que ces hommes qui fuyaient les dignités ecclésiastiques avec plus d'empressement que l'ambition ne les recherche, qui ne les acceptaient qu'en tremblant, pour s'y dévouer à toutes les vertus, à tous les travaux de l'apostolat, et pour y vivre dans la simplicité et la pauvreté des solitaires! Tels ont été les Basile, les Grégoire de Nazianze, les Chrysostôme et tant d'autres, sur les premiers siéges et au milieu des villes les plus florissantes de l'empire romain. Dira-t-on enfin que la foi qu'ils professaient au-dehors n'était pas dans leur cœur? Certes, Messieurs, on croit à l'Evangile, quand on le pratique dans ce qu'il a de plus sain et de plus pur; on croit à la religion, quand on souffre et qu'on meurt pour elle : or, saint Irénée, saint Justin, saint Cyprien, ont été les martyrs de leur foi; saint Athanase fut exilé cinq fois pour elle; saint Chrysostôme mourut en exil; saint Ambroise fut en butte à la persécution des Ariens et de l'impératrice Justine qui les protégeait : où trouver une vie plus innocente et plus pure que dans saint Basile et saint Grégoire de Nazianze? De plus longs détails sur la sincérité de leurs croyances seraient superflus. Il est donc bien manifeste que, chez les Pères de l'Eglise, la foi était l'effet de la conviction la plus profonde, la plus réfléchie, la plus éclairée; et c'est une insigne témérité que de ne faire aucun cas de leur suffrage. » *(Conférences sur la religion.)*

3° Les saints Pères ont consigné et développé dans leurs ouvrages les preuves de la divinité du christianisme. Ils fournissent des armes puissantes pour repousser les attaques de l'incrédulité; ils ont répondu d'avance à tous les sophismes que l'ignorance et la mauvaise foi devaient dans la suite opposer à la religion.

4° Ils sont regardés à juste titre comme les oracles de l'Eglise.

5° Sous le rapport de la science ils fournissent les plus précieux documents. Leurs écrits sont comme les archives des siècles où ils vécurent, et, bien mieux que l'histoire, ils révèlent les usages, les mœurs, le génie des peuples.

6° Vivant à des époques de misère et de confusion, ils paraissent suscités par la Providence pour venir au secours de de tant de maux et pour empêcher la ruine entière de la société. Exhortant les peuples à la soumission et les princes à la douceur, ils se montrent ennemis tout à la fois et de l'anarchie et du despotisme. Le monde déjà peut comprendre que la religion qu'ils annoncent donnera seule, pour les Etats, des principes d'ordre et de justice, de stabilité et de bonheur.

7° Comme orateurs, les saints Pères méritent la plus haute estime.

« L'éloquence des saints Pères, dit M. de Châteaubriand, a quelque chose d'imposant, de fort, de royal, pour ainsi parler, et dont l'autorité vous subjugue et vous confond. On sent que leur mission vient d'en haut, et qu'ils enseignent par l'ordre exprès du Tout-Puissant. Toutefois au milieu de ces inspirations leur génie conserve le calme et la majesté. » (*Génie du Christianisme.*

— Cette éloquence est d'autant plus admirable qu'elle contraste avec le dépérissement de tout le reste.

« C'est au milieu de l'abaissement le plus honteux des esprits et des courages ; c'est dans un empire gouverné par des eunuques, envahi par les Barbares, qu'un Athanase, un Chrysostôme, un Ambroise, un Augustin font entendre la plus pure morale et la plus haute éloquence. Leur génie seul est debout dans la décadence de l'empire. Ils ont l'air de fondateurs au milieu des ruines. » (*M. Villemain.*)

« On cherche en vain qui leur comparer dans le domaine désert du polythéisme. » (*Le même.*)

En effet, il y a loin de saint Basile ou de saint Jean Chrysostôme à Libanius, et de saint Ambroise à Symmaque.

Le domaine de l'hérésie est plus stérile encore que celui du polythéisme.

Les ouvrages des Saints Pères, il est vrai, ne sont pas exempts de défauts. « On y désirerait plus de sévérité dans le style, plus d'attention aux convenances du genre, plus de méthode, plus de mesure dans les détails ; on leur a reproché de la diffusion, des digressions trop fréquentes, et l'abus de l'éruditon, qui, dans l'éloquence, doit être sobrement employée, de peur qu'en voulant trop instruire l'auditeur, on ne vienne à le refroidir. » (*La Harpe, qui d'ailleurs donne aux saints Pères les plus grands éloges.*)

Mais ces défauts, qui étaient ceux de leur temps, sont peu

sensibles dans plusieurs des Pères grecs; et les Pères latins eux-mêmes savaient très-souvent les éviter. Le besoin de répandre au dehors les sentiments qu'ils avaient dans le cœur, les faisait rentrer dans les règles de la nature, qui sont celles du goût le plus pur. C'est l'observation de M. Laurentie. « Laissons donc, dit-il, laissons à Tertullien quelque dure métaphore, à saint Cyprien quelque période enflée, à saint Ambroise quelque endroit obscur, à saint Augustin quelque antithèse subtile et rimée; ce sont là des défauts qui tiennent à la décadence universelle ; mais à côté de ces signes de dégradation brillent les plus beaux traits d'éloquence et les plus étonnants chefs-d'œuvre de l'esprit. C'est que les mêmes hommes que l'influence générale d'un goût altéré a jetés dans des écarts qui choquent notre raison raffinée, gardent néanmoins dans leurs cœurs cette vive inspiration de la vérité, cette ardeur de la répandre, ce zèle des vertus chrétiennes qui donnent au langage quelque chose de divin, et qui sont bien autrement fécondes que toutes les savantes combinaisons d'un génie exercé aux études profanes et aux finesses d'un goût simplement poli. » (*De l'étude et de l'enseignement des lettres.*)

« Ce serait juger en petit grammairien que de n'examiner les Pères que pour la langue et le style. » (*Fénélon.*)

Au reste, ils tombaient peut-être à dessein dans ces défauts que nous leur reprochons. « Ces grands hommes, qui avaient des vues plus hautes que les règles communes de l'éloquence, se conformaient au goût du temps, pour faire écouter avec plaisir la parole de Dieu, et pour insinuer les vérités de la religion. » (*Le même. Dialogue sur l'éloquence.*)

TROISIÈME PARTIE.

ÉLOQUENCE MODERNE.

PREMIÈRE SECTION.

ÉLOQUENCE DE LA CHAIRE.

CHAPITRE PREMIER.

PREMIERS PROGRÈS DE L'ÉLOQUENCE DE LA CHAIRE.

Prédicateurs du quinzième et du seizième siècle. — Beautés et défauts de leur éloquence. — Le Père le Jeune — Saint François de Sales. — Saint Vincent de Paul. — Réflexions.

. Saint Bernard, véritable prodige de son siècle, et par l'élévation de son génie et même par la beauté de son style, fit briller la chaire d'un grand éclat, et les ouvrages qu'il a laissés rappellent encore l'éloquence des Augustin et des Chrysostôme. Mais après lui, pendant une longue période, les orateurs chrétiens ne purent produire aucun ouvrage digne de la postérité. Longtemps ils ne connurent presque que l'idiome des anciens Romains, défiguré par les altérations successives qu'il avait subies. Dès qu'ils voulurent se servir de leur propre langue, ils se laissèrent plus ou moins entraîner par le mauvais goût qui avait envahi tous les autres genres de la littérature. L'étude des anciens, qui s'était ranimée en France sous le règne de François Ier. avait amené la manie de l'érudition. Les prédicateurs, aussi bien que les écrivains, pour obtenir de l'estime

et donner de l'autorité à leurs paroles, se croyaient obligés
de montrer qu'ils avaient de vastes connaissances, et surtout
qu'ils étaient très-versés dans l'antiquité. De là ces textes d'auteurs anciens qui revenaient à tout propos ; de là aussi ce mélange du sacré et du profane ; Virgile était nommé à côté de
Moïse ; et David après Hercule.

On donnait encore dans d'autres défauts qui n'étaient guère
moins contraires au bon goût. Le style était précieux et maniéré ; l'orateur prenait de longs détours, faisait des préambules sans fin pour en venir à la matière qu'il voulait traîter ;
il ne montrait pas toujours assez de critique dans les traits
d'histoire qu'il citait à l'appui de ses preuves, ni assez de
goût dans les figures et les comparaisons qu'il prodiguait avec
une abondance intarissable.

Nous devons dire cependant que la critique moderne s'est
montrée trop sévère à l'égard des prédicateurs de cette époque.
Il serait aisé de montrer qu'il y eut souvent une très-vive éloquence au milieu de leurs défauts.

Les premiers qui bannirent ces défauts de la chaire furent,
sur la fin du seizième siècle et au commencement du dix-
septième, Molinier, Señault, Texier, Biroat, Joly, Fro-
mentière et Claude de Lingendes (1595—1669). Ce dernier
n'eut pas sur son siècle toute l'influence qu'il pouvait avoir,
parce qu'avant de publier ses sermons, il les traduisit en
latin.

Le Père le Jeune. (1592—1672).

Le Père le Jeune, de l'Oratoire, fit ce que Lingendes n'avait
pu faire ; il commença l'heureuse révolution qui allait s'opérer
dans l'éloquence chrétienne. Les sermons qu'on a de lui méritent encore aujourd'hui d'être lus par les prédicateurs. Ils ne
sont pas remarquables à la vérité par la pureté du style, mais
on y trouve une élocution facile et naturelle, une abondance
qui étonne, une onction touchante qui pénètre l'âme, une instruction solide et variée, une originalité piquante, et enfin
une méthode précieuse, quoique trop uniforme.

Massillon les avait sans cesse entre les mains, il en conseillait la lecture aux autres, et il est facile de reconnaître par ses ouvrages que lui-même en avait beaucoup profité.

Saint François de Sales. (1567—1622.)

Le prédicateur qui ne consulte que les intérêts de Dieu et le salut éternel de ceux qui l'écoutent, ne peut manquer d'être éloquent, même lorsqu'il n'a qu'une langue encore informe pour exprimer ses pensées. Aussi plusieurs saints personnages de ces temps faisaient sur les peuples une impression extraordinaire, et l'on peut sans crainte assurer qu'ils étaient de grands orateurs. Quelle éloquence en effet ne devait pas avoir un saint François de Sales, par exemple, lorsque dans ces douces et pathétiques instructions, il emflammait les justes du feu de l'amour divin, inspirait aux pécheurs de vifs sentiments de repentir, et ramenait en foule les hérétiques dans le sein de l'Eglise! Ecoutons un de ses panégyristes, qui n'est ici que son historien.

« Dès qu'il paraît dans la chaire de l'Evangile, la douceur et la modestie de ses regards, le feu vif et pénétrant de ses yeux, le son tendre et touchant de sa voix lui ouvrent d'abord tous les cœurs. Son éloquence n'est point un torrent impétueux qui roule avec bruit ses flots; c'est un fleuve paisible qui pénètre peu à peu le sein de la terre, et fertilise les campagnes voisines de ses bords; ce n'est point la foudre qui épouvante, qui consterne; c'est un feu qui répand une pure lumière, qui croît par degrés, qui agit sans efforts, qui consume imperceptiblement les liens des anciennes habitudes, et qui change tout sans rien détruire.... Il peint avec des couleurs si vives, il représente avec des traits si touchants la tyrannie des passions, le repos, la joie d'une bonne conscience, les pures et chastes délices de la vertu, les espérances futures, les miséricordes infinies du Dieu Sauveur, les tendres épanchements de son amour, que les regrets de la vie passée et les désirs d'une vie nouvelle s'emparent de tous les cœurs. » (*Neuville.*)

Saint Vincent de Paul. (1576—1660.)

Quelle n'était pas aussi l'éloquence de saint Vincent de Paul dans ces conférences ecclésiastiques où se réunissait ce qu'il y avait de plus distingué dans le sanctuaire! Bossuet lui-même peut nous l'apprendre, lui qui écrivait à l'âge de soixante-douze ans, *qu'en assistant, dans sa jeunesse, aux instructions de Vincent de Paul, son premier maître, il se sentait tellement ému, qu'il croyait entendre parler Dieu lui-même.* Et si nous suivons sur d'autres théâtres ce héros de la charité chrétienne, quelle idée ne nous ferons-nous pas de la puissance de ses discours! Avec quelle onction touchante il exhortait ses saintes filles à se consacrer à Dieu et à vaincre généreusement les plus fortes répugnances de la nature pour le servir dans ses membres souffrants! Avec quelle sensibilité profonde il remuait les entrailles des riches en faveur des pauvres, des orphelins et des enfants délaissés! Combien de fois il attendrit jusqu'aux larmes ces *dames de la charité* qu'il avait su pénétrer de son esprit! Comme il leur peignait avec énergie, non-seulement les maux qui affligeaient la capitale, mais encore tous les fléaux qui désolaient les provinces! Comme il savait soutenir leur zèle au milieu de tant d'œuvres de miséricorde qu'il leur faisait entreprendre! Comme il les élevait au-dessus d'elles-mêmes, et leur inspirait cet héroïsme de la charité qui triomphe de tous les obstacles et opère de véritables prodiges! L'histoire ne perdra jamais le souvenir de ce pathétique discours qu'il leur adressa, lorsque, les voyant sur le point d'abandonner, à cause de leur multitude, les enfants trouvés qu'elles avaient d'abord consenti à recueillir, il les rassembla pour les exhorter à continuer une si bonne œuvre. Par un innocent artifice, il avait fait placer dans le sanctuaire cinq cents de ces pauvres enfants dont il voulait plaider la cause. Le cœur oppressé de cette charité qui égale dans son âme toute l'énergie de l'amour maternel, il monte en chaire et mêle ses sanglots aux cris de ces innocentes créatures. Il les montre au sexe compatissant qui l'environne; puis profitant de l'émotion qu'un tel spectacle ne peut manquer de produire :

« Or sus, Mesdames, s'écrie-t-il, vous avez adopté ces enfants, vous êtes devenues leurs mères selon la grâce, depuis que leurs mères selon la nature les ont abandonnés. Voyez si vous voulez aussi les abandonner pour toujours. Cessez, dans ce moment, d'être leurs mères pour devenir leurs juges. Leur vie et leur mort sont entre vos mains. Je m'en vais prendre les voix et les suffrages. Il est temps que vous prononciez leur arrêt. Les voilà devant vous. Ils vivront, si vous continuez d'en prendre un soin charitable, et ils mourront tous demain si vous les délaissez. »

On ne répondit à cette touchante exhortation que par des pleurs et par des cris de miséricorde. Le même jour, au même instant, l'hôpital des Enfants-Trouvés de Paris fut fondé par acclamation et doté de quarante mille livres de rente. Jamais orateur remporta-t-il un plus beau triomphe ?

Nous pourrions recueillir plusieurs autres traités de l'éloquence de saint Vincent de Paul. Toutes les fois qu'il parlait, soit dans des entretiens particuliers, soit dans des discours publics, on pouvait voir que les talents qu'il avait reçus de la nature étaient admirablement fécondés par les vertus célestes qui remplissaient son cœur.

Il en était ainsi, dans des degrés divers, de tous les prédicateurs qu'animait l'esprit de Jésus-Christ. Que ne pourrions-nous pas rappeler d'un cardinal de Bérulle, dont le célèbre Du Perron avait coutume de dire : *Si vous voulez convaincre les hérétiques, envoyez-les-moi; si vous voulez les convertir, adressez-les à François de Sales; mais si vous désirez les convaincre et les convertir à la fois, c'est à M. de Bérulle qu'il faut les envoyer ?* Que ne pourrions-nous pas rappeler d'un père Suffren qui attirait des multitudes autour de sa chaire, et les étonnait par l'autorité de sa parole, comme il les touchait par l'exemple de sa piété ? Que ne pourrions-nous pas rappeler d'un Père Edmond-Auger, qui, sous Henri III, convertit par son zèle et par son éloquence quarante mille protestants ? Que ne pourrions-nous pas rappeler enfin de tous ces orateurs jésuites, oratoriens, lazaristes ou autres, qui prêchaient avec tant de zèle et de succès, soit dans les campagnes, soit dans les villes, soit à la cour des princes ? Il y avait sans doute de l'éloquence dans leurs discours qu'animait le feu de l'apostolat; il y en avait aussi dans ces autres missionnaires qui allaient jusqu'au bout du monde pour y convertir des âmes par la prédication de la croix; il y en avait dans un saint Ignace, dans un saint François-Xavier, lorsqu'ils développaient aux pécheurs, avec le zèle des apôtres et l'enthousiasme des prophètes, cette parole du Sauveur : *Que sert à l'homme de gagner l'univers, s'il vient à perdre son âme ?*

RÉFLEXIONS.

Les prédicateurs, qui étaient animés de ce zèle apostolique, ne pouvaient manquer d'être éloquents, du moins, lorsqu'ils avaient quelque talent et quelque science. La barbarie et le mauvais goût de leur siècle ne pouvaient étouffer les vives émotions de leurs cœurs. Ils cédaient sans doute de temps en temps à l'entraînement général; c'était même un abandon inévitable lorsque la vivacité du sentiment se ralentissait suivant l'ordre du discours. Mais sitôt que le moment était venu de laisser échapper tout ce qu'il y avait de vivant dans leur âme, leur langage se débarrassait de lui-même de la recherche du bel esprit, et il devenait véhément et sublime. C'est ce que l'on peut voir dans un grand nombre de nos vieux sermonaires, c'est-à-dire dans tous ceux qui avaient un autre but que celui de plaire. Malgré la rouille du mauvais goût, leurs discours attachent encore et intéressent par la force du sentiment. « Souvent l'esprit est rebuté, dit Thomas, et les larmes viennent aux yeux ; on serait tenté de rire, et l'on s'attendrit. » (*Essai sur les Éloges.*)

Ainsi l'éloquence chrétienne n'a pas été un seul moment interrompue; et tandis que, dans les autres genres, on ne voyait que déclamation et ridicule, la chaire faisait encore retentir des paroles enflammées qui montrent ce que peut le Christianisme pour féconder le génie de l'homme. « Comme il se présente constamment, dit M. Laurentie, pour lutter contre les passions humaines, son langage a toujours quelque chose de dominateur, et cela même donne à l'éloquence un caractère solennel qui ne disparait jamais entièrement dans les temps de barbarie. « (*De l'étude et de l'enseignement des lettres.*)

CHAPITRE SECOND.

SIÈCLE DE BOSSUET.

Supériorité des orateurs chrétiens sous le règne de Louis XIV. — Leur
influence. — Mascaron. — Fléchier. — Bossuet. Ses sermons. Ses oraisons funèbres. — Bourdaloue. — Massillon. — Fénélon. — De quelques
prédicateurs du second ordre : Cheminais. — Giroust. — La Rue.

Les discours prononcés aux époques précédentes, ne peuvent
êtres considérés que comme de grands souvenirs et non comme
de beaux monuments d'éloquence. Il faut une langue perfec-
tionnée pour que les œuvres des orateurs soient admirées dans
les âges suivants. C'est l'avantage qui fut donné aux prédicateurs du grand siècle. La langue française peu à peu s'était
épurée et avait acquis de l'harmonie, de l'élégance et de la
majesté. Les orateurs chrétiens, plus que tous les autres,
contribuèrent puissamment à cette heureuse révolution. Ils
créèrent des chefs-d'œuvre qui égalent ou même surpassent ce
que l'on vit jamais de plus beau dans les lettres. Ces chefs-
d'œuvre servent de modèles à tous ceux qui aspirent à exercer
avec dignité le ministère de la prédication, et ils sont même
étudiés par des littérateurs profanes qui viennent y admirer des
merveilles de pensées et de style qu'ils ne rencontrent point
dans d'autres compositions. Les noms des grands hommes qui
ont élevé à la gloire de la religion et à celle de la France
ces monuments immortels, ne sont prononcés qu'avec un sentiment d'admiration et de respect. Mais si, à deux siècles de
distance et à la simple lecture de leurs écrits, ils font sur
notre âme une impression si profonde, que serait-ce si nous
avions pu les entendre nous-mêmes? si nous avions été témoins

de leurs triomphes ? si nous avions vu Bossuet, Bourdaloue,
Massillon, paraître, l'air inspiré, dans la chaire chrétienne, et
annoncer, en présence des autels, avec l'enthousiasme et la
sublimité des prophètes, les grandes vérités de la foi, au monarque le plus puissant du monde et à tous les hommes de
génie qui entouraient son trône? Qu'on se rappelle le haut point
de gloire où la France était parvenue sous le règne de Louis-
le-grand, qu'on se représente la cour la plus brillante qui fut
jamais, et en songeant que les ministres de la religion dominaient avec autorité toutes ces grandeurs, on aura quelque
idée de la majesté et de la puissance de leur parole. Plus les
hommes s'élevaient autour d'eux, plus eux-mêmes semblaient
grandir. Toutes les autres gloires ne servaient qu'à faire ressortir avec plus d'éclat la gloire plus haute de leur ministère.

Sans doute il était grand et beau ce spectacle que la religion
offrait au monde; mais il était en même temps utile et favorable
aux intérêts des peuples. Lorsque le grand roi était encensé
par une multitude d'adulateurs, que sa puissance était sans
contrôle et que les personnages du plus haut rang osaient à
peine le contredire, on voyait de simples prêtres lui rappeler
ses devoirs avec respect mais avec force, attaquer hautement
des désordres dans lesquels il devait souvent se reconnaître, et lui parler enfin du Dieu puissant qui est au-dessus de
tous les rois, et qui leur demandera compte un jour de l'autorité dont ils ne sont que les dépositaires, et qu'ils doivent faire
servir au bonheur de leurs sujets et à la gloire de son nom.
Un si important ministère, exercé avec le génie et le courage
des Ambroise et des Chrysostôme, avait une heureuse influence
sur la société. Sans cesse les orateurs chrétiens plaidaient la
cause du pauvre et de l'opprimé; inspiraient de la modération
et de la douceur à des hommes infatués de leurs richesses et de
leur grandeur; soutenaient dans la pratique des plus éminentes
vertus quelques âmes d'élite qui savaient résister à la contagion
de l'exemple et à l'entraînement des plaisirs. Souvent aussi ils
conduisaient à une vie chrétienne des hommes qui, dans le
tumulte du monde et l'embarras des affaires, avaient oublié
Dieu; et même ils opéraient des conversions éclatantes qui

étaient comme une solennelle réparation des outrages faits à la
vertu par de grands scandales. Mais, pour ne parler que du
prince, quelle heureuse impression ne faisaient-ils pas sur lui
par leurs discours! Qui peut dire combien de fois ils le portèrent à des actes de vertu et à des entreprises utiles? Sans doute
l'histoire adresse à Louis XIV de sévères et de trop justes reproches; elle peut dire qu'il favorisa la corruption des mœurs
par de tristes exemples, qu'il abusa de son pouvoir, qu'il se
laissa entraîner dans des guerres ruineuses, qu'il donna trop
dans le luxe et l'ostentation, et qu'enfin sa gloire devint quelquefois un poids accablant pour les peuples : mais elle doit
dire aussi que la religion lui fit faire beaucoup de bien, qu'elle
l'arrêta dans ses excès, et que sur la fin de sa vie elle changea
son cœur, et l'éleva lui et la France au-dessus des plus grands
revers et des plus affreuses infortunes. Ces heureux effets étaient
dus aux sentiments de foi qui animaient le monarque et presque toute sa cour, mais ils étaient dus aussi à l'éloquence
persuasive des orateurs chrétiens qui les réveillaient dans les
cœurs.

Ces grands hommes méritent, sous tous les rapports, d'exciter notre intérêt. On aime non-seulement à se retracer leurs
éloquentes prédications ; mais encore à recueillir quelques-unes
des particularités de leur vie.

Les premiers qui se présentent à notre étude sont Mascaron
et Fléchier. Ils doivent être connus, moins à cause de leurs
ouvrages qui, en général, ne sont que médiocres, que pour
l'influence qu'ils eurent, et surtout Fléchier, sur les progrès
du goût.

Mascaron. (1634—1703.)

« On peut dire que Mascaron marque dans l'éloquence le
passage du siècle de Louis XIII à celui de Louis XIV. Il a encore
de la rudesse et du mauvais goût de l'un ; il a déjà de l'harmonie, de la magnificence de style et de la richesse de l'autre. Sa
manière tient à celle des deux hommes célèbres qui, en le suivant, l'ont effacé. Il semble qu'il s'essaie à la vigueur de Bos-

suet, et aux détails heureux de Fléchier ; mais, ni assez poli, ni assez grand, il est également loin de la sublimité de l'un et de l'élégance de l'autre.

» En général, il était né avec plus de génie que de goût, et plus d'esprit encore que de génie. Quelquefois son âme s'élève ; mais, quand il veut être grand, il trouve rarement l'expression simple. Sa grandeur est plus dans les mots que dans les idées. Trop souvent il retombe dans la métaphysique de l'esprit, qui paraît une espèce de luxe, mais un luxe faux qui annonce plus de pauvreté que de richesse. Il est alors plus ingénieux que vrai, plus fin que naturel. On trouve dans l'*Oraison funèbre de Turenne* plus de beautés solides que dans toutes les autres. Le ton en est éloquent ; la marche en est belle, le goût épuré. Il s'y rencontre moins de comparaisons tirées et du soleil couchant, et des torrents, et des tempêtes, et des rayons, et des éclairs. Il y est moins question d'ombres et de nuages, d'astres fortunés, de fleuves féconds, d'océan qui se déborde, d'aigle, d'aiglon, d'apostrophe au grand prince ou à la grande princesse, ou à l'épée flamboyante du Seigneur, et tous ces lieux communs de déclamation et d'ennui qu'on a pris si longtemps et chez tant de peuples pour de la poésie et de l'éloquence. » (*Thomas. Essai sur les éloges.*)

Fléchier. (1632—1710.)

Fléchier, que l'on a surnommé l'*Isocrate français*, à cause de la douceur et de l'harmonie de son style, se fit d'abord connaître par des poésies latines et françaises, et surtout par une description en beaux vers latins du carrousel, dont Louis XIV donna le spectacle brillant en 1662. On s'étonna de voir rendues avec tant de succès, dans une langue ancienne, des idées qui n'appartenaient qu'à nos temps modernes. Fléchier se distingua bientôt dans une autre carrière. Il se fit une grande réputation dans l'oraison funèbre, et fut admiré comme prédicateur. Lorsque Louis XIV le nomma à l'évêché de Lavaur (1685), il lui dit : *Je vous ai fait un peu attendre une place que vous méritez depuis longtemps, mais je ne voulais pas me priver*

si tôt du plaisir de vous entendre. En 1687, Fléchier fut transféré
à l'évêché de Nîmes. Il sut s'attirer l'amour et le respect par sa
douceur et par toutes les vertus d'un évêque; il mourut à
Montpellier en 1710.

« L'amour de la politesse et de la justesse du style, dit le
Père De la Rue, l'avait saisi dès ses premières études. Il ne
sortait rien de sa plume, de sa bouche, même en conversation,
qui ne fût ou qui ne parût travaillé. Ses lettres et ses moindres
billets avaient du nombre et de l'art; les beaux-arts et principalement la poésie ayant été sa première occupation, il s'était
fait une habitude et presque une nécessité de compasser toutes
ses paroles et de les lier en cadence. Sa prononciation traînante
et peu animée, favorisant par sa lenteur la fidélité de sa mémoire, donnait à l'auditeur tout le temps de suivre aisément la
délicatesse de ses pensées, et de sentir le plaisir d'en être
charmé. Comme ce fut d'abord par les oraisons funèbres qu'il
commença à se distinguer, la gravité des sujets, fort avantageuse à la pesanteur naturelle de sa voix et de son action, et
la beauté des choses qu'il disait, en firent insensiblement goûter
la manière, et travestirent même en talent un défaut qu'en d'autres sujets moins tristes on aurait peine à supporter. C'est ce
qui parut dans ses sermons de morale : car, au lieu que la
véhémense et l'impétuosité doivent y régner, le son de sa voix
qui avait quelque chose de lugubre, y répandit son froid sur
les expressions; et la liberté de son esprit y était pour ainsi
dire à l'attache de sa mémoire. »

Toutefois cette éloquence peu animée et même languissante
ne laissait pas de plaire dans Fléchier. On admirait des sermons
froids à la vérité, mais toujours écrits avec pureté et même
avec noblesse : et les oreilles étaient agréablement flattées par
la douce harmonie de ses phrases et la molle cadence de ses
périodes.

Dans les oraisons funèbres, il sut mêler à la symétrie et aux
grâces de son style quelques traits d'une sensibilité touchante,
et cette douce chaleur communiqua du moins à ses pensées un
léger souffle de vie. Il s'anima davantage, il atteignit même le

pathétique, lorsqu'un grand sujet fut présenté à son talent. Nous voulons parler de l'*oraison funèbre de Turenne*, qui est regardée comme son chef-d'œuvre.

L'exorde sera éternellement cité pour son harmonie, pour son caractère majestueux et sombre, et pour l'espèce de douleur injuste qui y règne. On admire, dans plusieurs autres morceaux de la même oraison funèbre, des beautés très-frappantes. Cependant on a justement fait à Fléchier le reproche de ne pas assez montrer le grand homme qu'il célèbre, de traiter faiblement ce qui touche à la conversion de Turenne, de négliger des faits, des idées qui auraient agrandi son sujet, d'être souvent recherché et précieux, d'employer beaucoup trop les mêmes figures, l'antithèse et la prétermission, etc. Il possède bien plus l'art et le mécanisme de l'éloquence qu'il n'en a le génie; dans ses plus beaux mouvements il laisse apercevoir le rhéteur; il est toujours attentif à tourner méthodiquement ses phrases ; il ne s'abandonne qu'avec mesure, qu'avec symétrie.

Il y a dans Mascaron beaucoup moins de goût et des défauts plus choquants; mais on y rencontre aussi des beautés plus naturelles.

M. Villemain a fait, dans son *Essai sur l'oraison funèbre*, le parallèle des deux panégyristes de Turenne.

« L'ouvrage de Fléchier, dit-il, est l'œuvre d'un art qui s'élève quelquefois jusqu'au génie ; celui de Mascaron semble l'ébauche brillante du génie, souvent égaré par un faux goût. Mascaron donne plus de prise à la censure. Il est moins soigné que Fléchier, et, comme lui, il tombe dans l'affectation. Il a tous les défauts de son rival, et d'autres plus choquants, parce qu'ils sont bizarres. Mais quelquefois il s'élève, il s'anime, alors il est grand, et montre une âme éloquente ; sa diction même s'épure et paraît avoir quelque chose de naturel, d'énergique et de précis, qui n'exclut pas l'élégance et vaut mieux que l'harmonie. »

On a aussi comparé Fléchier à Bossuet qui l'avait précédé dans la chaire, et qui même y avait paru pour les sermons avant Mascaron. Nous allons voir que Bossuet s'est placé à une distance infinie de ces deux orateurs.

Bossuet. (1627—1704.)

Né à Dijon, le 27 septembre 1627, d'une famille distinguée
dans la magistrature, il étudia d'abord dans sa ville natale chez
les Jésuites, et ensuite à Paris au collège de Navarre. Pendant
ces divers cours, il acquit une multitude de connaissances. Il
lut tous les historiens grecs et latins, et se familiarisa avec le
style des poètes d'Athènes et de Rome. La sublimité d'Homère
et la douceur de Virgile éveillaient son génie naissant. Mais
Bossuet fut surtout saisi d'admiration à la lecture de l'Ecriture
sainte. Il était encore en seconde ou en rhétorique, lorsque le
hasard l'offrit à ses yeux dans le cabinet de son père ; il en lut
avidement quelques pages et demanda à son père la permission
de l'emporter. En parcourant ce livre divin, son âme éprouva
une émotion qu'elle n'avait point encore ressentie. Tous les
charmes de la poésie et de la littérature profane s'éclipsèrent
à l'aspect de ces grandes images et de ces hautes conceptions.
Dès lors Bossuet fit une étude spéciale des livres saints. Celle
des Saints Pères ne pouvait manquer de plaire à son génie. Il
s'y livra aussi avec une grande ardeur, et se rendit familiers
les ouvrages d'Origène, de saint Chrysostôme, de Tertullien,
de saint Jérôme, de saint Augustin, etc.

Ces études fortes, commencées pendant la jeunesse et con-
tinuées pendant toute la vie de Bossuet, donnèrent à son génie
les plus grandes ressources pour la prédication. Il annonça de
bonne heure ce qu'il serait un jour dans cette carrière. Il n'avait
que seize ans, lorsque le marquis de Feuquières, son protecteur, voulant donner à l'hôtel de Rambouillet une preuve de
son talent entraordinaire et de sa prodigieuse facilité, ne craignit pas d'avancer que si on voulait enfermer le jeune Bossuet,
seul et sans livres dans une chambre, en lui laissant seulement
quelques moments pour se recueillir, il se trouverait prêt à
prononcer un sermon sur tel sujet qu'on jugerait à propos de
lui donner. La proposition fut acceptée et les conditions remplies avec l'exactitude la plus minutieuse. Mais le jeune orateur
étonna la nombreuse et brillante assemblée qui était venue

l'ententre ; il surpassa même l'attente qu'on avait conçue de lui. Il était onze heures du soir lorsqu'il prononça ce singulier sermon, ce qui fit dire à Voiture *qu'il n'avait jamais ouï prêcher ni si tôt ni si tard.*

Dès l'âge de treize ans, Bossuet avait été pourvu d'un canonicat à Metz. Après qu'il eût reçu la prêtrise (1652), il vint se fixer dans cette ville et y remplit ses fonctions avec autant de modestie que d'assiduité. Ce fut alors seulement qu'il fit ses premiers essais dans la chaire. Ses instructions ramenèrent plusieurs protestants à la religion catholique. Les succès qu'il obtint l'appelèrent bientôt dans la capitale, où il inspira un enthousiasme difficile à décrire. On voyait toute une révolution opérée dans la chaire. Jamais orateur n'avait imprimé autant de grandeur et de magnificence à l'autorité des preuves qui environnent la religion, ses mystères, sa morale et son culte. Louis XIV particulièrement comprit le génie de Bossuet. Il fut si frappé de la sublimité de son éloquence, qu'après avoir entendu son premier carême, il fit écrire à son père *pour le féliciter d'avoir un tel fils.* Quelques années après, le même prince apprenant que ce fortuné père venait assidûment entendre son fils dans la chapelle du Louvre, dit en présence de toute sa cour : *Voilà un père qui doit être bien heureux.*

On sent que Bossuet devait, sous tous les rapports, convenir à Louis XIV. La dignité modeste qui tempérait dans sa personne la sévérité de son ministère, s'accordait avec ce devoir des convenances dont le prince avait le sentiment à un degré si remarquable. Sa figure noble et grave disposait en sa faveur. Son regard était doux et perçant ; sa voix paraissait toujours sortir d'une âme passionnée ; ses gestes étaient naturels et modestes ; tout parlait en lui, avant même qu'il commençât à parler.

On avait un tel empressement à l'entendre, qu'il était obligé de se multiplier en quelque sorte pour répondre à tous les désirs. Il prêchait non-seulement en présence du roi et de la reine, mais dans presque toutes les chaires de la capitale, dans les communautés religieuses et même hors de Paris. On ne comprendrait pas comment il avait le loisir de préparer ses

discours, si l'on ne savait qu'il s'était fait une méthode appropriée à son génie. Dans les occasions solennelles et lorsqu'il avait un auditoire plus imposant, il les écrivait avec soin;
mais le plus souvent il ne les écrivait qu'en raccourci et comme en idée; il se contentait de méditer profondément son sujet, il en jetait les principaux points sur le papier, il plaçait
quelquefois les unes auprès des autres différentes expressions
de la même pensée, et dans la chaleur de l'action il saisissait
en courant celle qui se présentait la première à l'impétuosité
de son génie.

Pendant dix années Bossuet exerça le ministère de la prédication. Ensuite il quitta la chaire pour se livrer à d'autres travaux. Nommé évêque de Condom en 1669 et précepteur du dauphin en 1670, il composa le *Discours sur l'histoire universelle*,
la *Politique de l'écriture sainte*, le *Traité de la connaissance de
Dieu et de soi-même*, l'*Histoire des variations*, les *Avertissements
aux protestants* et un grand nombre d'autres ouvrages. Il ne
prêcha plus à la cour que dans de grandes occasions, par
exemple, pour prononcer ces fameuses oraisons funèbres qui
ont fait dans la postérité son premier et son plus glorieux titre
à l'éloquence. Il dit lui-même dans son discours pour la profession de madame de La Vallière : « Je romps un silence de
tant d'années; je fais entendre une voix que les chaires ne
connaissent plus. »

Ainsi les plus vastes travaux, entrepris pour les intérêts de
la religion et de la société, absorbaient tous ses moments.
Il ne se permettait que des délassements forts courts, et
encore ils consistaient en entretiens pieux ou savants avec
quelques amis. Son jardinier lui dit un jour : « Si je plantais
des Saint-Augustin et des Saint-Chrysostôme, vous les vien-
driez voir; mais pour vos arbres vous ne vous en mettez guère
en peine. »

Bossuet s'était démis de l'évêché de Condom deux ans après
l'avoir reçu, afin de se livrer tout entier à l'éducation du
dauphin. Nommé à celui de Meaux en 1681, il exécuta, après
la mort du grand Condé, ce qu'il avait annoncé en terminant
l'oraison funèbre de ce prince; il se consacra sans réserve au

soin et à l'instruction du diocèse que la providence lui avait confié. C'était un touchant spectacle de voir le grand Bossuet, transporté de la chapelle de Versailles dans une église de village, apprenant aux paysans à supporter leurs maux avec patience, et rassemblant avec tendresse leurs enfants autour de lui pour leur expliquer les principes de la foi.

Ce fut dans ces travaux de charité pastorale qu'il termina sa vie, le 12 avril 1704, honoré des regrets de toute l'Eglise, qui conservera une mémoire éternelle et chère de sa doctrine, de son éloquence et de son attachement à la foi. Déjà elle semble avoir confirmé, par son suffrage, l'éloge que la Bruyère osa donner à ce grand homme en pleine académie, lorsqu'en nommant Bossuet dans son discours de réception, il s'écria avec un transport que partagèrent ses auditeurs : « Parlons d'avance le langage de la postérité, *un Père de l'Eglise.* »

SERMONS DE BOSSUET.

Ce qui frappe le plus dans les sermons de Bossuet, c'est cette vigueur constante qui caractérise son style. Dès son exorde, dès sa première phrase, vous voyez son génie en action, vous ne rencontrez ni formules triviales, ni commentaires des pensées d'autrui, ni lenteurs, ni stérilité, ni redondances.

Lorsqu'une soudaine véhémence entraîne ce grand homme, on se sent transporté dans une région inconnue : on ne sait plus où il prend ses expressions et ses pensées : son style toujours original et toujours naturel se passionne et s'enflamme : son enthousiasme répand de toute part la lumière et la terreur; et alors il n'est plus possible de le lire, il faut qu'on le déclame.

On a besoin de revenir plusieurs fois sur ces morceaux sublimes et de les décomposer en quelque sorte, pour en sentir tout le prix. Il faut que le lecteur ému, troublé, hors de lui-même, laisse refroidir son imagination et retourne ensuite sur ses pas, s'il veut respirer quand Bossuet lui a fait perdre haleine. Mais qu'il contracte par l'analyse une certaine familiarité avec les élans impétueux de l'orateur, et il maniera, pour ainsi dire, tous les ressorts qui ont produit de si grands mouvements. Que voit-on, lorsqu'on observe de près le mécanisme de son éloquence? Il expose, il établit d'abord son sujet; il s'empare de votre attention par la nouveauté ou par l'intérêt de son plan: c'est le moment de la raison. Il pose ensuite ses principes: il donne de l'autorité à ses preuves, vous êtes bientôt convaincu. Tout-à-coup son génie prend l'essor; et un grand tableau, tiré soit de l'histoire sainte, soit de la peinture des mœurs, soit des agitations de la conscience, accable votre admiration et fait fermenter vos remords. L'orateur écarte tout raisonnement abstrait, toute discussion réfléchie: il n'aspire alors qu'à émouvoir: bientôt il s'arrête à une maxime grande et neuve; et cette sentence, gravée fortement dans votre esprit, ne vous paraît à vous-même que le résultat de vos propres pensées. Jamais ce grand homme ne cherche le sublime: il le trouve dans je ne sais quel admirable abandon qui le caractérise. Son expression, presque toujours métaphorique, bien que souvent elle soit simple jusqu'à la familiarité, réveille fortement l'attention: c'est un levier dont il se sert pour ébranler et pour abattre tout ce qui lui résiste.

Quelquefois son éloquence paraît épuisée; vous vous délassez pendant quelques instants, vous admirez en liberté une idée sublime, et vous savez gré à Bossuet de ne vous avoir point distrait en appelant ailleurs vos regards. S'aperçoit-il que vous vous séparez de lui, tandis qu'il semble s'arrêter à des détails communs; tout-à-coup son imagination s'allume, et de nouvelles beautés donnent de vives secousses à votre âme.

Bossuet fait un usage très-heureux des écrits des Saints Pères. Il devient aussi grand qu'eux lorsqu'il s'appuie de leur autorité ou de leurs principes. Au lieu de les copier servilement, il s'approprie tout ce qu'il adopte; il n'est pas moins original lorsqu'il cite, et même quand il traduit, que lorsqu'il invente. Aussi pour peu qu'on soit sensible aux beautés de l'éloquence, il est impossible de le lire de suite: de temps en temps une idée brusque et soudaine fait tomber le livre des mains, et

force de suspendre la lecture pour se livrer au sentiment du
trait dont on est frappé.

Cependant tout ne doit pas être admiré dans ce grand orateur. Il a traité un grand nombre de sujets neufs et admirables; mais il n'est pas toujours également heureux dans son
choix : et rien ne prouve mieux que la différence de ses sermons combien l'éloquence dépend de la matière que l'on traite.
D'ailleurs toujours fidèle à son plan d'instruction, il prêchait
souvent plusieurs fois sur le même sujet : or, ses discours
étaient tellement pleins, qu'après avoir épuisé lui-même et les
vérités fondamentales de la religion, et les ressources de l'art
oratoire il ne pouvait plus se soutenir à la hauteur de ses
premières idées. Chacun de ses sermons renferme des beautés
dignes de lui : il n'en est presqu'aucun où l'on ne puisse le
reconnaître. Mais on est étonné de la distance qu'il y a quelquefois de l'un à l'autre, et même des inégalités que l'on rencontre dans un même discours. Souvent il quitte la manière
de l'orateur pour se jeter dans les dissertations du théologien;
il perd son sujet de vue; il donne dans des digressions abstraites; et pour le style il porte la familiarité jusqu'à la négligence.

Peut-être sera-t-on moins sévère à relever ces défauts dans
les sermons de Bossuet, si l'on se rappelle qu'il n'eut jamais
la pensée de les publier, qu'ils furent pour la plupart des productions de sa jeunesse, que dans la suite de sa vie il les avait
entièrement oubliés, qu'après sa mort ils furent perdus en
grande partie, que ceux qui restèrent furent jetés pêle-mêle
avec des papiers de toute espèce, qu'il paraissait comme impossible de les mettre en ordre, tant ils étaient informes, et
chargés presque partout de ratures, de renvois, d'interlignes,
et qu'enfin, lorsqu'on songea à les débrouiller seulement sur
la fin du dernier siècle (1771), au lieu de faire un choix judicieux, on amassa indistinctement tout ce qu'on put rassembler,
jusqu'à ces pièces décousues, ces lambeaux que l'auteur lui-
même aurait désavoués. (*Maury, Essai sur l'Eloquence de la
chaire.*)

Dans les nombreux discours qu'il a travaillés avec plus de

soin, on peut dire que les beautés prédominent, et que c'est
le cas d'appliquer la maxime d'Horace :

Verùm, ubi plura nitent in carmine, non ego paucis
Offendar maculis, quas aut incuria fudit
Aut humana parum cavit natura.

ORAISONS FUNÈBRES DE BOSSUET.

Un littérateur célèbre parle ainsi des oraisons funèbres de
Bossuet :

« Depuis la première ligne de l'exorde jusqu'à la dernière
de la péroraison, l'orateur, dans chacune de ces compositions,
est comme emporté par un enthousiasme non interrompu, qui
exclut, au premier coup-d'œil, toute idée d'art, d'arrangement,
de préméditation ; son sujet le tourmente, et l'échauffe, et l'entraîne ; il ne lui permet pas de prendre haleine. C'est beaucoup
pour les autres orateurs d'obtenir, dans la durée d'un discours,
quelques moments d'une heureuse inspiration ; ce n'est rien
pour Bossuet : les élans de sa verve oratoire semblent naître
les uns des autres ; tout est mouvement, tout est chaleur, tout
est vie ; et, dans les instants où redouble son ardeur, où cet
aigle déploie ses ailes avec plus d'audace, les limites de l'éloquence proprement dite deviennent pour lui trop étroites ; il
les franchit ; il entre dans la sphère de la poésie ; il monte
jusqu'aux régions les plus élevées de cette sphère ; il s'y soutient au niveau des poètes les plus audacieux : ce n'est plus le
rival de Démosthène, c'est celui de Pindare. Quelques endroits
de ses oraisons funèbres sont vraiment des morceaux lyriques.
Le don de l'inspiration, on peut l'affirmer, ne fut accordé à
aucun orateur aussi pleinement qu'à Bossuet ; et quand on songe
que son enthousiasme, dans des ouvrages d'une assez grande
étendue, ne connaît ni langueur, ni repos, on est frappé de
ce privilège extraordinaire, comme d'un de ces phénomènes
qui étonnent la nature et qui déconcertent ses lois.

» On chercherait vainement à saisir et à développer toutes
les causes de ce prodige. Elles resteront, pour la plupart, éternellement cachées dans les profondeurs du génie ; mais on peut

en apercevoir quelques-unes : c'est l'abondance de ses idées, qui produit dans Bossuet l'abondance de ses mouvements et la riche variété de ses expressions. Ses oraisons funèbres ne sont pas seulement des discours théologiques et religieux : les plus grandes vues de la politique s'y mêlent aux instructions du christianisme ; on y reconnaît toujours l'auteur du discours sur l'Histoire universelle. Bossuet n'était pas seulement un père de l'Eglise ; ce titre, qui lui fut décerné par un de ses plus illustres contemporains, dans la solennité d'une séance publique de l'académie française, ne le représente pas tout entier. Cet esprit vaste et perçant, qui embrassait toute la théorie de la religion chrétienne et qui en sondait tous les abîmes, avait aussi pénétré dans tous les mystères du gouvernement des Etats. Voyez de quels traits, de quelles couleurs il peint les personnages qui se sont montrés avec éclat dans l'administration des empires, ou dans les factions, les cabales et les troubles civils. La religion et la politique sont les deux pivots sur lesquels roulent principalement toutes les choses humaines : ce sont les deux intérêts qui touchent le plus puissamment les hommes ; et ces deux intérêts, étroitement rapprochés entre eux, et se fortifiant en quelque façon l'un par l'autre, sont les ressorts toujours agissants de l'éloquence de Bossuet : ils animent sans cesse ses discours ; sans cesse ils lui fournissent des considérations contrastées, qui répondent à toutes les oppositions du cœur, et qui sont bien supérieures à ces antithèses de l'art, propres uniquement à flatter l'esprit ou à séduire l'oreille. Marchant à grands pas, comme s'exprime saint Chrysostôme, sur les hauteurs de la religion, tantôt il lève ses regards vers le ciel ; tantôt il les reporte et les rabaisse vers la terre ; il semble tantôt converser avec les puissances célestes, tantôt interroger les destinées du monde visible ; tout à la fois prophète, père de l'Eglise, grand politique, historien sublime, Bossuet est un des hommes qui ont le mieux compris tout ensemble, et les affaires humaines, et les choses divines, et le christianisme, et la politique. Cette double science est, sans contredit, une des sources de cette éloquence singulière qui le caractérise et qui le place hors de toute comparaison, comme elle l'élève au-dessus de toute rivalité.

» L'inspiration perpétuelle qui l'agite et qui semble le troubler, cet enthousiasme qui se communique au lecteur et qui
l'enivre lui-même, a pu faire croire que la marche oratoire de
Bossuet était beaucoup plus impétueuse que régulière, et qu'il
a mis dans ses discours beaucoup moins de méthode que de
génie. Sa méthode en effet est peu sensible, mais elle n'en
est pas moins réelle : un si grand dialecticien pouvait-il jamais
se laisser entraîner au hasard hors des bornes d'une logique
exacte ?.... Les plans de Bossuet, dans ses oraisons funèbres,
sont simples aussi bien que ses textes ; mais si l'on veut y faire
attention, on reconnaîtra qu'il les suit avec scrupule, qu'il en
remplit toutes les divisions, qu'il en creuse également toutes
les parties, et que jamais, dans les mouvements les plus inat-
tendus de son essor, il ne perd de vue la route qu'il s'est
tracée. Cette espèce de découverte est même une satisfaction
tranquille que la lecture réfléchie de ses chefs-d'œuvre ajoute
au ravissement qu'ils causent d'abord, et au charme tumultueux des premières impressions. On aime à voir que, dans
cette tourmente du génie, il est toujours sûr de sa marche, il
reste toujours maître de lui-même : l'idée de sa puissance s'en
accroît, et il semble que l'ascendant qu'il exerce en soit plus
légitime et plus doux.

» Quelques amateurs du fini, qui le confondent avec la perfection, parce que ces deux mots, au premier coup d'œil,
présentent à peu près la même idée, voudraient faire à Bossuet
un reproche sérieux de plusieurs défauts qu'ils remarquent
dans son élocution ; mais le concevrait-on avec une élégance
plus soutenue, avec une correction plus sévère, avec une harmonie plus scrupuleuse ? Tout ce qui paraîtrait appartenir
plus particulièrement à l'art, ne semblerait-il pas en quelque
sorte pris sur son génie ? où serait cet air d'improvisation,
d'inspiration soudaine qui lui est propre, et qu'on retrouve
toujours avec tant de plaisir dans ses ouvrages mêmes les plus
travaillés ? La médiocrité soigneuse peut atteindre au fini ;
mais elle est toujours loin de la perfection ; le génie, même
avec des fautes, peut en être voisin, parce qu'il réunit un
plus grand nombre des conditions qui la constituent ; à peine

s'aperçoit-on de ce qui manque à Bossuet ; on n'est frappé que des beautés extraordinaires qui, de toutes parts, éclatent dans ces compositions, et ce que son style peut quelquefois offrir de défectueux, semble même concourir à l'effet et à l'illusion oratoire ; ce sont les choses qui occupent cet esprit grave, sublime et dominateur ; le soin minutieux des mots paraîtrait le dégrader ; plus il travaillerait à contenter l'oreille, moins il serait sûr de l'empire qu'il veut et qu'il doit exercer sur l'âme. Quelle richesse d'ailleurs, quelle énergie dans ce style, qui n'emprunte qu'à la pensée, dont il est l'image la plus vive et la plus naturelle, ses teintes et ses parures ! quelle variété de mouvements ! quelle abondance et quelle magnificence de tableaux ! quel trésor d'expressions fortes, pittoresques, animées, et pour ainsi dire vivantes ! quelle franche et mâle harmonie ! » (*Dusault*, *Notice sur Bossuet.*)

Les contemporains admirèrent sans doute l'éloquence que Bossuet avait déployée dans ses oraisons funèbres. Cependant presque tous gardent le silence sur ces magnifiques chefs-d'œuvre ; et Madame de Sévigné elle-même, qui nous retrace si bien, dans ses lettres, tout ce qui occupait de son temps l'attention des esprits, n'en parle pas une seule fois. On ne peut expliquer un si étonnant oubli, qu'en disant que l'évêque de Meaux, déjà considéré comme un Père de l'Eglise, était placé dans l'imagination bien au-dessus de la gloire d'un orateur. On ne voyait plus en lui que le pontife chargé du dépôt de la doctrine et de la défense de la foi.

Bourdaloue. (1632 — 1704.)

On parlait beaucoup plus de l'éloquence de Bourdaloue, dont tous les travaux, pendant une longue carrière, furent consacrés à la prédication. (Il était né à Bourges en 1632, et il entra chez les Jésuites en 1648 ; sa mort arriva en 1704.) Pour se faire quelque idée des transports qu'il excita lorsqu'il parut dans les chaires de la capitale (1670), il faut entendre Madame de Sévigné : *On dit qu'il passe toutes les merveilles passées et que personne n'a prêché jusqu'ici;* et parlant d'un sermon en particulier : *Cela fut porté à la plus haute perfection, et certains points furent poussés comme les aurait poussés l'apôtre saint Paul.* Il devait prêcher une Passion qu'elle avait entendue l'année précédente : *Et c'était pour cela,* dit-elle, *que j'en avais envie; mais l'impossibilité m'en ôta le goût. Les laquais y étaient dès mercredi et la presse y était à mourir.* Et se servant d'une expression qui peint la réputation populaire dont jouissait le célèbre prédicateur, elle disait à sa fille : *Je m'envais en Bourdaloue,* comme elle aurait dit : *Je m'envais en cour.* C'est encore elle qui rapporte l'anecdote suivante. « Le maréchal de Grammont était l'autre jour si transporté de la beauté d'un sermon du P. Bourdaloue, qu'il s'écria tout haut en un endroit qui le toucha : Morb...! il a raison; Madame éclata de rire, et le sermon en fut tellement interrompu qu'on ne savait ce qui en arriverait. » Ce trait rappelle celui du grand Condé, qui voyant arriver vers la chaire le P. Bourdaloue, s'écria : *Voici les ennemis!*

Bourdaloue était animé d'un saint zèle et d'un courage apostolique. « Jamais prédicateur, dit Madame de Sévigné, n'a prêché si hautement et si généreusement les vérités chrétiennes. » « Le P. Bourdaloue, ajoute-t-elle dans son style original, frappe toujours comme un sourd, disant des vérités à bride abattue, parlant à tort et à travers contre l'adultère; sauve qui peut, il va toujours son chemin. » Louis XIV lui dit un jour : *Mon Père, vous devez être content de moi, Madame de Montespan est à Clagny. — Oui, Sire,* répondit Bourdaloue; *mais Dieu serait plus satisfait si Clagny était à soixante-dix lieues de Versailles.*

On raconte que ce grand orateur prêchait les yeux fermés. Il avait néanmoins du feu dans son action; son débit était rapide et entraînant; sa voix pleine et douce, sonore et harmonieuse; son geste vif et animé. Quoiqu'il paraisse songer uniquement à convaincre, il pénétrait aussi les cœurs, selon le témoignage de ceux qui l'entendirent. Madame de Maintenon écrivait : « Il a parlé au roi, sur sa santé, sur l'amour de son peuple, sur les craintes de la cour; il a fait verser bien des

larmes, il en a versé lui-même : c'était un cœur qui parlait
à tous les cœurs. »

La postérité a confirmé, en très-grande partie, le jugement des
contemporains sur l'éloquence de Bourdaloue. « Deux mérites
qui lui sont particuliers, dit La Harpe, sont l'instruction et la
conviction, portées chez lui à un tel degré, qu'il ne me semble
pas moins rare et moins difficile de penser et de prouver
comme Bourdaloue, que de plaire et de toucher comme
Massillon. Bourdaloue est donc aussi une des couronnes du
grand siècle, qui n'appartiennent qu'à lui; un de ces hommes
privilégiés que la nature avait, chacun dans son genre, doués
d'un génie qu'on n'a pas égalé depuis. Son Avent, son Carême,
et particulièrement ses sermons sur les mystères, sont d'une
supériorité de vues dont rien n'approche, sont des chefs-
d'œuvre de lumière et d'instruction auxquels on ne peut rien
comparer. Comme il est profond dans la science de Dieu! Qui
jamais est entré aussi avant dans les mystères du salut? Quel
autre en a fait connaître comme lui la hauteur, la richesse et
l'étendue? Nulle part le Christianisme n'est plus grand aux
yeux de la raison que dans Bourdaloue : on pourrait dire de
lui, en risquant deux termes qui semblent s'exclure, qu'il est
sublime en profondeur comme Bossuet en élévation. Certes,
ce n'est pas un mérite vulgaire qu'un recueil de sermons que
l'on peut appeler un cours complet de religion, tel que, bien
lu et bien médité, il peut en donner une connaissance parfaite.
C'est donc pour les chrétiens une des meilleures lectures
possibles, rien n'est plus attachant pour le fond des choses;
et la diction, sans les orner beaucoup, du moins ne les dépare
nullement. Elle est toujours naturelle, claire et correcte; elle
est peu animée, mais sans vide et sans langueur, et relevée
quelquefois par des traits pleins de force : quelquefois aussi,
mais rarement, elle approche trop du familier. Quant à la
solidité des preuves, rien n'est plus irrésistible, il promet sans
cesse de démontrer : mais c'est qu'il est sûr de son fait, car
il tient toujours parole. » *(Cours de littérature.)*

« Je ne puis lire les ouvrages de ce grand homme, dit

16

Maury, dans son Essai sur l'éloquence de la chaire, sans me
dire à moi-même, en y désirant quelquefois, j'oserai l'avouer
avec respect, plus d'élan à sa sensibilité, plus d'ardeur à son
génie, plus de ce feu sacré qui embrasait l'âme de Bossuet,
surtout plus d'éclat et de souplesse à son imagination : voilà
donc, si l'on y ajoute ce beau idéal, jusqu'où le génie de la
chaire peut s'élever, quand il est soutenu et fécondé par un
travail immense! Je ne vois donc rien de plus étonnant et
de plus inimitable, dans l'éloquence religieuse que les premières parties des sermons de Bourdaloue, sur la *Conception*,
sur la *Passion*, *Dei virtutem*, *etc.*, et sur la *Résurrection*, etc.
Ses discours sur l'*Ambition*, sur la *Providence*, sur le *Jugement
téméraire*, sur le *Pardon des injures*, sur la *Religion chrétienne*,
sont aussi admirables. C'est la borne de l'art, comme c'est la
borne du genre; et on peut appliquer avec confiance à ces
chefs-d'œuvre le vers si connu de Boileau :

« C'est avoir profité que de savoir s'y plaire. »

Massillon. (1663—1742.)

Massillon, qui succéda à Bourdaloue dans la carrière de la
prédication, était né à Hyères, en Provence, en 1663. Dès
son enfance il montra du goût pour l'éloquence de la chaire.
Un de ses plaisirs favoris, était d'aller avec quelques-uns de
ses condisciples entendre la parole sainte. Le sermon fini, il
les faisait se former en cercle, se plaçait au milieu d'eux,
et leur répétait ce que sa mémoire lui rappelait du discours
de l'orateur, animait son récit des grâces naturelles de son
geste et de sa voix. Il entra de bonne heure dans la congré-
gation de l'Oratoire (1681), fit les études accoutumées, professa quelque temps les belles lettres et la théologie, et prononça pendant ces divers cours quelques oraisons funèbres. Ses
supérieurs l'appelèrent ensuite à Paris et le mirent à la tête du
séminaire de Saint-Magloire, où il fit ses premières *Conférences
ecclésiastiques*. Elles étaient comme des exercices préparatoires,
qui développaient et fixaient le caractère de son éloquence. Le
P. de la Tour, général de son ordre, lui demandant ce

qu'il pensait des prédicateurs de la capitale, il répondit : *Je leur trouve bien de l'esprit et du talent; mais si je prêche, je ne prêcherai pas comme eux.*

Il s'ouvrit en effet une route différente. Il chercha dans le cœur de l'homme les intérêts secrets des passions, il en découvrit les motifs, et combattit les illusions de l'amour-propre par la raison et par le sentiment. Il fit une impression extraordinaire, d'abord à Montpellier en 1698, et ensuite à Paris, où il prêcha le carême en 1699, dans l'église de l'Oratoire. On s'étonna qu'un homme voué à la retraite, pût connaître assez bien le monde pour faire des peintures si vraies des passions. *Mais*, disait-il, *c'est en m'étudiant moi-même, que j'ai appris à connaître les autres.* Il le prouva d'une manière aussi énergique qu'ingénue, par l'aveu qu'il fit à un de ses confrères, qui le félicitait sur le succès de ses premiers sermons. *Eh! laissez, mon Père*, lui répondit-il, *le diable me l'a déjà dit plus éloquemment que vous?*

Massillon prêcha bientôt dans la cathédrale de Paris. Le P. Bourdaloue étant allé l'entendre, en fut si satisfait, que le voyant descendre de chaire, et le montrant à ses confrères, qui lui demandaient son avis, il leur répondit comme le Précurseur au sujet du Messie : *Hunc oportet crescere, me autem minui.*

Nommé prédicateur à la cour pour l'Avent de 1699, il y parut sans orgueil comme sans timidité. Son début fut des plus remarquables; et l'exorde du premier discours qu'il prononça, le jour de la Toussaint, est un des chefs-d'œuvre de l'éloquence moderne.

Ce fut après ce premier Avent que Louis XIV adressa à Massillon, en présence de toute la cour, ces mots si connus : *Mon Père, j'ai entendu plusieurs grands orateurs dans ma chapelle, j'en ai été fort content; pour vous, toutes les fois que je vous ai entendu, j'ai été très-mécontent de moi-même.*

La première fois que Massillon prononça son sermon sur le *petit nombre des Élus*, il y eut un moment où un transport de saisissement s'empara de tout l'auditoire. Presque tout le monde se leva à moitié. Le mouvement d'acclamation et de surprise fut si fort, qu'il troubla l'orateur; on le vit couvrir son front de ses mains et rester muet pendant quelques instants; mais ce trouble même servit à augmenter le pathétique.

« Je suppose, mes frères, que c'est ici votre dernière heure et la fin de l'univers; que les cieux vont s'ouvrir sur vos têtes; Jésus-Christ paraître dans sa gloire, au milieu de ce temple... Restes d'Israël, passez à la droite : froment de Jésus-Christ, démêlez-vous de cette paille destinée au feu.... O Dieu! où sont vos élus? Et que reste-t-il pour votre partage ? »

« Cette figure, dit Voltaire, la plus hardie qu'on ait jamais employée, et en même temps la plus à sa place, est un des plus beaux traits d'éloquence qu'on puisse lire chez les nations anciennes et modernes. » (*Encyclopédie.*)

L'action de Massillon était parfaitement assortie au genre d'éloquence qu'il avait embrassé. On le voyait arriver en chaire comme un homme qui vient de méditer profondément un sujet. Dès qu'il paraissait, son air recueilli et pénétré annonçait déjà la grandeur et l'importance des choses qu'il allait dire; il n'avait point ouvert la bouche, et l'auditeur était saisi; il parlait enfin, ne pouvant contenir au dedans de lui les vérités dont il était rempli. Un feu intérieur le dévorait, il fallait qu'il le laissât éclater au dehors. Aussi tout parlait en lui, tout persuadait, tout portait dans l'âme la conviction et le sentiment. Moins rapide et moins pressant que Bourdaloue, il avait ordinairement plus de charme et plus d'onction. Il parlait avec beaucoup d'autorité, et se tenait presque toujours debout. Son port, quoiqu'il fût d'une taille médiocre, était remarquable par son recueillement et par sa noblesse. Ses gestes étaient peu nombreux, mais expressifs; sa voix était flexible et sonore, et son œil surtout était éloquent. Son exclamation favorite : *Grand Dieu !* qui revient si souvent dans ses discours, partait du fond d'une âme tout émue. Il avait alors un accent particulier, accompagné d'un regard très-vif vers le ciel, et d'un geste si animé, qu'il produisait toujours la plus profonde impression sur l'auditoire.

Sur le bruit seul de sa déclamation, le célèbre Baron voulut assister à un de ses discours ; et, s'adressant au sortir de là à un de ses compagnons qui l'avait suivi : *Mon ami*, lui dit-il, *voilà un orateur, et nous ne sommes que des comédiens.*

Cependant Massillon ne pouvait pas toujours suivre dans son débit les mouvements de son cœur ; il était souvent gêné par l'infidélité de sa mémoire. Il lui arriva un jour de rester court en présence de Louis XIV. Ce prince lui dit d'un air gracieux : *Rassurez-vous, mon Père, il est bien juste de nous donner le temps de goûter les belles choses que vous dites.* Mais l'orateur sentait bien qu'il aurait fait une plus vive impression, s'il eût été mieux servi par sa mémoire. Il l'avait plusieurs fois éprouvé, et lorsqu'on lui demandait quel était son meilleur sermon, il disait : *C'est celui que je sais le mieux ;* réponse qu'on attribue aussi à Bourdaloue.

On put goûter longtemps, dans les chaires de la capitale, l'éloquence de Massillon. Nommé évêque en 1717, il prononça, l'année suivante, devant Louis XV, qui n'avait que huit ans, les dix sermons connus sous le nom de *Petit Carême.* Le jour de la clôture, il annonça, à la fin de son discours, que sa nomination à l'évêché de Clermont ne lui permettrait plus de reparaître dans la chaire. *Grand Dieu! ces prières seront les dernières, sans doute, que mon ministère attaché désormais par les jugements secrets de votre Providence au soin d'une de vos églises, me permettra de vous offrir dans ce lieu auguste.* Ces paroles simples et touchantes émurent sensiblement l'auditoire, qui manifesta par des regrets unanimes son admiration pour un si beau talent.

Massillon, dans son diocèse, s'attacha tous les cœurs par sa douceur et ses bienfaits. Il mourut le 18 septembre 1742, dans les plus grands sentiments de piété, et, comme il avait vécu, *sans argent et sans dettes.*

Les beautés de son éloquence avaient été vivement senties par ceux qui purent l'entendre ; peut-être sont-elles plus goûtées encore par ceux qui ne font que le lire. « Un charme d'élocution continuel, dit La Harpe, une harmonie enchanteresse, un choix de mots qui vont tous au cœur ou qui parlent à l'imagination ; un assemblage de force et de douceur, de dignité et de grâce, de sévérité et d'onction ; une intarissable fécondité de moyens, se fortifiant tous les uns par les autres ; une surprenante richesse de développements ; un art de pénétrer dans les plus secrets replis du cœur humain, de manière à l'étonner et à le confondre, d'en détailler les faiblesses les plus communes, de manière à en rajeunir la peinture, de l'effrayer et de le consoler tour à tour, de tonner dans les consciences et de les rassurer, de tempérer ce que l'Evangile a d'austère par tout ce que la pratique des vertus a de plus attrayant ; l'usage le plus heureux de l'Ecriture et des Pères (on regrette que les saints Pères ne soient pas plus souvent cités) ; un pathétique entraînant, et par-dessus tout un caractère de facilité qui fait que tout semble valoir davantage, parce que tout semble avoir peu coûté ; c'est à ces traits réunis que tous les juges éclairés ont reconnu dans Massillon un homme du très-petit nombre de ceux que la nature fit éloquents ; c'est à ces titres que ceux-mêmes qui ne croyaient pas à sa doctrine, ont du moins cru à ses talents, et qu'il a été appelé le *Racine de la chaire* et le *Cicéron de la France.* » *(Cours de littérature.)*

Ne dissimulons point cependant les défauts de ce grand orateur. On lui reproche d'abuser quelquefois de la fécondité de son style en paraphrasant à l'excès ses idées ; d'avoir des plans trop uniformes, de ne pas toujours assez approfondir ses sujets, et d'exagérer sur quelques points les principes et les devoirs de la morale chrétienne. Quoiqu'il en soit, ses discours sont si bien écrits, si touchants, si affectueux, qu'on a peine à y reprendre et surtout à les trouver trop longs. Aussi Massillon a-t-il toujours été goûté de toutes les classes de lecteurs. Mais il fait surtout les délices des âmes sensibles et aimantes ; il est pour elles cet ami qui sonde et guérit les plaies du cœur, le désabuse des chimères de cette vie, lui fait aimer la pratique de la vertu, et lui donne comme un avant-goût de la félicité du ciel.

Fénélon. (1651—1715.)

Fénélon eut ce trait de ressemblance avec Bossuet, qu'à l'âge de quinze ans il prêcha et se fit admirer dans une assemblée de savants. Pendant sa jeunesse il eut souvent occasion d'annoncer la parole de Dieu, et il le fit toujours avec zèle et éloquence; mais il n'écrivait presque jamais ses sermons. Il n'en a laissé qu'un petit nombre qui ne sont pas en général aussi soignés que les chefs-d'œuvre des grands orateurs de la chaire. Toutefois il y règne un aimable enthousiasme pour la religion et la vertu, une imagination facile et vive, une élégance naturelle, harmonieuse et poétique.

Il montra de quoi il était capable dans le discours qu'il prononça le jour de l'Epiphanie, en présence des ambassadeurs de Siam, dans l'église des Missions étrangères (1685). Pendant longtemps ce chef-d'œuvre était demeuré dans l'oubli. L'abbé Maury, pour le signaler à l'admiration publique le lut d'abord, comme étant de Bossuet, devant une assemblée de connaisseurs. « Tous les auditeurs, dit-il, furent terrassés d'admiration. On s'écria unanimement que l'*aigle brillant de Meaux était seul capable de s'élever à une si grande hauteur.* On croyait voir tantôt l'imagination d'Homère, tantôt la véhémence de Démosthène, tantôt le génie et le pathétique de saint Jean-Chrysostôme, tantôt la verve et la majesté de Corneille; tantôt même, dans quelques traits de la péroraison, l'énergie et la profondeur de Tacite, souvent les élans et l'élévation de Bossuet; mais toujours une pureté unique de goût et une perfection inimitable de style qu'on ne pouvait assez admirer. Je ne laissai jamais échapper le volume de mes mains durant la lecture; et après avoir bien joui de l'ivresse et de l'enthousiasme de nos académiciens, j'excitai encore plus de surprise en montrant que l'ouvrage était de Fénélon. » *(Essai sur l'éloquence de la chaire.)*

Devenu archevêque de Cambrai, Fénélon montait souvent dans la chaire de son église, et se livrait à son cœur et à sa foi ; il répandait, dans de brillantes improvisations, tous les trésors de son facile génie. Une circonstance particulière lui donna lieu de développer avec plus de travail son éloquence naturelle. Le sermon qu'il prononça dans la cathédrale de Lille, *pour le sacre de l'archevêque de Cologne*, est, avec le discours sur les Missions, un des monuments les plus parfaits de l'éloquence moderne.

DE QUELQUES PRÉDICATEURS DU SECOND ORDRE.

Après avoir fait connaître les grands prédicateurs du siècle de Louis XIV, nous nous arrêterons peu sur ceux qui occupent le second rang. Les plus célèbres sont les trois jésuites Cheminais, Giroust et La Rue.

Cheminais. (1652—1689.)

À une imagination vive et brillante, réglée par un jugement solide, Cheminais joignait un goût exquis, de la méthode, une action noble et aisée, et surtout l'art d'émouvoir par une onction qui le fit comparer à Racine avant que Massillon fût connu. Quelques-uns de ses sermons sont encore regardés comme des modèles d'éloquence pathétique, particulièrement celui *sur la crainte du jugement de Dieu*, et celui *sur la charité envers les prisonniers.* « Ce dernier discours, dit Maury, est écrit avec autant d'onction que de naturel ; mais les idées et les mouvements oratoires ne s'y élèvent jamais jusqu'au sublime : c'est le ton du sujet, ce n'en est pas tout l'intérêt, et bien moins encore toute la profondeur. Le style de Cheminais, plein de douceur et de mollesse, annonce un très-heureux talent ; ses sermons respirent une éloquence attrayante et affectueuse, dont le charme fait regretter que cet écrivain, condamné par la nature à des infirmités habituelles, n'ait pas assez vécu pour remplir toute sa carrière oratoire. Il semblait appelé à se montrer le plus touchant des prédicateurs, et le P. Bouhours le désigne avec raison comme l'*Euripide de la chaire.* »

Giroust. (1624—1689.)

La manière de Giroust était simple, son éloquence forte et naturelle. Il possédait l'art de fixer ou de réveiller l'attention de son auditoire par des mouvements pathétiques, qu'il savait employer et ménager à propos. On lui reproche des négligences dans le style; mais, bien plus occupé de ramener les âmes que de mériter la réputation de grand orateur, le P. Giroust écrivait rarement ses sermons en entier; il se contentait d'en méditer les principales parties, sans chercher à en faire disparaître les incorrections, qui d'ailleurs devaient être bien moins sensibles dans la chaleur du débit qu'elles ne le sont à la lecture.

La Rue. (1642—1725).

La Rue, moins célèbre que Bourdaloue pour les discours de morale, mais né avec un esprit plus souple et une âme plus sensible, réussit mieux dans le genre des éloges funèbres; il était en même temps poète et orateur, et il avait, comme Fléchier, le mérite d'écrire en vers la langue d'Horace et de Virgile. Il porta souvent la parole devant Louis XIV, à l'époque où de grandes infortunes succédèrent pour ce monarque à quarante années de gloire et de bonheur. Ce fut lui qui en 1711 fit l'éloge du grand dauphin. Un an après il rendit le même honneur au duc de Bourgogne, élève de Fénélon, et dans son discours il peignit avec un rare talent les qualités de ce prince, qui devait faire le bonheur de la France. On sait que, par une circonstance presque inouïe, l'orateur avait à déplorer trois morts au lieu d'une. La jeune Adelaïde de Savoie, duchesse de Bourgogne, dont il était le confesseur, venait d'être moissonnée en même temps que son époux sur les marches du trône que tous deux étaient destinés à illustrer par leurs vertus, et cette princesse, si digne d'amour et de regrets, était placée dans le même cercueil, entre le duc et son fils. Le texte du discours, tiré de Jérémie, semblait

être une prédiction, et avoir été choisi pour annoncer le dé-
chirant spectacle offert à tous les yeux, d'un père, d'une
mère et d'un enfant frappés et ensevelis ensemble : *Quarè fa-
citis malum grande contrà animas vertras, ut intereat ex vobis
vir, et mulier, et parvulus de medio Judæ? — Pourquoi vous at-
tirez-vous par vos péchés un tel malheur, que de voir enlever par
la mort, du milieu de vous, l'époux, l'épouse et l'enfant?* (Chap.
44.) L'orateur fit couler des larmes abondantes et par la force
de son sujet et par les beautés que son génie sut en tirer. On
ne peut lire plusieurs morceaux de ce discours, et la fin surtout, sans attendrissement.

Son talent ne se fit pas moins remarquer dans l'oraison funèbre du maréchal de Luxembourg, dans celle du maréchal de
Boufflers, que Thomas regarde comme le chef-d'œuvre de
l'auteur, et dans celle de Bossuet, citée aussi avec éloge par
plusieurs critiques.

La Rue était de tous les prédicateurs de son temps celui qui
débitait le mieux. Son imagination, fortement animée, laissait,
dit-on, échapper dans le feu de la déclamation des traits du
plus grand effet, qui ne se trouvent pas dans ses sermons im-
primés. On admire dans la plupart l'esprit d'observation, la
force et en même temps la facilité ; mais on y reprend beaucoup
d'inégalités et de négligences.

CHAPITRE TROISIÈME.

DÉCADENCE DE LA CHAIRE.

XVIIIᵉ Siècle.

Petit Carême de Massillon. — Il exerça une influence funeste sur le goût.—
Poulle. — Neuville. — Beauvais. — Boismont. — Éloquence des missionnaires pendant le dix-huitième siècle. — Bridaine. — Prédicateurs qui
ont précédé immédiatement la Révolution : Beauregard.

―――――

PETIT CARÊME DE MASSILLON.

Peut-être que La Rue, sur la fin de sa carrière, (il mourut
en 1725) était déjà sous l'influence du mauvais goût qui envahit bientôt la chaire. Car, après le siècle de Louis le Grand,
la décadence fut rapide, et nous croyons même, avec Maury et
d'autres judicieux critiques, que le *Petit carême* de Massillon
la commença.

Cet orateur, ayant à parler devant un roi de huit ans et en
présence d'un auditoire tout nouveau, crut devoir écarter les
grands sujets qu'il avait traités avec tant de supériorité sous le
règne précédent. Il se renferma dans la condition, dans
les devoirs, dans les dangers, dans les faiblesses des grands.
Mais en se restreignant dans ce coin de la morale, il ne
pouvait être éloquent; il déploya toutes les richesses d'un
style agréable, il n'eut point de mouvements sublimes;
il fit briller des pensées ingénieuses et des aperçus pleins
de grâce, il n'ébranla point ses auditeurs. Aussi malgré l'en-

thousiasme qu'inspira pendant un demi siècle le Petit Carême, qui se trouvait, a-t-on dit, sur le bureau de Voltaire et
sur la toilette des dames; malgré le mérite du style, qui sans
doute le rendra immortel, il faut convenir, pour l'intérêt du
bon goût, que les amplifications, les redondances, le vide ou
le retour fréquent des mêmes idées, les cadres communs et
monotones des plans, les faibles développements trop souvent
substitués à l'éloquence, mettent ce recueil tant vanté fort au-
dessous des autres ouvrages de Massillon.

INFLUENCE DU PETIT CARÊME.

Quoiqu'il en soit, l'exemple et les succès de ce grand orateur eurent une influence funeste sur ceux qui le suivirent. La
plupart se précipitèrent à l'envi dans la même route. Ils oublièrent cette règle si profonde et si lumineuse de Bossuet : *On
veut de la morale dans les sermons, et on a raison, pourvu qu'on
entende que la morale chrétienne soit fondée sur les mystères du
christianisme.* (*Sermon sur l'unité de l'Eglise.*)

Les grands sujets de cette belle et solide instruction chrétienne, si bien indiqués par l'Eglise dans l'ordre annuel et la
distribution des évangiles; ces sujets si importants, si féconds,
si riches pour l'éloquence, et sans lesquels la morale, dépour-
vue de l'appui d'une sanction divine, et déshéritée de l'autorité
vengeresse d'un juge suprême, n'est plus qu'une théorie idéale
et un système purement arbitraire qu'on adopte ou qu'on re-
jette à son gré; ces sujets magnifiques furent plus ou moins
mis à l'écart par les orateurs chrétiens qui composèrent malheureusement avec ce mauvais goût, et qui, en s'égarant dans
ces nouvelles régions, renoncèrent d'eux-mêmes aux plus
grands avantages et aux droits les plus légitimes de leur ministère. Tout fut bientôt mêlé en ce genre, et dès lors tout fut
corrompu. On ne put sanctifier la philosophie; on sécularisa,
pour ainsi dire, la religion.

La belle manière des grands prédicateurs du siècle précédent fut remplacée par le bel esprit, par le philosophisme,
par le jargon de la métaphysique, par la manie de réduire toute

la morale à la bienfaisance, mot nouveau, dont on fit, pour ainsi dire, le sobriquet de la charité.

On prêchait alors sur les-petites vertus, sur le demi-chrétien, sur le luxe, sur l'humeur, sur l'égoïsme, sur l'antipathie, sur l'amitié, sur l'amour paternel, sur la société conjugale, sur la pudeur, sur les vertus sociales, sur la compassion, sur les vertus domestiques, sur la dispensation des bienfaits, etc., enfin sur la *sainte agriculture;* et on aurait pu suivre un carême entier des prédicateurs à la mode, sans entendre parler jamais des quatre fins de l'homme, du délai de la conversion, d'aucun sacrement, d'aucun précepte du décalogue, d'aucune loi de l'Église, d'aucun mystère et d'aucun péché mortel. Bossuet lui-même, avec son génie, ne serait jamais parvenu à faire un vrai et beau sermon chrétien sur de pareilles matières. Ces instructions étaient si bizarres, que lorsqu'on arrivait après l'exorde, il fallait atteindre l'énonciation du second point, pour deviner l'énigme et connaître l'objet du discours qu'on entendait. Ce fut après avoir subi le dégoût mortel d'un sermon de ce genre, que le P. de la Vallette, général de l'Oratoire, interrogé sur le jugement qu'il portait de l'esprit du prédicateur, répondit avec autant de goût que de raison : *Je ne sais s'il faut avoir beaucoup d'esprit pour composer un pareil discours, mais il me semble que c'est en montrer bien peu et n'avoir aucun bon sens que de le prêcher dans une église.*

Ainsi la plupart des prédicateurs qui parurent après Massillon, furent emportés par le torrent; et la chaire descendit de sa haute région à une morale purement humaine. C'était de la philosophie, de l'économie politique, de la morale même, surtout de la métaphysique : c'était une élocution sèche, alambiquée ou poétique à l'excès; mais ce n'était plus l'Evangile, ce n'était plus la véritable éloquence. Au lieu de tableaux oratoires, on faisait des portraits. On écrivait d'un style précieux, maniéré, énigmatique, sentencieux, enflé et surchargé de figures ou de mots techniques; mais quand ce style ne présentait plus de si frappants caractères de mauvais goût, il tombait dans la langueur d'une faiblesse extrême, sans coloris, sans idées, sans fermeté, sans liaisons et sans ordre. (*Maury, Essai sur l'Eloquence de la chaire.*)

Poulle. (1711—1781.)

Plus que tout autre, l'abbé Poulle se laissa entraîner par le goût général. Dès son début, il donna à son style, dans la chaire, toute l'enluminure de l'éloquence académique. Les applaudissements qu'il obtint, l'égarèrent encore davantage. il se crut un orateur parfait : il ne prit soin ni de régler l'essor de son imagination, ni de mûrir son style, ni d'approfondir la science de la religion. Aussi, dans le petit nombre de discours qu'il nous a laissés, si l'on en excepte quelques fragments épars çà et là, on n'aperçoit aucune trace de la véritable éloquence. L'invention est très-faible, et pour ainsi dire nulle. Ses plans sont vaguement conçus, vaguement exécutés ; et ses divisions rentrent souvent l'une dans l'autre : quelquefois sa pensée n'est ni claire ni juste ; quelquefois aussi il veut être neuf et original, et il n'est que ridicule et bizarre. En vain on chercherait dans ses discours cette plénitude de raisonnement, cette abondance de doctrine qui porte la conviction dans l'âme. La rapidité du style est tout pour lui, il lui subordonne tout, et affecte de resserrer sa pensée dans le moins de mots possible. Il flatte, il plaît sans presque jamais émouvoir. Il avait cependant un talent rare pour toucher les cœurs, et il le montra dans ses *Exhortations de charité*, préchées l'une au grand Châtelet en faveur des pauvres prisonniers, la seconde dans une autre assemblée religieuse en faveur des enfants trouvés. C'est là qu'il est véritablement orateur, parce que son éloquence est toute dans son âme ; il serait difficile de se faire une idée des effets qu'il produisit.

« Là, dit La Harpe, l'orateur entendit un bruit plus doux à ses oreilles que celui des applaudissements, c'était l'or et l'argent tombant de tous côtés avec une abondance qui prouvait une émulation de charité. Beaucoup de personnes donnèrent ce qu'elles avaient sur elles, et c'était des sommes ; en un mot on ne se souvient pas d'avoir rien vu de semblable. » (*Cours de littérature.*)

Neuville. (1693—1774.)

Le P. de Neuville (jésuite) avait beaucoup moins de génie que l'abbé Poulle, mais il eut plus que lui la véritable manière d'un prédicateur. Une imagination féconde, un coloris brillant, des pensées ingénieuses lui valurent, dès son début, une vogue qui dura trente années consécutives, et l'on poussa même l'enthousiasme jusqu'à le considérer comme l'héritier de Massillon, « avec lequel cependant, dit un peu trop sévèrement le cardinal Maury, il n'avait rien de commun. » Le même critique lui reproche de la symétrie, de la recherche, du luxe dans les expressions. Il attaque surtout la diffusion de son style. « Ses discours, dit-il, sont, dans le genre oratoire, ce que serait en musique un récitatif continu, sans qu'aucun air saillant, aucun chant en parties, vinssent jamais l'enrichir. Le style lâche et diffus du P. de Neuville, ne présente, en quelque sorte, à mon esprit, dans son insipide monotonie, que la fluidité et l'uniformité mécanique d'un robinet d'eau tiède... On se souvient encore que son action oratoire, parfaitement assortie à sa loquacité, se réduisait à la seule rapidité du débit. Cette récitation précipitée, et ses fréquentes énumérations produisaient à peu près le même effet que les lectures à haute voix d'un vocabulaire, sans liaison et sans suite. » (*Essai sur l'Eloquence de la chaire.*)

Cette critique, qui a quelque chose de vrai, sent l'exagération. Quoiqu'il en soit, Maury reconnaît que le P. de Neuville avait *de l'étendue, de l'élévation dans l'esprit, des aperçus nouveaux, du trait et même de la précision, et que, dans plusieurs discours, il a quelquefois même montré un beau talent pour la chaire.*

Il eut aussi le mérite de ne pas capituler avec l'esprit frondeur de son siècle; il n'était point de ces ministres mondains de la religion, qui, confessant Jésus-Christ avec embarras, glissaient légèrement sur les parties dogmatiques de la loi révélée. Il traitait au contraire, avec un courage apostolique, les grandes et terribles vérités du salut. La vivacité de son zèle puisait, dans ces sujets véritablement oratoires, la force qui semblait manquer à son talent.

Après l'abbé Poulle et le P. de Neuville, on vit briller dans la chaire, sur la fin du dix-huitième siècle, Boismont et Beauvais, deux orateurs qui, par les beautés et par les défauts de leur éloquence, méritent de nous arrêter quelques instants.

Beauvais. (1731—1790)

Dans les sermons de Beauvais, évêque de Senez, « on ne rencontre pas à la vérité, dit M. de Boulogne, cette vigueur de raison, cette élévation de pensées, cette vaste ordonnance de plan, cette fécondité d'imagination qui distinguent nos premiers orateurs; mais il y règne une simplicité noble et soutenue, une sensibilité douce, une diction correcte, et je ne sais quel aimable abandon, qui quelquefois, il est vrai, va jusqu'à la négligence, mais qui persuade d'autant plus qu'il laisse moins voir d'effort et de travail. On y voit un homme de bien qui, comme celui dont parle l'Évangile, tire sans peine, *du bon trésor de son cœur, de bonnes choses;* des choses quelquefois éloquentes, et toujours instructives; qui n'éblouissent pas le lecteur, mais qui l'attachent; qui ne l'enlèvent pas à lui-même, mais qui le remuent doucement. Ses compositions portent l'empreinte de son caractère, la modération, la douceur et la facilité. Presque toujours il manque de force, mais jamais de goût et de mesure. On peut assez dire de lui qu'il est sans reins, suivant l'expression de Quintilien, mais il n'est pas sans grâce et sans onction. S'il n'a pas de grandes pensées, il n'en a jamais de subtiles et d'alambiquées; s'il manque de véhémence et d'impétuosité, il ne manque pas de chaleur. C'est un fleuve paisible que l'on ne voit jamais franchir ses bords, mais qui n'en contribue pas moins à l'utilité et à l'ornement des campagnes qu'il arrose. Enfin, jamais emporté par de grandes passions, il n'en communique point à ses lecteurs; mais il n'en est pas moins un modèle de ce que les rhéteurs appellent le genre tempéré : et combien y en a-t-il qui excellent dans le sublime! »

Quant au fond et à la manière de ses sermons, on peut lui reprocher d'avoir abandonné la partie doctrinale pour s'attacher exclusivement à la partie morale. Presque tous ses sujets n'ont rapport qu'aux vertus humaines. C'est le luxe, c'est la compassion, c'est la dispensation des bienfaits, c'est la piété filiale, c'est l'amour paternel, c'est la misère des pauvres, ce sont les vertus sociales : et s'il est des sermons qui sortent de ce cercle par le titre, ils y sont ramenés par les réflexions. Peut-être s'y portait-il naturellement par son goût et par le genre de ses études ; car nous savons qu'il montra dès sa jeunesse un assez grand éloignement pour la dialectique, et par conséquent pour les sujets de discussion ; sujets, au reste qu'il est plus aisé de dédaigner qu'il n'est facile d'y réussir. C'est aussi peut-être un tribut qu'il a payé à l'esprit de son siècle, qui ne rêvait alors qu'humanité et bienfaisance, et au goût d'une cour frivole et légère, essentiellement ennemie de toute instruction approfondie. Mais s'il était vrai qu'il eût voulu s'accommoder par là aux idées qui commençaient à prévaloir, ou à la fausse délicatesse de son auditoire, ce que nous sommes bien loin de décider, on pourrait dire alors qu'il aurait trahi lui-même son talent, et porté la peine de sa complaisance par le manque d'élévation et de substance qui se fait trop sentir dans ses sermons ; car ce sont les grands effets que renferment les mystères qui élèvent l'âme de l'orateur chrétien, et communiquent à ses compositions une vigueur et une majesté que la morale toute simple ne comporte pas par elle-même.

« D'après ce que nous avons dit du genre de talent, de la trempe d'esprit et du caractère de M. de Beauvais, il semble qu'il n'aurait dû nullement réussir dans les oraisons funèbres, qui n'admettent point le genre tempéré, et où doit régner je ne sais quel ton de force et de majesté qui doit toujours tendre au sublime : genre si difficile, qu'après Bossuet, et, à une grande distance de lui, Fléchier, nos plus célèbres orateurs y sont restés au-dessous de leur talent, et Massillon même y a échoué. C'est néanmoins dans ces sortes de discours que M. de Senez s'est le plus distingué ; et il y montre une certaine

hauteur que l'on est loin de rencontrer dans ses sermons. Il
est vrai qu'il composa ses oraisons funèbres dans la maturité
de son talent, à l'exception de celle de l'infant d'Espagne,
qui se ressent un peu de la jeunesse de l'auteur. Il est peu de
ses sermons que l'on puisse comparer, soit à l'oraison funèbre
du curé de Saint-André-des-Arts, où il sait si bien suppléer
à la stérilité de son sujet; soit à celle de Louis XV, où il a su
si bien éviter les écueils, et concilier avec une adresse singulière les intérêts qu'il devait à la vérité, et le respect qui
était dû à la mémoire du monarque; soit à celle du maréchal
du Muy, où il est simple et noble comme son héros; et moins
encore à celle de l'évêque de Noyon, où il a déployé autant
de sensibilité que d'imagination. C'est ici surtout son chef-
d'œuvre; c'est ici principalement qu'il a su prendre le ton
vraiment funèbre, et mettre autant de pathétique dans ses
mouvements que d'harmonie dans son style. »

'p.

De Boismont. (1715—1786.)

L'abbé de Boismont a montré, dans ses oraisons funèbres,
une manière différente de celle de l'évêque de Senez. « Doué
d'un esprit facile et d'une imagination brillante, dit M. de
Boulogne, sachant manier habilement sa langue et s'emparer
d'un sujet, soit pour mettre à profit ses ressources ou suppléer
à sa stérilité, joignant à une grande richesse d'idées une grande
pureté d'expressions, il aurait pu s'élever jusqu'à la haute éloquence, et, sinon égaler, du moins suivre de près nos vrais
modèles; mais il ne sut pas se précautionner contre le faux
goût de son siècle et cette vanité du bel esprit, qui, à l'époque
où il parut, était la vanité dominante et l'épidémie générale.
Il voulut être l'orateur à la mode, et pour son malheur, il y
réussit. Avide de succès, impatient de parvenir à la réputation,
il lui sacrifia les heureuses dispositions qu'il avait reçues de
la nature, et son talent avorta. Nommé orateur en titre de
l'Académie française, il fallut se monter au ton de son auditoire,
prendre l'esprit de ses juges qui donnaient la vogue, et devenir comme eux plein de morgue et de prétention, d'afféterie

dans le style, et d'emphase dans les pensées. Tel est, en effet, le caractère distinct des oraisons funèbres de l'abbé de Boismont. Le véritable orateur se cache sans cesse et se fait oublier; celui-ci se montre toujours et veut sans cesse qu'on l'admire. Il est impossible, en le lisant, de perdre de vue l'écrivain. On assiste à sa composition, on le voit arrangeant les mots, mettant toutes les phrases en rapports symétriques, et les faisant jouer ensemble; on sent enfin qu'il a dû lui en coûter autant pour écrire que pour penser. Jamais ce pathétique, cet abandon, cette effusion du sentiment, sans lesquels il n'y a point de véritable éloquence. C'est le Thomas de la chaire. Même enflûre, même raideur, même sécheresse, même envie de briller et de mettre des résultats à la place des mouvements. » Ces défauts ne sont pas compensés par le petit nombre de morceaux d'une beauté réelle qu'on trouve dans ses oraisons funèbres.

La vieillesse de l'abbé de Boismont fut marquée par une singularité bien extraordinaire : c'est dans l'âge où l'on ne peut plus guère se corriger ni acquérir, c'est à soixante-dix ans qu'il fit un ouvrage où il paraît tout différent de ce qu'il avait été. Il fut chargé de prononcer un sermon pour l'établissement d'un hôpital militaire et ecclésiastique; et ce sermon, infiniment supérieur à ses oraisons funèbres, est, sans aucune comparaison, ce qu'il a laissé de plus beau, ou plutôt c'est le seul monument de véritable éloquence qui nous reste de lui, le seul titre qui recommande sa mémoire aux connaisseurs. Là tous ses défauts ont entièrement disparu, et sont remplacés par tous les mérites qui lui manquaient : il a de l'onction, de la vérité, du pathétique; ses moyens sont bien conçus et supérieurement développés, ses vues sont justes et grandes, ses expressions heureuses; il parle au cœur, à la raison, à l'imagination; en un mot, il est orateur. Il s'agissait de solliciter l'humanité en faveur de la vieillesse indigente de ceux qui ont consacré leur vie et donné leur sang à l'Etat; c'est la première partie de son discours. Il s'agissait de même d'assurer, dans un asile honorable, les secours nécessaires aux besoins et aux maladies de ceux qui ont vieilli au service des autels : c'est la seconde partie. Toutes deux sont dignement remplies, et la dernière surtout, qui était la plus délicate, a paru la mieux traitée.

MISSIONNAIRES.

On a pu le remarquer, les orateurs les plus célèbres du dix-huitième siècle n'ont été éloquents que lorsqu'ils ont suivi les inspirations du zèle et parlé le langage de la piété. Toutes les fois qu'ils ont été dominés par un esprit mondain, ou qu'ils ont eu de timides condescendences et de tristes ménagements, ils ont vu s'éteindre la flamme de leur génie. Leurs discours froidement symétrisés pouvaient plaire, mais ils ne convertissaient pas. Au contraire, les simples missionnaires qui prêchaient dans les campagnes, avec le désir ardent non de s'attirer une vaine renommée, mais de procurer le salut des âmes, montraient, dans leurs exhortations, l'enthousiasme qui fait l'éloquence, et parvenaient très-souvent à toucher et à changer les cœurs. Ils surent conserver au ministère de la parole sainte, son caractère de domination et même de dignité. Les défauts de langage dont ils ne furent pas toujours exempts, étaient bien moins choquants dans la chaire que la recherche et le bel-esprit d'un rhéteur. Ils descendaient peut-être à des détails trop familiers pour des auditeurs d'un goût délicat; mais ils faisaient brèche, mais ils arrivaient au but; mais ils allaient se placer au milieu des consciences; mais ils enflammaient l'imagination; mais ils frappaient fortement les sens; mais la multitude les suivait et les écoutait avec transport; mais ils opéraient enfin ces heureux fruits de salut que n'auraient osé se promettre les orateurs les plus consommés. Un grand nombre d'hommes apostoliques se signalèrent ainsi dans la carrière des missions. Mais il en est un surtout qui s'est fait un nom dans les fastes de l'éloquence de la chaire; il importe de nous arrêter ici à retracer ses triomphes.

Bridaine. (1701 — 1767.)

Nul n'a possédé aussi éminemment que Bridaine le rare talent de s'emparer d'une multitude assemblée. Il avait un si puissant et si heureux organe qu'il rendait croyables tous les prodiges que l'histoire nous raconte de la déclamation des anciens; et il se faisait entendre aussi facilement de dix mille personnes en plein air, que s'il eut parlé sous la voûte du temple le plus sonore. On remarquait dans tout ce qu'il disait une éloquence naturelle qui jaillissait des sources du génie; des élans dont la vigueur agreste découvrait plus de talent et plus d'idées que l'indigence superbe de l'imitation; des tours naturellement oratoires; des métaphores très-hardies; des pensées brusques, neuves et frappantes; une élocution très-simple, mais assez noble dans sa popularité; un art parfait d'exciter et de soutenir l'attention du peuple, qui ne se lassait jamais de l'entendre; des apologues ingénieux, attachants et quelquefois sublimes; le secret merveilleux d'égayer pieusement ses auditeurs et de les faire pleurer à volonté; l'accent de l'indulgence mêlé aux cris déchirants d'une indignation douloureuse; tous les caractères d'une riche imagination; des beautés originales et inconnues, que les règles des rhéteurs n'ont jamais devinées; quelques traits ravissants, parfois même des morceaux entiers, traités avec un soin qui tempérait son imagination, et dans lesquels la régularité de sa composition attiédissait sensiblement sa chaleur ordinaire.

L'organe tonnant de Bridaine ajoutait une nouvelle énergie à son éloquence, et l'auditoire, accablé par l'impétuosité de son action et la puissance de ses figures, était consterné devant lui. Le silence profond qui régnait dans l'assemblée, surtout quand il prêchait, selon sa coutume, à l'entrée de la nuit, était interrompu de temps en temps par des soupirs longs et lugubres, qui partaient à la fois de toutes les extrémités du temple, dont les voûtes retentissaient enfin de cris inarticulés et de profonds gémissements. Ces accents d'une douleur sourde et étouffée se démêlaient dans le lointain, au milieu des agitations du remords, qui faisait éclater bientôt son action secrète et profonde sur les consciences, par les cris soudains et redoublés dont chacun frappait alors sa poitrine.

Bridaine trouvait dans son zèle même l'art merveilleux de se
concilier, de soutenir et de ranimer l'attention de la multitude
pendant toute la durée de ses plus longs sermons. Il savait
en varier sans cesse le ton et la couleur, pour mieux fixer
l'intérêt de son auditoire. A la suite de ses tirades les plus
véhémentes ou les plus pathétiques, il prenait tout à coup un
air calme : il changeait de marche et de route pour arriver à
son but; et ce relâche apparent n'était qu'un nouveau moyen
oratoire d'enfoncer plus avant et de retourner dans tous les
sens le trait dont son éloquence cachait et augmentait ainsi la
force, en le poussant au fond de tous les cœurs. Cette espèce de
délassement de l'orateur missionnaire préparait l'auditoire,
par un court intervalle de repos, au récit très-adroit et très-
intéressant d'une allégorie parfaitement adaptée à son sujet,
sans qu'on pût soupçonner jamais son intention, avant le
dénouement de l'espèce de drame dont il se réservait le secret.
C'étaient des apologues qu'il tirait d'une allusion ou d'une
parabole de l'Ecriture, des voyages des missions étrangères,
de la vie des saints, de l'histoire ecclésiastique, de son imagination, ou de sa mémoire toujours inépuisable en ce genre si
propre à piquer la curiosité des auditeurs, et dans lequel il
savait être familier avec éloquence. (*Maury*, *Essai sur l'éloquence de la Chaire.*)

PRÉDICATEURS QUI ONT PRÉCÉDÉ IMMÉDIATEMENT LA RÉVOLUTION.

C'était dans les provinces de la France que les missionnaires
produisaient les grands effets de la parole. Les chaires de la
capitale, au contraire, étaient, comme nous l'avons vu, envahies par le bel esprit et le mauvais goût. Cependant nous
devons dire, avec M. de Boulogne, que plusieurs prédicateurs, loin de céder à la contagion et de subir la loi du
monde, honorèrent leur ministère par un noble courage. On
en vit même qui, au risque de déplaire, signalaient, du haut
de la chaire royale, et les scandales qui déshonoraient la cour,
et les malheurs qui menaçaient la monarchie. On les vit fou-
droyer constamment l'impiété moderne, comme l'avant-coureur

de notre ruine; et quoique l'orage qui devait fondre un jour sur notre malheureuse patrie, ne fût encore qu'un point imperceptible qui paraissait au loin sur l'horizon, ils le montraient, à travers les nuages, à la France endormie et fascinée par les sophistes. Sentinelles toujours vigilantes, tandis que tout était muet, eux seuls sonnaient l'alarme; eux seuls, en annonçant ces jours de deuil et de désolation, s'écriaient avec Jérémie : *Malheur à Babylone! Malheur à Samarie! Malheur à Jérusalem!* Longtemps on conservera le souvenir des paroles prophétiques que l'un d'entre eux, le P. Beauregard, faisait retentir dans l'église de Notre-Dame, treize années avant nos malheurs :

« Oui, Seigneur, s'écriait-il d'un ton inspiré, oui, vos temples seront dépouillés et détruits, vos fêtes abolies, votre nom blasphémé, votre culte proscrit! Mais qu'entends-je, grand Dieu! Que vois-je! aux saints cantiques qui faisaient retentir ces voûtes sacrées en votre honneur, succèdent des chants lubriques et profanes! Et toi, divinité infâme du paganisme, impudique Vénus, tu viens ici même prendre audacieusement la place du Dieu vivant, t'asseoir sur le trône du Saint des saints, et recevoir l'encens coupable de tes nouveaux adorateurs. »

CHAPITRE QUATRIÈME.

DE L'ÉLOQUENCE DE LA CHAIRE DEPUIS LA RÉVOLUTION.

De Boulogne. — Frayssinous. — Maccarthy. — Guyon. — Supériorité de
l'Éloquence de la chaire.

———

Ainsi la chaire chrétienne se soutenait encore, non sans
quelque gloire, lorsque la Révolution française éclata. Cette
révolution, dont les philosophes avaient été les précurseurs,
et dont les prédicateurs furent les prophètes, vint l'abattre de
sa hache impie, et ses derniers échos allèrent retentir sur
des rives lointaines. Lorsqu'après les sanglantes fureurs qui
déchirèrent la France et firent l'épouvante de l'Europe, la
croix reparut sur les ruines de notre patrie comme un signe
de régénération et de bonheur, on put croire qu'il allait être
donné aux prêtres revenus de l'exil ou échappés au glaive, de
combattre, avec la liberté des apôtres, les principes funestes
qui avaient bouleversé la société jusque dans ses fondements,
et d'annoncer, sans obstacle, les vérités saintes qui font la vie
des empires. Mais Buonaparte voulait les tenir dans sa main
comme un instrument de servitude. Leur parole fut trop souvent enchaînée et obligée de descendre à de serviles louanges.
Sous le règne des rois légitimes, la tribune sacrée semblait
devoir recouvrer son antique gloire; elle allait, disait-on,
briller de son éclat et de celui du trône. Toutefois il n'en
fut pas ainsi. La religion, qui avait présidé à la formation de
la monarchie, ne fut admise dans l'État que comme par

grâce et par un reste de respect qu'on avait conservé pour elle. La plupart des grands et des hommes du pouvoir n'écoutèrent les discours de ses ministres que parce que l'étiquette ou la bienséance leur fit un devoir de les entendre. D'ailleurs, l'esprit d'impiété qui continuait à se répandre partout, portait avec lui l'indifférence ou le dédain pour tous les exercices du culte catholique. La piété des princes et de quelques hommes d'un haut rang ne suffisait pas pour donner aux prédicateurs l'ascendant qu'exige leur saint ministère. Cependant plusieurs triomphèrent de tant d'obstacles. Sous l'Empire et sous la Restauration, la chaire chrétienne eut encore des hommes puissants en paroles. Ils proclamèrent avec dignité les dogmes de la foi; ils attaquèrent avec toute l'autorité de la raison et de l'expérience les systèmes absurdes des impies; ils montrèrent à nu la honte d'une philosophie anti-chrétienne, et les plaies qu'elle avait faites et qu'elle voulait faire encore à la société.

De Boulogne. (1747—1825.)

Le premier qui déploya son courage parmi ces généreux athlètes, est M. de Boulogne, évêque de Troyes. Déjà célèbre comme prédicateur avant la révolution, il soutint depuis la dignité de la chaire par des sermons où l'éclat du style se joint au mérite des pensées, et par des instructions pastorales pleines de vigueur, et qui, franchissant les bornes de son diocèse, ont même été traduites dans des langues étrangères. Partout, dans ses discours comme dans ses écrits, il rappelle ces grandes idées d'ordre et de stabilité, ces maximes de justice et de sagesse, et surtout ces sentiments de religion qui ont une si haute influence sur le bonheur des particuliers et sur celui des Etats; partout il fait sentir l'illusion d'une vaine philosophie, qui n'a jamais su que dessécher et détruire : il lui arrache le masque dont elle se couvre, et peint avec énergie l'impuissance de ses conseils, la stérilité de sa morale et l'inanité de ses efforts.

Les qualités de M. de Boulogne sont obscurcies par de

grands défauts. La pompe des phrases, poussée à l'excès, devient de l'enflure, et les grands mots de l'orateur ne laissent que trop apercevoir le vide de ses idées. D'ailleurs jusque dans ses discours les plus parfaits, il n'est pas exempt d'affectation et de recherche ; il arrondit avec complaisance ses périodes, et il est trop occupé du désir de paraître un homme éloquent.

Frayssinous. (1765—1842.)

On admire des beautés plus naturelles dans les *Conférences sur la Religion*, par M. de Frayssinous. Cet orateur les commença en 1803, dans l'église de Saint-Sulpice, où la police de Buonaparte l'obligea de les interrompre en 1809. Il les reprit en 1814, et les termina en 1822. Son auditoire était composé d'une nombreuse et brillante jeunesse qui se pressait autour de sa chaire.

Il fit devant elle une apologie complète de la religion chrétienne, en commençant par établir les principes mêmes de la vraie philosophie. C'était une carrière nouvelle qu'il parcourut avec le plus éclatant succès. La clarté de la méthode, la force des raisonnements, la dignité et l'harmonie du style, le choix et le jugement qui brillent dans la composition, tout contribue à faire des conférences de M. de Frayssinous des modèles de cette éloquence qui a plutôt pour but de convaincre l'esprit que de toucher le cœur.

Maccarthy. (1769—1833.)

Le discours sur le malheur, et deux autres sur la folie et sur le crime de l'incrédulité, par le P. Maccarthy, jésuite, sont de très-beaux ouvrages. Le sermon sur le cœur de Marie, et quelques autres, se font également remarquer et par la force des raisons, et par la vivacité des sentiments, et par l'agrément du style. La déclamation de l'orateur ajoutait beaucoup à leur mérite. Elle inspirait tant d'admiration dans la capitale, que plusieurs prédicateurs qui aspiraient à l'imiter, copiaient tous les gestes du P. Maccarthy, et même une attitude particulière qu'une infirmité ou un défaut corporel lui faisait prendre dans la chaire : c'est ce qu'on appelait *prêcher à la Maccarthy.*

Les dispositions qui animaient le P. Maccarthy dans le ministère de la parole, peuvent être offertes pour modèle à tous les prédicateurs. Sa pensée habituelle et dominante était de sauver les âmes et d'être utile à l'Eglise. On peut dire qu'il ne vivait que pour la religion, que pour la faire régner dans les esprits et dans les cœurs. Il regardait la composition de ses discours non comme une œuvre littéraire, mais comme un exercice religieux et une occupation toute divine. Ses sermons étaient le fruit de ses méditations et de ses prières, et c'est à cette habitude d'union avec Dieu qu'il faut rapporter ce caractère d'onction et de piété qui le distingue. Il craignait sur toute chose d'écrire ou de parler pour sa propre gloire et sous l'influence de l'amour-propre. « Avant la révolution, disait-il quelquefois, on distinguait les prédicateurs et les convertisseurs. J'aimerais bien mieux être de ces derniers. »

Le P. Maccarthy prêcha pendant plus de quinze ans, soit dans la capitale, soit dans les grandes villes de nos provinces, où il renouvelait les plus étonnants prodiges de l'éloquence des missionnaires.

Guyon.

Le P. Guyon, avec des talents aussi remarquables, montrait peut-être plus de variété dans sa manière. Avait-il à raconter? on ne pouvait rien ajouter aux grâces et aux charmes de ses récits. Voulait-il décrire? Son discours était fleuri, brillant, sublime, comme les choses dont il présentait les tableaux. Dans le raisonnement, son langage devenait précis, nerveux, exact; ses conséquences déduites avec justesse, exposées avec clarté, semblaient à tous évidemment conformes au bon sens naturel et aux règles de la plus sévère logique.

Il était aussi très-habile à pénétrer dans les replis du cœur, et à dévoiler les mystères de nos passions. Quand il voulait

attendrir, sa voix prenait un accent touchant, ses paroles brûlantes arrivaient jusqu'au fond de l'âme et y excitaient des
sentiments qui se manifestaient bientôt par des larmes abondantes. Quelquefois il augmentait le pathétique par quelque
trait d'histoire approprié à son sujet. Ainsi il terminait son
sermon contre le respect humain, par un récit qui a l'intérêt
d'une scène.

Les prédicateurs les plus distingués de notre temps sont le
P. Lacordaire, dominicain, et le P. de Ravignan, jésuite, et
après eux Combalot, Dupanloup, Cœur, Duguerry, Bautin,
Lavigne, Plantier, Saillard.

SUPÉRIORITÉ DE L'ÉLOQUENCE DE LA CHAIRE.

« Le ministère de la parole, dit La Harpe, n'a nulle part
plus de dignité que dans la chaire. Partout ailleurs c'est un
homme qui parle à des hommes : ici c'est un être d'une autre
espèce, élevé entre le ciel et la terre, c'est un médiateur que
Dieu place entre le ciel et lui. Indépendant des considérations
du siècle, il annonce les oracles de l'éternité. Le lieu même
d'où il parle, celui où on l'écoute, confond et fait disparaître
toutes les grandeurs, pour ne laisser sentir que la sienne. Les
rois s'humilient comme le peuple devant son tribunal, et n'y
viennent que pour être instruits. Tout ce qui l'environne ajoute
un nouveau poids à sa parole : sa voix retentit dans l'enceinte
sacrée et dans le silence d'un recueillement universel. S'il
atteste Dieu, Dieu est présent sur les autels; s'il annonce le
néant de la vie, la mort est auprès de lui pour lui rendre témoignage, et montre à ceux qui l'écoutent qu'ils sont assis
sur les tombeaux. » (*Cours de littérature.*)

SECONDE SECTION.

ÉLOQUENCE DU BARREAU.

CHAPITRE PREMIER.

DIX-SEPTIÈME SIÈCLE.

Enfance de l'Éloquence judiciaire. — Manie de l'esprit et de l'érudition. — Le Maître. — Gauthier. — Patru. — Erard. — Pélisson.

« Chez nos bons aïeux, dit Marmontel, lorsque tous les crimes étaient taxés, que pour cent sous on pouvait couper le nez ou l'oreille à un homme, ce beau tarif, appuyé de la preuve, ou par témoin, ou par serment, ou par le sort des armes, avait peu besoin d'avocats. Les lois romaines introduites les rendirent plus nécessaires. Mais le barreau ne prit une forme raisonnable et décente que dans le quatorzième siècle, lorsque le parlement, devenu sédentaire sous Philippe-le-Bel, fut le refuge de l'innocence et de la faiblesse, si longtemps opprimées aux tribunaux militaires et barbares de grands vassaux. » (*Éléments de littérature.*)

Le Maître. (1608—1658.)

Cependant le mauvais goût infecta longtemps le barreau; et le siècle même de Louis XIV, qui fit prendre un si grand essor à l'éloquence de la chaire, ne fit faire que peu de progrès à l'é-

loquence judiciaire. Le célèbre Le Maître, qui se distinguait
vers le milieu de ce siècle, avait sans doute un mérite remarquable. Il connaissait la théorie du combat judiciaire ; il savait
appliquer des lois, et établir des moyens ; il ne manquait point
de force dans les raisonnements, ni même quelquefois de véhémence et de pathétique ; mais ces bonnes qualités sont habituellement corrompues par le mélange de vices essentiels. Il ne
sut point se mettre au-dessus de cette méthode ridiculement
impérieuse, qui obligeait tout avocat, sous peine d'être dénué
d'esprit et de science, à faire d'un plaidoyer un recueil indi-
geste d'érudition sacrée et profane, toujours d'autant plus
applaudie qu'elle était plus étrangère au sujet. On a peine à
concevoir comment un esprit aussi judicieux que Le Maître ne
sentait pas que rien n'était plus déplacé, plus contraire à la
nature des sujets qu'il traitait, au sérieux des discussions juridiques, à la gravité des tribunaux, que ce débordement de
citations gratuites, tirées des poètes et des philosophes de l'antiquité, des prophètes, de l'ancien et du nouveau Testament,
des Pères de l'Eglise ; que ces comparaisons de rhéteur, tirées
du soleil, de la lune et des montagnes, et cette foule de subtilités inutilement ingénieuses, toutes choses qui ne tiennent
qu'à la prétention de montrer de l'esprit et de la science, prétention futile par elle-même, et qui l'est bien plus encore dans
des matières aussi graves que le jugement d'un procès et le
sort d'un accusé. Mais il faut reconnaître ici l'ascendant de
l'exemple et le préjugé dominant. La manie de l'esprit et le
faste de l'érudition, se confondant ensemble, formaient encore
le fond de presque tous les ouvrages. Il importait peu sans
doute aux juges comme aux plaideurs, que Platon et Sénèque,
saint Basyle et saint Chrysostôme, eussent dit élégament telle
chose, eussent écrit telles ou telles pensées ; mais il fallait
faire voir qu'on les avait lus, et qu'on était capable de les
faire intervenir à tout propos. Il fallait citer aussi l'histoire, et
parler des Carthaginois et des Romains à propos des sœurs d'un
hôpital ou des marguilliers d'une paroisse. En vain Racine,
dont le goût excellent s'étendait sur tout, leur disait dans *les
Plaideurs* :

> Avocat, je prétends
> Qu'Aristote n'a point d'autorité céans...
> ...Avocat, il s'agit d'un chapon,
> Et non point d'Aristote et de sa politique.

En vain, quand l'Intimé remontait au cahos des Grecs et à la naissance du monde, Racine lui disait par la bouche de Dandin :

> Au fait, au fait, au fait...

la foule des harangueurs du palais répondait comme l'Intimé : ce qui vous paraît inutile, *c'est le beau. C'est le laid*, disait Racine avec Dandin. *(La Harpe, cours de littérature.)*

Lorsque Le Maître se réduisait aux moyens propres à sa cause il devenait orateur. C'est ce qui fait que ses plaidoyers peuvent encore être lus avec utilité par ceux qui se destinent à la profession d'avocat. On ne peut en dire autant de ceux de Gaultier, qui fut le contemporain de Le Maître, et eut aussi une grande renommée. Il la dut en grande partie à la véhémence et à la causticité de sa manière. En parlant il s'échauffait au point qu'il a fait dire à Boileau :

> « Une femme en furie ou Gaultier en plaidant. »

S'il faut en croire un critique, on le surnomma *Gaultier la gueule*, et quand un plaideur voulait intimider sa partie adverse, il le menaçait de *lui lâcher Gaultier*. Quoiqu'il en soit, les plaidoyers qui nous restent de lui ne sont pas lisibles ; car, outre qu'ils ont tous les défauts du temps, ils sont encore dégradés par des injures aussi grossières qu'indécentes. *(Annales du barreau français.*

Patru. (1606—1681.)

Un autre orateur de cette époque, Patru, s'acquit, dans l'éloquence judiciaire, une réputation plus méritée. Il eut la gloire de bannir en grande partie des plaidoyers l'abus des citations, les rapprochements forcés, les pensées subtiles ou fausses. En général sa diction est pure, naturelle et constamment appropriée au sujet. Mais il n'a pas de mouvements, et l'on peut dire qu'il est plutôt écrivain qu'orateur.

Patru était regardé comme un excellent critique. Tous les grands hommes de son siècle le consultaient sur leurs ouvrages, et il mérita d'être appelé le *Quintilien français*.

Erard. (Dix-septième siècle.)

Après lui on fait mention, dans l'éloquence judiciaire, d'un autre avocat nommé Erard, qui a laissé un volume de plaidoyers assez remarquables par la pureté et l'élégance du style. M. Dureau Delamalle parle de lui avec avantage dans son *Essai d'Institutions oratoires*. « Si la simplicité noble, dit-il, le naturel intéressant et la correction qui le distinguent, étaient relevés par un style plus serré, plus soutenu, par plus de chaleur et d'énergie, peut-être il mériterait d'être proposé pour modèle. »

Pélisson. (1624—1693.)

« Mais ce que l'éloquence judiciaire produisit de plus beau, à cette époque, n'appartient pas proprement au barreau, ne fut pas l'ouvrage d'un légiste, ni la plaidoierie d'un avocat, ni même un mémoire juridique; ce fut le travail de l'amitié courageuse défendant un infortuné qui avait été puissant; ce fut le fruit d'un vrai talent oratoire, animé par le zèle et le danger, et signalé dans une occasion éclatante. On voit bien que nous voulons parler du procès de Fouquet, et des défenses publiées en sa faveur par Pélisson, et adressées au roi. Voltaire les compare aux plaidoyers de Cicéron, et au moment où Voltaire écrivait ce jugement, ces apologies de Fouquet étaient sans contredit tout ce que les modernes pouvaient en ce genre opposer aux anciens, et ce qui se rapprochait le plus de leur mérite. Ce n'est pas qu'elles soient encore tout à fait exemptes de cet abus de figures qui sent le déclamateur; qu'il n'y ait pas aussi quelques incorrections dans le langage, quelques défauts dans la diction, comme la longueur des phrases, l'embarras de quelques constructions et la multiplicité des parenthèses ; mais les beautés prédominent, et il n'y a pas ici de vices essentiels. Tout va au but et rien ne sort du sujet. On y admire la noblesse du style, des sentiments et des idées, l'enchaînement des preuves, leur exposition lumineuse, la force des raisonnements, et l'art d'y mêler sans disparate une sorte d'ironie aussi convaincante que les raisons ; l'adresse d'intéresser sans cesse la gloire du roi à l'absolution de l'accusé, de réclamer la justice de manière à ne renoncer jamais à la clémence, et de rejeter sur le malheur des temps et la nécessité des conjonctures ce qu'il n'est pas possible de justifier ; une égale habileté à faire valoir tout ce qui peut servir l'accusé, tout ce qui peut rendre ses adversaires odieux, tout ce qui peut émouvoir ses juges, des détails de finances très-curieux par eux-mêmes, par les rapports qu'ils offrent avec l'étude de cette science, telle qu'elle est de nos jours, et par la nature des principes qui établissent un certain désordre comme inévitable, nécessaire, et même salutaire dans les finances d'un grand empire. » (*La Harpe, Cours de littérature.*)

CHAPITRE SECOND.

PREMIÈRE MOITIÉ DU DIX-HUITIÈME SIÈCLE.

Progrès du goût au barreau. — Le Normant. — Cochin. — D'Aguesseau.
— Séguier.

Le bon goût, qui avait eu tant de peine à pénétrer au barreau, y exerçait enfin son influence depuis l'exemple de Patru. Le langage des plaidoyers était devenu celui de la raison dégagée du pédantisme, des déclamations scolastiques et de la rouille de la chicane. Au commencement du règne de Louis XV, cet heureux changement fut plus sensible encore. Il se forma un grand nombre de bons avocats, qui mirent dans leurs plaidoyers et dans leurs mémoires une diction pure et saine. La plupart sont maintenant inconnus. Mais l'histoire nous a transmis avec de glorieux souvenirs les noms des deux plus célèbres, Le Normant et Cochin.

Le Normant (...—1745.) et Cochin. (1687—1747.)

Le Normant, né avec beaucoup d'élévation d'esprit, un discernement sûr et un amour sincère du vrai, joignait à ces dons précieux de la nature une éloquence mâle, la beauté de l'organe et les grâces de la représentation. Son mérite distinctif était de discuter avec autant de fermeté que de noblesse. Mais sa réputation fut balancée par le célèbre Cochin, dès que celui-ci parut au parlement.

Cochin réunissait l'abondance des idées et des raisonnements aux richesses de l'expression et à la variété des tours. Son éloquence était à la fois noble et simple, pleine de nerf, d'élégance et de précision. Il saisissait dans chaque cause la raison principale, et, y rattachant toutes les autres, il la présentait plusieurs fois sous des jours différents et toujours avec le même avantage.

Le barreau devenait une arène vraiment intéressante par le contraste des deux athlètes, lorsque Cochin et le Normant y luttaient ensemble. L'un plus vigoureux et plus ferme, l'autre plus souple et plus adroit; Cochin avec un air austère et imposant, qui lui donnait quelque ressemblance avec Démosthène; Le Normant avec un air noble, intéressant, qui rappelait la dignité de Cicéron.

Cochin avait autant de modestie que de talent, et les éloges qu'on lui donnait étaient constamment suivis de réponses qui annonçaient combien peu sa grande âme était accessible aux petitesses de la vanité et aux illusions de l'amour-propre. Un homme dont le suffrage était bien capable de flatter son orgueil, ce fameux Le Normant, dont nous venons de parler, lui dit, après sa première cause, *qu'il n'avait jamais rien entendu de si éloquent.* « On voit bien, lui répondit Cochin, que vous n'êtes pas de ceux qui s'écoutent. »

Une dame de qualité lui dit : Vous êtes si supérieur aux autres hommes, que si l'on était dans le temps du paganisme, je vous adorerais comme le Dieu de l'éloquence. » — Dans la vérité du christianisme, répliqua le sage orateur, l'homme n'a rien dont il puisse s'approprier la gloire. »

Le Normant couvrait la science d'un avocat de toutes les grâces du monde, et de l'attrait, bien plus puissant encore, de tous les sentiments généreux. Il suffisait d'avoir du mérite ou des besoins pour avoir des droits sur son cœur. Avant de se charger d'une cause, il l'examinait en juge impartial, avec une inflexible sévérité, et pour peu qu'il en sentît l'injustice, aucune considération n'était capable de l'engager à la défendre.

Cochin était aussi rempli de cette probité à toute épreuve, qui est la plus forte recommandation d'une cause, la première qualité de l'avocat et peut-être la première éloquence de l'orateur.

D'Aguesseau. (1668—1751.)

La postérité honorera toujours dans le chancelier d'Aguesseau, un homme qui lui-même honora la France, la magistrature et les lettres, par ses vertus, ses talents, ses connaissances aussi étendues que variées, les services qu'il rendit à
l'Etat, et les lumières qu'il porta dans la jurisprudence. Sa
jeunesse fut illustre sous Louis XIV, et sa disgrâce, sous la
régence, le fut autant que son élévation. Son amour constant
pour le bien lui suscita des détracteurs; mais sa vieillesse, qui
le conduisit jusqu'au milieu du dix-huitième siècle, fut justement respectée.

« Il s'était fait, par son éloquence, la réputation la plus
brillante. On disait de lui qu'il pensait en philosophe et
parlait en orateur. Son éloquence, pour se former, avait emprunté le secours de tous les arts et de toutes les sciences.
La logique lui prêtait la méthode. La géométrie lui donnait
l'ordre et l'enchaînement des vérités; la morale, la connaissance du cœur humain et des passions. L'histoire lui fournissait l'exemple et l'autorité des grands hommes; la jurisprudence, les oracles de ses lois. La poésie enfin répandait
sur ses discours le charme du coloris, la chaleur du style
et l'harmonie du langage. Ainsi, dans M. d'Aguesseau,
aucune science n'était oisive, toutes combattaient pour la
vérité. On aurait cru que chacun de ses plaidoyers était le
fruit d'un long travail; cependant il n'en écrivait ordinairement que le plan, et réservait les détails et les soins d'une
composition exacte pour les grandes causes, pour les réquisitoires, ou pour les mercuriales qu'il prononçait à la rentrée
du parlement. Il était pour lui-même le censeur le plus rigide
de ses ouvrages; et l'idée qu'il s'était formée du beau
était si parfaite, qu'il ne croyait jamais en avoir approché;
c'est pourquoi il corrigeait sans cesse. Un jour il consulta
M. d'Aguesseau, son père, sur un discours qu'il avait extrêmement travaillé et qu'il voulait retoucher encore. Son

père lui répondit avec autant de finesse que de goût : *Le défaut de votre discours est d'être trop beau ; il serait moins beau si vous le retouchiez encore.* Dans la mercuriale qu'il prononça après la mort de M. Le Nain, son ami et son successeur dans la place d'avocat général, il plaça un portrait de ce magistrat, qui fit une si forte impression sur lui-même et sur ses auditeurs, qu'il fut obligé de s'arrêter par sa propre douleur et par des applaudissements qui partirent au même instant. » (*Thomas*, *Essai sur les éloges.*)

« D'Aguesseau, dit Voltaire, fut le plus savant magistrat que jamais la France ait eu, possédant la moitié des langues modernes de l'Europe, outre le latin, le grec et un peu d'hébreu ; très-instruit dans l'histoire, profond dans la jurisprudence, et, ce qui est le plus rare, éloquent. Il fut le premier au barreau qui parla avec force et pureté à la fois ; avant lui on faisait des phrases. »

Ainsi le chancelier d'Aguesseau a réuni les plus beaux titres d'illustration. Il semble même que la renommée, dont les erreurs ne sont jamais plus excusables que lorsqu'elle exagère le talent d'un homme de bien, a porté la réputation de son éloquence au-delà des bornes de la vérité. En effet, ses ouvrages purement oratoires, en portant l'empreinte d'une savante littérature et d'un travail ingénieux, ne sont pas exempts de pompe et d'affectation. Son style, qui pour le fond du langage, tient à la meilleure époque de notre idiôme, est mêlé de faux ornements ; il porte la symétrie de l'élégance jusque dans la gravité des plus hautes fonctions du barreau, et trop souvent manque à la fois de naturel et de grandeur.

Mais ces défauts que l'on doit reconnaître dans les productions où probablement il plaçait sa gloire, disparaissent dans les morceaux moins importants qui sont sortis de sa plume sans prétentions et sans efforts. Lorsqu'il s'entretient avec son fils sur des sujets de littérature ou de philosophie, lorsqu'il écrit de simples mémoires sur la vie de son père, dans ses lettres enfin, il ne laisse plus voir que l'excellent goût de son siècle et les lumières d'un esprit formé par les plus purs modèles ; alors il est écrivain supérieur, précisément

parce qu'il ne cherche pas la réputation de bien écrire. Un
enjouement aimable, une sorte d'urbanité gracieuse tempèrent
la gravité naturelle de son esprit, et donnent plus de charme
à ses vertus. Comme orateur il est bien loin de Cicéron;
mais dans ses lettres, il l'égale quelquefois. (*M. Villemain.*)

L'âme vertueuse de d'Aguesseau se peignait dans ses entretiens particuliers aussi bien que dans ses ouvrages. Un jour,
au sujet de l'administration des hôpitaux, qui fut toujours
l'objet le plus cher de ses soins, on lui conseillait de prendre
du repos. « Puis-je me reposer, répondit-il généreusement,
tandis que je sais qu'il y a des hommes qui souffrent. « Au
commencement de la régence, lorsqu'il n'était encore que
procureur-général, il refusa de faire des démarches pour son
élévation, quoiqu'il fût presque assuré du succès. « A Dieu
ne plaise, dit-il, que j'occupe jamais la place d'un homme
vivant! » Sa douleur, à la mort de son épouse égala sa tendresse pour elle. Cependant, à peine avait-il essuyé ses larmes,
qu'il se livra aux fonctions de sa place. « Je me dois au
public, disait-il, et il n'est pas juste qu'il souffre de mes malheurs domestiques. »

Ce grand homme rendit à la religion un hommage constant
par sa conduite et dans ses écrits. « Les préceptes qu'elle
renferme, dit-il quelque part, sont la route assurée pour
parvenir à ce souverain bien que les anciens philosophes ont
tant cherché, et qu'elle seule peut nous faire trouver. »
« C'est elle, dit-il ailleurs, qui doit animer tous nos travaux,
qui en adoucit la peine, et qui seule les rendra véritablement
utiles. »

Séguier. (1726—1791).

Le nom de d'Aguesseau rappelle naturellement celui de
Séguier, l'un de ses plus illustres successeurs dans les fonctions d'avocat général. C'est pour cette raison que nous le
mentionnons ici, quoiqu'il appartienne, par l'époque de sa vie,
à la seconde moitié du dix-huitième siècle. Parmi les nom-

breux réquisitoires qu'il a laissés, et où l'on admire la dignité du langage et la force du raisonnement, il faut distinguer le discours prophétique, dans lequel, vingt ans avant la révolution, il la dénonce au Roi, à la France, à l'Europe entière.

CHAPITRE TROISIÈME.

SECONDE MOITIÉ DU DIX-HUITIÈME SIÈCLE.

Nouveaux progrès de l'éloquence du barreau.—Loyseau de Mauléon.—Elie de Beaumont. — Target. — Linguet. — Gerbier. — Causes extraordinaires : Lally-Tollendal. — Beaumarchais. — De Sèze.

———————

A mesure que l'on avance dans le dix-huitième siècle, l'éloquence du barreau devient plus substantielle, en s'approchant quelquefois des questions de droit public et de jurisprudence universelle. On aperçoit ce progrès philosophique dans quelques mémoires de Loyseau de Mauléon, d'Elie de Beaumont, de Target, qui ont eu à traiter des causes où la philosophie pouvait développer des vues générales, soutenues par des moyens oratoires. Ces mémoires, qu'un intérêt public et de tous les temps tirait de la classe des plaidoyers éphémères, sont au nombre des bons ouvrages de littérature, quoiqu'on puisse leur reprocher souvent l'abus des phrases et l'enflûre des mots, sans que ce défaut soit cependant assez marqué pour effacer le mérite : il semble seulement que ce soit un dernier tribut payé aux habitudes d'état et à l'exagération trop naturelle aux plaidoieries.

Loyseau de Mauléon. (1728—1771.)

« Je lui prédis, dit J.-J. Rousseau, en parlant de Loyseau de Mauléon, que s'il se rendait sévère sur le choix des causes, et qu'il ne fût jamais que, le défenseur de la justice et de la vertu, son génie, élevé par ce sentiment sublime, égalerait

celui des plus grands orateurs. Il a suivi mon conseil, et il en
a senti l'effet. Sa défense de M. de Portes est digne de Démosthènes. »

Cet éloge, quoique dicté par une amitié bienveillante, ne
manque cependant pas de justesse. Loyseau de Mauléon ne
possède point, il est vrai, l'entraînante rapidité, ni la mâle
énergie, de l'orateur d'Athènes, mais son style est plein de
chaleur et d'élévation; ses idées sont vives et fécondes; ses
narrations attachantes et faciles.

La tournure un peu romanesque de son esprit le portait à
s'attacher principalement à la narration des faits et au développement des circonstances qui pouvaient leur donner de l'intérêt. Aussi rien n'est plus attrayant que la lecture de ses mémoires pour mademoiselle Alliot, pour Valdahon, pour Savary
et Laîné. Mais son plus beau titre de gloire est la défense de la
famille Calas. Là son éloquence s'élève jusqu'au pathétique
le plus touchant, et pénètre d'une admiration constante.

Elie de Beaumont. (1732—1786.)

Parmi les nombreux mémoires composés par Elie de Beaumont, les plus remarquables sont ceux pour Béresford, pour
les Calas et pour Sirvin. Ses autres ouvrages, écrits avec la
précipitation qu'entraînent les soins d'une clientèle nombreuse,
ne présentent plus la même correction, ni le même intérêt;
mais on y trouve toujours de la grâce et de la clarté. Comme
Loyseau de Mauléon, il connaît l'art d'intéresser aux personnages qu'il met en scène, et de prêter au raisonnement des formes séduisantes. Plus élégant que profond, plus littérateur que
philosophe, il eut plus d'esprit que de génie, plus de justesse
que d'étendue dans les idées.

Target. (1733—1807.)

Trois ouvrages de Target méritent une estime particulière, le plaidoyer de la Rosière de Salenay, la consultation
pour la dame d'Anglure, et le mémoire pour le cardinal de

Rohan dans la fameuse affaire du collier. Ce mémoire est considéré comme un modèle de narration et d'éloquence.

Plusieurs autres mémoires ou discours du même genre attestent qu'à cette époque des voix plus ou moins exercées s'élevaient tantôt contre l'illégalité des emprisonnements arbitraires, et contre des maximes d'administrations injustes et inconséquentes, tantôt contre les rigueurs inhumaines exercées dans les prisons, etc.

Mais il ne faut pas non plus se déguiser qu'en même temps que la philosophie donnait ce nouvel éclat à l'éloquence judiciaire, ennoblie et fortifiée dans quelques hommes d'élite, de tous côtés se faisait sentir l'abus trop facile et trop naturel de cette philosophie. Sous prétexte d'être au-dessus des *préjugés*, on se mit au-dessus de toutes les bienséances, et on offensa souvent la morale publique par la licence des discours. Ce fut alors que les avocats se permirent, en plaidant, les plus violentes invectives, qu'ils changèrent les discussions juridiques en libelles diffamatoires, et qu'ils ne craignirent point de flétrir la partie adverse en accumulant toutes sortes de faits odieux et étrangers à la cause.

Ces déclamations indécentes, qui malheureusement attiraient la multitude et provoquaient les applaudissements, étaient les vices essentiels des plaidoyers de cette époque; mais ils ne furent pas les seuls. Un grand nombre d'orateurs cherchaient à se distinguer par la manie d'un style figuré et emphatique, alliant bizarrement les plus grands mots aux plus petites choses, et craignant, ce semble, de rien mettre à sa place ou de rien exprimer par son nom. Mais ces ridicules tenaient à la corruption générale du goût, qui, comme on sait, avait fait des progrès rapides dans tous les genres. » (*La Harpe*, *Cours de littérature.*)

Linguet. (1736—1794.)

Linguet, qui eut une grande célébrité sur la fin du dix-huitième siècle, mérita, sous ce rapport, de très-justes reproches. Il avait de grands talents. Dans ses plaidoyers, comme dans

ses consultations ou ses mémoires, il ne se resserrait point
dans le cercle trop étroit à son gré des intérêts qui lui étaient
confiés. Il cherchait toujours à généraliser et à donner à sa cause
le caractère d'un intérêt public. Souvent même il se dégageait
des entraves que semblait lui imposer la législation alors en
vigueur. Il parlait en législateur plutôt qu'en jurisconsulte ; on
aurait cru entendre un orateur qui demande à la tribune la réforme des lois, plutôt qu'un avocat qui sollicite leur application
à la barre d'une cour. Mais, d'un autre côté, il dégradait son
éloquence par de condamnables excès ; il ne respectait rien ;
il déversait à grands flots sur ses adversaires la satire amère,
l'injure, la diffamation. Il étendait jusqu'à ses confrères les
sarcasmes les plus violents, les railleries les plus offensantes.
Les magistrats eux-mêmes, qu'on ne doit attaquer qu'avec
des armes émoussées par le respect, n'étaient pas à l'abri de
ses traits.

Gerbier. (1725—1788.)

Parmi les avocats qui ont acquis de leur temps une réputation méritée, il en est qui avaient le talent d'orateur, mais qui
ne possédaient pas celui d'écrivain : « C'est ce qui explique,
dit La Harpe, pourquoi leurs écrits nous paraissent au-dessous
de leur célébrité, sans que pour cela nous soyons en droit de
démentir le témoignage unanime de leurs contemporains. L'habitude de tirer parti de tous leurs moyens extérieurs, dans
les plaidoiries qu'ils n'écrivaient même pas, le jeu de la figure
et les efforts de la voix, la véhémence ou la noblesse dans
l'action, la présence d'esprit dans les répliques, le regard, le
geste, tout cela est nul sur le papier, mais puissant à l'au-
dience. Il y a plus : tel homme ne peut s'animer que devant un
auditoire, et devient froid la plume à la main. N'en avons-nous
pas eu sous nos yeux un exemple frappant dans le plus célèbre avocat de nos jours ? Qui de nous n'a pas été témoin de ce
que pouvait Gerbier dans la salle du palais, qui fut si souvent
le champ de ses victoires ? Mais tout son génie était dans son
âme, et cette âme ne l'inspirait que dans le combat de la

plaidoirie. Il fallait que ses sens fussent émus, pour qu'il trou-
vât lui-même de quoi émouvoir les autres. Il avait besoin
d'action et de spectacle, de l'appareil des tribunaux, de la
présence de ses adversaires et de ses clients, de l'aspect et de
la voix du public assemblé. C'est alors qu'il étonnait par ses
ressources, qu'il avait tour-à-tour de la chaleur et de la dignité,
de l'imagination et du pathétique, du raisonnement et du mouvement ; qu'avec quelques lignes tracées sur un papier, pour
lui rappeler au besoin les points principaux, il se fiait d'ailleurs
à l'éloquence du moment, qui ne le trompait jamais, et que,
pendant des heures entières, il attachait et entraînait les juges
et l'assemblée. La nature l'avait donc fait orateur : son organe,
sa physionomie et sa sensibilité lui en donnaient les moyens ;
mais seul, et réduit à la composition, ce n'était plus qu'un
homme ordinaire : son feu s'éteignait, ses forces l'abandon-
naient. Aussi s'était-il peu appliqué à écrire, soit que, naturellement un peu paresseux, il redoutât le travail, soit qu'il
se sentît incapable de se retrouver dans le cabinet tel qu'il
était en public. Il écrivit peu, jamais de mauvais goût, mais
jamais avec effet, plus heureux peut-être par les succès nombreux et brillants dont il a joui, que s'il eût possédé, au lieu
de ces qualités oratoires éteintes avec lui, ce grand talent d'é-
crire qui ne meurt pas, il est vrai, mais qui n'est guère apprécié à sa valeur que quand on ne peut plus en jouir. » (*Cours
de littérature.*)

CAUSES EXTRAORDINAIRES.

Lally-Tollendal, (1751—1830.)

Les plus beaux monuments de l'éloquence judiciaire, pendant
le dix-huitième siècle, sont dus à des procès extraordinaires,
ceux de Beaumarchais et celui du comte de Lally-Tollendal. Le
père de ce dernier, gouverneur de Pondichéry, fut accusé, à son
retour en France, d'avoir livré cette ville aux Anglais, et condamné à mort comme coupable de haute trahison, quoique
le crime ne fût pas bien avéré. Lally employa sa vie et son

talent à prouver l'innocence de son père, et à réhabiliter sa
mémoire. « Toute la France, dit La Harpe, a partagé avec lui
l'intérêt de cette cause; elle accompagnait ses pas avec des
vœux et des applaudissements, elle l'a pour ainsi dire porté
dans ses bras. il est permis aujourd'hui de croire avec lui que
son père est justifié, du moins par la voix publique, par celle
de l'histoire, et surtout par le temps, qui, dans l'accusation
de trahison, semble prouver l'innocence, quand il ne révèle
pas les crimes. Le fils a déployé dans ses mémoires l'éloquence
de l'âme, qui est le premier talent de l'orateur. Son style est
plein de noblesse, d'intérêt et d'énergie. Personne n'a porté
plus loin cet art qu'on admire dans Cicéron, de donner aux
preuves une force progressive, de faire naître une grande attente et de la remplir, de diviser ses moyens avec méthode
pour les rendre plus sensibles, et de les réunir ensuite pour
en former une masse accablante; de joindre à une logique
qui brille comme la lumière, un pathétique qui embrase
comme un incendie; et, ce qui est plus rare que tout le reste,
et ne pouvait peut-être se rencontrer que dans une pareille
cause, de contenir jusqu'à un certain point cette juste indignation, qu'il n'est pas toujours permis au malheureux d'exhaler
sans ménagement, mais qu'il sait contenir de manière à la
faire passer tout entière dans l'âme des lecteurs, à faire entendre tout ce qu'il ne dit pas, à faire sentir tout ce qu'il n'ose
pas exprimer, à faire deviner le secret de l'infortune et des
larmes, et à laisser dans tous les cœurs l'impression profonde
de ce qu'il semble cacher dans le sien. » (*Cours de littérature.*)

Beaumarchais. (1732—1799.)

Les mémoires de Beaumarchais sont d'un genre et d'un ton
qui ne pouvaient avoir de modèle. Il n'était jamais arrivé qu'un
homme, impliqué tout-à-la-fois dans plusieurs procès extraordinaires, entreprît lui-même sa défense avec des armes aussi
singulières que celles dont il se servit. Les écrits qu'il composa,
sont en même temps une plaidoirie, une satire, un drame,
une comédie, une galerie de tableaux, enfin une espèce d'a-

rène ouverte pour la première fois, où il semblait qu'il s'a-
musât à mener en laisse tous ses ennemis comme des animaux
de combats, faits pour divertir les spectateurs. Enfin il montre,
dans le genre léger et dans la plaidoierie satirique, la même
supériorité que Lally-Tollendal dans le genre sérieux et pathétique. « J'ai lu tous les mémoires de Beaumarchais, dit Voltaire, et je ne me suis jamais tant amusé. Ces mémoires sont
ce que j'ai jamais vu de plus singulier, de plus fort, de
plus hardi, de plus comique, de plus intéressant, de plus hu-
miliant pour ses adversaires. Il se bat contre dix ou douze personnes à la fois, et les terrasse comme Arlequin sauvage
renversait une escouade du *guet*. » Ce qui prouve encore mieux
le talent de Beaumarchais, c'est que le même Voltaire en était
presque jaloux : « Ces mémoires, dit-il, sont bien prodigieusement spirituels ; je crois cependant qu'il faut encore plus
d'esprit pour faire Zaïr et Mérope. »

Beaumarchais sait aussi manier très-habilement l'arme de la
dialectique. Il n'y en a pas de plus pressante, de plus ingénieuse, de plus diversifiée. Aucune induction ne lui échappe ;
pas une qu'il ne saisisse avec justesse et qu'il ne pousse aux
dernières conséquences; pas une qu'il ne sache retourner sous
plus d'une forme, et qu'il ne fasse ressortir et reparaître à
propos, toujours avec un nouvel avantage.

Ce n'est pas tout ; les sentiments élevés, les inspirations de
l'intérêt public, ne manquent pas non plus à Beaumarchais.
Souvent bouffon comme son *Figaro*, il est quelquefois noble,
passionné, indigné comme le plus sérieux des hommes de
bien; il est même pathétique, tantôt par l'attendrissement,
tantôt par l'énergie. On l'avait accusé d'intrigue et de fripon-
nerie. Marié deux fois, on l'avait accusé d'avoir empoisonné
ses deux femmes. Mais tant d'affreuses calomnies sont autant
d'aiguillons qui l'excitent et le poussent en avant. On recon-
nait en lui le véritable caractère de l'orateur, que l'interruption
anime, que l'insulte enhardit, que le péril encourage, et dont
la voix devient plus forte, plus il est assailli.

Sous le rapport de la morale, on ne peut donner ses mémoires en exemple. Il est vrai que ses adversaires en l'attaquant avec la calomnie qui assassine, avaient fort mauvaise grâce à lui reprocher de se défendre avec le fouet de la satire : chaque coup faisait sortir le sang, et on riait de les voir déchirés parce qu'ils avaient le poignard à la main. Mais en général, comme nous l'avons déjà fait remarquer, il est contraire à la décence publique, aux lois sociales et à l'honnêteté personnelle, qu'on se permette, devant les tribunaux, d'encadrer la vie entière d'un citoyen dans un tableau dont tous les traits, étrangers à la cause, sont autant de flétrissures mortelles. « Si j'avais été juge, ajoute La Harpe, j'aurais donné raison à Beaumarchais, comme innocent, et action contre ses parties ; mais j'aurais supprimé ses mémoires comme un scandale, et avec injonction d'être plus circonspect. » *(Cours de littérature.)*

De Sèze. (1750—1828.)

En parlant des plaidoyers composés pour des circonstances extraordinaires, nous ne pouvons passer sous silence celui de M. de Sèze, en faveur du roi martyr.

Il mérite d'être étudié sous le rapport de l'art oratoire. Il fallut beaucoup d'habileté pour parvenir à faire entendre, dans le sein de la Convention, la défense du roi tout entière, sans être interrompu et sans rien sacrifier de la dignité de l'accusé. Les faits sont développés avec ordre et avec un intérêt soutenu ; la discussion est vive et animée. On sait que le roi retrancha du manuscrit les morceaux pathétiques qui pouvaient émouvoir quelques membres de l'assemblée. Il ne voulut inspirer d'autre intérêt que celui qui devait naître du simple énoncé des moyens justificatifs. *Ce que vous retranchez, mon cher de Sèze,* dit-il, *me ferait moins de bien qu'il ne vous ferait de mal.* Cependant on trouve encore dans ce plaidoyer de beaux mouvements oratoires.

Il renferme cette courageuse et énergique parole que l'histoire a conservée :

« Je cherche parmi vous des juges et je n'y vois que des accusateurs. »

Lorsque les tyrans de la France eurent élevé leur règne de sang sur les débris de la monarchie et de la société, toute défense fut ôtée aux victimes. Elles ne furent plus conduites devant les tribunaux féroces que l'on appela du nom de révolutionnaires, que pour éprouver le supplice d'un jugement dérisoire.

L'éloquence du barreau fut donc interrompue dans ces temps d'une si douloureuse mémoire.

CHAPITRE QUATRIÈME.

DE L'ÉLOQUENCE DU BARREAU DEPUIS LA RÉVOLUTION.

L'éloquence du barreau étend son domaine après la révolution. — Causes politiques.

L'éloquence judiciaire recommença aussitôt que l'ordre eût été rétabli et que les lois eurent repris leur empire. Elle a même acquis une importance qu'elle n'avait pas avant nos malheurs. Les changements opérés dans nos institutions, l'établissement du jury, son application aux délits de la presse, le privilége de la chambre haute, qui, pour des causes extraordinaires, s'est plusieurs fois constituée en cour de justice, tout cela a étendu le domaine de l'orateur du barreau, l'a placé sur de plus grands théâtres, et lui a donné les moyens d'agir avec plus de force sur les cœurs par l'entraînement des passions.

Dans les procès politiques, ses défaites sont quelquefois des triomphes; s'il perd sa cause devant les juges, il la gagne au tribunal de l'opinion publique; pour la défense des accusés, il ne se borne pas à leur justification; il change de rôle, il devient accusateur, il provoque l'indignation contre la persécution et l'arbitraire, il discute des principes, il établit des opinions; et ses paroles, recueillies par la presse, vont en un moment agiter les esprits, jusqu'aux extrémités du royaume.

Un grand nombre d'orateurs se sont illustrés dans les diverses carrières que le dix-neuvième siècle a ouvertes au barreau. Nous nommerons MM. Berryer, de Martignac, Sauzet, Hennequin, Janvier, Dupin aîné, Dupin jeune, Mauguin, Odillon-Barrot.

MM. de Peyronnet, de Kergorlay, de Montalembert, Lacordaire, de Coux, et plusieurs autres, en parlant eux-mêmes dans leur propre défense, ont fait admirer tout à la fois leur talent et la fermeté de leur caractère.

TROISIÈME SECTION.

ÉLOQUENCE ACADÉMIQUE.

———————

DE L'ÉLOQUENCE ACADÉMIQUE AVANT LA RÉVOLUTION.

Discours de réception : Racine. — Voltaire. — Buffon. — Eloges : Fontenelle. — D'Alembert. — Sujets de prix : Thomas. — La Harpe. — Guénard. — Rousseau.

———————

L'académie française, et les autres compagnies littéraires ou
scientifiques, présentent à notre étude, sous le rapport de
l'éloquence, les discours de réception, les éloges prononcés
par les secrétaires, et enfin les sujets de prix.

DISCOURS DE RÉCEPTION.

Les discours de réception se renfermèrent longtemps dans
un cadre aussi monotone qu'étroit, l'éloge du roi, l'éloge de
l'académicien auquel on succédait, l'éloge du cardinal, fondateur de l'académie (Richelieu). Dans ces sortes de discours
chacun suivait le caractère propre de son talent; Fléchier
louait en antithèses, Labruyère en portraits, Massillon en
images; mais aucun ne pouvait vaincre l'aridité de la matière.
Racine lui-même fut sec, froid et stérile; il balbutia à peine
son discours de réception. Mais il parla en véritable orateur
dans l'éloge du grand Corneille, lorsqu'à la réception du frère

de ce grand poète, il exposa les obligations que lui avait la
scène française.

C'est à dater de Voltaire que les académiciens récipiendiaires
sortirent du cercle des éloges et s'élevèrent à des sujets d'un
intérêt général. Dans son discours il 'aborda des questions de
critique et de littérature, et il les traita avec un esprit judicieux et un goût délicat. On peut remarquer ce qu'il dit de l'influence de la poésie dans la formation des langues.

Buffon imita heureusement l'exemple de Voltaire; son imagination, beaucoup plus favorable à son pinceau qu'à ses
systèmes, brilla de tout son éclat dans son discours sur le
style. Ce grand maître présente des idées neuves indiquées
d'une manière vaste et lumineuse sur la composition, sur la
nécessité de posséder pleinement son sujet, sur les premiers
aperçus, sur les principales conceptions, etc. Néanmoins un
pareil tableau semble plus propre à exciter l'enthousiasme qu'à
éclairer l'imitation. C'est l'hymne du génie qui raconte ses
jouissances, et exalte sa gloire : ce n'est pas la confidence d'un
talent supérieur qui nous révèle son secret.

Ce jugement, extrait de Maury, ne paraît pas fondé dans la
pensée qui le termine. Buffon embellit ses préceptes des charmes
de l'élocution, mais il les énonce en même temps avec une
grande clarté.

ÉLOGES PRONONCÉS PAR LES SECRÉTAIRES.

Fontenelle et d'Alembert ont laissé un grand nombre d'éloges
qu'ils prononcèrent en leur qualité de secrétaires, le premier
devant l'académie des sciences, le second devant l'académie
française. Ces deux hommes eurent de leur temps une très-
grande vogue, et méritent par cette raison d'être connus,
même sous d'autres rapports que celui de l'éloquence académique.

Fontenelle. (1657—1757.)

La longue vie du premier embrassa la dernière moitié du

dix-septième siècle et la première du dix-huitième. Il mourut en 1757, âgé de cent ans moins quelques jours. Seize années auparavant, il dit en présence de l'académie française : « Cinquante ans se sont écoulés depuis ma réception dans cette académie.... Ceux qui la composent présentement, je les ai tous vus entrer ici, tous naître dans ce monde littéraire : et il n'y en a absolument aucun à la naissance duquel je n'aie contribué. »

« Fontenelle, dit Feller, est précieux et maniéré dans tout ce qu'il a écrit, mais c'est surtout dans ses éloges qu'il déploie toute la coquetterie du bel esprit. » Ses portraits sont tracés avec art, et, quoique flattés, ils conservent néanmoins un certain air de ressemblance qui les fait reconnaître. Il n'approfondit rien, effleure tout, parait se jouer de son sujet, ne donne point à penser au lecteur, cherche seulement à l'amuser et le surprend quelquefois par des traits ingénieux et fins. Les défauts de son style se font remarquer même dans les plus beaux morceaux. »

La grande réputation dont jouit Fontenelle, entraîna un grand nombre de littérateurs à suivre ses traces, et à prendre pour modèle cette recherche d'expressions, cette finesse d'idées alambiquées qui déparent ses écrits. Mais ses imitateurs, comme il arrive toujours, ont encore enchéri sur leur maître, et ont corrompu la littérature par un néologisme enluminé et une afféterie précieuse, qui furent de mode jusqu'à la fin du dix-huitième siècle. Il est inutile de faire observer que l'esprit du temps et plusieurs circonstances particulières favorisèrent ce mauvais goût.

Si l'on considérait Fontenelle sous le rapport de la science, on pourrait dire, avec Voltaire, qu'il devint *le premier parmi les savants qui n'ont pas eu le don de l'invention.* Il paraît que lui-même ne se faisait pas illusion. En présentant au régent sa *Géométrie de l'infini*, il lui dit : « Monseigneur, voilà un livre que huit hommes seulement en Europe sont en état de comprendre, et l'auteur n'est pas de ces huit-là. »

D'Alembert. (1717—1785.)

D'Alembert s'est d'abord fait connaître comme mathémati-
cien; ensuite, à l'exemple de Fontenelle, il voulut mêler les
fleurs de la littérature aux épines de la géométrie. Il commença sa carrière littéraire par son *Discours préliminaire de
l'Encyclopédie.* Ce morceau, ou plutôt cet ouvrage, où se
trouvent réunies la précision du style, la clarté des idées,
la force et l'élégance, avec une généalogie savante et bien
raisonnée des sciences et des connaissances humaines, est le
seul titre incontestable qu'il offre à la postérité comme grand
écrivain. La première partie est bien supérieure à la seconde,
parce qu'elle traite des sciences exactes que l'orateur connaissait à fond. Il fut beaucoup loué et beaucoup critiqué; mais
toutes les préventions ont disparu, et le discours préliminaire
de l'Encyclopédie est le morceau le plus remarquable de cette
énorme compilation. On connaît le vers de Gilbert :

    « Il se crut un grand homme, et fit une préface. »

Les autres productions littéraires de d'Alembert sont, en
général, très-médiocres, estimées par la clarté de la diction, et
quelquefois par la justesse des idées, mais sans caractère,
sans originalité et sans force. Plusieurs portent l'empreinte
d'une imagination stérile, d'une prétention et d'une recherche
trop affectées.

Celles qui eurent le plus de succès, et qui doivent particulièrement nous occuper, sont les *éloges* qu'il composa pour
l'histoire de l'académie française, et qu'il lut devant cette
compagnie. Il n'est aucun de ces éloges qui ne contienne
des idées judicieuses sur le personnage dont il est question,
sur la trempe de son génie, sur l'art dont il s'est occupé. Des
traits plaisants, des mots échappés à ceux dont il parle, ou
dits à leur occasion, un grand nombre d'anecdotes, propres
à peindre les hommes ou les opinions de leur temps, donnent
à ces ouvrages un caractère tout particulier. La lecture en est
agréable et piquante. Mais ils n'offrent pas l'intérêt d'une

grande composition oratoire. Il ne sont pour ainsi dire que de
simples notices historiques. Le style est ordinairement élégant
et ingénieux, mais il montre aussi un certain apprêt, et un
désir trop marqué de faire de l'effet, par une pensée fine et
délicate.

L'auteur sait faire admirer les vertus et le génie des grands
hommes qui ont appartenu à la religion; mais il les célébrerait
avec plus d'éloquence s'il était lui-même animé par des sentiments religieux. On s'aperçoit, en lisant ses éloges, que
l'incrédulité d'un écrivain est toujours funeste à son talent,
même lorsqu'il est obligé, par les sujets qu'il traite, de
parler le langage d'un homme qui a la foi.

D'Alembert, moins emporté que Voltaire dans ses attaques
contre l'église catholique, était peut-être aussi dangereux. Il
se peint dans sa correspondance *comme un homme qui donne
des soufflets, en faisant semblant de faire des révérences.*

On a dit de d'Alembert qu'il était *grand géomètre parmi
les littérateurs*, et *grand littérateur parmi les géomètres.* On
le caractériserait mieux en disant qu'il fut *bon géomètre, écrivain
médiocre et mauvais philosophe.*

SUJETS DE PRIX PROPOSÉS PAR LES ACADÉMIES.

Pendant longtemps l'académie française ne proposa guère,
pour prix d'éloquence, que des questions de morale, et les
discours couronnés n'étaient pour ainsi dire que de mauvais
sermons. Dans la suite on proposa des sujets plus analogues
au genre qui convient dans des assemblées littéraires, des
questions de littérature ou de philosophie, mais surtout les
éloges des grands hommes.

Thomas. (1732—1785).

Thomas fut le premier qui parcourut la carrière des éloges.
En peu d'années cinq de ses discours furent couronnés et lui
acquirent une grande réputation. Ces discours, comme les
autres ouvrages de Thomas, ont été l'objet de grandes
louanges et de sévères critiques. Les unes et les autres sont

également fondées. Il y a dans cet écrivain un caractère
d'élévation extrêmement marqué. Il pense avec grandeur,
avec noblesse, avec force; il n'envisage point ses sujets d'une
manière commune. Ses plans sont vastes, ses cadres sont
étendus, ses aperçus sont neufs, hardis et brillants; mais son
style presque toujours tendu, apprêté, pénible, n'a jamais
cette flexibilité, cet heureux abandon, cette grâce facile, qui,
dans les génies du premier ordre, dérobent l'empreinte de
l'art et les ressorts de la composition. On lui trouve beaucoup d'esprit, une imagination riche et féconde, des tableaux
énergiques, des analyses justes, des jugements profonds, mais
en même temps une parure recherchée, un emploi trop fréquent de métaphores, et une espèce de jargon scientifique,
composé de termes d'art, de géométrie, de métaphysique,
etc., qui jettent de l'obscurité dans le discours et lui donnent
un air de pédanterie. Mais ce qui est surtout d'un très-mau-
vais goût, c'est l'emphase et la bouffissure de son style; on
dirait qu'il est monté sur des échasses et qu'il veut toujours
ouvrir une grande bouche pour dire des choses qui n'ont rien
de frappant. Ce sont ces défauts qui faisaient souvent répéter
à Voltaire : « Il ne faut plus dire du galimatias, mais du
gali-Thomas. »

Il y a néanmoins dans les discours de cet écrivain plusieurs
morceaux d'une beauté réelle, et même des traits d'un sublime
qui décèle l'homme fait pour exercer l'empire de la parole.
La fin de l'*Eloge de Descartes*, est généralement belle. L'*Eloge
du Dauphin* fit apercevoir un autre progrès. L'auteur apprit
enfin à connaître des teintes plus douces et des formes plus
flexibles : son style se détendit, sa phrase se désenfla, et il
put obtenir l'estime des connaisseurs. Cette estime alla jusqu'à
l'admiration lorsqu'il publia l'*Eloge de Marc-Aurèle*, composition absolument neuve, qui est tout à la fois un discours
bien écrit et un drame très-animé et très-pathétique. La recherche et le travail s'y font encore sentir, mais une foule
de beautés du premier ordre placent cet ouvrage au rang des
chefs-d'œuvre de l'éloquence française.

Laharpe. (1739—1803.)

« Ses éloges, dit Palissot, presque toujours couronnés par
l'académie, et parmi lesquels on doit distinguer surtout ceux
de Racine et de Fénélon, offrent, en général, à quelque
chose près d'enluminure académique, le style pur, élégant,
souvent même fleuri d'un écrivain vraiment disert ; mais
vous y chercheriez vainement l'inspiration, sans laquelle il
n'est pas plus d'éloquence que de poésie, les grands mouvements qui décèlent l'orateur, et ce degré de chaleur qui suppose une âme fortement passionnée. Un plaisir froid et qu'on
n'est pas tenté de renouveler, est le seul sentiment qu'ils
inspirent. Jamais on ne se sent ému, bien moins encore
entraîné : en un mot, M. de Laharpe n'est pas moins éloigné
de l'éloquence de Pascal, de Bossuet, ou du philosophe de
Genève, qu'il ne l'est en poésie du sublime de Corneille, et
comme lui-même l'a très-bien dit, de la perfection désespé-
rante de Racine. » *(Mémoires sur la littérature.)*

Nous signalerons encore à l'estime du lecteur les éloges de
Fénélon, de Charles V et de saint Louis, par l'abbé Maury ;
ceux de saint Louis et du Dauphin, père de Louis XVI, par
M. de Boulogne ; ceux de Molière et de Lafontaine, par Champ-
fort ; et enfin ceux de Suger, de Fontenelle et de Montausier,
par Garat.

Les discours académiques, comme on le voit, ont commencé la réputation de plusieurs illustres écrivains. Leurs
talents se sont révélés à la France dans ces concours solennels,
et c'est-là sans doute un des plus grands avantages des prix
proposés par nos assemblées littéraires.

Outre les éloges des grands hommes, les académies ont
proposé, avons-nous dit, des sujets littéraires ou plutôt philosophiques. Le dix-huitième siècle a produit en ce genre deux
chefs-d'œuvre bien différents, le discours sur l'esprit philosophique, par le Père Guénard, jésuite, et celui sur les sciences
et les lettres, par J.-J. Rousseau.

Guénard. (1726—1806).

On admira, en lisant le premier, une grande étendue et une égale justesse d'esprit, réunies à une métaphysique neuve et profonde, qui n'attiédit jamais la chaleur dont la composition est susceptible. Mais on eut lieu de regretter que l'écrivain, beaucoup trop resserré par l'inexcusable programme de l'académie, dans les bornes d'une demi-heure de lecture sur une si vaste matière, ne les eût pas franchies, au lieu de sacrifier son sujet à cette loi du concours. L'auteur lui-même se plaint, avec raison et à plusieurs reprises, de ne pouvoir, dit-il, qu'indiquer en courant une foule de choses qu'il faudrait approfondir et de jeter à l'écart la plus grande partie de son sujet : cet écrit a donc le singulier défaut, ou, si l'on veut, le rare mérite d'être évidemment trop court. Il rappelle tout à la fois l'éloquence de Bossuet et celle de Fénélon, par la force et la beauté des pensées, par la noblesse et l'harmonie du style, et par un heureux emploi de métaphores, vives ou gracieuses, qui semblent mettre sous les yeux les objets qu'elles dépeignent.

Le P. Guénard était né à Damblain (1726), village du département des Vosges, près Bourmont. Dès l'âge de seize ans, il entra chez les jésuites, après avoir fait ses études avec un succès brillant dans leur collége de Pont-à-Mousson. Devenu très-savant dans les langues anciennes, et dans la littérature sacrée et profane, il se livrait à l'enseignement depuis plusieurs années, lorsqu'il remporta le prix de l'académie française dans la séance publique du 25 août 1755. Ce triomphe fut d'autant plus honorable, que l'orateur, pour emporter l'assentiment des juges, avait à vaincre des préjugés funestes. Les académiciens philosophes ne purent refuser leur admiration au talent sublime, qui défendait devant eux avec une sainte et noble fierté les divins enseignements de la foi. Un pareil succès semblait annoncer d'autres ouvrages. Mais le P. Guénard n'a rien publié depuis, ni dans le même genre, ni dans

aucun autre. Un de ses amis lui demandant pourquoi il gardait
un silence dont les philosophes eux-mêmes étaient étonnés.
« J'avais consacré mes veilles, répondit-il à la gloire de mon
ordre : ce corps vient d'être détruit, il n'y a plus pour moi
de gloire à acquérir; je veux mener une vie obscure et ignorée. » Il paraît cependant que les intérêts de la religion lui
firent prendre une autre résolution. Il se proposa d'attaquer
l'encyclopédie, et de préparer, en travaillant sur ce sujet, une
Apologie du Christianisme. Mais, durant les orages de la révolution, il se crut malheureusement obligé, pour conserver sa
vie, et peut-être aussi pour ne pas exposer les personnes qui
lui avaient donné un asile (il s'était retiré auprès de Mme de
Beauveau-Desarmoises, à Fléville près Nancy), il se crut obligé
de brûler, sous le régime de la terreur, l'unique manuscrit
de ce grand ouvrage, qui lui avait coûté trente ans de travail.
Il mourut au commencement de 1806, à l'âge de quatre-vingts
ans.

Rousseau. (1712—1778.)

Rousseau, dans un sujet paradoxal, ne pouvait, malgré
son génie, produire un aussi beau chef-d'œuvre que le discours
sur l'esprit philosophique. Il a sans doute de l'enthousiasme,
mais cet enthousiasme est factice; son éloquence n'est qu'un
jeu de son esprit, et un effort de son imagination. D'ailleurs
le défaut de logique se fait sentir à chaque page, et, pour
réfuter l'orateur, il suffit presque toujours de l'opposer à lui-
même. Ainsi, en admirant le célèbre *discours contre les lettres*,
nous croyons cependant qu'il a été trop loué.

« Pendant l'été de 1749, dit un écrivain, Rousseau, allant
visiter son ami Diderot, détenu au donjon de Vincennes, lut
dans le *Mercure de France*, qu'il portait pour se distraire en
route, la question proposée par l'Académie de Dijon : *si le
progrès des sciences et des arts a contribué à corrompre ou à
épurer les mœurs.* « Si jamais quelque chose, dit Rousseau, a
ressemblé à une inspiration, c'est le mouvement qui se fit en
moi à cette lecture : tout-à-coup je me sens l'esprit ébloui de

mille lumières ; une violente palpitation m'oppresse, soulève
ma poitrine : ne pouvant plus respirer en marchant, je me
laisse tomber sous un des arbres de l'avenue, et j'y passe une
demie-heure dans une telle agitation, qu'en me relevant je vis
mes vêtements mouillés de mes larmes, sans avoir senti que
j'en répandais. « Revenu de son extase, il écrivit au crayon,
sous le même chêne, la prosopopée de *Fabricius*, qu'il s'empressa de montrer à Diderot. Celui-ci l'engage à concourir
pour le prix, et lui conseille de soutenir, comme plus piquante,
l'opinion contraire aux lettres.* Jean-Jacques se met à l'œuvre,
et compose cette brillante déclamation qui a tant fait de bruit,
et dont l'auteur porte lui-même ce jugement : « Cet ouvrage,
plein de chaleur et de force, manque absolument d'ordre et de
logique : de tous ceux qui sont sortis de ma plume, c'est le
plus faible de raisonnement et le plus pauvre de nombre et
d'harmonie; mais avec quelque talent qu'on puisse être né,
l'art d'écrire ne s'apprend pas tout d'un coup. »

---

* Quel parti prendrez-vous, lui disait-il ? — Celui des lettres. — Non, c'est le pont aux ânes ; prenez
le parti contraire, et vous verrez quel bruit vous ferez.

CHAPITRE SECOND.

DE L'ÉLOQUENCE ACADÉMIQUE AU DIX-NEUVIÈME SIÈCLE.

Le Collége de France et la Sorbonne. — Réflexions.

———————

Au commencement de ce siècle l'éloquence académique a vu s'élever pour elle de nouveaux théâtres. Les cours d'éloquence, d'histoire, de philosophie, établis au Collége de France et à la Sorbonne, ont donné à d'habiles professeurs le moyen d'attirer un brillant concours, et de se faire une éclatante renommée. On sait avec quel enthousiasme, sous la restauration, les leçons de MM. Villemain, Guizot et Cousin étaient accueillies par la jeunesse nombreuse qui venait les entendre. Aujourd'hui d'autres professeurs ont pris leur place, et plusieurs d'entre eux sont également suivis par une foule empressée. Nous n'énumérerons pas ici les beautés diverses qu'on doit admirer en eux, ni les défauts qu'on peut leur reprocher. Nous ferons seulement une observation générale : tous ces orateurs qui se sont illustrés depuis quarante ans, ont dû en partie leur succès à l'éloignement qu'ils ont montré pour les principes glaçants et pour les préjugés mesquins de la philosophie du dix-huitième siècle. Le matérialisme flétrit les âmes et étouffe les sentiments nobles, comme il détruit toutes les idées sublimes. Le spiritualisme, au contraire, aide au développement des facultés de l'homme, et favorise les inspirations du génie. L'éloquence, comme la poésie, est fille du ciel : elle s'égare, ou, pour mieux dire, elle n'existe plus, aussitôt, qu'oubliant la grandeur de son origine, elle borne sa pensée à ce qui tient à la terre. Honneur

donc aux hommes de talent, qui ont su puiser à des sources
plus pures, et qui sont venus parler à la jeunesse un autre
langage que celui de Voltaire ! En rentrant dans les voies
du vrai, ils sont rentrés dans celles du beau. Mais nous
devons le dire, le plus souvent ils se sont arrêtés au pied
de la montagne sainte où ils pouvaient entendre des oracles ;
ils ont oublié le Dieu du Sinaï, pour donner leur encens à des
dieux étrangers. Une raison sans règle a été leur guide, et elle
les a égarés, comme elle en avait égaré tant d'autres. Tantôt
ils n'ont été que philosophes sans être chrétiens, tantôt ils
n'ont été que chrétiens sans être catholiques. Aussi rien de
fixe dans leur enseignement, mais le vague et l'incertitude,
quelquefois même l'injustice et la calomnie. Ils n'ont point cette
conviction de la foi qui est nécessaire pour soutenir le génie,
et pour diriger son vol.

Quoiqu'il en soit, leurs leçons n'ont jamais été si éloquentes
que lorsqu'ils ont rendu justice au catholicisme, célébré ses
bienfaits, loué ses grands hommes et admiré ses institutions.

A côté de ces orateurs, il en est d'autres qui honorent notre
Eglise et qui lui appartiennent. Nous devons citer avec une distinction particulière M. Ozanam, qui occupe la chaire de littérature étrangère, et M. l'abbé Cœur, qui a rempli pendant
quelque temps celle d'éloquence sacrée. Leurs paroles ont obtenu des applaudissements dans le monde littéraire. Elles ont
montré qu'il y a toujours une vigueur nouvelle dans les idées
que l'on emprunte à la religion.

QUATRIÈME SECTION.

ÉLOQUENCE POLITIQUE.

CHAPITRE PREMIER.

ASSEMBLÉES DE LA RÉVOLUTIO.

Constituante : Barnave. — Mirabeau. — Maury. — Cazalès. — Débats de l'Assemblée constituante. Assemblée législative, Convention, Directoire : Robespierre. — Danton. — Marat. — Vergniaud.

Constituante.

On avait prélude, par une multitude d'écrits, aux combats qui s'élevèrent dans les assemblées politiques de la révolution, et les députés aux Etats-Généraux s'approchaient de Versailles, comme les soldats de deux armées ennemies, se hâtant de rejoindre leurs corps et leurs généraux, pour engager une bataille décisive. Les dispositions des partis pouvaient faire présager combien la lutte allait être terrible. Les uns voulaient tout détruire, pour élever sur des ruines immenses une constitution nouvelle. Les autres, épouvantés de ce vague besoin de changement qui travaillait les esprits, étaient disposés à soutenir de tous leurs efforts l'édifice déjà ébranlé de la vieille monarchie, et à défendre avec opiniâtreté tous leurs droits et tous leurs privilèges.

Dès que les Etats-Généraux furent assemblés, les têtes s'exaltèrent de plus en plus, l'agitation devint extrême, et, de ce choc violent entre tous les principes, tous les intérêts, toutes les passions, on vit sortir, avec un étonnement mêlé d'effroi, de grandes fautes et de grandes vertus, des ténèbres épaisses et des lumières éclatantes.

L'assemblée, d'abord réunie à Versailles, fut bientôt transférée à Paris. Elle resta quelque temps à l'archevêché, et s'établit ensuite dans une salle de manège, voisine des Tuileries. On avait ménagé, des deux côtés de ce dernier local, des tribunes spacieuses pour des spectateurs qui formaient une autre représentation du peuple. Bien avant l'aube du jour, ces spectateurs venaient prendre ou réserver leurs places. Des jeunes gens se dévouaient à ces fatigues pour assister aux orages souvent majestueux de cette assemblée; mais la plupart des places étaient envahies par une foule salariée, à laquelle on distribuait, sans aucune ombre de mystère, les mêts, les vins, les liqueurs et les pièces d'argent. Le fauteuil du président et le bureau des secrétaires séparaient les députés populaires de ceux que l'on nommait *aristocrates*. Les premiers occupaient le côté gauche et les autres le côté droit. Comme les gradins s'élevaient en amphithéâtre aux extrémités, les députés du côté gauche remplissaient en foule cette sorte d'éminence qui depuis reçut le nom de *Montagne*, si fameux et si redouté dans les annales révolutionnaires. (*Lacretelle, Histoire de la révolution.*)

Le parti de la révolution eut un grand nombre d'orateurs, parmi lesquels on distinguait Duport, Alexandre de Lameth, Chapelier, Tronchet, Target, Touret, et surtout Barnave et Mirabeau.

Barnave. (1761—1792.)

Barnave, dans toute la force de la jeunesse, s'était voué au triomphe de la révolution, comme ces pieux Indiens qui se jettent dans le char de l'idole, et que la roue écrase en avançant. Né à Grenoble, il appartenait à une famille protestante, et la haine religieuse accroissait en lui l'exaltation fébrile qui l'animait contre la vieille monarchie.

Son éloquence était à la fois grave et entraînante, et ce qui étonnait davantage en lui, c'était l'art de revêtir des maximes passionnées et ardentes de la séduction d'une parole calme et facile. Mirabeau disait de Barnave que c'était un jeune arbre destiné à devenir un mat de vaisseau ; mais la tempête ne lui donna pas le temps de croître, elle le brisa en chemin.

En défendant Louis XVI, qu'on voulait juger après son arrestation à Varennes, il montra la hauteur imposante et les vues profondes d'un homme d'Etat. Il était revenu à des sentiments plus modérés. « Le sang qui coule est-il donc si pur, s'était-il écrié au premier meurtre de la révolution ? » Cette parole sinistre pesait comme un remords sur sa conscience.

Mirabeau. (1749—1791.)

Au-dessus de Barnave et de tous les orateurs qui se rendirent les organes des idées nouvelles, on vit apparaître, comme une puissance, le génie de Mirabeau (Honoré Riquetti, comte de). Cet homme extraordinaire fut l'âme de la révolution, et son nom résume pour ainsi dire une époque.

Il descendait d'une ancienne famille de Provence, originaire de Naples.

On lui a contesté la propriété d'un grand nombre de ses discours ; et l'on a dit, avec quelque fondement, qu'en même temps que le génevois Duroveray l'initiait dans la tactique des mouvements populaires, Clavière lui fournissait les thèmes de ses productions relatives aux finances : lui-même publiait qu'il devait à Lamourette le discours qu'il prononça sur la constitution civile du clergé, et à Chamfort une diatribe sur les académies, destinée pareillement à l'épreuve de la tribune; on nomme encore les véritables auteurs de l'adresse pour le renvoi des troupes, des discours sur le *veto*, du travail sur le système monétaire, de l'œuvre posthume contre la faculté de tester. Des hommes de talent, et même beaucoup d'hommes médiocres, dont il fécondait par ses propres vues l'étroite capacité, attirés par son ascendant, lui apportaient la contribution de leurs veilles. Ces offrandes de l'amitié n'étaient le plus souvent que le canevas dont il avait donné le programme. Mirabeau s'em-

paraît de ce travail brut, et se l'appropriait en lui imprimant
le cachet de sa force et de son originalité. Indépendamment
des ressorts qu'il faisait jouer en se concertant avec ses affidés,
auxquels il distribuait des rôles à l'appui de ses propositions,
l'enchaînement et la gradation savante de ses preuves, l'effet
bien calculé de ses allusions, l'art de reproduire sous un jour
nouveau la question qu'avaient déjà envisagée de nombreux
orateurs, un fond d'amertume, de causticité, une habileté
de déduction développée par de longues habitudes polémiques,
et par dessus tout une action oratoire irrésistible, lui assuraient
la domination de la parole. « Ses dehors, dit M. Lemercier,
frappaient à son désavantage : sa taille ne présentait qu'un ensemble de contours massifs ; la vue ne supportait qu'avec répugnance son teint gravé, olivâtre, ses joues sillonnées de cou-
tures, ses yeux s'enfonçant sous un haut sourcil et dans un
enchassement plombé, sa bouche irrégulièrement fendue, enfin
toute cette tête disproportionnée que portait une large poitrine.
* Etait-ce en lui la beauté de la prononciation qui suppléait
à sa figure ? Sa voix n'était pas moins âpre que ses traits, et
le reste d'une articulation méridionale l'affectait encore : mais
il élevait cette voix d'abord traînante et entrecoupée, peu à
peu soutenue par les inflexions de l'esprit et du savoir ; et peu
à peu elle montait avec souplesse au ton plein, varié, solennel, des pensées que développait son génie. De là l'aigle pla-
nait, il se jouait des orages, il lançait mille éclairs. Sa laideur disparaissait ; sa vigueur avait des grâces, tant son âme
le transformait tout entier. » C'était cette inspiration, cette
puissance de vie, qui établissait la supériorité de Mirabeau sur
tous les rivaux de son éloquence, et qui lui faisait dire de
Barnave : *Je n'ai jamais entendu parler aussi longtemps, aussi
vite et aussi bien ; mais il n'y a point de divinité en lui.* Le talent
de bien dire n'était pas à ses yeux le but, mais seulement un

---

* Il semblait quelquefois tirer avantage de sa laideur même et de l'effroi qu'il inspirait. Quand
on venait de le provoquer fortement dans l'assemblée : « Je vais, disait-il, leur présenter la hure. »
Un jour une dame, se trouvant à Versailles au milieu d'un grand nombre de députés, lui dit,
sans le connaître : « Montrez-moi, s'il vous plaît, M. de Mirabeau. On dit qu'il est si laid ! » —
« Fort laid en effet, Madame ; imaginez-vous un tigre qui a eu la petite vérole ; et vous en pourrez
juger, car c'est lui qui a l'honneur de vous parler. »

moyen ; il ne s'occupait point de la pureté de l'expression,
pourvu qu'il fît jaillir sa pensée en la revêtant de formes vives,
inattendues et entraînantes. Les mouvements tumultueux de
l'assemblée, le choc des contradictions, les altercations personnelles, donnaient à ses facultés l'ébranlement nécessaire à
leur prodigieux effet : il avait besoin d'être ému ; et s'il ne
l'était pas, ou s'il n'abordait pas la tribune avec des idées arrêtées, son élocution se traînait péniblement, vague, obscure et
embarrassée ; mais quand, sûr de lui-même, appuyé d'un travail préalable, ou saisi par une illumination soudaine, il ren-
voyait à ses adversaires des saillies pénétrantes, découvrait par
des répliques accablantes le défaut de leurs armes, ou leur
imposait par l'audace de la parole, les plus habiles redoutaient
de descendre dans l'arène où il les provoquait. Les esprits sages
désespéraient du succès de la raison, en présence de ce foyer
de passions brûlantes ; et le vulgaire des membres du côté
droit, incapable de répondre à Mirabeau, s'en dédommageait
en lui adressant des cartels. » *Biographie universelle.* »

« Cette puissance oratoire, dit M. Villemain, le suivait partout avec une majesté théâtrale. Après la séance fameuse où
tous les nobles de l'assemblée avaient abandonné leurs titres,
le comte de Mirabeau n'avait plus été désigné dans les feuilles
publiques, que sous son ancien et obscur nom de famille *Riquetti.*
La plaisanterie parut mauvaise à l'orgueilleux tribun, et, s'approchant des logographes en descendant de la tribune : « Avec
votre Riquetti, dit-il, vous avez désorienté l'Europe pendant
trois jours. » *Leçons de littérature.* *

Malheureusement cet orateur, favorisé à un si haut degré des
dons du génie, était dégradé par les vices les plus honteux.
« Sa vie fut long-temps traînée, dit encore M. Villemain, dans
tous les scandales du désordre, du vice, et, j'ai honte de le
dire, quelquefois de la bassesse. Cet homme puissant, ce génie
de la parole, il ressemble au lion de Milton, dans le premier
débrouillement du cahos, moitié lion, moitié fange, et pouvant

---

* Mirabeau n'était point indifférent à l'avantage de la noblesse, lors même qu'il déclamait le
plus contre les nobles. Madame de Staël rapporte qu'il dit un jour dans un cercle : « L'amiral Coligny,
qui, par parenthèse, était mon parent.

à peine se dégager de la boue qui l'enveloppe, lors même que déjà il rugit et s'élance. Ses vices sont sur lui comme un poids qui le déprime et le retient encore quand il se montre homme de génie. Mémorable exemple ? les fautes de cet homme, cet arriéré de honte qui lui restait, arrête sa gloire, l'empêche d'être grand et utile comme il l'eût été, le rabaisse à des actions avilissantes au moment où il est porté au sommet de la puissance publique. » *Ibidem.* * La vertu en eût fait un orateur accompli ; les souillures de sa vie et les passions de son âme ternissent l'éclat de ses talents. Il possède une imagination assez forte pour concevoir, malgré ses vices, et pour exprimer de nobles sentiments ; mais il n'a point cette pureté de lumière, cette beauté ravissante qui ne sort que d'un cœur pur. Tout ce qu'on peut dire, c'est que, du moins, ses discours les plus éloquents, sont ceux qu'il a consacrés à la défense de l'ordre et de la justice. Il est aisé de s'en convaincre en examinant les deux principales époques de sa carrière oratoire.

Dans la première, il se montre tout bouillant d'exaltation, secondant, avec l'audace et l'impétuosité d'un tribun, le mouvement révolutionnaire. Il s'empare de la dictature de la parole ; mais ses discours reçoivent l'empreinte des passions qui l'environnent et de celles qui agitent son cœur. Des expressions choquantes et quelquefois ignobles, des mouvements tumultueux, des transports frénétiques les dégradent.

Dans la seconde, après avoir lancé le char de l'Etat au milieu des abimes, il entreprend de modérer sa course et de l'empêcher de se briser. ** Au lieu de flatter les passions des révolutionnaires, il recueille toutes les forces de son génie pour les combattre. Son éloquence n'est point encore sans défauts,

---

* M. de Châteaubriand, dans ses Mémoires inédits, caractérise avec originalité ce prodigieux orateur. Il eut occasion de le voir à la tribune et dans la vie privée. Un jour il assistait à un repas où le fier tribun se trouvait au milieu de toutes les célébrités contemporaines. Le grand convive prenait souvent la parole ; il avait ses opinions et surtout ses succès à défendre contre un monde d'envieux. Le repas fini, Mirabeau resta quelques moments seul avec le jeune Châteaubriand. « En sortant de notre dîner, dit celui-ci, Mirabeau me regarda en face avec ses yeux d'orgueil, de vice et de génie, et, m'appliquant sa main sur l'épaule, il me dit : Ils ne me pardonneront jamais ma supériorité. Je sens encore l'impression de cette main comme si Satan m'eût touché de sa griffe de feu. »

** On assure que ses convictions nouvelles furent achetées et qu'il reçut de la liste civile des sommes énormes qui suffisaient aux besoins de son faste et aux nécessités de ses honteux plaisirs.

mais elle devient plus forte et plus majestueuse. Le tribun est transformé en orateur.

Mirabeau fut arrêté dans sa carrière au moment où il faisait concevoir aux amis de l'ordre les plus flatteuses espérances. * Il mourut (2 avril 1791) assiégé de sombres pressentiments. Prêts de se fermer à la lumière, ses yeux s'ouvrirent un moment sur l'abîme où l'ordre social allait tomber. « *J'emporte avec moi*, dit-il, *le deuil de la monarchie, les factieux s'en partageront les lambeaux.* ** »

Maury. (1746—1817.)

Le nom de Mirabeau rappelle celui de l'abbé Maury, qui occupa la tribune presque sans cesse avec lui. Ces deux hommes célèbres, se combattant pour ainsi dire corps à corps, fixèrent les regards de l'Europe, qui voyait entre leurs mains son sort présent et ses destinées futures.

L'abbé Maury, pauvre ecclésiastique du comtat d'Avignon, s'était lié avec les philosophes, dans sa jeunesse intrigante, et leur crédit n'avait pas été inutile pour lui faire obtenir une excellente abbaye. L'art académique et les recherches d'un rhéteur perçaient un peu trop dans ses sermons; mais son panégyrique de Saint-Vincent-de-Paul avait paru plein d'onction et d'effet. Depuis, il avait secondé les opérations politiques de MM. de Brienne et de Lamoignon, et tracé les préambules de leurs écrits. A cette époque, il fut en butte à mille sarcasmes. La satire chercha des scandales dans sa vie privée. Par un

---

* Ces espérances ne pouvaient se réaliser. La révolution avait dépassé son orateur, et l'époque, changeant aussi de caractère, devait bientôt appeler d'autres organes. « Sa vie, disent admirablement les Mémoires déjà cités, eût montré sa faiblesse dans le bien ; sa mort le laissa en possession de sa force dans le mal. »

** Mirabeau, dans sa maladie, prononça plusieurs autres paroles que l'histoire a conservées. Il entendit une fois le bruit d'un exercice militaire. « On prépare, dit-il, les funérailles d'Achille. » Une autre fois il dit : « L'homme qui gagnera le plus à ma mort, sera M. Pitt ; car je ne vois plus personne en Europe qui puisse contrebalancer son ascendant. » Il disait à son valet de chambre : « Soutiens ma tête, je voudrais pouvoir te la léguer. » Quelques temps avant sa mort, il s'écria : « Qu'on éloigne de moi tout ce triste appareil. Remplacez par des fleurs ces inutiles fioles. Soignez mes cheveux. Que j'entende les sons d'une musique harmonieuse. » Mais il est triste de dire qu'à toutes ces pensées il ne mêla aucune sorte de sentiment religieux. « Il semble, dit M. Lacretelle à ce sujet, que la Providence ne reçoive jamais un plus indigne outrage, que lorsqu'un homme de génie meurt en méconnaissant ses bienfaits. » (Histoire de la révolution.)

maintien hardi, des regards peu modestes, des propos peu mesurés et une pétulance en quelque sorte militaire, il prêtait quelque vraisemblance aux accusations qui se débitaient contre ses mœurs. Député aux Etats-Généraux, il se voua courageusement à la défense de son ordre. La faction d'Orléans, après le 14 juillet, l'avait inscrit sur les listes de proscriptions. Il s'effraya, partit pour la Flandre, fut arrêté à Péronne, menacé du massacre, sauvé par le courage des officiers municipaux de cette ville, et surtout par sa présence d'esprit. L'assemblée nationale le réclama; il y revint braver tous les dangers. Il s'était dit : « *Je périrai dans la révolution, ou, en la combattant, j'obtiendrai le chapeau de cardinal.* » Personne ne poussa plus loin que lui le courage de résister à des factieux, à des bourreaux. Il traversait les groupes les plus furieux, d'un pas vif et ferme, et répondait à leurs menaces par des saillies pleines d'assurance et de gaîté. Un jour, comme il sortait de l'assemblée, quelques forcenés criaient autour de lui : *L'abbé Maury à la lanterne! — Y verrez-vous plus clair?* leur répondit-il. D'autres voulaient l'envoyer *dire la messe à tous les diables. Soit!* leur dit Maury; *vous viendrez me la servir : voici mes burettes.* C'était deux pistolets, dont l'aspect imprévu rendit sa réponse encore plus significative. Il montrait, à la tribune, en combattant la démagogie triomphante, la même fermeté et la même présence d'esprit. Souvent interrompu par les clameurs de l'assemblée et les vociférations du peuple des tribunes, il répondait par un mot piquant ou énergique, et revenait à ses adversaires avec un sang-froid imperturbable. Il improvisait dans toutes les occasions avec une étonnante facilité. Dans l'affaire sur les chapitres de Strasbourg, il n'était point attendu, parce qu'on avait choisi un dimanche pour délibérer; mais il survint au milieu de la discussion, s'informa à la hâte du tumulte qui paraissait agiter les esprits, et s'élança à la tribune sans avoir eu seulement quelques instants pour réfléchir. Son discours néanmoins est l'un des plus éloquents qu'il ait fait retentir dans l'assemblée.

Une connaissance parfaite de l'histoire; une vivacité d'esprit, qui lui en faisait appliquer les résultats avec d'heureux à-propos ; un style constamment soutenu, fleuri, harmonieux ; une mémoire prodigieuse, qui donnait l'éclat de l'improvisation à plusieurs de ses discours écrits ; une prononciation rapide, ferme et habilement accentuée ; le don des réparties ; l'art de prolonger une ironie amère : voilà quels étaient ses avantages à la tribune. *

Après la clôture de l'assemblée, l'abbé Maury quitta la France.

« Mon ami, dit-il à Marmontel en s'éloignant, j'ai fait ce que j'ai pu : j'ai épuisé mes forces, non pas pour réussir dans une assemblée où j'étais inutilement écouté, mais pour jeter de profondes idées de justice et de vérité dans les esprits de la nation et de l'Europe entière ; j'ai eu même l'ambition d'être entendu de la postérité. Ce n'est pas sans un déchirement de cœur que je m'éloigne de ma patrie et de mes amis ; mais j'emporte la ferme espérance que la puissance révolutionnaire sera détruite. »

Il reçut partout l'accueil le plus honorable, surtout à Rome où il entra comme en triomphe, et où il fut élevé à la dignité de cardinal. Longtemps la gloire qu'il s'était acquise fut grande aux yeux de l'Europe ; mais elle perdit de son éclat, lorsque, sous l'empire, il accepta les faveurs de Bonaparte, flatta ses caprices, reçut de lui l'archevéché de Paris, et administra le diocèse malgré la désapprobation formelle du chef de l'Eglise. La chûte de Napoléon devait amener la sienne ; il éprouva diverses mortifications qui le déterminèrent à reprendre la route de Rome. Mais le pape le fit enfermer au château Saint-Ange. L'abbé Maury y demeura six mois, et six autres mois chez les Lazaristes. Exclu des réunions du sacré collége, condamné à passer dans la retraite le peu de jours qui lui restaient à vivre, il termina, le 10 mai 1817, une vie qui ne fut pas comme on l'a dit de J.-B. Rousseau, *trop longue de moitié*, mais de la-

6

---

* « Mais il semblait, ajoute M. Lacretelle, plus occupé du plaisir d'humilier ses adversaires que du désir de les vaincre. Il n'avait point cet accent de persuasion intime, qui, même dans les discussions sévères, remue les entrailles des auditeurs. Il brillait hors de propos, et laissait quelquefois s'énerver sa dialectique par des lieux communs élégamment traités. »

quelle il faudrait supprimer dix ans pour en effacer une grande
tache.

Cazalès. (1752—1805.)

Après l'abbé Maury, Cazalès est regardé comme le plus grand
orateur du côté droit à l'assemblée constituante. Rejeton d'une
famille noble et peu fortunée du Languedoc, il était entré dans
l'état militaire dès l'âge de seize ans, et avant d'avoir terminé
ses études. Aussi en arrivant à l'assemblée, il était loin d'avoir
la conscience de sa force. Un jour que, plein de défiance en
lui-même, il osait, dans l'un des bureaux, contredire une
opinion émise par Mirabeau, le redoutable athlète mesura des
yeux son jeune adversaire, l'écouta, le devina et lui dit avec
un sentiment d'admiration et de jalousie : « Vous êtes un orateur, Monsieur ! » et il ne s'était pas trompé. Cazalès aborda
la tribune ; il y déploya un talent jusqu'alors ignoré des autres,
et surtout de lui-même ; ses paroles vives et entraînantes secondaient les élans d'un cœur généreux, et servaient merveilleusement un enthousiasme que la menace et l'injustice redou-
blaient encore, loin de le décourager ou de l'abattre ; mais ce
qui étonnait davantage, c'est qu'au milieu de ces discussions
passionnées où les principes les plus vénérés étaient livrés aux
querelles des partis, pendant que son improvisation rapide
saisissait au vol les doctrines ennemies, et que son âme bouillonnait d'indignation et de colère, Cazalès, toujours maître de
sa pensée et de son raisonnement, trouvait le secret d'allier
la puissance de la logique avec ces illuminations soudaines qui
jaillissent d'un cœur sincèrement épris du beau et du grand.

Le parti modéré de l'assemblée constituante avait pour organes principaux Mounier, Tronchet, Mallouet, Clermont-Tonnerre et Lally-Tollendal.

DÉBATS DE L'ASSEMBLÉE CONSTITUANTE.

Pour nous faire une idée des débats de l'assemblée constituante, écoutons M. Lacrételle : « L'assemblée agitait au hasard

toute sorte de matières, car elle gouvernait tout par ses comités, ou à l'aide de pétitions qui lui arrivaient de toutes parts. Depuis Moïse et Lycurgue, il n'avait jamais existé un pouvoir de législation plus absolu ; ses articles de constitution se décrétaient suivant telle circonstance donnée. Le plus souvent on les faisait précéder par une discussion solennelle, mais qui était d'abord froidement dogmatique. Les discours écrits étaient ordinairement des traités de droit public dans lesquels on se faisait une loi de remonter au premier état du genre humain, aux conventions des deux premiers hommes. Lors même que ces discours étaient plus précis, plus positifs, ils avaient rarement le puissant attrait d'une réfutation réciproque et subite. Mais, à mesure que la décision approchait, le débat devenait plus vif entre les mains des principaux orateurs qui recouraient à l'arme brillante de l'improvisation. La tribune, assiégée par l'élite des deux camps, était emportée, tantôt par la rapidité de la course, tantôt par un combat athlétique, tantôt par l'avantage d'une voix aiguë ou d'une voix tonnante. Ce poste était peu sûr. L'homme le plus éloquent ne pouvait s'y faire entendre, sans être vingt fois assailli par une tempête de vociférations, de murmures, de huées, ou par des sarcasmes plus cruels encore qu'un bruit injurieux. Figurez-vous le frémissement alternatif d'un millier d'hommes dont plusieurs voyaient leur existence mise en problème, qui combattaient pour leur Dieu, pour leur roi, et dont les autres procédaient avec fureur, avec fanatisme, à ce qu'ils appelaient leur régénération sociale. Le désespoir des vaincus s'exprimait souvent par un rire sinistre, et la joie des vainqueurs par un rire inhumain ; on se lançait des cartels qui devenaient bientôt tellement collectifs, qu'ils eussent appelé deux cents combattants sur le pré. Ajoutez à ce bruit celui de deux mille spectateurs, pour la plupart acteurs éprouvés dans les scènes de la révolution, auxiliaires, juges et tyrans du parti démocratique. Dès qu'ils avaient fourni une salve d'applaudissements : *Entendez ! entendez la voix du peuple souverain !* s'écriaient des courtisans démagogues. Se taisait-on un moment, on entendait du dehors le bruit, les menaces, les cris de fureur de dix ou vingt mille hommes stationnés par groupes dans le jardin des Tuileries, sur la terrasse des Feuillants, et qui portaient leurs clameurs jusqu'aux oreilles du roi. Les députés du côté droit avaient à traverser ces formidables rangs pour se rendre à leur poste. C'étaient les croix épiscopales qui appelaient le plus l'outrage et la malédiction, et jamais les prélats n'avaient plus à craindre les violences populaires que lorsqu'ils venaient de se dévouer à la pauvreté par un sacrifice fait à leur conscience. Toutefois, pendant le cours de l'assemblée constituante, le peuple n'effectua point ses menaces envers les députés, et n'alla point jusqu'à des crimes que ses chefs ne lui demandaient pas. Si telles étaient les séances du matin, qu'on juge de celles du soir. Quand le tumulte était au comble, le président, dont la voix était lassée et la sonnette impuissante, proclamait, en se couvrant, l'interruption de la séance, et l'ordre renaissait par degrés. Il est difficile d'imaginer combien de vives et piquantes saillies s'échappaient d'un tel désordre; quel effet produisaient les expressions chevaleresques de plusieurs militaires, tels que MM. d'Ambli et de Lautrec; l'onction et la dignité pastorale de certains prélats, tel que M. l'évêque de Clermont; le choc des reparties brillantes qui s'engageaient entre Mirabeau et le vicomte son frère, M. de Talleyrand et l'abbé Maury; l'agréable surprise que causaient des traits de grâce, de politesse, de générosité; le respect que certains présidents de l'assemblée, et particulièrement MM. de Clermont-Tonnerre, le marquis de Bonnai, l'abbé de Montesquiou, d'André et Bureau de Puzy, inspiraient par leur fermeté et leur impartialité courageuse; enfin tout ce qu'offrait de curieux, d'affligeant, de comique, d'étourdissant, le contraste entre les anciennes mœurs françaises qui brillaient de leur dernière grâce et les mœurs nouvelles qui se dirigeaient vers la liberté, avec des illusions dignes de la jeunesse. J'ai vu d'illustres étrangers qui assistaient aux débats de l'assemblée constituante, s'étonner également, et qu'une délibération si tumultueuse ne produisît pas des lois plus violentes, plus anarchiques, et qu'une telle réunion d'hommes de talent et de probité ne produisît pas des lois plus justes, plus prudentes et mieux coordonnées. » *(Histoire de la révolution.)*

ASSEMBLÉE LÉGISLATIVE. — CONVENTION. —
DIRECTOIRE.

Les assemblées qui suivirent la constituante, c'est-à-dire, la Législative, la Convention et le Directoire, offrirent le spectacle de la révolution triomphante avec toutes ses fureurs. D'abord il y eut encore quelques hommes qui entreprirent d'arrêter ses excès. Vaublanc, Ramond, Beugnot, Quatremère, Pastoret, Becquey, etc., firent entendre plusieurs fois les accents d'une noble indignation. Mais, outre que leurs discours, resserrés dans des discussions étroites et refroidis par des concessions nécessaires, étaient loin de l'énergie, de la véhémence et des vastes développements des Maury et des Cazalès, bientôt ils ne furent plus écoutés, et la tribune fut envahie par les partisans des opinions les plus extrêmes. Les Jacobins et les députés de la Gironde, qui se disputaient l'empire, cherchèrent à se surpasser les uns les autres dans la destruction. Ils attaquèrent tout ce qui restait des institutions anciennes, portèrent de nouvelles lois de proscription contre les nobles et les prêtres, proclamèrent la république en jurant haine à la royauté, et firent enfin tomber sur l'échafaud la tête du meilleur des rois. Puis ils se déchirèrent entre eux ; le parti le plus audacieux et le plus scélérat triompha de l'autre. Les Jacobins, restés maîtres, régnèrent par la terreur et la mort. Mais la révolution, *semblable à Saturne, devait dévorer successivement ses propres enfants*, (paroles de Vergniaud) ; les vainqueurs furent renversés à leur tour pour faire place à d'autres tyrans, jusqu'à ce que l'anarchie conduisît au despotisme militaire et au pouvoir d'un seul.

L'éloquence, dans ces assemblées démagogiques, avait un caractère analogue aux circonstances. Inspirée par le génie du mal, elle se livrait à des transports de fureur, elle vomissait le fiel ; elle était comme dégoûtante de sang. On eût dit les esprits de l'abîme occupés à délibérer sur les moyens de nuire aux hommes. La Convention surtout présenta souvent dans ses débats comme une image de l'enfer.

« Il semblait, dit Timon, qu'un glaive suspendu par quelque fil invisible se promenât sur la tête du président, de chaque orateur, de chaque député. La pâleur était sur les visages, la vengeance bouillonnait au fond des cœurs. L'imagination se remplissait de cadavres et de funérailles. Un frisson de mort courait dans tous les discours. On ne parlait, à mots entre-coupés et comme involontairement, que de crimes, de conju-rations, de trahisons, de complicité, d'échafaud.

» On s'élançait à la tribune l'œil en feu, le poing fermé, la poitrine haletante, pour incriminer ou pour se défendre. On offrait, pour témoignage de son innocence, sa tête. On de-mandait celle des autres. On n'invoquait, pour tous les cri-mes sans distinction, d'autre peine que la peine capitale. Il ne manquait plus dans l'assemblée que le bourreau, qui n'était pas loin. » *(Livre des Orateurs.)*

Il faut cependant reconnaître une différence entre les deux partis qui se combattaient : les *Jacobins* voulaient l'anarchie pour régner dans le sang. Déterminés à tous le crimes, ils auraient immolé la moitié des Français s'ils en avaient eu le temps; *la liberté*, disait l'un d'eux, *doit être en péril tant qu'il restera des citoyens qui ont vu l'ancien ordre de choses.* Les *Gi-rondins* n'avaient pas ce caractère féroce; partisans de la ré-publique, ils voulaient dominer, mais avec le règne des lois; sous la Législative, ils demandèrent des proscriptions, parce qu'ils les croyaient nécessaires pour abattre la monarchie, mais ils ne désiraient point la mort du roi. De là leurs efforts dans la Convention pour combattre la tyrannie des démagogues et pour arrêter la révolution qu'ils voyaient avec regret se pré-cipiter dans tous les crimes ; de là leurs tentatives pour sau-ver les jours de Louis XVI, qu'ils condamnèrent ensuite par faiblesse.

Cette différence doit être signalée particulièrement ici sous le rapport de l'éloquence. Le langage des Jacobins est presque toujours hideux; il n'inspire que l'effroi, ou l'horreur, ou le dégoût; la perversité et la bassesse se montrent même au mi-lieu de la pompe et de l'harmonie des phrases.

C'est du moins ce que l'on peut dire de leur chef, Robespierre.

Robespierre. (1759—1794.)

Sa figure était celle que l'imagination du peintre pourrait
prêter à l'envie. Un mouvement convulsif de ses lèvres et de
ses mains révélait l'agitation de son âme; sa voix était tour à
tour criarde et monotone, mais convenait si bien à l'expression de la cruauté, qu'elle eût produit dans vos organes un
long frémissement. Il avait une manière de prononcer *pauvre
peuple* et *peuple vertueux*, qui ne manqua jamais son effet sur
de féroces spectateurs. A l'assemblée constituante, il ne s'était
montré qu'un rhéteur ennuyeux et cruel; mais son talent se
fortifia dans les progrès de son malfaisant pouvoir. Son élocution devint plus brillante, plus variée : rarement il choquait
le goût, même en offensant tout sentiment humain. Il cherchait
peu à persuader par la logique ceux qu'il pouvait entraîner
par l'effroi. Il y avait je ne sais quel effet d'une horrible éloquence dans son ironie prolongée, qui annonçait la mort et
semblait la donner déjà... Si Cromwell cachait la profondeur
de ses desseins sous l'obscurité amphigourique de ses discours d'illuminé, Robespierre se cachait sous des principes
dans lesquels il n'y avait de clair que la cruauté. (*Histoire de
la Révolution.*)

Danton. (1759—1794.)

La scélératesse de Danton était plus franche et plus impu-
dente que celle de Robespierre. C'était un homme qui, dans
son âme de bronze, avait saisi tous les corollaires de la philosophie de l'athéisme, et trouvait aussi naturel de les mettre
en pratique que de les professer. Sa figure était une tête de Mé-
duse posée sur un corps athlétique. Il disait lui-même : « La
nature m'a donné en partage les formes athlétiques et la physionomie âpre de la liberté. » Le tonnerre de sa voix roulait,
portait au loin les accents d'une éloquence gigantesque, con-

vulsive, chargée d'images incohérentes, précipitées, mais
vives et terribles. C'est dans le club des *Cordeliers* qu'il formait
ses élèves et leur dictait ses oracles; mais il haranguait aussi
la populace au coin des rues [et sur les places publiques. On
pourrait l'appeler le *Mirabeau des carrefours*. En effet, sous la
Constituante, il produisait au-dehors les mêmes effets que Mirabeau dans l'assemblée; et Mirabeau, qui avait apprécié son
talent, se servait de lui, selon l'expression d'un contemporain,
comme d'un soufflet de forge pour emflammer les passions populaires.

Marat. (1744—1793.)

Marat était un homme à physionomie hideuse, dont le seul
aspect inspirait le dégoût mêlé à la terreur, un de ces sauvages
chefs de multitude que les révolutions enfantent, et qui pullu-
lent dans les retraites ténébreuses où s'agitent les dernières
classes de la société. Personne n'osait l'avouer, sinon le peuple
en guenilles, sinon l'émeute affamée, la basse démocratie dont
il était l'instigateur et l'apôtre. Il avait les yeux hagards, une
tête énorme sur un corps petit et grêle; sa face était convul-
sivement agitée par un tic nerveux; ses cheveux gras et en
désordre n'étaient retenus que par une corde; toute sa personne était empreinte de cynisme et de malpropreté. Né en
Suisse, il avait longtemps exercé la profession de médecin
empirique et de charlatan nomade; et, lorsqu'éclata la révolution de 1789, elle l'avait trouvé attaché, en qualité de médecin, aux écuries du comte d'Artois. Le fanatisme politique
dont il était embrasé fit de lui un journaliste et un pamphlétaire
au service du prolétariat et de la misère. Les recherches de la
justice, dont ses appels au meurtre le rendirent l'objet, exaltèrent son imagination jusqu'à la démence. Caché dans des
caves, à Paris ou à Versailles, il rédigeait l'*Ami du peuple*,
et parfois aussi des plans de législation criminelle, parmi lesquels il en avait proposé un qui consistait à élever huit cents
potences dans les Tuileries, afin d'y pendre les traîtres, en
commençant par Mirabeau. Au 20 juin, au 10 août, il avait

poussé le peuple à l'insurrection, et s'était retiré, durant le danger, dans les souterrains qui lui servaient d'asile impénétrable. L'affreuse pensée des attentats de septembre était venue de lui, et il en avait surveillé l'exécution. Depuis lors il avait osé paraître au grand jour, ou plutôt il traînait, il étalait sa sinistre puissance; et, quoique étranger, il avait réussi à se faire élire membre de la Convention. Ceux qui de cet homme ont osé faire le type du révolutionnaire pur et sans tache (et l'avenir ne voudra pas nous croire, si nous disons que, même de nos jours, ils sont nombreux), ceux-là, disons-nous, l'ont absous de ses violences et du sang qu'il a fait couler, en vantant son désintéressement, sa bonne foi, son ardent amour pour le peuple, en mentionnant avec complaisance plusieurs de ses écrits qui respirent la haine de l'inégalité, le mépris du vol, et nous ne savons quelle sorte de républicanisme niveleur pour lequel la mort est une arme et l'anarchie un moyen. En regard de l'horreur de la postérité, ils se sont plu à mettre l'engouement et les sympathies populaires dont Marat, vivant et mort, fut un moment entouré. De tels sentiments se produisirent, en effet, en faveur de Marat; ils demeureront comme une énigme insoluble, et ils n'empêcheront point qu'à jamais, et chez tous les peuples, le nom de ce fougueux Masaniello soit un sujet de répugnance, tandis que son souvenir restera sur la révolution comme une souillure ineffaçable. *(M. Gabourd.)*

Vergniaud. (1759—1793.)

Les Girondins furent moins ignobles que les Jacobins, même lorsqu'ils secondèrent les excès de la révolution, et, aussitôt qu'ils entreprirent de les arrêter, ils se livrèrent à de nobles élans, ils eurent quelque chose de grand et de généreux. Leurs discours peuvent être considérés comme de beaux souvenirs d'éloquence. Pour en donner la preuve, nous allons faire connaître Vergniaud, le plus célèbre orateur de ce parti.

« Vergniaud, né à Limoges et avocat de Bordeaux, dit M. de Lamartine, n'avait que trente-trois ans lorsqu'il parut à l'assemblée législative. Le mouvement l'avait saisi et emporté tout jeune. Ses traits majestueux et calmes annonçaient le sentiment de sa puissance. Sa facilité, cette grâce du génie, assouplissait tout en lui, talent, caractère, attitude. Une certaine nonchalance annonçait qu'il s'oubliait aisément lui-même, sûr de se retrouver avec toute sa force au moment où il aurait besoin de se recueillir. Son front était serein, son regard assuré, sa bouche grave et un peu triste; les pensées sévères de l'antiquité se fondaient dans sa physionomie avec les sourires et l'insouciance de la première jeunesse. On l'aimait familièrement au pied de la tribune. On s'étonnait de l'admirer et de le respecter dès qu'il y montait. Son premier regard, son premier mot, mettait une distance immense entre l'homme et l'orateur. C'était un instrument d'enthousiasme qui ne prenait sa valeur et sa place que dans l'inspiration. Cette inspiration, servie par une voix grave et par une élocution intarissable, s'était nourrie des plus purs souvenirs de la tribune antique; sa phrase avait les images et l'harmonie des plus beaux vers. » *(Histoire des Girondins.)*

Vergniaud avait tous les talents d'un grand orateur. Les grandes formes de l'éloquence, le majestueux développement des périodes, l'abondance et l'éclat des images, l'accumulation des preuves, l'art d'émouvoir, telles sont les qualités qui le distinguent. Il les fit paraître à un haut degré lorsqu'il prit, dans la Convention, la défense de Louis XVI, et qu'il soutint, en faveur de ce prince, le droit d'en appeler au peuple du jugement qu'on allait porter. Il annonça les événements qui suivirent la mort du roi, comme si le livre de cette terrible histoire eut été ouvert devant ses yeux.

Tous les orateurs de la Gironde furent proscrits par la terrible Montagne.

Alors commença ce règne d'épouvante qui fit cesser toutes les résistances intérieures, cette centralisation de pouvoirs, cette inexorable dictature dont ni la pitié, ni le repentir ne pouvaient approcher. L'éloquence en deuil s'exila de la tribune; de froides déclamations, des accents de haine, des sentences proscriptives, tel fut le langage de la dictature; elle poussa jusqu'aux plus déplorables excès l'oubli de l'humanité et de la morale ; une muette terreur enchaînait les âmes. Au dedans qu'entendiez-vous? le retentissement des ateliers où se forgeaient les foudres nationales, de sourds murmures, quelques joies effrayantes, le bruit lugubre des têtes roulant sur l'échafaud ; au dehors l'hymne glorieux des combats, le son de la trompette, le pas de charge et des cris de victoire.

CHAPITRE SECOND.

TRIBUNE FRANÇAISE DEPUIS LA RÉVOLUTION.

RÈGNE DE BONAPARTE.

Sous le règne de Bonaparte, il n'y eut que des simulacres d'assemblées politiques, et la tribune fut condamnée à un honteux silence.

RÈGNE DES BOURBONS.

Lorsque les Bourbons remontèrent sur le trône, ils donnèrent à la France un gouvernement constitutionnel. Dès-lors la Chambre des députés et celle des pairs furent appelées à délibérer sur les affaires les plus importantes. La liberté de la parole forma bientôt de nombreux orateurs.

CHAMBRE DES DÉPUTÉS.

La Chambre élective leur offrit une arène, où ils se livrèrent de violents combats. Dès le début on les vit se partager en deux camps principaux : les *libéraux*, ou les députés du mouvement; les *ultra-royalistes*, ou les députés de la résistance. Entre ces deux partis extrêmes, paraissaient comme conciliateurs ceux qu'on appelait les *modérés*. Les libéraux reprochaient aux royalistes *de n'avoir que de l'horreur pour la charte constitutionnelle, d'être attachés à de vieilles idées, et de faire des efforts pour opérer une contre-révolution et rétrograder vers l'ancien régime.* Les royalistes, de leur côté, accusaient leurs adversaires *de tendre vers la démocratie, de miner les fondements du*

*trône et de défendre des doctrines anarchiques et subversives de
tout ordre social.*

Nous n'avons pas à rappeler comment la lutte s'engagea,
quelles furent les victoires et les défaites de chaque parti, de
quelle manière ils embarassèrent la marche du gouvernement,
qui demanda tour à tour des ministres aux uns et aux autres,
sans pouvoir jamais se fixer dans aucun système. Nous dirons
seulement que, malgré les talents des députés royalistes et les
efforts des hommes chargés du timon de l'Etat, la révolution
marchait à grands pas, entraînait les esprits par son mouvement, et donnait à ses orateurs une force qui devait tôt ou
tard les faire triompher de toutes les résistances. Quand ces
orateurs étaient peu nombreux dans la Chambre, ils se voyaient
aidés par la sympathie qu'ils excitaient au dehors. « Nous ne
sommes que quinze, disait l'un d'eux, mais nous avons la
France derrière nous : » parole exagérée, mais qui renfermait
cependant quelque vérité : car ils avaient pour eux cette partie
de la France qui savait remuer et agir. Aussi, lorsqu'ils ren-
traient dans leurs départements ou qu'ils parcouraient les provinces, ils étaient accueillis avec enthousiasme et promenés
quelques fois comme en triomphe de ville en ville. La presse
les secondait avec une merveilleuse activité : développant
sous toutes les formes les doctrines libérales, jetant le mépris sur les principes opposés, attaquant avec amertume,
avec injustice, tous les actes de l'administration, elle envéni-
mait les esprits et répandait peu à peu le dégoût ou la haine
des institutions existantes. Les tribunaux eux-mêmes cédaient
à l'influence générale, et, dans les affaires politiques qui étaient
portées devant eux, ils favorisaient le mouvement révolutionnaire, en prononçant de nombreux acquittements. Mais ce qui
augmentait les forces des orateurs et des écrivains libéraux,
c'est qu'ils s'appuyaient avec une rare habileté sur les principes
de la charte; ils avaient compris qu'il leur suffisait d'en faire
sortir successivement toutes les conséquences. Quand on leur
faisait quelques concessions, ils démontraient avec une grande
vigueur de logique qu'on devait aller plus loin ; quand on re-
culait de quelques pas, ils criaient qu'on allait *briser la charte*
et qu'on voulait revenir à l'ancien ordre de choses.

Les royalistes cependant avaient aussi leurs avantages. En reparaissant sur la scène après vingt-cinq ans de révolutions, ils montraient que, des principes qu'ils venaient combattre, on n'avait vu sortir qu'une longue suite de désordres et de calamités. Ils peignaient, sous de vives couleurs, tous les maux que la France avait soufferts, depuis l'anarchie de 93, jusqu'au despotisme de l'empire. Ils présentaient les Bourbons comme des princes destinés à guérir nos plaies, à nous faire sentir le bienfait d'un gouvernement sage et paternel, et à illustrer la France, non plus par le fracas des armes et le désastre des conquêtes, mais par le progrès de l'industrie, le perfectionnement des arts et les splendeurs de la paix. S'ils montraient de la défiance pour quelques-uns des principes de la charte, c'est qu'ils croyaient devoir environner le monarque légitime de tous les moyens capables de lui donner de la force et de le protéger contre des trames criminelles. S'ils rappelaient des souvenirs cruels, c'était pour défendre la cause de la justice et de l'ordre dans la société. Ils plaidaient en faveur de sujets fidèles, injustement proscrits et dépouillés. Ils ne laissaient échapper aucune parole de haine; ils n'appelaient point la vengeance; mais, en pardonnant à leurs persécuteurs et en oubliant tout, ils demandaient seulement que l'on prît des mesures pour empêcher le retour de pareils dangers et de pareils malheurs. Ils montraient le gouffre des révolutions entr'ouvert et prêt à engloutir le trône et la société, si l'on ne se hâtait d'arrêter la propagation des monstrueuses erreurs qui avaient enfanté tant de maux. A l'appui de leurs prévisions, ils invoquaient les leçons du passé et les enseignements des sages. Leurs paroles paraissaient partir d'une conviction profonde, et souvent étaient fortifiées par un noble caractère, par des vertus éprouvées, par de longs services rendus au roi et à la patrie, par des talents élevés et de grandes lumières.

Nous allons faire connaître avec impartialité les orateurs des deux opinions.

PRINCIPAUX ORATEURS DU CÔTÉ GAUCHE.

Manuel. (1775—1827.)

Le premier qui se présente, dans les rangs de l'opposition, est Manuel. Il avait une taille élevée, une figure pâle et mélancolique et une grande simplicité de manières. il déliait les difficultés plus qu'il ne les tranchait. Il circulait avec une dextérité incomparable autour de chaque proposition. Il l'interrogeait, il la palpait en quelque sorte dans les flancs et dans les reins, pour voir ce qu'elle renfermait, et il en rendait compte à l'Assemblée sans omission et sans emphase. C'était un homme de haute raison, naturel et sans fard, toujours maître de lui-même, brillant et facile de langage, habile dans l'art d'exposer, de résumer et de conclure. Ces qualités séduisirent la Chambre des représentants sous Bonaparte. *(Timon.)*

Général Foy. (1775—1825.)

Le général Foy avait les dehors, la pose et les gestes de l'orateur, une mémoire prodigieuse, une voix éclatante, des yeux étincelants d'esprit, et des tournures de tête chevaleresques. Son front bombé, renversé en arrière, s'illuminait d'enthousiasme ou se plissait de colère. Il secouait le marbre de la tribune, et il y avait en lui un peu de la Sybille sur son trépied. Il se débattait, en quelque sorte, héroïquement dans son argumentation, et il écumait sans contorsions, et l'on pourrait presque dire avec grâce.

Souvent on le voyait se lever tout à coup de son banc, et escalader la tribune comme s'il allait à la victoire. Il y jetait des paroles d'un air fier, à la manière de Condé, lançant son bâton de commandement par-dessus les redoutes de l'ennemi.

Pour suppléer à l'insuffisance de son éducation oratoire, le général Foy méditait longuement ses harangues. Il en formulait, il en distribuait, dans sa vaste mémoire, l'ensemble et les proportions. Il disposait ses exordes, classait les faits, dressait ses thèses et ébauchait ses péroraisons. Puis, le voilà qui aborde la tribune, et, maître de son sujet fécondé par l'étude et par l'inspiration, il s'abandonne au courant de sa pensée. Sa tête bout, son discours s'échauffe, se détend, s'allonge, se pétrit, se formule, se colore. Il sait ce qu'il va dire. Il voit le but, mais il ne sait point par quels chemins il y arrivera. Il a les mains pleines d'arguments, d'images et de fleurs, et à mesure qu'ils se présentent, il les prend, il les choisit, il les entrelace pour en assortir le bouquet de son éloquence. Ce n'est ni le froid de la lecture, ni la psalmodie monotone de la récitation. C'est un procédé mixte, à l'aide duquel l'orateur, à la fois solitaire et illuminé, improvisateur et écrivain, s'enchaîne lui-même sans cesser d'être libre, oublie et se souvient, rompt le fil de son oraison et le renoue pour le rompre encore et le retrouver sans s'égarer jamais, mêle les saillies, les incidents, les soudainetés et le pittoresque du verbe, avec la réflexion, la suite et la pensée, et tire ses ressources et sa puissance de l'apprêt et de l'imprévu, de la précision rigoureuse de l'art et des grâces de la nature.

Le général Foy travaillait avec une ardeur infatigable, c'est-à-dire jour et nuit. Il compulsait assidûment les mémoires et les rapports, les ordonnances et les lois. Il dictait, il prenait des notes, il analysait ses immenses lectures, cueillant ainsi la fleur de chaque sujet pour se composer son miel. *(Timon.)*

Benjamin-Constant. (1767—1830.)

Benjamin-Constant avait un corps fluet, des jambes grêles, le dos voûté, de longs bras. Des cheveux blonds et bouclés tombaient sur ses épaules et encadraient agréablement sa figure expressive. Sa langue s'embarrassait entre ses dents et lui donnait un parler de femme, sifflant et quelque peu bredouillé. Quand il récitait, il traînait sa voix d'un ton monotone. Quand il improvisait, il s'appuyait des deux mains sur le marbre de la tribune, et précipitait le flux de ses paroles. La nature lui avait refusé tous ces avantages extérieurs du port, du geste et de l'organe, dont elle a été si prodigue envers Berryer. Mais il y suppléait à force d'esprit et de travail. *(Timon.)*

Soldat infatigable de la presse et de la tribune et armé de son épée à double tranchant, Benjamin-Constant n'a pas, dans la guerre des quinze ans, quitté un seul instant la brèche. Sitôt qu'il ne parlait pas, il écrivait, et sitôt qu'il n'écrivait pas, il parlait. Ses articles, ses lettres, ses brochures et ses discours composeraient plus de douze volumes. Jamais orateur ne mania avec plus d'habileté que Benjamin-Constant la langue politique. D'où vient que l'on pourrait lire encore aujourd'hui, sans fatigue, ses plus longs discours? C'est qu'il y a en eux ce qui fait vivre, il y a du style, un style plein de séduction.

La plupart sont des chefs-d'œuvre de dialectique vive et serrée, qui n'ont eu rien depuis de semblable, et qui font les délices des connaisseurs. Quelle richesse! quelle abondance! quelle flexibilité de ton! quelle variété de sujets! quelle suavité de langage! quel art merveilleux dans la disposition et la déduction enchaînée des raisonnements! Comme cette trame est finement tissue! Comme toutes les couleurs s'y nuancent et s'y fondent avec harmonie! Ainsi l'on voit sous une peau transparente et satinée, le sang circuler, les veines bleuir et les muscles légèrement paraître.

Peut-être même ses discours sont-ils trop finis, trop perlés, trop ingénieux pour la tribune? *(Timon.)*

Royer-Collard. (1763—1845.)

Royer-Collard, plus modéré dans ses principes que les orateurs qui précèdent, doit cependant être compté parmi les orateurs de l'Opposition.

Il était le premier de nos écrivains parlementaires.

Il avait une manière de style vaste et magnifique, une touche ferme, des artifices de langage savants et prodigieusement travaillés, et de ces expressions accouplées qui se gravent dans la mémoire et qui sont les bonnes fortunes de l'orateur. Il y a de la virilité dans ses discours, à la manière de Mirabeau, et quelques mouvements oratoires presqu'aussitôt retenus que lancés, comme s'il eût craint leur véhémence, une haute raison dans les sujets religieux et moraux, partout une méthode ample et sans raideur, dogmatique, sévère.

Un seul axiome, un mot fécondé par la méditation de cette forte tête, se grossissait, épaississait, grandissait comme le gland qui devient chêne, dont toutes les ramifications partent du même tronc et qui, animé de la même vie, nourri de la même sève, ne forme qu'un tout, malgré la variété de son feuillage, et la multiplicité infinie de ses rameaux. Tels étaient les discours de M. Royer-Collard, admirables par les pousses vigoureuses du style et par la beauté de la forme. *(Timon.)*

Parmi les orateurs du côté gauche, il faut encore citer : Camille Jordan, Casimir Périer, Lafitte, Dupin aîné, Sébastiani, etc.

ORATEURS DU CÔTÉ DROIT.

M. de Serre.

M. de Serre a été, sous la Restauration, l'aigle de la tribune. Elevé à l'école de la philosophie allemande, M. de Serre portait, dans la discussion des affaires, les procédés d'une méthode profonde sans être creuse, ingénieuse sans être subtile. Il remontait volontiers à la source des choses, et il était admirable dans ses expositions historiques. Il commentait savamment les antinomies de la législation. Il traitait toutes les matières civiles, politiques, militaires, fiscales, religieuses, avec une singulière netteté de vues et avec une grande sûreté de doctrine. Douanes, budget, enregistrement, presse, liberté individuelle, pétitions, réglement de la Chambre, élections, recrutement, pensions, amortissement, instruction publique, conseil d'Etat, affaires étrangères, il parlait sur toutes ces questions et ne les quittait point sans laisser sur ses pas des traînées de lumière. A la manière dont il posait les divisions de son discours, à la fermeté de ses progressions, et à l'enchaînement substantiel et nourri de ses raisonnements, on reconnaissait tout de suite la marche d'un esprit supérieur. M. Guizot a beaucoup de cette manière. *(Timon.)*

M. de Serre était long et maigre de corps. Il avait le front haut et proéminent, les cheveux plats, l'œil vif, la bouche pendante et la physionomie inquiète d'un homme passionné. Il ânonnait en commençant à parler, et l'on voyait, à la contraction de ses tempes, que les idées s'amassaient lentement et s'élaboraient avec effort dans son cerveau. Mais peu à peu elles s'arrangeaient, elles prenaient leur cours, et elles sortaient dans un ordre pressé et merveilleux ; il pliait, il palpitait sous leur poids et il les répandait en magnifiques images et en expressions pittoresques et créées. *(Timon.)*

M. de Villèle.

M. de Villèle, le chef du côté droit, était un homme d'un port assez vulgaire, grêle, de petite stature, avec des yeux perçants, des traits irréguliers, mais expressifs, une voix nasillarde, mais accentuée. Il n'était pas orateur et il était plus qu'orateur, car il avait l'habileté d'un politique.

M. de Villèle n'avait point de fleurs dans son style, de pompe dans ses images, de véhémence dans son oraison, de nœud dans sa dialectique. Mais il était clair, plein, ferme, raisonnable, positif. Il ne lui échappait pas, dans la chaleur de l'improvisation, de ces mots hasardés dont le commentaire s'empare et dont la presse se joue.

Si la nature lui avait refusé les dons plus brillants que solides de l'imagination et de l'éloquence, elle lui avait donné, à un suprême degré, ce sens droit, ce coup d'œil de l'homme d'État qui voit vite et qui voit bien, qui démêle ce qu'il y a de faux dans le vrai et de vrai dans le faux, qui dispose sa riposte avec vivacité, en même temps qu'il reçoit l'attaque sans émotion, qui n'avance pas trop, de peur de s'enferrer, et qui ne recule pas non plus, de peur de tomber dans le précipice, et qui, sûr de son terrain parce qu'il le sonde à chaque pas, et de ses positions parce qu'il les domine, profite de toutes les fautes de l'ennemi et décide la victoire plus encore par la stratégie que par la bravoure. *(Timon.)*

M. de Martignac. (1776—1832.)

Comme orateur, M. de Martignac aura une place à part dans
la galerie des hommes parlementaires. Il captivait plutôt qu'il
ne maîtrisait l'attention. Avec quel art il ménageait la suscep-
tibilité vaniteuse des chambres françaises! Avec quelle ingénieuse flexibilité il pénétrait dans tous les détours d'une
question! quelle fluidité de diction! quel charme! quelle
convenance! quel à propos! L'exposition des faits avait dans
sa bouche une netteté admirable, et il analysait les moyens
de ses adversaires avec une fidélité et un bonheur d'expressions qui faisaient naître sur leurs lèvres, le sourire de l'amour-
propre satisfait. Pendant que son regard animait, parcourait
l'assemblée, il modulait sur tous les tons sa voix de syrène, et
son éloquence avait la douceur et l'harmonie d'une lyre. Si, à
tant de séductions, si, à la puissance gracieuse de sa parole,
il eût joint les formes vives de l'apostrophe et la précision
vigoureuse des déductions logiques, c'eût été le premier de
nos orateurs, c'eût été la perfection même. *(Timon.)*

Labourdonnaie, Laîné, etc.

Le côté droit avait encore plusieurs autres orateurs.

M. de la Bourdonnaie remarquable par l'élévation et la
vigueur de sa parole.

Laîné plus mélancolique et plus tendre.

M. de Marcellus, chrétien fervent et fervent royaliste, signa-
lant souvent, dans ses discours, d'ailleurs très-bien écrits,
les dangers du trône et de l'autel.*

M. de Lalot, plein d'images dans son style et d'une abondance véhémente et colorée.

M. Dudon, dont le front haut ne pliait devant aucune
objection, et qui recevait à bout portant les coups de mitraille
de l'Opposition, avec le flegme d'un anglais.

---

* Comme un député venait d'employer cette expression, quelqu'un lui dit, après son discours :
« Tu Marcellus eris. »

M. de Castelbajac, qui s'agitait sur son banc, frappait du pied et du poing, criait, s'exclamait et interrompait les députés incré lules à la foi monarchique.

M. de Bonald, orateur un peu nébuleux, philosophe religieux, et sans contredit l'un des plus grands écrivains de notre temps.

M. de Sallaberry, chaud royaliste, orateur pétulant, et répandant sur les libéraux, du haut de la tribune, les bouillantes imprécations de sa colère.

M. Corbière, dialecticien caustique et pressant, qui attachait deux ailes à sa flèche pour qu'elle volât plus vite au but et qu'elle perçât plus sûrement ses adversaires.

M. de Cases, ministre élégant et d'une charmante figure, dont la phraséologie n'était pas sans abondance et sans flexibilité, ni le geste sans éclat.

M. de Peyronnet, remarquable par les éclatantes vibrations de sa voix, par l'habileté ingénieuse de sa dialectique, et par la pompe fleurie de son langage.

M. de Ravez, l'aigle du barreau girondin, célèbre par la gravité de sa prestance et l'ample beauté de son organe, l'un de ces hommes qui commandent, où ils paraissent et où ils parlent, l'attention de leurs auditeurs; puissant dans sa dialectique, savant dans ses expositions, maître de ses passions et de celles des autres, et qui, s'il n'eût pas été président de la Chambre, aurait, comme orateur, dominé le côté droit. (*Timon, Livre des orateurs.*)

On comprend qu'un si grand nombre d'hommes distingués, dans les deux camps, devait exciter un vif intérêt. Leurs combats furent, au moyen de la presse, un spectacle pour la France et pour l'Europe.

OBSERVATIONS.

Il ne faut pas se faire cependant une trop haute idée de notre éloquence parlementaire. Si les débats de la Chambre ont présenté un vif intérêt, c'est seulement lorsque la tribune était occupée par des hommes supérieurs, et que les discus-

sions roulaient sur des points importants. Un historien,
M. Lacretelle, voulant en tracer une esquisse dans son *Histoire
de la restauration*, croit devoir prévenir son lecteur des
inconvénients inséparables de son sujet. « L'assemblée constituante et la Convention, dit-il, jugeaient dans cinq ou six
séances plus de causes de droit public que nous n'en verrons
agitées dans le cours de cinq ou six cessions. Apprêtons-nous
à revenir périodiquement de la loi de la presse à celle des
élections et de la loi des élections à celle de la presse. Que
si j'entrais dans le détail du budget annuel, je ne verrais plus
d'issue pour sortir d'un dédale de chiffres. Chaque cession
vient m'offrir le tribut souvent stérile, de deux ou trois cents
discours, sous lesquels gémissent les colonnes de l'atlas des
journaux. Personne ne veut faire le sacrifice de ses prétentions
au talent, et surtout de sa popularité : l'esprit suit, en France,
un régime démocratique. Les trois quarts de ces discours sont
des traités de droit public ou de finances, et, loin de servir
au mouvement de la discussion, ils lui donnent une lenteur
mortelle. La passion se reproduit encore dans ces débats :
mais elle s'offre rarement sous ces formes dramatiques dont
l'histoire aime à s'emparer. Du milieu de ces oiseuses dissertations, qui défilent parallèlement, et ne se font la guerre que
de loin, on voit surgir quelques discours médités avec force,
écrits avec une précision élégante, et qui s'élèvent quelquefois
jusqu'à une haute éloquence; la discussion des articles vous
frappe ensuite par une vivacité soudaine, et vous vous retrou-
vez en France; mais les saillies de l'esprit, les quolibets
hasardés, les sarcasmes lancés à dessein pour provoquer une
tempête, le *brouhaha* de la droite succédant au *brouhaha*
de la gauche, trois ou quatre sonnettes cassées dans la
main du président, les cris *à l'ordre?* les cris de *la clôture!* arrachés par l'impatience, par la faim, et poussés
trop souvent par les courtisans et les convives du ministère ; tous ces accessoires peuvent animer et rendre piquant
le récit d'un journal, mais ne porteraient qu'une confusion intolérable, qu'un bruit assourdissant dans l'histoire.
Après qu'une question a été traitée avec un excès de matu-

rité, puis avec un excès de fougue à la Chambre des députés, nous la voyons portée à la Chambre des pairs, sanctuaire fermé aux regards profanes, et dont les débats imposants nous sont souvent retracés en sept ou huit lignes sèchement officielles. Il arrive ainsi que, dans la discussion de nos lois, c'est la passion qui se montre et la sagesse qui se cache. Cependant, comme en France nul ne veut perdre le mérite d'un discours prononcé, ceux de la Chambre des pairs s'impriment, viennent braver la satiété du public, et souvent en triomphent à force de raison ou d'éloquence. »

CHAMBRE DES PAIRS.

Les discussions de la Chambre des pairs, comme on vient de le voir, n'étaient point publiques sous la Restauration. Le *Moniteur* se contentait de les analyser en quelques lignes, et on ne les connaît que par ces analyses sèches, et par les discours isolés que l'assemblée ordonnait d'imprimer, ou que les orateurs eux-mêmes avaient soin de rendre publics. Ces discours donnent à penser que les délibérations des nobles pairs étaient quelquefois très-intéressantes. La dignité en faisait le caractère. L'orateur, averti par les dispositions de l'assemblée, prenait dans son langage quelque chose d'imposant et de solennel. Il pouvait exprimer avec énergie des pensées nobles et des sentiments généreux, mais il lui était défendu de se livrer à des mouvements désordonnés, et sa position même le préservait des excès qui sont comme inévitables dans une assemblée démocratique. Il y a lieu de croire que la Chambre haute aurait offert souvent dans son sein des modèles de l'éloquence délibérative, si elle eût possédé un pouvoir plus réel, plus indépendant, si elle eût été comme un sénat auguste ayant en ses mains les destinées de l'empire. Mais il n'en était pas ainsi; les intérêts, la gloire et la prospérité de la France dépendaient beaucoup plus des discussions d'une autre tribune. Dès-lors, les fonctions de l'orateur étaient moins importantes, ses paroles avaient moins de portée, et il ne pouvait réaliser en sa personne cette haute idée que nous en ont donnée les anciens, lorsqu'ils nous le représentent comme tenant en ses mains les affaires de l'Etat, et dirigeant à son gré toutes les forces d'une grande nation.

CINQUIÈME SECTION.

ÉLOQUENCE DES ÉCRITS.

Apologistes. — Historiens. — Moralistes.

Ce serait ici la partie la plus considérable et peut-être la plus intéressante de l'histoire de l'éloquence; mais l'abondance même des matières nous porte à ne présenter qu'une analyse mêlée de quelques réflexions. Nous tirerons cette analyse et ces réflexions du judicieux ouvrage de M. Laurentie, sur l'étude et l'enseignement des lettres.

APOLOGISTES.

« La réforme, et toutes les sectes de philosophie qui en ont été produites, ont donné lieu à de savantes apologies, dont l'éloquence est digne des temps anciens ; et, entre ces grands défenseurs du christianisme, Bossuet mérite surtout d'être éternellement recommandé à l'admiration des hommes. Que les rhéteurs ne cessent point de nous vanter ses discours : je ne sais quelle préférence me porte vers les immortels écrits qu'il opposa au torrent des réformateurs. C'est à la fois l'élan impétueux de l'orateur qui tonne du haut des tribunes, et la gravité solennelle du philosophe qui médite et raisonne dans la solitude. Il n'y a rien, dans les lettres profanes, qui puisse être comparé à l'histoire des *Variations* ou aux *Avertissements* de ce grand évêque. Où trouve-t-on cet élan du

cœur, ce mouvement de la pensée, cette majesté de la parole? Bossuet est partout orateur; partout il garde cette
domination que le génie semble ne devoir exercer que dans
les tribunes. Les gens du monde croiront-ils à mon jugement?
il importe peu sans doute; mais je vois dans ses apologies,
ainsi que dans ses sublimes méditations sur les plus hauts mystères du christianisme, des formes d'éloquence plus imposantes
et plus solennelles que celles qu'on admire le plus dans ses oraisons funèbres. Il y a dans l'éloquence écrite quelque chose qui
va plus avant dans la pensée. Il suffit à la tribune d'ébranler l'âme
à sa surface, et de troubler les sens par des éclats de voix qui
ne permettent pas à l'esprit de se recueillir pour bien juger le
fond du discours. Dans un livre, au contraire, il faut pénétrer dans l'âme tout entière; les sens ne peuvent pas être trompés; la raison garde toute sa liberté; de là un ton de gravité
dans le langage : la domination ne peut s'établir que par une
force véritable; et voilà justement le caractère de Bossuet : il
règne uniquement par la majesté de son génie.

» On est accoutumé à citer Fénélon à côté de Bossuet. Si
j'avais à les comparer pour l'éloquence, le choix serait facile
entre deux génies dont l'un a quelque chose de doux qui plaît
au cœur, et l'autre, sans manquer, comme on le croit, de ce
caractère de grâce et de bonté, a de plus quelque chose de
grand qui impose à la raison. Il ne faut pas, en fait d'éloquence,
se laisser tromper par l'harmonie et les grandes paroles. L'é-
loquence vraie est celle qui subjugue l'homme tout entier, et
voilà pourquoi Bossuet reste maître de tous ses rivaux dans cette
noble carrière.

» Fénélon a pourtant dans ses écrits une éloquence pleine
d'onction et d'abondance. Son traité sur l'existence de Dieu
est rempli de beaux mouvements et de hautes inspirations; et
ici il faut encore reconnaître la merveilleuse influence de la
foi chrétienne, qui donne la vie au discours, en donnant au
cœur une conviction profonde, en sorte que ce qui serait dans
un philosophe une démonstration froide et incertaine, devient
dans le fidèle une source féconde d'élans sublimes.

» A mesure que la foi s'affaiblissait dans les cœurs, l'éloquence des apologistes devenait moins vive et moins imposante. On peut ici rappeler ce qui a été dit de l'éloquence de la chaire : après le siècle de Louis XIV, où le christianisme, malgré de tristes exemples encore voilés d'une certaine pudeur, avait gardé toute son autorité, il vint un siècle où les scandales, devenus plus libres, ôtèrent au christianisme, sinon tous ses honneurs, au moins toute son influence. La licence des mœurs passa dans les esprits. Quand on s'est accoutumé à mépriser Dieu, on finit aisément par n'y plus croire ; tel fut le dix-huitième siècle, temps de débauche et d'impiété, où la religion n'avait pas seulement à se défendre contre le libertinage, mais avait encore à lutter contre l'incrédulité. Comme les impies opposaient un mépris cynique à toutes les vérités chrétiennes, les vengeurs de la foi, déconcertés peut-être par cette froideur stupide, ou peut-être inspirés par leur propre génie, n'employèrent à leur tour que des raisonnements techniques et une froide logique contre des esprits ainsi desséchés. De là des recherches savantes, mais sans inspirations éloquentes : de là des dissertations sans vie, et des réfutations sans entraînement.

» Chose plus étonnante et plus triste ! pour se faire mieux entendre d'un siècle impie, on crut devoir lui emprunter quelquefois son langage même et ses systèmes. On attaqua la philosophie avec de la philosophie : ici on montrait une déplorable faiblesse. Tant que le christianisme ne s'est défendu que par ses armes, il a toujours été vainqueur ; mais, dans cette lutte nouvelle, il semblait courir de lui-même à sa ruine, en se dépouillant de tout l'appareil de force et de majesté qui pouvait encore le rendre vénérable aux peuples. De là la victoire des impies, sans que, parmi cette foule d'écrivains fidèles qui osèrent la disputer, on en puisse citer un seul dont les ouvrages aient gardé l'empreinte de la haute éloquence destinée autrefois à effrayer les tyrans et les bourreaux. Gardons néanmoins le souvenir de leur zèle ; Dieu avait ses profonds desseins, il ne voulait plus qu'il y eût alors des hommes capables de déconcerter par leur génie la perversité des impies, et il réservait au monde d'autres avertissements et d'autres leçons.

» Aujourd'hui l'éloquence a reparu dans les livres, parce
qu'après de sanglantes épreuves, la foi est devenue plus hardie, et la piété plus ardente. Quels que soient les écarts où un
certain entraînement de politique a poussé le génie de M. de
Châteaubriand, * je n'en reconnaîtrai pas moins que nous
lui devons d'avoir réveillé le premier parmi nous le souvenir
de cette éloquence chrétienne qui eut dans le siècle précédent
de si belles occasions de dévoiler la turpitude des philosophes.
M. de Maistre, M. de Bonald, M. de la Mennais sont venus ensuite accomplir cette grande mission. C'est dans leurs livres
que revit l'éloquence antique, avec toute la majesté de ses
formes et toute la variété de ses inspirations. ** Que les lettres profanes cherchent à multiplier leurs créations et à les
embellir de toutes les richesses du génie humain ; il faudra
qu'elles reconnaissent toujours que la religion est ce qu'il y a
de plus fécond dans le monde pour produire des chefs-d'œuvre.
C'est à la religion que sont dus ces beaux ouvrages que les
âges se transmettent pour perpétuer le goût des lettres et des
beaux-arts ; et lorsqu'après des temps de décadence le génie
se réveille, c'est à la religion encore qu'il consacre ses premiers accents ; c'est elle qui ouvre dans tous les temps les trésors de l'éloquence.

» On va me dire ici qu'il y a pourtant une éloquence qui ne
doit point ses inspirations à la religion, puisqu'au contraire

---

* M. Laurentie écrivait ces lignes sur la fin du règne de Charles X, et à cette époque M. de
Châteaubriand était dans les rangs de l'opposition ; mais en se montrant toujours le défenseur du
principe de la légitimité.

** Nous devons faire remarquer cependant qu'un goût sévèrement classique peut rencontrer plusieurs défauts dans les ouvrages de ces illustres écrivains.

Nous ferons une observation d'un autre genre sur M. de la Mennais. Cet homme extraordinaire,
qui avait défendu la religion avec un si beau génie, s'est laissé vaincre par l'orgueil ; il a donné le
scandale d'une des plus terribles chûtes dont l'histoire conserve le souvenir. Aujourd'hui il n'est plus
catholique, il n'est plus même chrétien ; il se précipite dans les erreurs et les illusions du rationa-
lisme et de la démagogie, sans qu'on puisse prévoir où il pourra s'arrêter. Grand exemple de fragilité par lequel Dieu avertit les hommes qu'ils doivent, quels qu'ils soient se maintenir dans l'humilité
chrétienne, et montre au monde que ce n'est point par des moyens humains, mais par un miracle
de sa toute-puissance, qu'il soutient l'édifice de son Eglise. Ceux qui ont reçu de lui les talents et
le génie, ne peuvent devenir les instruments de ses desseins, et servir utilement sa cause, qu'autant qu'ils se pénètrent de son esprit et qu'ils sont toujours prêts à sacrifier leurs idées particulières
pour se soumettre, d'esprit et de cœur, à toutes les décisions du chef de l'Eglise, surtout au moment où elles sont reçues par le corps des premiers pasteurs qui sont aussi nos guides dans la foi,
et qui ont reçu l'autorité pour gouverner. M. de la Mennais reviendra-t-il enfin à des principes
qu'il a lui-même défendus avec tant d'éloquence. Ses anciens admirateurs voudraient l'espérer.

elle naît d'un sentiment d'impiété ; et je m'attends à voir citer
quelques-uns des philosophes du dix-huitième siècle. Il y
aurait ici à faire un livre entier plutôt qu'un chapitre. Ne
fermons d'abord l'oreille à aucun accent de l'éloquence ; et, s'il
est possible à l'impiété de produire des paroles sublimes,
écoutons-les, ne fut-ce que comme un prodige. Dans cette disposition d'esprit, je cherche l'éloquence des impies ; on ouvre
devant moi les livres de Voltaire, de Diderot et de Rousseau :
je ne parle pas des autres, leur multitude est aujourd'hui mé-
prisée.

» Parlons de Voltaire. Je cherche son éloquence dans cet
énorme amas d'ouvrages obscènes ou satiriques ; je n'aperçois
aucune trace de ce feu divin qui embrase les cœurs purs et
les génies élevés. Ici je fais un appel à ses admirateurs : qu'ils
redoublent de zèle, qu'ils relisent avec une attention scrupuleuse tous les écrits de ce grand impie, pourront-ils me produire une seule page de vraie éloquence ? Ils recueilleront des
traits d'un cynisme souvent affreux, des mouvements de rage,
des inspirations de colère ; les modèles d'une moquerie cruelle,
d'une satire mordante, d'une critique passionnée se multiplie-
ront sous leurs yeux. Mais ces nobles pensées de l'âme qui répondent dans le monde entier à toutes les nobles pensées ; ces
élans généreux du cœur qui vont faire palpiter tous les cœurs ;
ces sentiments sublimes, exprimés avec de sublimes paroles ;
ce ton pathétique du discours, cette conviction, cet entraînement, cette émotion qui enfantent l'éloquence, non, rien de
tout cela ne se trouve dans aucun écrit de Voltaire. Est-ce qu'il
faut en dire la raison ? Le sublime ne part point du fond d'un
cœur flétri ; et Voltaire, le plus abject des hommes, n'avait
rien de ce qu'il faut pour être éloquent.

» Ce n'est pas le lieu de parler de ses œuvres dramatiques.
Mais s'il y a de l'éloquence dans les discours des personnages,
c'est une éloquence d'imitation, où le cœur de l'écrivain n'est
pour rien, ainsi que je le dirai bientôt. L'esprit infini de Voltaire supplée à tout, même au génie, et, faut-il le dire ? même
à la vertu. C'est avec la finesse exquise de son goût, qu'il sut
toujours admirablement saisir les divers langages que les seules

convenances l'obligeaient à porter au théâtre. Chose merveilleuse ! l'homme qui n'avait rien pour être lui-même éloquent,
a pu faire parler les autres avec éloquence ! C'est, je le répète,
l'effet d'un sentiment littéraire porté à la dernière délicatesse ;
mais ce n'en est pas moins une grande leçon morale, de voir
que l'homme pervers, après avoir mis dans la bouche d'autrui
des paroles vertueuses, ne puisse jamais nous montrer que son
abjection, lorsqu'il veut nous parler lui-même.

» Faut-il, après lui, écouter Diderot? Mais on commence
à rougir des excès de ce furieux, et le goût littéraire ne
s'est pas tellement perdu qu'on ne sache que ses impiétés
n'ont produit que des déclamations, et n'ont point de l'éloquence.

» Il reste Rousseau, nom fameux, qui réveille dans l'esprit
je ne sais quelle idée de tristesse et de pitié, je ne sais quelle
admiration et quel mépris ; mélange de jugements contraires,
qui répondent aux bizarreries de ce déplorable génie. Mais
enfin il faut apprécier son éloquence, et chercher si elle ne vient
pas renverser toutes nos doctrines morales.

» Il serait superflu de nier l'éloquence de Rousseau ; elle
éclate par de beaux mouvements au travers des capricieuses
idées dans lesquelles roule perpétuellement son esprit inquiet.
Mais observons que Rousseau n'est éloquent que lorsqu'il
exprime quelques-unes de ces pensées fécondes, quelques-uns
de ces sentiments généreux qu'inspire le christianisme. Ce
n'est pas comme impie qu'il est éloquent, c'est comme chrétien. Et quel philosophe oserait se vanter de ne devoir pas les
lumières de son esprit à la religion ? On a beau combattre
ses dogmes et nier ses mystères; cependant, comme elle règle
toutes les pensées de la société, elle domine par là même celles
du philosophe; et il n'est enfin philosophe que parce qu'il
fait un effort pour s'affranchir de son influence; effort heureusement inutile, puisque, s'il parvenait à rompre entièrement cette autorité, ce ne serait que pour tomber sous le joug
de toutes les erreurs, et pour passer dans les excès d'une
barbarie d'autant plus hideuse, qu'elle serait plus savante et
plus réfléchie.

» Je ne développerai point ici cette observation ; il me suffit de constater un fait. Le philosophe né dans le christianisme reçoit du christianisme une empreinte que la volonté la plus désordonnée ne saurait détruire. Elle se manifeste dans tous ses écrits, soit qu'il parle de Dieu, ou de l'immortalité, ou de la conscience, ou de la vertu. Et c'est ce qu'on peut remarquer dans Rousseau plus que dans tout autre, à cause de l'espèce de candeur avec laquelle il s'abandonne aux impressions qu'il a reçues d'une société chrétienne, quoique corrompue.

« Cet homme, au reste, est une espèce de mystère dans l'histoire du genre humain. Quelque chose manqua certainement à sa raison. Mais il avait au fond de son génie un admirable penchant vers la vérité ; avec ce vague instinct il se précipita dans les égarements les plus extrêmes, mais oserait-on dire de lui comme de Voltaire, qu'il courut après le mensonge avec une sorte de volupté ? Son esprit, flottant sur les mers de la philosophie, saisit tour-à-tour le faux et le vrai, et c'est pour cela qu'il est si aisé de le combattre par ses propres paroles ; il n'a rien dit d'insensé qu'il n'ait avant ou après réfuté avec bonne foi.

« Il ne faut donc pas s'étonner qu'ayant quelquefois saisi le vrai, il ait été alors éloquent ; l'éloquence n'est inspirée que par un sentiment de vérité, parce que la vérité seule inspire la foi, et que c'est la foi qui produit les élans de la parole. Lorsque Rousseau est impie, son langage, toujours orné sans doute, n'a plus le même mouvement, parce que la conviction a disparu. On voit un homme en délire, qui cherche dans le vague la vérité qui lui échappe. Et cette recherche ou ce doute ne saurait jamais produire l'éloquence. L'éloquence de Rousseau commence lorsqu'il s'est présenté à son esprit quelque chose de chrétien, quelqu'inspiration religieuse, quelque pensée de vertu ; que d'autres pensées incertaines ou chimériques se mêlent souvent dans son esprit à cette inspiration, il n'en est pas moins vrai que c'est toujours sa première émotion qui a produit son éloquence, et qui la perpétue encore, malgré la vague incertitude de ses sophismes. Voilà Rousseau, éloquent lorsqu'il est vrai, dissertateur lorsqu'il doute, sophiste et déclamateur

lorsqu'il combat la vérité. Il n'y a rien de nouveau dans ce caractère de talent, et il ne faut pas qu'on en fasse une difficulté
contre les doctrines de cet écrit. Encore n'ai-je ici considéré
Rousseau que dans son langage ; ce serait bien autre chose si je
le considérais dans l'ensemble de ses créations ; le génie, qui
semble briller dans son discours, n'est plus rien dès qu'on le
cherche dans ses conceptions ; on n'y trouve point cette suite
d'idées, cet ordre de composition, cette savante méditation qui
annoncent le grand moraliste. Ses pensées se déroulent capri-
cieusement et sans préparation : elles ne se rattachent à aucune
doctrine ; son esprit errant sans guide dans les vastes régions de
l'intelligence, y saisit au hasard la vérité et le mensonge. De là
un mélange confus d'opinions qui se choquent et se brisent, et,
au milieu de ce désordre, on voit bien toujours un beau talent qui apparaît comme une lumière errante ; mais ce n'est
nulle part la pureté des feux du jour, ni le brillant flambeau du
génie qui dissipe les ténèbres incertaines et les obscurités profondes de la raison. »

HISTORIENS.

» Ici se présente encore le nom de Bossuet. Lorsqu'il s'agit
d'éloquence, ce grand nom est toujours présent ; mais nulle
part peut-être il n'est plus imposant que lorsqu'il apparaît illustré par le génie de l'histoire. Bossuet n'est pas seulement
historien, il est moraliste, il est orateur, il est prophète ; il
jette un vaste regard sur l'univers ; il embrasse tous les lecteurs
et tous les lieux ; et, chose merveilleuse, il agrandit même
notre vue, et nous apprend à découvrir cet ensemble d'événements qui se pressent et se confondent. Il nous fait démêler les
révolutions, tout en nous en montrant l'enchaînement. Il apparaît dans le monde comme un Dieu qui tient dans ses mains
l'ordre des temps. Il débrouille le cahos, il suit la marche des
peuples, il passe dans les régions diverses, il suit les maîtres
de la terre, il interroge les hommes, leurs querelles sanglantes ;
vainqueurs et vaincus, il les appelle à son tribunal, et il les
disperse ensuite comme une vaine poussière.

» D'où lui vient cette grande autorité? Est-ce là l'effet d'une éloquence purement humaine? Apprenons le secret de ce génie. Bossuet est puissant parce qu'il tient en quelque sorte la place de Dieu. Partout il fait intervenir la Providence ; c'est elle qui règle les destinées des peuples. C'est elle qui domine les événements ; elle est maîtresse des révolutions ; elle élève et renverse les trônes ; elle ébranle les empires, et toujours on voit cette grande image de la Divinité présente, au travers de tant de ruines éparses sous nos regards. C'est au christianisme seul que nous devons cette majesté de l'histoire qui fait ainsi descendre Dieu sur la terre, et le mêle aux révolutions. Rien de semblable n'a pu être imaginé par le génie humain. Les anciens, qui semblent avoir découvert tous les secrets de l'intelligence, n'ont pourtant rien pressenti qui approche d'une telle grandeur; c'est qu'il leur manquait cette foi profonde et cette connaissance intime d'une providence suprême, qui préside à toute la marche des choses de la vie, et qui se joue de la prévoyance et de la politique des peuples, de la sagesse de leurs maîtres et de la puissance de leurs oppresseurs. C'est de cette foi toute chrétienne qu'est née cette admirable éloquence de l'histoire, qui fait du récit des événements une source de méditations et une occasion d'avertissements. Après cela, nous avons vu la philosophie vouloir aussi méditer à sa manière sur la conduite des événements de la terre; mais il lui manquait un sentiment profond et une conviction quelconque, qui vînt présider à toutes ses études ; aussi l'éloquence a-t-elle été bannie de ses ouvrages. Voltaire, l'ennemi du christianisme, n'a pu, avec ses basses passions et sa haine abjecte, parvenir à faire qu'un recueil de satires et d'épigrammes du récit des principales révolutions de la terre; Bossuet, avec son génie plein de foi, en avait fait le tableau le plus éloquent et le plus sublime qui se soit vu dans l'histoire des chefs-d'œuvre de l'esprit humain.

» Il semble que la philosophie se soit aperçu de cette supériorité, car elle a évité, dans ces derniers temps, la rivalité même, de peur de paraître trop abaissée par le rapprochement de deux sortes de récits inspirés par des pensées si contraires. Mais elle a ambitionné une autre gloire, c'est la discussion

savante; des faits, des dates, des particularités minutieuses. Il
ne faut donc pas demander l'éloquence à un genre d'histoire
qui déclare qu'elle ne veut point d'éloquence. On a suivi, dans
cette partie des travaux de l'esprit, le système général qui a
matérialisé les sciences modernes. Tout se réduit à une connaissance froide et technique des événements. Je ne sais si
elle suffit pour satisfaire une raison froide ; mais je sais qu'elle
n'a rien pour satisfaire des cœurs avides d'émotions.

» C'est dans cette disposition universelle des esprits, tels
que les avait faits la philosophie, qu'on a imaginé pour la première fois, de faire à l'historien une loi de ce qu'on a appelé
l'impartialité, et qui n'était réellement que l'indifférence ; c'est-
à-dire, que l'historien, suivant cette règle, ne devait avoir
ni croyance, ni religion, ni patrie. C'était assurément un moyen
de n'avoir ni génie, ni éloquence, et il eût été superflu, après
cela, de lui interdire même ce droit. Mais n'est-ce pas un
grand exemple de l'égarement des opinions? Il semble que dès
qu'on s'éloigne de la religion, on finit par s'éloigner de toutes
les règles de convenance et de goût.

» Dire à l'historien qu'il doit raconter tous les crimes et
toutes les bassesses des hommes, en quelque lieu que soient
les coupables, de quelque caractère qu'ils soient revêtus, ce
n'est pas de l'impartialité, c'est de la justice ; et la justice veut
encore qu'il raconte les grandes actions avec éloge, en quelque
lieu qu'il en trouve les auteurs : chacun entend une telle
règle, et elle se conforme à toutes les lois de la morale, sans
nuire à aucune inspiration du génie. Mais ce n'est pas là garder
une froide indifférence entre le crime et la vertu, entre l'op-
pression et la servitude, entre les bourreaux et les victimes.
L'impartialité des philosophes annonce des cœurs sans vie. Ils
demandent à l'histoire de tenir registre des événements, sans
oser flétrir les bassesses, ni rendre hommage aux pensées généreuses. Il faudra qu'elle parle de Louis XVI, immobile à
l'aspect de mille tyrans qui vont faire tomber sa tête auguste,
comme elle parlera de ces tyrans eux-mêmes; il faudra qu'un
sentiment de courroux et d'indignation ne perce pas dans le
récit de ces fatales tragédies qui portent au pouvoir des êtres

dégradés et furieux, et qui font tomber du trône la vertu et
l'innocence. Il faudra que l'historien ne croit pas un Dieu
vengeur, et qu'il n'ose pas surtout en montrer la puissance,
capable d'éclater quelque jour sur ces têtes criminelles. Et s'il
est question de raconter quelque grand outrage fait à la majesté des autels, quelques impiétés nouvelles, quelques scandales inconnus à la terre, il faudra que l'histoire soit sans
croyance, qu'elle soit désintéressée dans le tableau de ces calamités, les plus horribles qui puissent désoler les sociétés
humaines; qu'elle les montre sans étonnement comme sans
horreur; qu'elle en fasse le récit avec un calme philosophique,
et qu'on ne puisse pas voir, à ce ton qu'on appelle grave aujourd'hui parce qu'il est sans couleur, si l'historien blâme de
tels excès, ou s'il en approuve la licence. D'après une pareille
loi d'impartialité, l'histoire n'est plus qu'une table savante des
matières; le génie en est banni avec la morale; l'éloquence
ne peut s'y montrer, et il faut qu'elle se réfugie dans les livres
où la religion garde sa merveilleuse influence, comme pour
attester que les chefs-d'œuvre ne naissent que sous son inspiration. *(De l'étude et de l'enseignement des lettres.)*

MORALISTES.

C'est encore le Christianisme qui a procuré aux moralistes
modernes une si étonnante supériorité sur les anciens. Il les
a éclairés d'une lumière sans nuage sur les plus hautes vérités
qui intéressent l'homme; il leur a révélé les mystères du cœur
et tous les secrets des passions. Aussi on aperçoit un progrès
sensible jusque dans les moralistes qui n'écrivaient, ce semble,
que sous l'inspiration de la philosophie. Tels sont Montaigne,
Charron, Labruyère, La Rochefoucault et quelques autres. On
voit dans leurs livres des aperçus tour à tour profonds, délicats
ou ingénieux, qui ne se remarquent point dans les ouvrages
sur lesquels la religion chrétienne n'a pas répandu son influence et quelques rayons de sa lumière. Ce n'est point encore
là l'éloquence, il est vrai; mais elle se manifeste à un haut
degré chez les moralistes qui ont puisé directement dans les

enseignements de la foi. Fénélon et Bossuet ont un ton de douceur et de sublimité qui tantôt pénètre l'âme et tantôt la subjugue. Les ouvrages ascétiques composés par de pieux écrivains sont quelquefois pleins d'éloquence. Ceux des saints respirent je ne sais quoi de céleste ; on sent que leurs pensées et leur langage ne sont point de la terre. Quel charme et quelle onction divine dans saint François de Sales ! quelle élévation, quel enthousiasme prophétique dans sainte Thérèse! Ce n'est plus seulement l'éloquence ; c'est la poésie avec tous ses élans, avec tous ses transports : on quitte la terre pour suivre dans leur vol ces âmes privilégiées ; on est avec elles dans de sublimes extases, et on prête quelques instants l'oreille aux concerts et à l'harmonie des anges.

FIN.

TABLE DES MATIÈRES.

HISTOIRE DE L'ÉLOQUENCE.

—

PREMIÈRE PARTIE.
ÉLOQUENCE ANCIENNE.

PREMIÈRE SECTION.
Éloquence grecque.
CHAPITRE PRÉLIMINAIRE.

Supplément à l'Eloquence ancienne.

DEUXIÈME PARTIE.

ELOQUENCE DES SAINTS PÈRES.

CHAPITRE QUATRIÈME.
De l'éloquence de la chaire depuis la révolution.

SECONDE SECTION.
ÉLOQUENCE DU BARREAU.

CHAPITRE PREMIER.
Dix-septième siècle.

CHAPITRE SECOND.
Première moitié du dix-huitième siècle.

CHAPITRE TROISIÈME.
Seconde moitié du dix-huitième siècle.

CHAPITRE QUATRIÈME.
De l'éloquence du barreau depuis la révolution.

TROISIÈME SECTION.
ÉLOQUENCE ACADÉMIQUE.

CHAPITRE PREMIER.
De l'éloquence académique avant la révolution.

CHAPITRE SECOND.

De l'éloquence académique au dix-neuvième siècle.

QUATRIÈME SECTION.

ÉLOQUENCE POLITIQUE.

CHAPITRE PREMIER.

Assemblées de la révolution. — *Constituante.*

Assemblée législative. — Convention. — Directoire.

CHAPITRE SECOND.

Tribune française depuis la révolution.

Chambre des députés. — *Orateurs de la gauche.*

Orateurs de la droite.

CINQUIÈME SECTION.

ÉLOQUENCE DES ÉCRITS.

FIN DE LA TABLE.

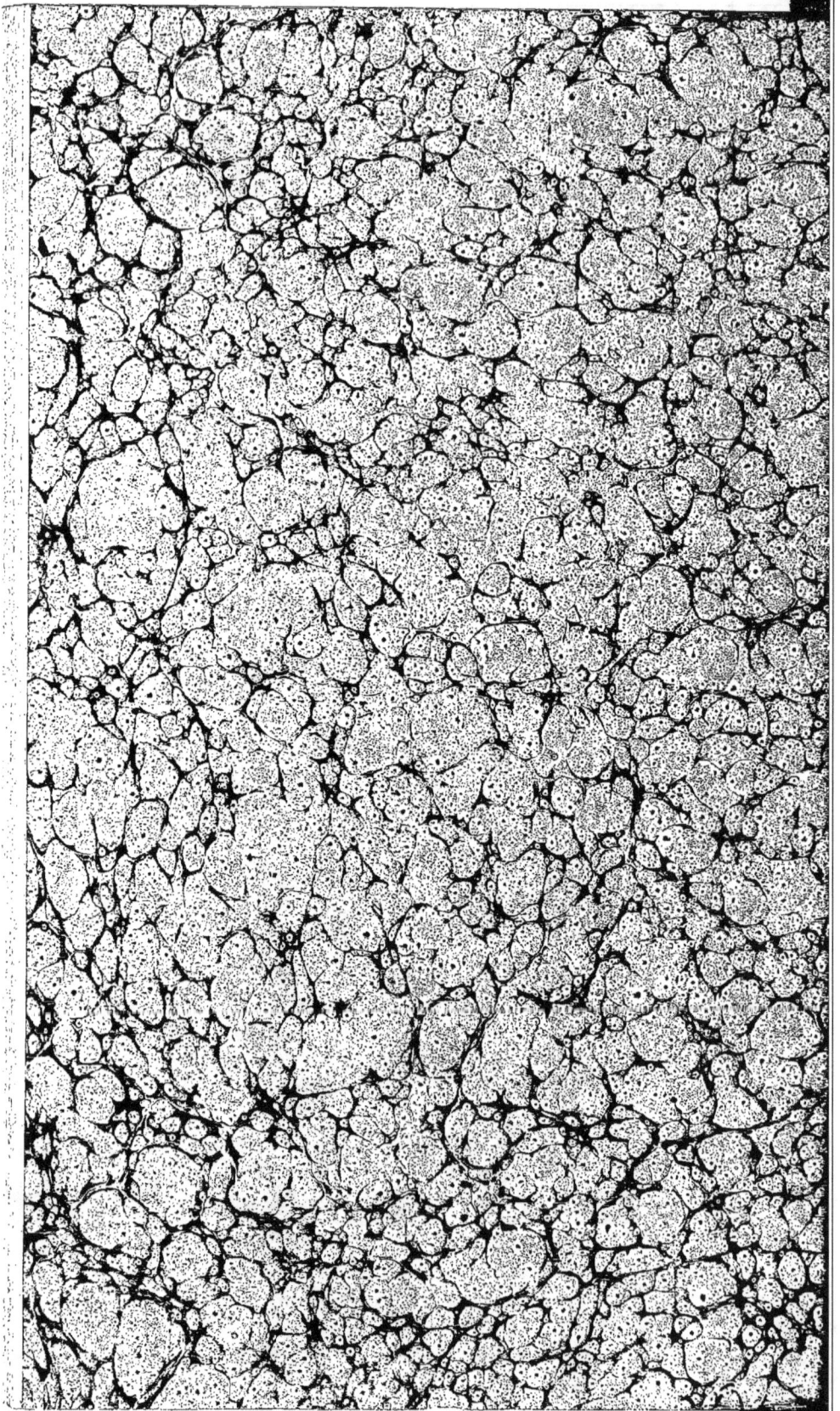

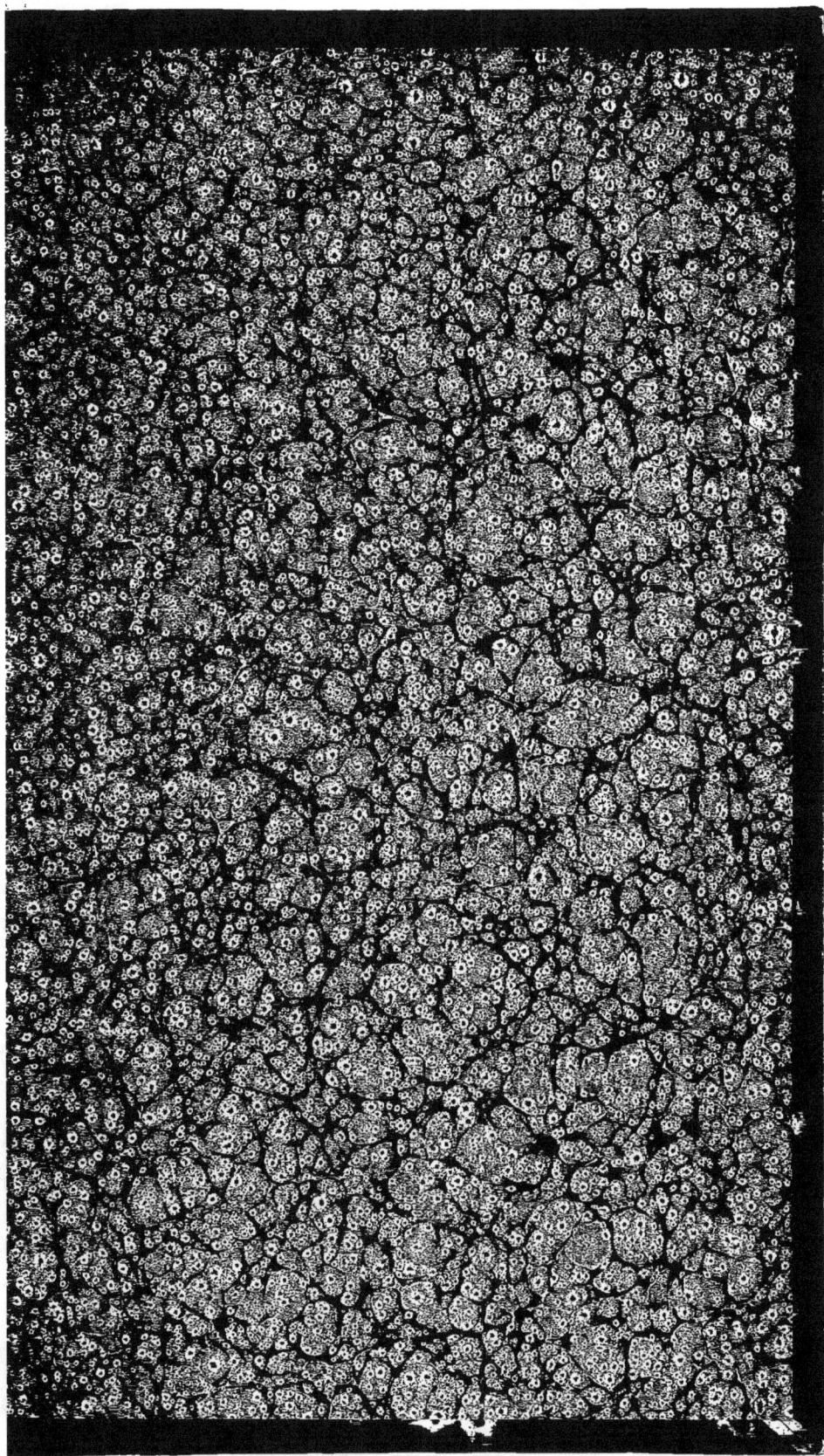